汽车波形与数据流分析

第3版

主编 张捷辉
参编 刘青山 代亚娟 曹文治 廖苏旦 巩航军
杨廷银 梁朝彦 罗文添 邢 磊 于海东

机 械 工 业 出 版 社

本书从科学修车的需要出发，从讲解汽车电路信号入手，对传感器波形分析、执行器波形分析以及汽车电器波形分析进行了全面阐述。接下来从汽车数据流认识入手，讲述了汽车数据流的分析方法，然后分车系分别介绍了大众车系、丰田凯美瑞车系以及日产新天籁车系的数据流分析，最后通过案例的形式详细讲解了汽车数据流故障的维修方法。

本书内容全面，概念清楚，图文并茂，可操作性强。在编写时注意了全书理论的系统性和各部分相对的独立性。理论阐述由浅入深，适合于大、中专院校汽车修理行业相关专业及培训班的师生使用，也适合于汽车维修技术人员、驾驶人以及汽车爱好者参考阅读。

图书在版编目(CIP)数据

汽车波形与数据流分析/张捷辉主编．—3 版．—北京：机械工业出版社，2018.3(2020.6重印)
ISBN 978-7-111-58758-3

Ⅰ.①汽… Ⅱ.①张… Ⅲ.①汽车－电子系统－控制系统－故障诊断 Ⅳ.①U472.41

中国版本图书馆 CIP 数据核字（2017）第 314716 号

机械工业出版社(北京市百万庄大街 22 号 邮政编码 100037)
策划编辑：连景岩 杜凡如 责任编辑：杜凡如 徐 霆
责任校对：樊钟英 封面设计：马精明
责任印制：常天培
固安县铭成印刷有限公司印刷
2020 年 6 月第 3 版第 3 次印刷
184mm×260mm · 19.5 印张 · 470 千字
4501—5300 册
标准书号：ISBN 978-7-111-58758-3
定价：59.90 元

凡购本书，如有缺页、倒页、脱页，由本社发行部调换

电话服务	网络服务
服务咨询热线：010-88361066	机 工 官 网：www.cmpbook.com
读者购书热线：010-68326294	机 工 官 博：weibo.com/cmp1952
010-88379203	金 书 网：www.golden-book.com
封面无防伪标均为盗版	教育服务网：www.cmpedu.com

前　言

今天，汽车电子技术的发展相当迅猛，应用之广与日俱增，尤其是微型计算机、网络技术的发展为汽车电子技术带来了根本性的变革。当代汽车的维修不是单纯的机械维修，而是集机械与电子为一体的综合性维修。电子控制元件的原理比较抽象，给汽车维修技术人员提出了新的挑战。汽车示波器和汽车诊断仪是汽车维修人员快速判断汽车电子设备故障便捷又高效的工具，不需要任何设定和调整就可以直接观察电子元件的信号波形和读取数据流。为广大维修人员分析汽车各传感器、执行器的信号波形和数据流提供了方便。

本书主要分为汽车波形分析与数据流分析两部分，系统地总结了汽车波形和数据流的作用、汽车波形和数据流分析在汽车维修中的应用。

波形部分主要介绍了电控发动机各传感器、执行器、点火系统和汽车电器等电子元器件的波形测试、标准特征、正常实测波形及故障波形的识别；对各个电子元件的信号波形进行分析，确定电控系统运行状态；迅速地诊断排除有故障的传感器和执行器。

数据流部分介绍了数据流的类型、获得方式以及数据流的分析。以市面主流车型为主加入数据流的实测数据，方便维修工作的对照查找。

本书由张捷辉主编，参加编写还有刘青山、代亚娟、曹文治、廖苏旦、巩航军、杨廷银、梁朝彦、罗文添、邢磊、于海东。

在编写本书的过程中参考了大量的同类图书，谨在此对它们的作者表示深深的谢意。

编　者

目　　录

前　言

第一章　汽车电路信号

第一节　汽车电子信号

一、汽车电子信号类型

汽车电子信号基本可分为模拟信号和数字信号两种。

当今汽车系统中存在五种基本类型的电子信号，被称为“五要素”。

“五要素”可以看成是控制系统中各个传感器、控制电脑和其他设备之间相互通信的基本语言，就像英语的字母一样，它们都有不同的“发音”。正是“五要素”各自不同的特点，构成了用于不同通信的目的。

1. 直流信号

直流信号是一种模拟信号，如图 1-1 所示。

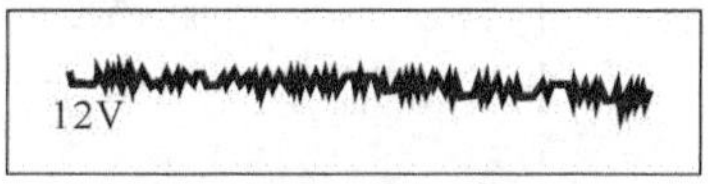

图 1-1　直流信号图

在汽车中产生直流（DC）信号的传感器或电源装置有蓄电池电压或控制模块（PCM）输出的传感器参考电压。

模拟传感器信号包括：发动机冷却液温度传感器、燃油温度传感器、进气温度传感器、节气门位置传感器、废气再循环压强和位置、翼板式或热线式空气流量计、真空和节气门开关以及通用汽车、克莱斯勒汽车和亚洲汽车的进气压力传感器。

2. 交流信号

交流信号是一种模拟信号，如图 1-2 所示。

在汽车中产生交流（AC）信号的传感器和装置包括：车速传感器（VSS）、轮速传感器、磁电式曲轴转角（CKP）和凸轮轴（CMP）传感器、从模拟压力传感器（MAP）信号得到的发动机真空平衡波形、爆燃传感器（KS）。

3. 频率调制信号

在汽车中产生可变频率信号（图 1-3）的传感器和装置包括：数字式空气流量计、福特数字式进气压力传感器、光电式车速传感器（VSS）、霍尔式车速传感器（VSS）、光电式凸轮轴转角（CAM）和曲轴转角（CKP）传感器、霍尔式凸轮轴转角（CAM）和曲轴转角（CKP）传感器。

4. 脉宽调制信号

在汽车中产生脉宽调制信号（图 1-4）的电路或装置包括：初级点火线圈、电子点火正时电路、废气再循环控制（EGR）、净化、涡轮增压和其他控制电磁阀、喷油器、怠速控制电动机和电磁阀。

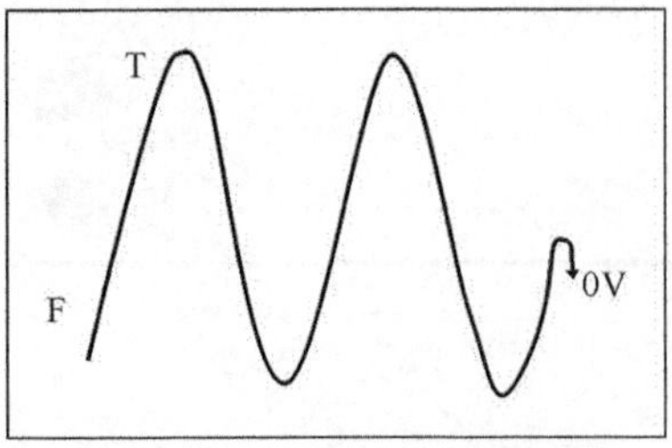

图 1-2　交流信号图

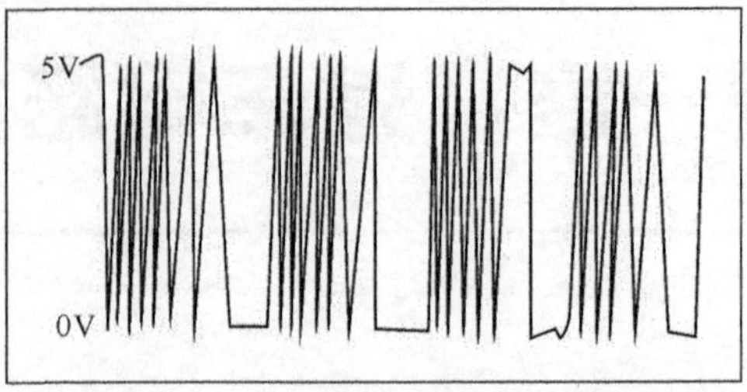

图 1-3　频率调制信号图

5. 串行数据（多路）信号

若汽车中配备有自诊断能力和其他串行数据送给能力的控制模块，则串行数据信号（图 1-5）是由发动机控制模块（PCM）、车身控制模块（BCM）和防抱死制动系统（ABS）或其控制模块产生。

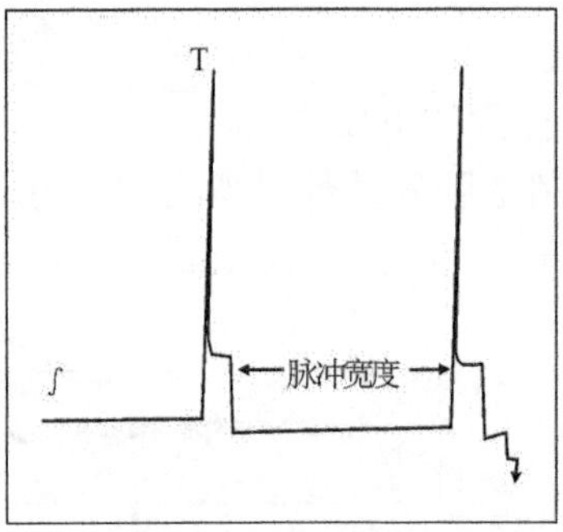

图 1-4　脉宽调制信号图

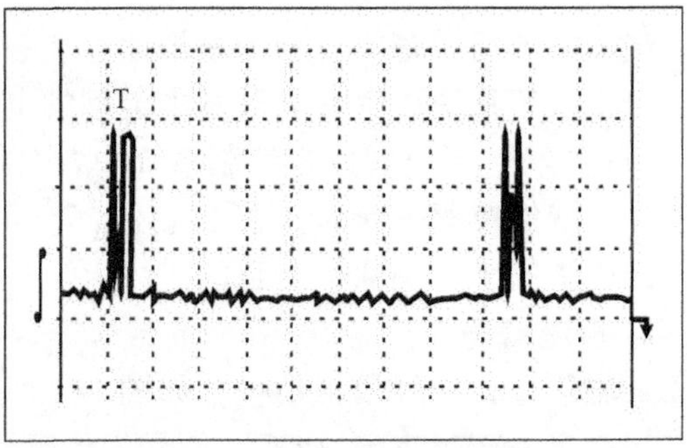

图 1-5　串行数据（多路）信号图

二、汽车电子信号的五个判定依据

汽车电子信号的“五要素”是直流、交流、频率调制、脉宽调制和串行数据信号。现在再回头看一下汽车电子语言的难题——五个判定依据，即五种判定尺度。要从五种判定信号中得到只有五种判定特征的信息类型是重要的，因为发动机控制模块需要通过分辨这些特征来识别各个传感器提供的各种信息并依据这些特征来发出各种命令，指挥不同的执行器动作，这些特征就是汽车电子信号的五种判定依据。

五个判定依据：

① 幅值——电子信号在一定点上的即时电压。

② 频率——电子信号在两个事件或循环之间的时间，一般指每秒的循环数（Hz）。

③ 脉冲宽度——电子信号所占的时间或占空比。

④ 形状——电子信号的外形特征，即它的曲线、轮廓和上升沿、下降沿等。

⑤ 阵列——组成专门信息信号的重复方式。

五个判定依据与五种类型的相关连带关系见表 1-1。

为了使汽车的计算机系统功能正常，必须去测量用于通信的电子信号，也就是必须能“读”与“写”计算机电子通信的通用语言，用汽车示波器就可以“截听”到汽车计算机中的电子对话。这既可以用来解决测试点问题，也可以用来验证修理工作完成后的工作是否正常。如果一个传感器、执行器或控制模块产生了不正确判定尺度的电子信号，该电路可能遭到“通信中断”的损失，它会表现为行驶能力及排放等故障码（DTC）。

表 1-1　电子信号的判断依据

电子信号的判断依据					
信号类型	判断依据				
	幅值	频率	形状	脉冲宽度	阵列
直流	√				
交流	√	√	√		
频率调制	√	√	√		
脉宽调制	√	√	√	√	
串行数据	√	√	√	√	√

每一个“五要素”电子信号都要用判定尺度依据来确定电子通信，五个基本类型中的任何一个必然是有一个或多个判定依据尺度来通信。

在汽车发动机控制模块（PCM）和其他电子智能设备中用来通信的串行数字信号是最复杂的信号，它是包含在汽车电子信号中的最复杂的“电子句子”，在实际中，要用专门的解码器去读取。

三、汽车波形识别

1. 常见波形术语

常见的波形术语主要有幅值、频率、脉冲宽度以及占空比等。其含义如图 1-6、图 1-7 和图 1-8 所示。

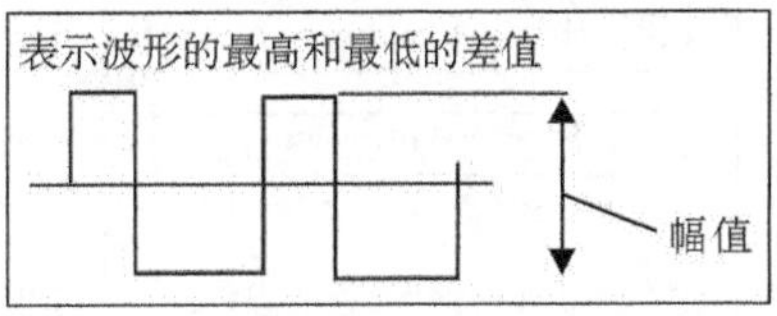

图 1-6　幅值波形含义示意图

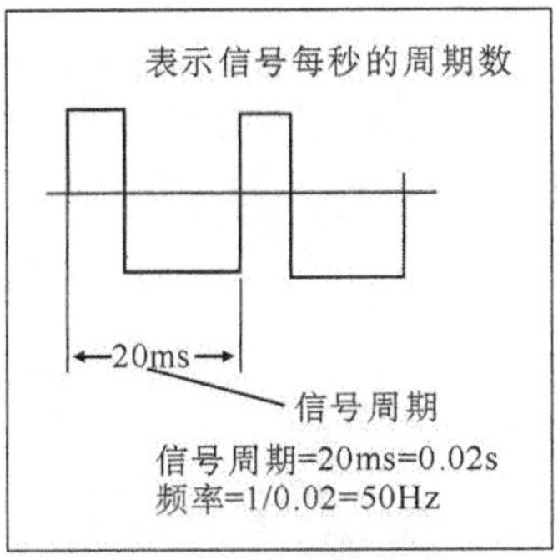

图 1-7　频率波形含义示意图

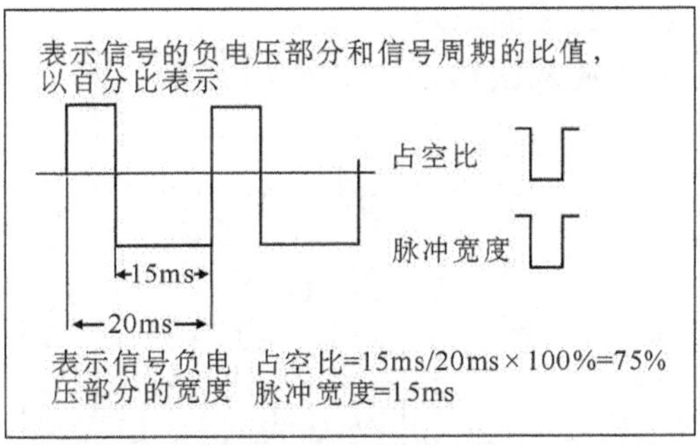

图 1-8　占空比、脉冲宽度波形含义示意图

2. 波形界面识别

① 单通道波形，如图 1-9 所示。

② 双通道波形，如图 1-10 所示。

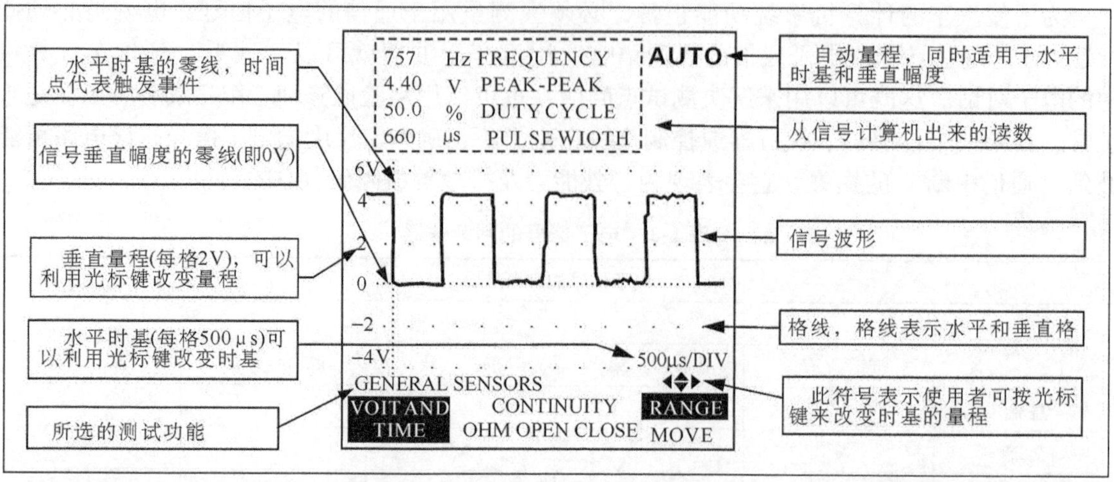

图1-9　单通道波形含义示意图

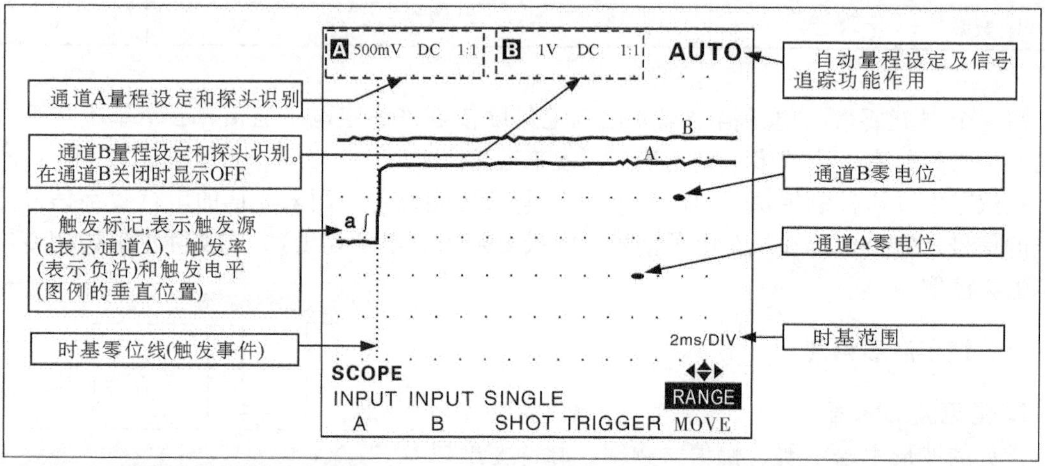

图1-10　双通道波形含义示意图

3. 波形数据的识别

① 氧传感器波形，如图1-11所示。

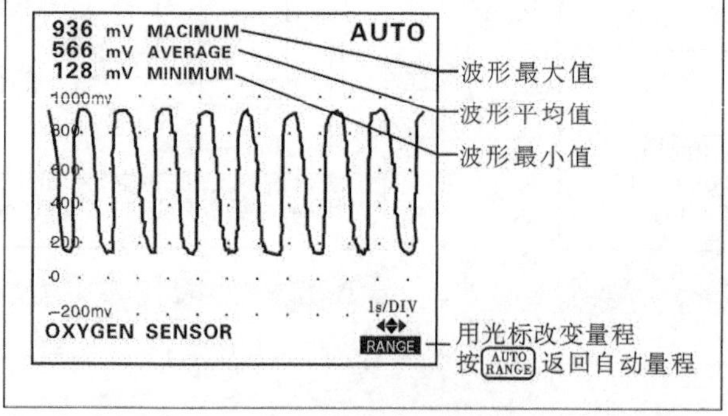

图1-11　氧传感器波形

② 爆燃传感器信号，如图 1-12 所示。

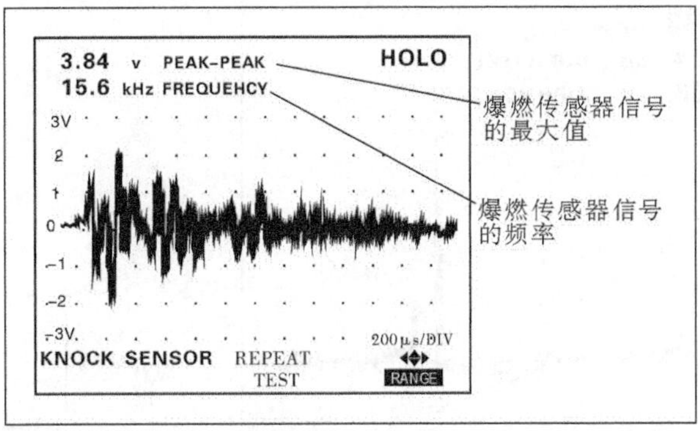

图 1-12　爆燃传感器信号

③ 喷油器控制信号，如图 1-13 所示。

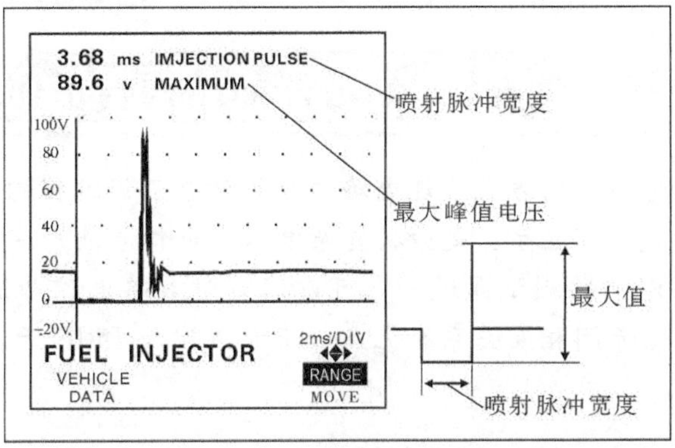

图 1-13　喷油器控制信号图

④ 初级点火波形，如图 1-14 所示。

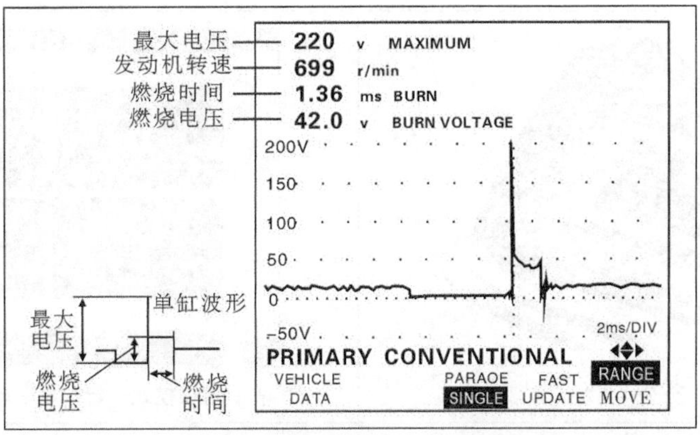

图 1-14　初级点火波形

⑤ 次级点火波形，如图 1-15 所示。

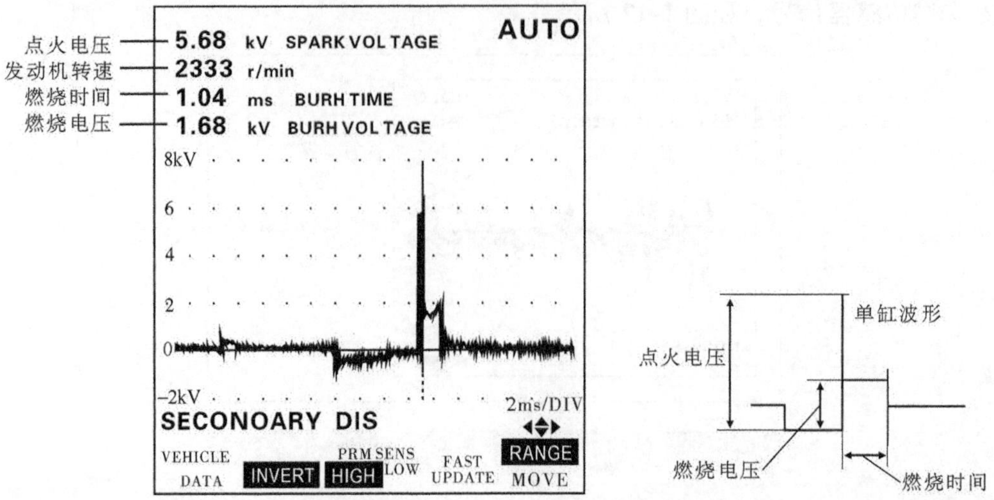

图 1-15　次级点火波形

第二节　汽车专用示波器的结构与工作原理

汽车示波器是用波形显示的方式表现电路参数的动态变化过程的专业仪器，它能够对电路上的电参数进行连续式图形显示，是分析复杂电路上电信号波形变化的专业仪器。汽车示波器通常有两个或两个以上的测试通道，它可以同时对多路电信号进行同步显示，具有高速、动态，方便分析各信号间相互关系的优点。下面以宝马 IMIB 示波器为例，介绍其使用方法。

一、外观及起始界面

宝马 IMIB 示波器的外观及起始界面见表 1-2。

表 1-2　宝马 IMIB 示波器的外观及起始界面

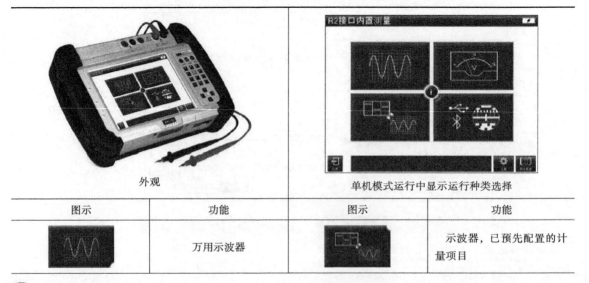

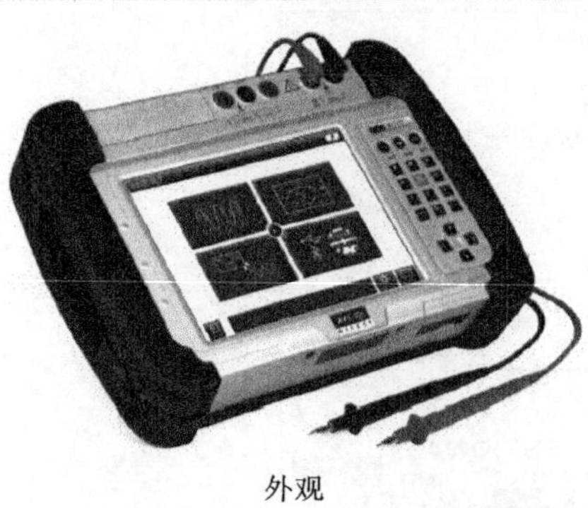 外观		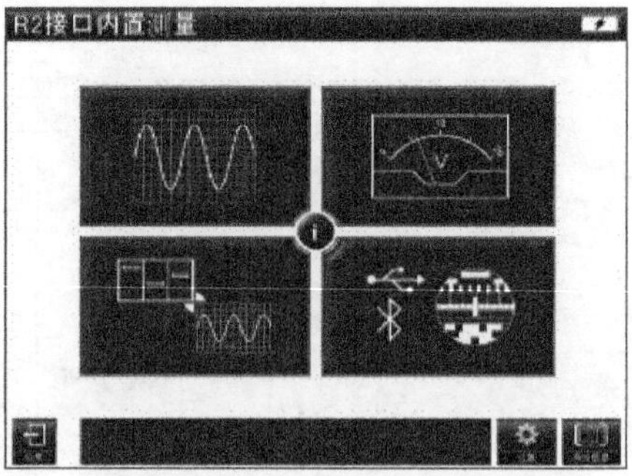 单机模式运行中显示运行种类选择	
图示	功能	图示	功能
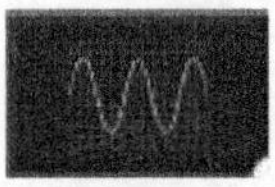	万用示波器	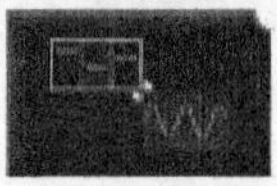	示波器，已预先配置的计量项目

（续）

图示	功能	图示	功能
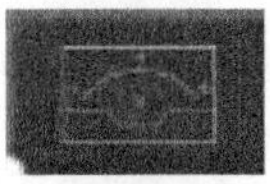	万能表	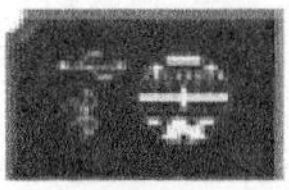	专项计量（USB-und BT-测试，视频测试画面生成器 WLAN 测试）
	信息	设置	设置（语音、工厂数据、图标）
系统信息	系统信息	完成	完成：IMIB R2 将执行完成

二、示波器的说明

示波器的屏幕结构和各图示的功能说明见表 1-3。

表 1-3　示波器屏幕结构和各图示功能

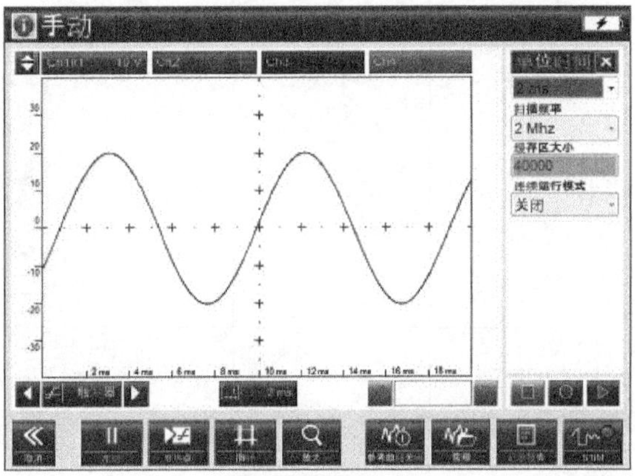

示波器屏幕结构

图示	功能	图示	功能
	**信息** 只在“预先配置测量项目”运行时才显示附加信息		**附加控制按钮** 给出附加按钮（例如：测量曲线上下移动，见下页）
	**测量曲线移动** 将所属曲线向上或向下移动。这些界面通过附加控制按钮，打开或关闭 每个配置通道均按各通道颜色显示一对切换界面	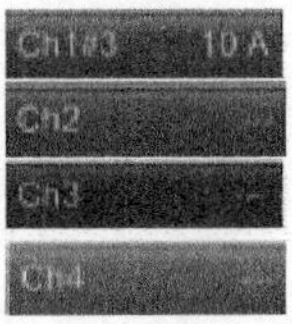	**通道设置** 界面用于各通道配置 未经配置通道以“－－－”来表示 通道设置可在测量中进行 所有设置在右侧屏幕区进行 点击关闭按钮图标完成设置 **ChX** 接线插口可以按 4 个逻辑测量通道进行分配。设置 4 个逻辑测量通道。例如“Ch1#3 10A”意思是“插口 3 号已接通 1 号逻辑通道，10A 每格 Div”

（续）

图示	功能	图示	功能
	**测量曲线移动** 将所属曲线向上或向下移动。这些界面通过附加控制按钮，打开或关闭 每个配置通道均按各通道颜色显示一对切换界面		**传感器** 传感器的选择 自动识别的传感器预先设置 **耦合** 耦合选择： AC（交流）、DC（直流）或 GND（接地） **测量范围** 测量范围的选择，例如：10A/每格 Div **过滤器** 开、关 结束设置模式：始终显示“预先配置测量项目”下通过指针测算所得到的数值及分析 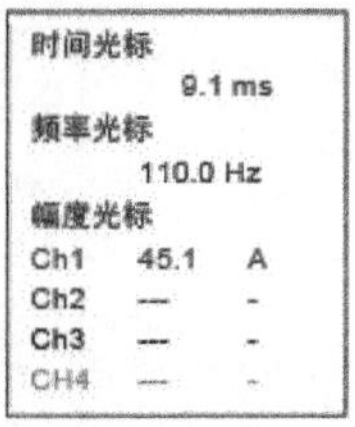
触发器	**触发器设置** 触发器设置可在测量中进行 所有设置在右侧屏幕区进行 点击关闭按钮图标完成设置 点击控制按钮 ，可将触发器时间点按5%步幅延迟 **触发器** 开/关 **标尺** 触发器标尺开/关 **触发源** Ch1 ~ Ch4，未经配置通道不能选择 **脉冲** 上升沿/下降沿/两者都有	时基	**时基设置** 时间设置可在测量中进行 所有设置在右侧屏幕区进行 点击关闭按钮图标完成设置

（续）

图示	功能	图示	功能
触发器	**超时** 超出规定时间 如果超时的时间选得过小，则不能释放新的触发 >0 时为自动运行模式 =0 时为标准运行 **预触发器** 预触发器预先设在 50% 如果数值过小，则信号出现过早，即在屏幕上的显示偏左 数值过大时会使信号显示偏右	时基	**时基设置** 时间设置可在测量中进行 所有设置在右侧屏幕区进行 点击关闭按钮图标完成设置
	**页面存储器** 只在暂停即“冻结“测试计量时，（控制按钮冻结） 点击控制按钮和就可在页面存储器内翻页 测量结果在屏幕右侧显示 显示当前页面 可存储页面最大数量： -100 页（非过采样） -10 页（100 倍过采样），4 个通道		**记录、播放器** 允许对数据不间断记录 数据连同记录中已有设定值一起连续写入一个文件中 播放时相关的设定值在屏幕右侧显示 开始记录数据 结束记录数据 播放记录数据
取消	结束当前测量并回到先前画面	冻结 继续	可对当前测量显示进行暂停即“冻结”或继续 被暂停“已冻结”的测量值显示可在页面存储器中浏览，见前所述
单次触发	一旦满足触发条件，就显示已记录的数据 不进行新的触发	指针 开/关	打开或关闭振幅或时间指针 通过“拖拽”黑色小方框（在指针线的两端）就可改变指针的位置 使用按键、、和同样也可以对指针进行精确定位 振幅指针： －用于确定两个指针位置之间的振幅 时间指针： －用于确定两个指针位置以及等效频率指针位置之间的时间间隔

（续）

图示	功能	图示	功能
放大镜	**放大测量值显示** 左上出现一个放大区域，预览画面	参考 开/关	打开或关闭参考曲线 激活或禁用参考曲线选择 显示一条符合当前测量选择的标准参考曲线
x2	放大倍数选择	确认曲线	标准参考曲线将保存
	放大镜推进（放大）		
	放大镜缩回（缩小）	选择目录	左边区域出现一个保存文件夹目录，可选择相应文件夹
	放大区域向上移动		
	放大区域向下移动	显示内容	显示文件夹内已有、与当前测量相符的所有参考曲线
	放大区域向右移动		点击其中一项，参考曲线便在右侧区域显示
	放大区域向左移动	关闭	在不确定参考曲线情况下关闭选择窗口
	回到标准大小		
管理	**参考曲线管理** 可以新建和管理参考曲线 提前显示一条与当前测量相符的参考曲线。但不能对这条曲线进行管理（改动） **保存** 可将单条（多条）设置曲线保存在根目录中。名称可自由选择 **删除** 将已选定的参考曲线保存到另一个文件夹中 **新建** 创建一个文件夹。名称可自由选择 **显示内容** 列出该文件夹内所有与当前测量相符的参考曲线。点击一条参考曲线，这条曲线就在右侧预览显示 **关闭** 在不做任何改动的情况下关闭参考曲线管理	报表	**结果报表** 测量结果以 PDF 格式文件存档 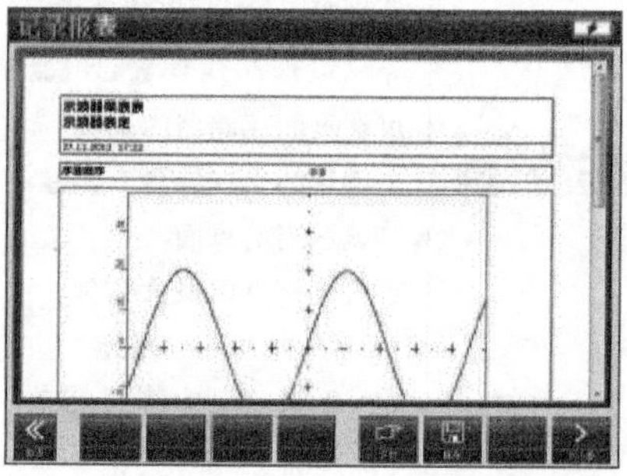 **编辑** 可对报表添加评价 **保存** 将该 PDF 格式文件保存到一个预先定义的文件夹中 从那儿可以调取集成服务信息显示器 ISID 上的报表 报表名称由测量名称和报表创建时间构成 例如： 控制路径：20121213-1412. pdf 是指在 2012 年 12 月 13 日下午 14：12 进行控制测量

三、示波器预先配置的测量项目

预先配置的各个测量菜单可提供车辆涉及的所有重要测量项目。这些测量菜单按优先级排序，并提供相应的检测流程，如图 1-16 所示，可十分方便地从列表中选择一项测量。

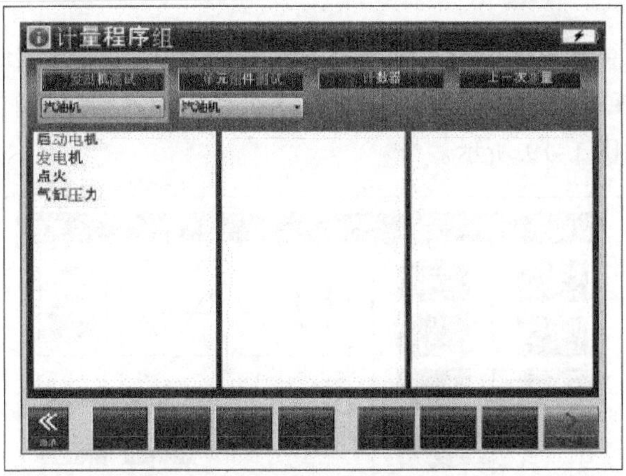

图 1-16　示波器预先配置的测量项目

首先将按钮激活，单击该按钮便打开一个提供所选测量项目附加信息的窗口。

然后，按照已选定测量项目进行，IMIB R2 便检测相应的传感器是否接好。如果没接好的话，屏幕就会出现一项正确连接传感器的提示。

1. 传感器自动识别

IMIB R2 具备传感器自动识别的能力。如果已经开始一项预先配置测量，或者在手动运行下选择传感器，屏幕就会出现一项哪种传感器应该连接在什么位置的提示。

连接插口 3 号和 4 号：显示必须连接哪种传感器，以及哪些传感器已连接。

连接插口 1 号和 2 号：只显示必须连接哪种传感器；只出现在示波器预先配置测量项目上。

万用示波器：一旦 3 号和 4 号输入接上相应的传感器，提示便自动消失。如果所有传感器已正确连接，屏幕就不会出现“传感器自动识别”提示！

示波器已预先配置的计量项目：如果 1 号和 2 号输入端必须连接传感器，该提示一直保留。如果点击继续图标，提示便消失。

具体实例如图 1-17、图 1-18 所示。

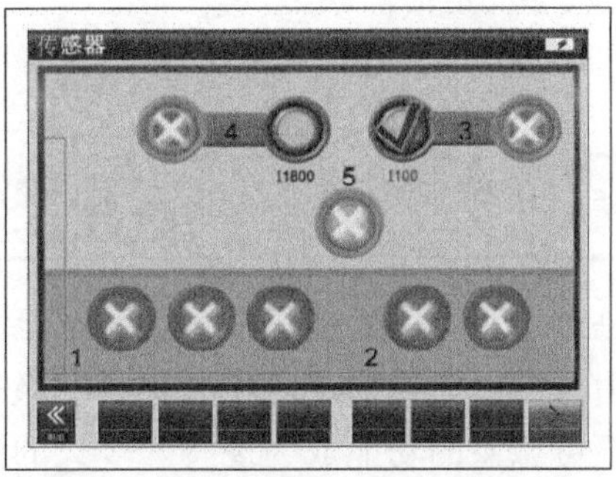

图 1-17　传感器识别实例 1

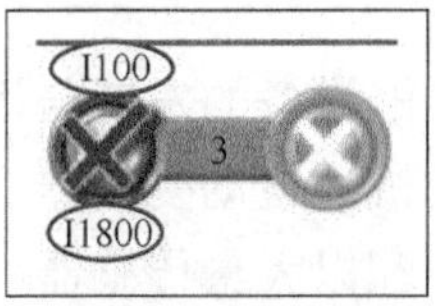

图 1-18　传感器识别实例 2

插口　3 号：传感器识别等待 100A 测电钳；测电钳已连接。

插口　4 号：传感器识别等待 1800A 测电钳；测电钳未连接。

传感器识别 3 号插口等待 1800A 测电钳，但 100A 测电钳未连接。

2. 激励

信号产生或功能生成器的设置项目包括：激励设置可以在测量中进行；设置在万用示波器中开始；如果 IMIB R2 处于起始屏幕画面，那么信号产生被禁用；点击离开便可结束设置。功能生成器界面如图 1-19 所示。

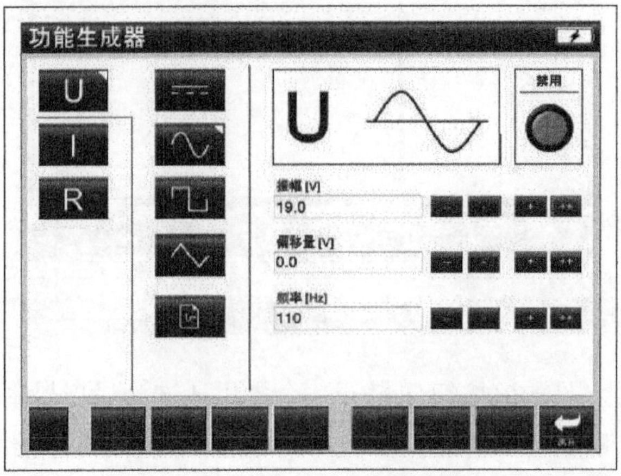

图 1-19　功能生成器

如果想激活功能生成器，点击U、I，以及按钮　结束激励生成器。

电压和电流：可以对直流、正弦波、矩形波和三角波波形的振幅、偏移和频率进行设置；可以对正弦波、矩形波和三角波波形的振幅、偏移和频率进行设置；另外，三角波和矩形波还可以设置扫描比例。

如果是选择某个文件的信号，那么可以设置重复频率。文件选择必须使用加载已选波形来确认。文件必须放在目录 T：/波形中。

电阻：可以设定一个固定值。

按钮 U ：选择按钮右上角有一个白色的小三角。

按钮　　：以大或小步幅增大或减小设定值。

禁用/激活：开始或结束信号发生。

第三节　汽车专用示波器在汽车故障诊断中的应用

汽车维修设备的发展与汽车整车技术的发展是息息相关的，电子技术在汽车上的广泛应用，从发动机、自动变速器、安全气囊，到牵引力控制、车速稳定电子装置……微处理器及网络技术，配以大量传感器、执行器，使得原本不可想象的功能成为现实。今天的汽车更安全、环保，动力性、操纵性更好。与此同时对于维修工作也提出了新的要求，如何快速准确地确定故障部位、找出故障原因是汽车维修诊断技术发展的方向。

汽车诊断设备在这种强大的市场需求下得到了蓬勃的发展，汽车微机控制系统检测诊断设备的发展经历了由简单的诊断仪、扫描器到汽车示波器等几个阶段。简单的诊断仪是利用配套连线和车上的电子控制单元（ECU）进行数据交流的专用仪器，只能读取与清除 ECU

存储器内的故障信息（故障码及内容）；扫描器增加了对汽车微机控制系统数据扫描的功能，并能显示出微机控制系统传感器等元件的实际运行参数（数据流），以便检修人员快速分析问题，确定故障部位。但是对扫描工具来讲，对错误信号的判断是有局限性的，对超范围的信号往往会错误地认为是正确的，或者是由于“假信号”发生太快，扫描工具不能同步捕捉信号而无法显示。这也就是我们经常遇到的问题，汽车明明有故障，而扫描工具检测却显示系统正常。

举个简单的例子，一辆轿车的 ABS 系统时好时坏，客户要求维修，那么首先要连接诊断设备进行故障码读取，进行数据流分析，根据故障提示进行处理。可是没有读出故障信息，进行路试，也没有出现客户反映的问题，检测一切正常。根据维修资料提示，连接万用表对 ABS 传感器进行电阻及电压测试，结果所显示的数值都在误差允许范围之内。按照维修流程对 ABS 控制单元供电及相关线路进行测试，结果均正常。出现这种情况的时候，制造商的诊断流程推荐更换 ABS 控制单元，但是因为 ABS 控制单元和 ABS 泵是一个整体，必须一起更换，更换完 ABS 控制单元以后，故障却没有排除。

出现这种故障的原因多半为传感器信号不良、接地不良、系统插接件连接不良等，控制单元出问题的概率相对较低。接地及插接件可以通过万用表测试完成判断工作，但是对于传感器信号的判断，万用表的表现却不是那么理想。如图 1-20 所示为两个 ABS 传感器信号波形的比较，下边的传感器信号波形中间存在瑕疵，而这种问题万用表是无能为力的，甚至 ABS 控制单元也无法识别该传感器是不是真的有故障，进而为维修检测工作带来了一些麻烦。但是采用示波器测试，通过对传感器信号波形的分析，可以很容易地判断出故障所在，问题轻松得以解决。类似的例子还有很多，如曲轴转角传感器靶轮缺齿或齿因受外力作用而受损，可能导致车辆加速不良甚至出现熄火现象，有瑕疵的节气门位置传感器同样会影响车辆的动力性能。

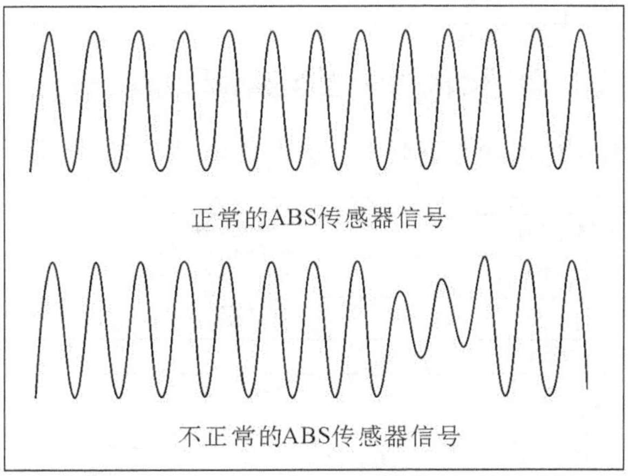

图 1-20　ABS 传感器信号对比

汽车示波器是针对汽车故障维修，为快速、准确地判断故障部位与原因而开发的。它以普通示波器功能为核心，为适应汽车检测环境而预设多种专用测试模式，配以不同的辅助插头、线缆，完成对汽车上大量传感器和执行器的测试。大部分汽车专用示波器带有数字存储功能，可通过通信接口将所测试、存储的波形图上传至个人 PC 电脑，进行下一步的分析、存档。示波器显示的波形是对所测信号的实时显示，因为其取样的频率远远高于万用表，所以信号的每一重要细节都被显示出来，这样高的速度可在发动机运转时识别出任何可造成故障的信号。而且如果需要，任何时间都可重看波形，因为这些波形都可保存在示波器中，并在需要的时候回放所保存的波形。示波器具有双线或多线功能，即同时可在屏幕上看到两个或多个单独的信号，这样就可观察一个信号如何影响另一个信号。例如可将氧传感器电压信号输入到通道1，将喷油器脉冲输入到通道2，然后观察脉冲是否响应氧传感器信号的变化。也可将数字示波器看成一个高速可视电压表，能够看到清晰的信号波形，在图形上能捕捉到瞬间干扰、尖峰脉冲、噪声和所测部件的不正常波形。

案例一

迈腾发动机怠速不稳

故障现象：一辆行驶里程为94101km的迈腾轿车在行驶中磕碰油底壳后，发动机怠速不稳。怠速时“游车”现象严重，排气管尾部能够明显听到类似“缺缸”时发出的“突、突”的声音；加速到中速和高速时一切正常。

故障诊断：

① 用VAS6150读取发动机控制单元故障记忆，如图1-21所示，存有故障记忆：00022，P0016000——气缸列1，凸轮轴位置传感器G40发动机转速传感器，G28布置错误。

车辆自诊断 02-查询故障 1 检测到故障/说明	01-发动机电子系统 06J906026CC MED17.5 编码 长的 经销商编号 00079	06J906026B H03 2064
00022　P0016　000 气缸列1，凸轮轴位置传感器-G40-/发动机转速 传感器-G28-布置错误		环境要求

图1-21　读取故障记忆

② 读取数据流91组在怠速状态下调节至极端，如图1-22所示。

车辆自诊断 08-读取测值块	01-发动机电子系统 06J906026CC MED17.5 编码 长的 经销商编号 00079	06J906026B H03 2064
读取数据块		
	840/min 45.9% 34.0kW 34.0kW	显示框 91

图1-22　读取数据流

③ 检查正时状态为正常，如图1-23所示。

④ 使用VAS6356读取发动机凸轮轴位置传感器G40和发动机转速传感器G28对应的信号波形，如图1-24所示。

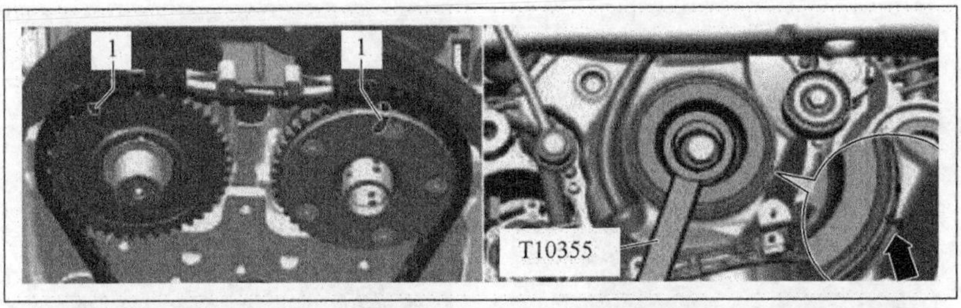

图 1-23　检查正时状态

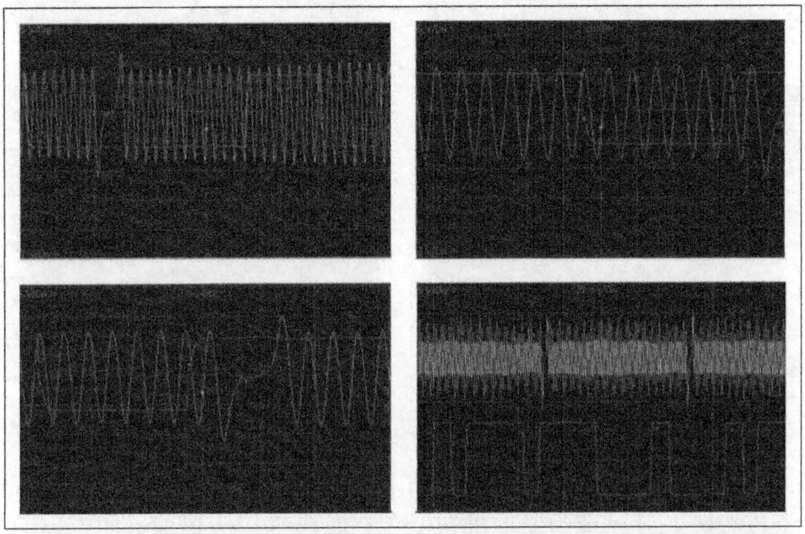

图 1-24　读取信号波形

⑤ 根据 G28 和 G40 的波形状态及对应关系，可发现 G40 的波形出现反应滞缓。检查凸轮轴调整电磁阀工作波形（该波形为 PWM 控制波形），如图 1-25 所示。

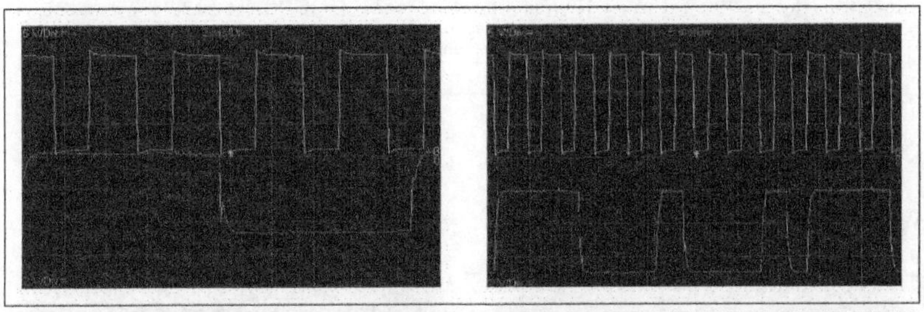

图 1-25　检查工作波形

⑥ 通过凸轮轴位置传感器 G40 与 N205 的占空比对应状态，说明 N205 的 PWM 信号正常，凸轮轴的信号杂波对应的 N205 的 PWM 信号无变化，说明是机械部件导致 G40 产生杂波。因为凸轮轴调整系统需要由机油驱动，所以要检查机油及压力状态条件。检查结果为正常，如图 1-26 所示。

⑦ 据以上分析检查，拆检凸轮轴调整的机械阀，发现机械阀中出现严重的机械卡滞。将机械阀更换后起动车辆并行驶测试，一切正常，如图 1-27 所示。

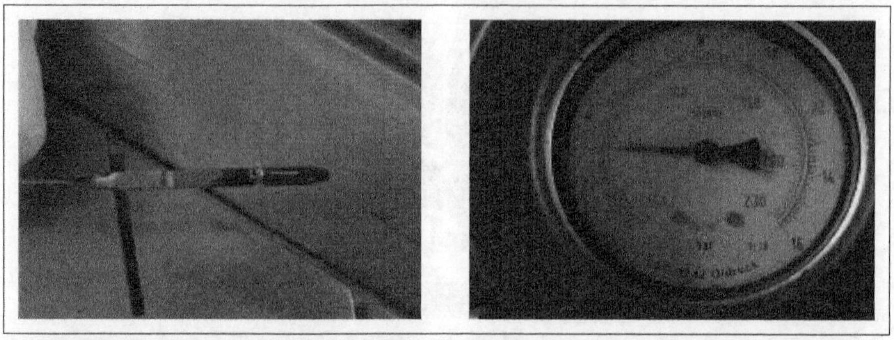

图1-26　检查机油及压力状态条件

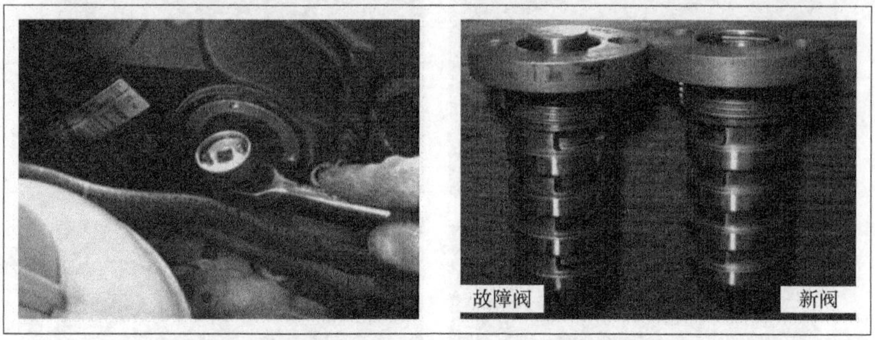

图1-27　更换机械阀

原因分析：故障车由于凸轮轴调节机械阀卡滞导致配气相位错乱，引起气门关闭时刻错误，从而产生了该故障。其原理为发动机在低转速时进气门应提前关闭，以避免混合气回流进气管，此时进气凸轮轴相位应提前调整；而在高速时进气管内气流快，混合气应可继续涌入气缸，而在此时进气门延迟关闭。

这样的功能是如何实现的呢？是由机油泵提供压力油，调节单元的转子与进气凸轮轴相连（调节范围60°曲轴转角），通过PWM激活电磁阀N205控制四位三通阀，来给不同的凸轮轴前段调整阀内的不同油腔提供压力油，以达到提前或推后开启气门的目的，如图1-28所示。

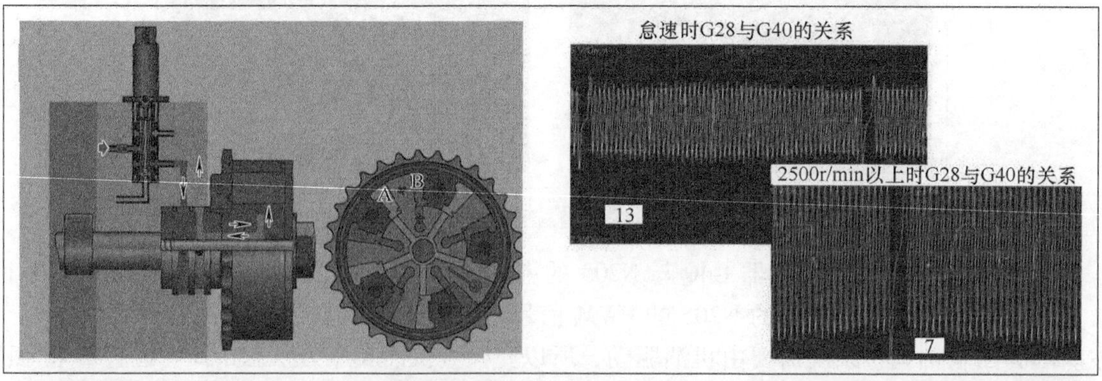

图1-28　调节进气相位

凸轮轴调节N205的PMW信号与转速不是线性比例，N205的占空比与凸轮轴的调整量及转速之间的对应关系如图1-29所示。

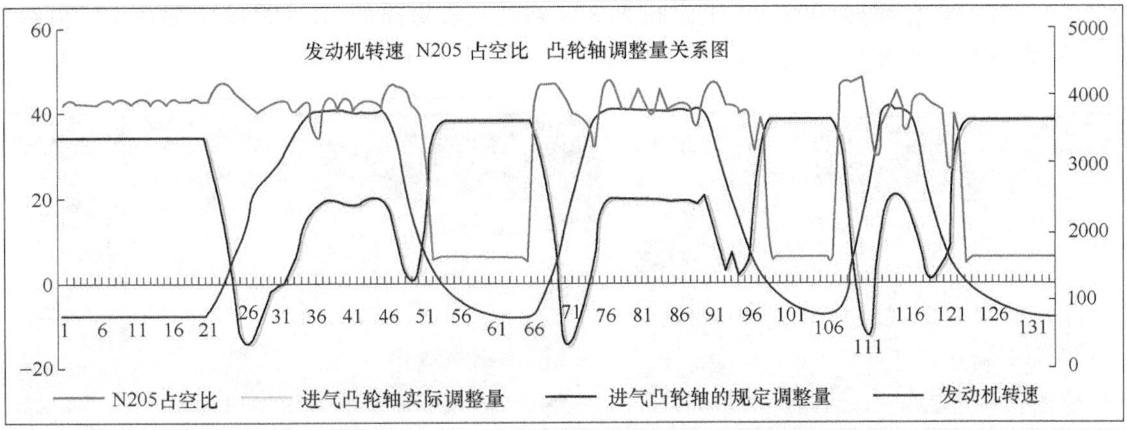

图 1-29　N205 占空比与凸轮轴调整量及转速之间的对应关系

处理方法：将故障车凸轮轴调节机械阀更换后，故障排除。

专用工具/设备：T10355、VAS6150、VAG1342、T10352。

案例点评及建议：对故障现象及故障码的内容认真分析，因为这些故障码也有可能是机械故障引起的。根据具体故障，要具体分析。

案例二

速腾变速器故障导致挂档冲击及仪表板档位显示红屏

故障现象：一辆行驶里程为 37163km 的速腾轿车在行驶中，仪表板的档位显示出现红屏故障。

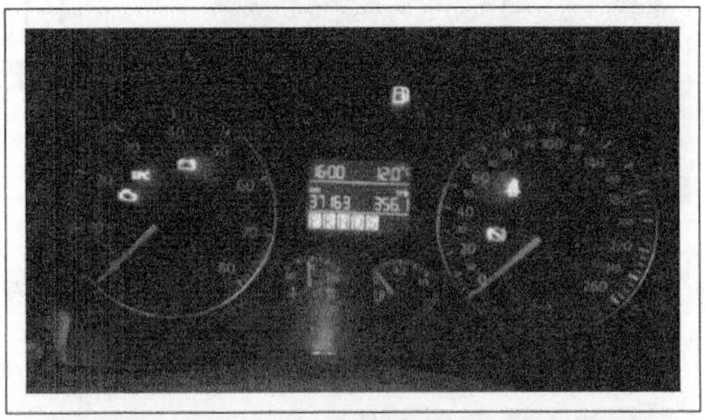

图 1-30　档位显示区红屏

故障诊断：

① 接通点火开关，发现仪表板档位显示区红屏，如图 1-30 所示。

② 使用 VAS6150 读取车辆故障储存器。

a）发动机控制单元故障码为 18060，请读取安全气囊控制单元的变速器控制单元静态，如图 1-31 所示。

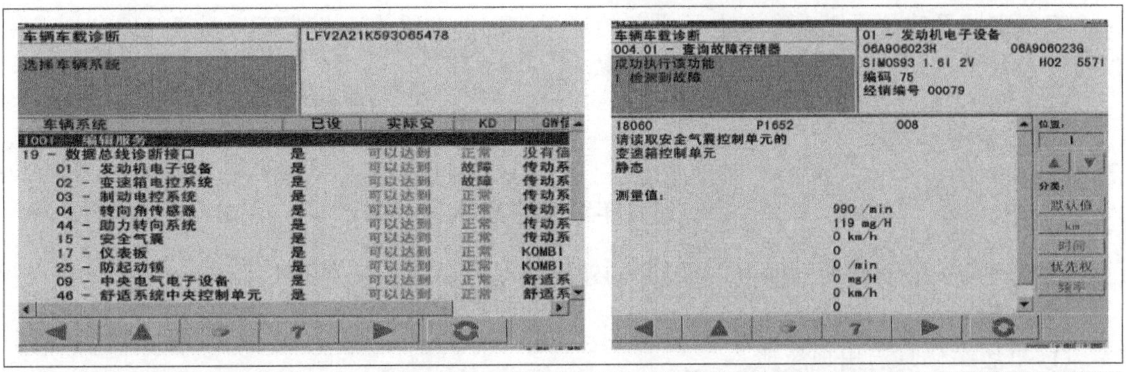

图 1-31　读取发动机故障码

b）变速器故障码为00258，电磁阀 N88 断路对正极短路静态，00349 电磁阀 10 断路对正极短路静态，如图 1-32 所示。

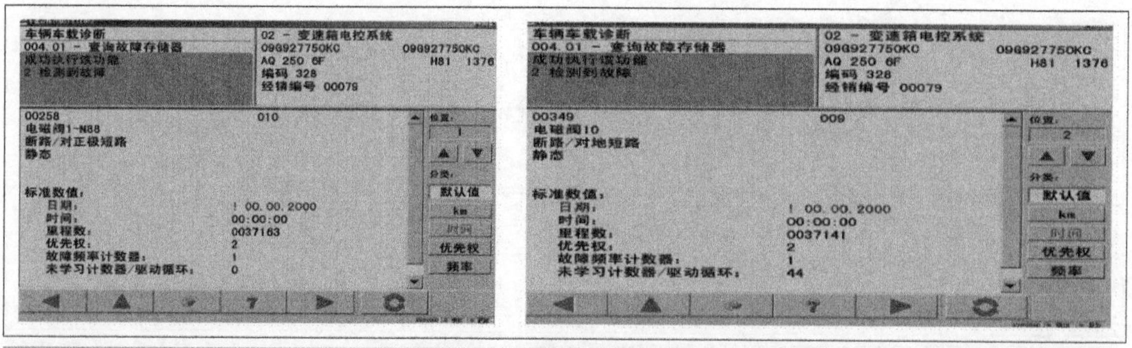

图 1-32 读取变速器故障码

③ 根据故障码，结合电路图测量变速器控制单元与电磁阀的线束连接情况，在拔下变速器上 14 芯插头时，发现线束有维修过的迹象，进一步检查发现第 9 号针脚连接线已断开，如图 1-33 所示。

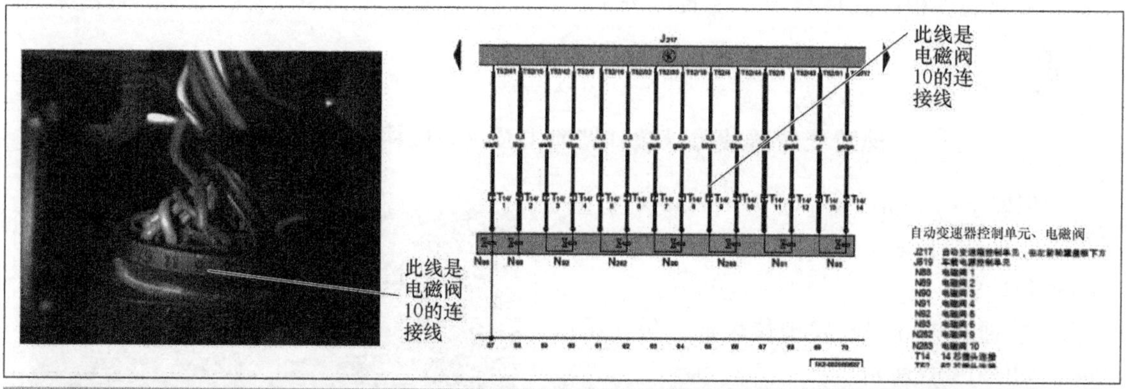

图 1-33 检查线束连接情况

原因分析：由于变速器线束 T14/9 号线断开，导致电磁阀 N283 无法工作。

处理方法：修复线束。

专用工具/设备：VAS6150 电路图线束修复箱。

案例点评及建议：随着车载电子设备的广泛应用，在维修一些故障时要很好地利用专用仪器及设备，这样可以有效地提升工作效率。

案例三

速腾车窗升降故障

故障现象：一辆行驶里程为 3000km 的速腾轿车右后门车窗升降不工作。

故障诊断：

① 事故车修复后出现故障。

② 用 VAS5051 对舒适系统进行诊断时，发现所有的舒适系统均与诊断仪无法通信。

③ 断开蓄电池接线柱后重新接上，左前门控制开关不能控制其他车门；四个车门控制开关仅能在几秒钟内对各自车门进行控制，之后，故障重现。

④ 断开右后门控制单元 J389 后，诊断仪与各系统（除 J389 外）能正确通信。右后门控制单元及安装位置如图 1-34、图 1-35 所示。

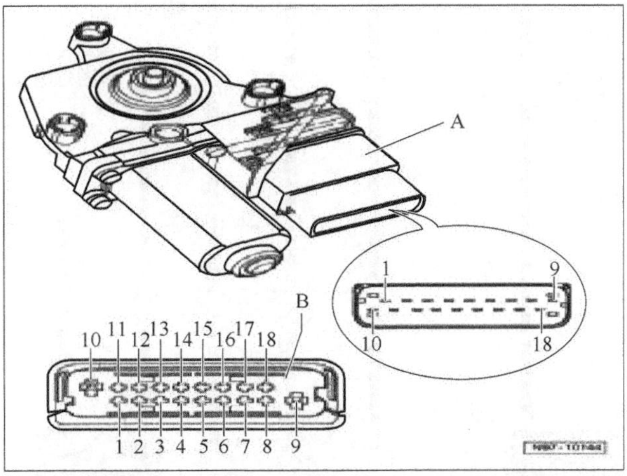

图 1-34　右后门控制单元

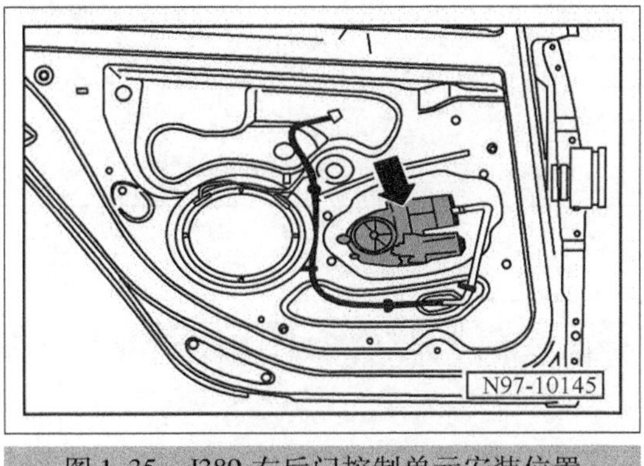

图 1-35　J389 右后门控制单元安装位置

⑤ 此车是在更换了右后门控制单元后出现问题，原零件编号是 L1K5839402B，经销商仓库仅有 L1K5839402G，仓库管理员表示可以通用。安装之后，出现了故障。

原因分析：

① 相关系统的电路图如图 1-36、图 1-37 所示。

② 数据线的连接情况见表 1-4。

表 1-4　数据线的连接情况

零件编号	数据传输	T18c/11			T18c/12		
		功能	电压	频率	功能	电压	频率
L1K5839402B/L	CAN	CAN-H	0～3.6V	100kbit/s	CAN-L	5～1.4V	100kbit/s
L1K5839402G/L	LIN	30a	12V	长时	LIN	[0～2]～[8～18] V	1～10kbit/s

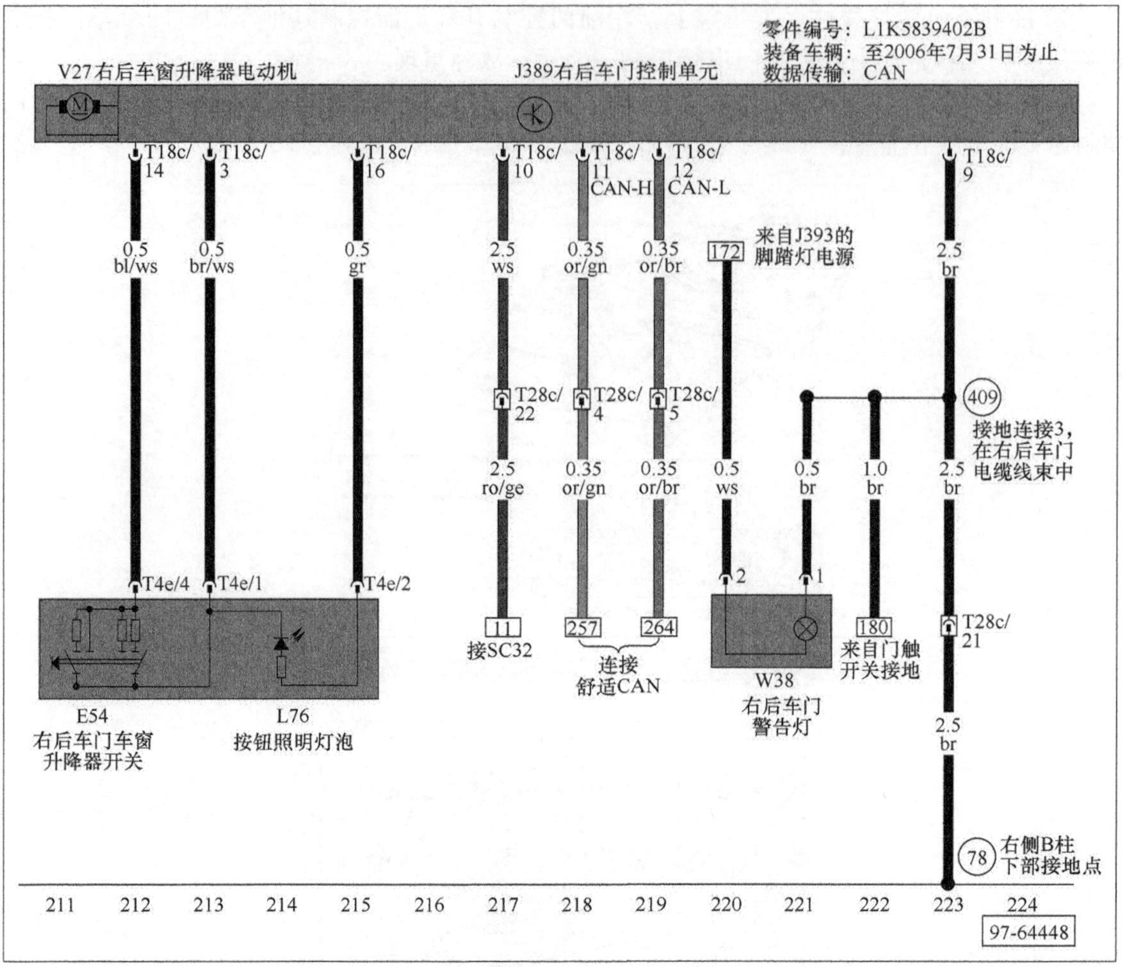

图 1-36　带 CAN 控制的舒适系统

从表 1-4 中可看出：

a）如果将 LIN 的控制单元装入 CAN 的舒适系统中，T18c/11 的接脚是 CAN-H，因为 J389 的 LIN 应得到 12V（相当于此接脚断路状态），所以 CAN-H 能正常传递信号；T18c/12 的接脚是 CAN-L，LIN 发出的信号与 CAN-L 波形冲突，使 CAN-L 产生错误的波形，如图 1-38 所示。

由于 CAN-H 传递正常的波形与 CAN-L 产生异常的波形同时传输给各控制单元（包括 J533），各控制单元无法区别哪根线正常、哪根线异常，只能全部停止工作。

b）如果将 CAN 的控制单元装入 LIN 的舒适系统中，T18c/11 的接脚是 12V，J389 中的 CAN-H 得到 12V 电压，不工作；T18c/12 的接脚是 LIN：J387 发出的 LIN 信号与 J389 发出的 CAN-L 信号冲突，不能工作。结果造成左前门控制开关不能控制右后门车窗，但右后门控制开关可控制本车窗动作。其他正常，因为右前门的 LIN 与右后门相连。

处理方法：按实际零件编号更换右后门控制单元。

专用工具/设备：VAS505x。

案例点评及建议：必须认真分析电路图和电路原理，才能快速准确地进行故障排除。

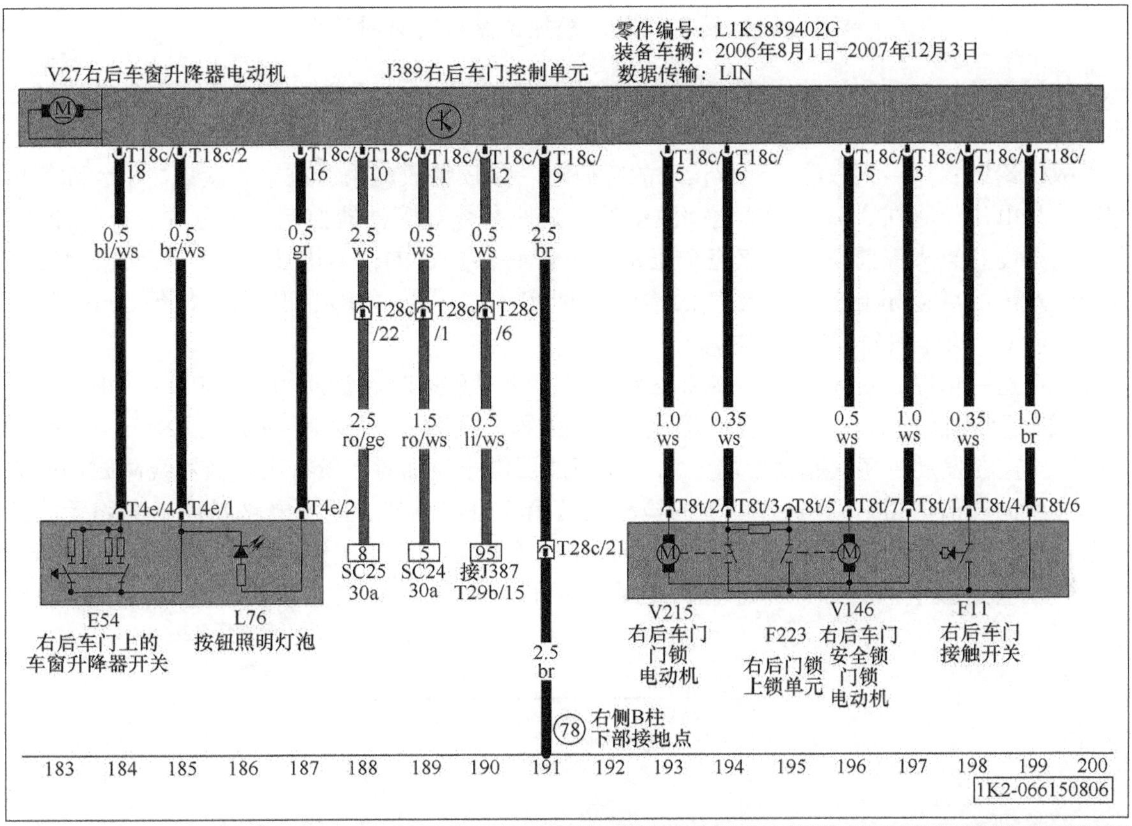

图 1-37 带 LIN 控制的舒适系统

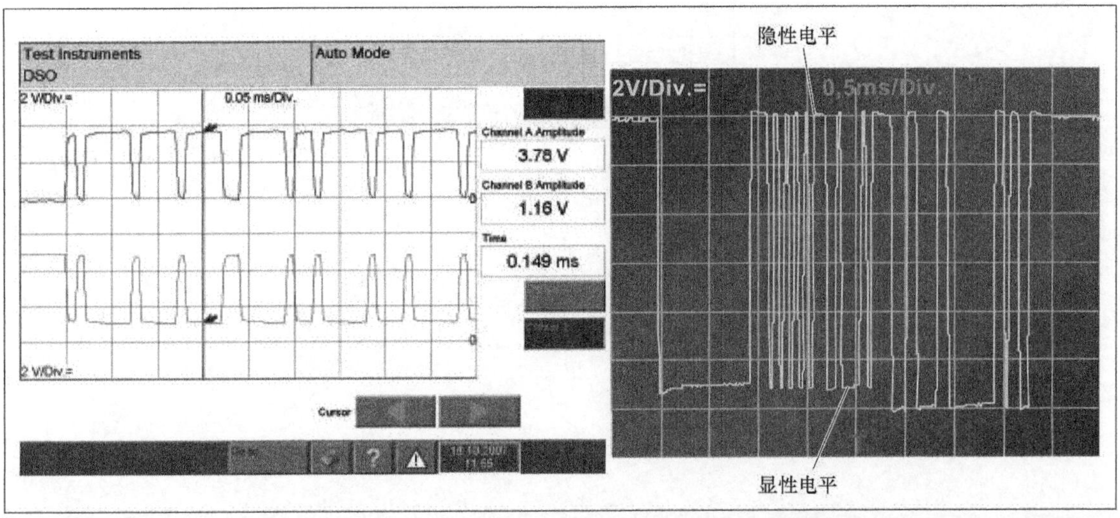

图 1-38 CAN 和 LIN 波形（左图为正常舒适 CAN 波形，右图为正常 LIN 波形）

案例四

发动机运转不稳定，松加速踏板时有时熄火

故障现象：一辆刚行驶了5000km的EQ 7200—Ⅱ型风神蓝鸟轿车，其发动机怠速时工作不稳定，行车中松开加速踏板时发动机有时会熄火。

故障诊断：用专用故障检测仪读取故障码时，未读得故障码；数据流读数显示，除氧传感器信号电压始终在0.7～0.9V之间波动外，其他参数（喷油器控制信号宽度、空气流量、节气门开度和点火提前角等）值完全正常。氧传感器提供的信号电压表明，发动机始终在混合气过浓的状态下运行。对尾气的检测也证实了这一点（HC的体积分数超过10000×10^{-6}，而CO的体积分数为4.6%）。

根据这一情况，首先检查了燃油压力，在发动机怠速时燃油压力为250kPa，正常；然后用汽车示波器检查了各缸喷油器的控制信号，发现第4缸喷油器的控制信号波形（图1-39）在发动机每次起动后均异常（在喷油器停止喷油时，没有由喷油器线圈磁场的衰减而产生的峰值电压）。在通过随后的检测确认第4缸喷油器、电源电路和控制电路无故障的条件下，判定该车的PCM（发动机控制模块）有故障，于是决定拆检PCM。在拆检PCM时发现在电路板上有许多水珠。在对电路板进行吹风干燥处理并重新装复后，故障现象消失。

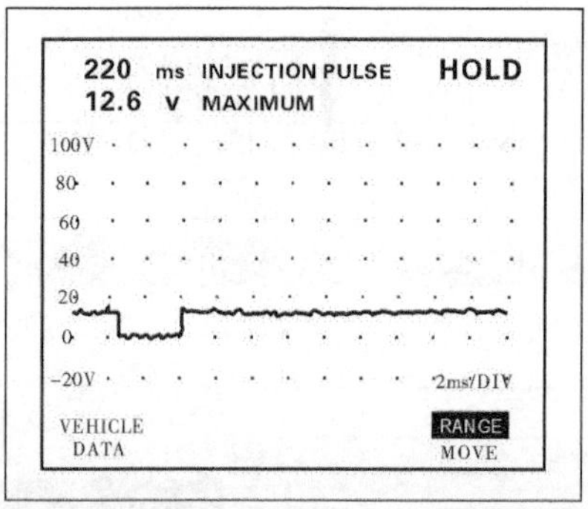

图1-39　第4缸喷油器的控制信号波形

第二章　传感器波形分析

今天的汽车有着复杂的传感器网，通过传感器组成的电路和系统，从汽车运行系统的每一部分得到信息，并将信息传至计算机。传感器告诉计算机汽车走得有多快、发动机的转速是多少、发动机的负荷有多大、汽车是在转弯还是直行等。当所有的传感器工作正常时，汽车运行良好，排放也较干净，效率也较高。

但是，和其他设备一样，传感器也会损坏。当它损坏时，计算机便无法得到保持有效动作所需的信息。此时，必须找出哪一个传感器是坏的，修理它或更换它，让系统返回正常的工作状态。

本章将介绍如何检查波形，如何去发现有故障的传感器。

第一节　空气流量计（MAF）波形分析

博世热线（热膜）式空气流量计（图2-1、图2-2）是模拟输出电压信号传感器，大多数博世热线式空气流量计在空气流量增大时，输出电压也随之升高，热线式空气流量计内部温度补偿电路比较复杂，输出电压模拟信号被送到控制模块，控制模块则根据这个信号来计算发动机负荷判定燃油供给量和点火正时等。

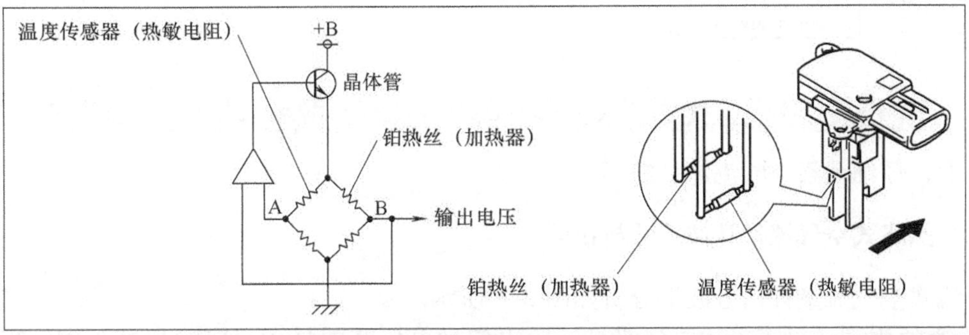

图2-1　热线式空气流量计

一、热线式空气流量计波形检测

关闭所有附属电气设备，起动发动机，并使其怠速运转，怠速稳定后，检查怠速输出信号电压（图2-3中左侧波形）做加速和减速试验，应有类似图2-3中的波形出现。

将发动机转速从怠速增加到节气门全开（加速过程中节气门以缓加速打开）持续2s，不宜超速；再减速回到怠速状况，持续约2s；再急加速至节气门全开，然后再回到怠速；

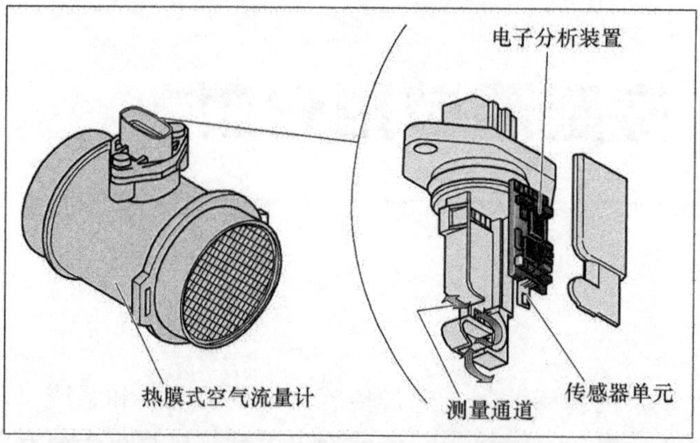

图2-2　热膜式空气流量计

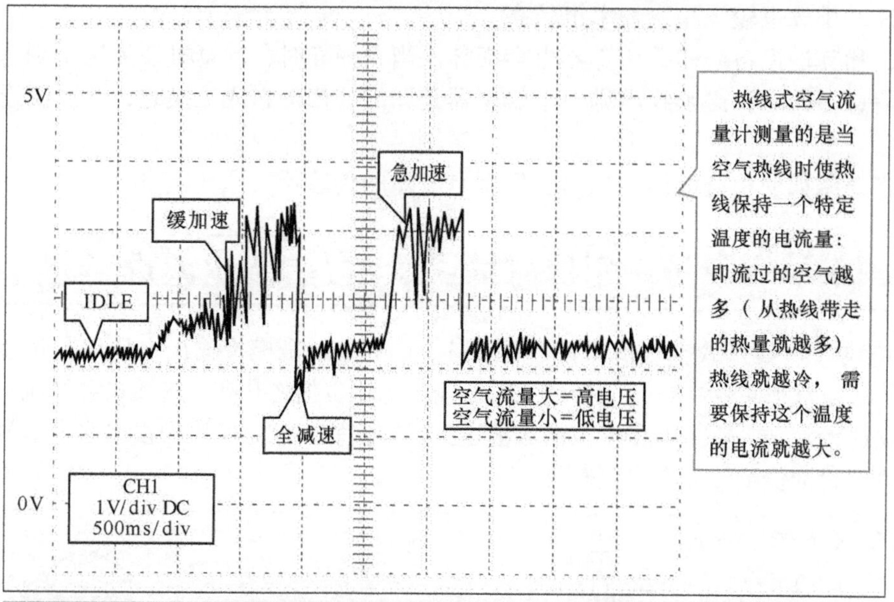

图2-3　热线式空气流量计信号实测波形

定住波形，仔细观察空气流量计波形。

二、热线式空气流量计波形分析说明

热线式空气流量计信号波形分析如图2-4所示。

① 通常热线（热膜）式空气流量计输出信号电压范围是从怠速时超过0.2V变至节气门全开时超过4V，当急减速时输出信号电压应比怠速时的电压稍低。

② 发动机运转时，波形的幅值看上去在不断地波动，这是正常的，因为热线式空气流量计没有任何运动部件而没有惯性，所以它能快速地对空气流量的变化做出反应。在加速时波形所看到的杂波实际是在低进气真空之下各缸进气口上的空气气流脉动，发动机ECU中的超级处理电路读入后会清除这些信号，所以这些脉冲没有关系。

③ 不同的车型输出电压将有很大的差异，在怠速时信号电压是否为0.25V也是判断空

气流量计好坏的方法，另外，从可燃混合气是否正常或排气是否冒黑烟也可以判断空气流量计的好坏。

④ 如果信号波形与上述情况不符，或空气流量计在怠速时输出信号电压太高，而节气门全开时输出信号电压又达不到4V，则说明空气流量传感器已经损坏。

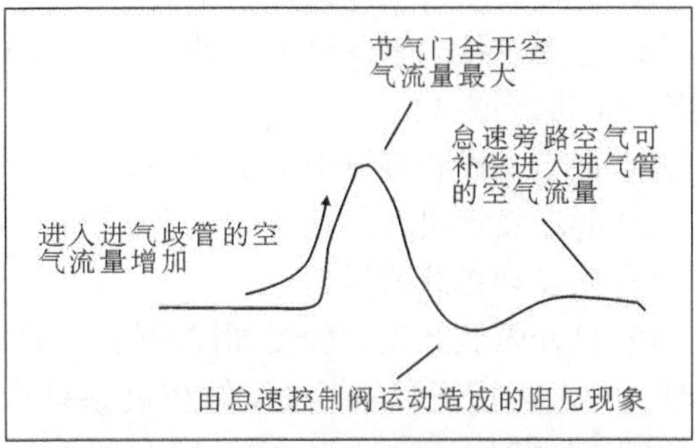

图 2-4　热线式空气流量计信号波形分析

如果在车辆急加速时空气流量计输出信号电压波形上升缓慢，而在车辆急减速时空气流量计输出信号电压波形下降缓慢，则说明空气流量计的热线（热膜）脏污。

出现这些情况，均应清洁或更换热线（热膜）式空气流量计。

第二节　氧传感器波形分析

氧传感器是燃油反馈控制系统的重要部件，用汽车示波器观察到的氧传感器的信号电压波形能够反映出发动机的机械部分、燃油供给系统以及发动机电脑控制系统的运行情况。并且，所有汽车的氧传感器信号电压的基本波形都是一样的，利用波形进行故障判断的方法也相似。

常用的氧传感器有氧化锆式和氧化钛式两种，如图 2-5、图 2-6 所示。

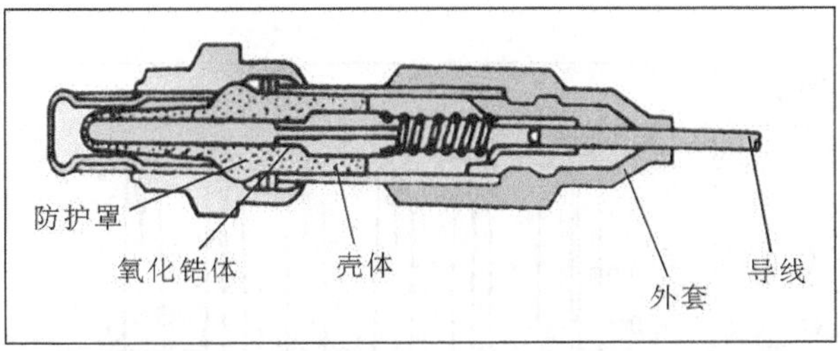

图 2-5　氧化锆式氧传感器的结构

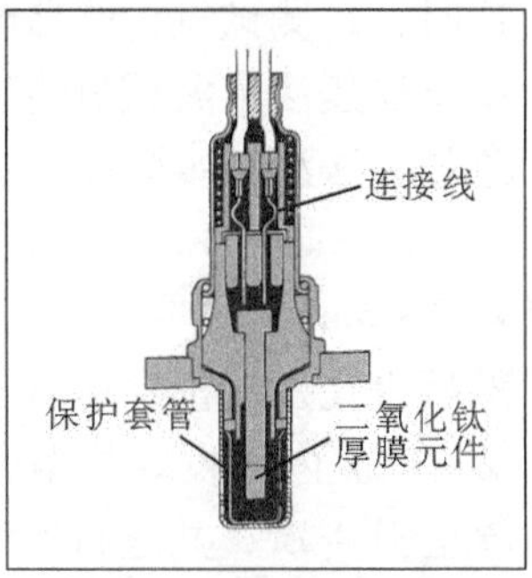

图 2-6　氧化钛式氧传感器

一、氧传感器的波形检测

测试氧传感器信号波形常用的方法有两种：丙烷加注法和急加速法。

1. 丙烷加注法

氧传感器信号测试中有三个参数（最高信号电压、最低信号电压和混合气从浓到稀时信号的响应时间）需要检测，只要在这三个参数中有一个不符合规定，氧传感器就必须予以更换。更换氧传感器以后还要对新氧传感器这三个参数进行检测，以判断新的氧传感器是否完好。

测试步骤（氧化钛型传感器和氧化锆型传感器都适用）如下。

① 连接并安装加注丙烷的工具。

② 把丙烷接到真空管入口处（对于有 PCV 系统或制动助力系统的汽车应在其连接完好的条件下进行测试）。

③ 接上并设置好波形测试设备。

④ 起动发动机，并让发动机在 2500r/min 下运转 2～3min。

⑤ 使发动机怠速运转。

⑥ 打开丙烷开关，缓慢加注丙烷，直到氧传感器输出的信号电压升高（混合气变浓）。此时，一个运行正常的燃油反馈控制系统会试图将氧传感器的信号电压向变小（混合气变稀）的方向拉回。

然后继续缓慢地加注丙烷，直到该系统失去将混合气变稀的能力。

接着再继续加注丙烷，直到发动机转速因混合气过浓而下降 100～200r/min。这个操作步骤必须在 20～25s 内完成。

⑦ 迅速把丙烷输入端移离真空管，以造成极大的瞬时真空泄漏（这时发动机失速是正常现象，并不影响测试结果），然后关闭丙烷开关。

⑧ 待信号电压波形移动到波形测试设备显示屏的中央位置时锁定波形，测试完成。接着就可以通过分析信号电压波形来确定氧传感器是否合格。

2. 急加速法

对有些汽车，用丙烷加注法测试氧传感器信号电压波形是非常困难的，因为这些汽车的发动机控制系统具有真空泄漏补偿功能（采用速度密度方式进行空气流量的计量或安装了进气压力传感器等），能够非常快地补偿较大的真空泄漏，所以氧传感器的信号电压决不会降低。

这时，在测试氧传感器的过程中就要用手动真空泵使进气压力传感器内的压力稳定，然后再用急加速法来测试氧传感器。

急加速法测试步骤如下：

① 以 2500r/min 的转速预热发动机和氧传感器 2～6min。

然后再让发动机怠速运转 20s。

② 在 2s 内将发动机节气门从全闭（怠速）至全开 1 次，共进行五六次。

特别提醒：不要使发动机空转转速超过 4000r/min，只要用节气门进行急加速和急减速就可以了。

③ 定住屏幕上的波形（图 2-7），接着就可根据氧传感器的最高、最低信号电压值和信号的响应时间来判断氧传感器的好坏。

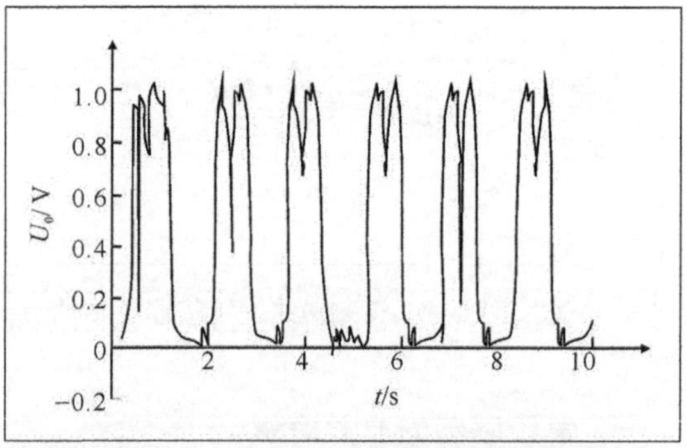

图 2-7　急加速法测试时氧传感器的信号电压波形

在信号电压波形中，上升的部分是急加速造成的，下降的部分是急减速造成的。

二、氧传感器的波形分析

一个好的氧传感器应输出如图 2-8 所示的信号电压波形，其 3 个参数值必须符合表 2-1 所列的值。一个已损坏的氧传感器可能输出如图 2-9 所示的信号电压波形，其中，最高信号电压下降至427mV，最低信号电压小于0V，混合气从浓到稀时信号的响应时间却延长为237ms，所以这3个参数均不符合标准。用汽车示波器对氧传感器进行测试时可以从显示屏上直接读取最高和最低信号电压值，并且还可以用示波器游动标尺读出信号的响应时间（这是汽车示波器特有的功能）。汽车示波器还会同时在其屏幕上显示测试数据值，这对分析波形非常有帮助。

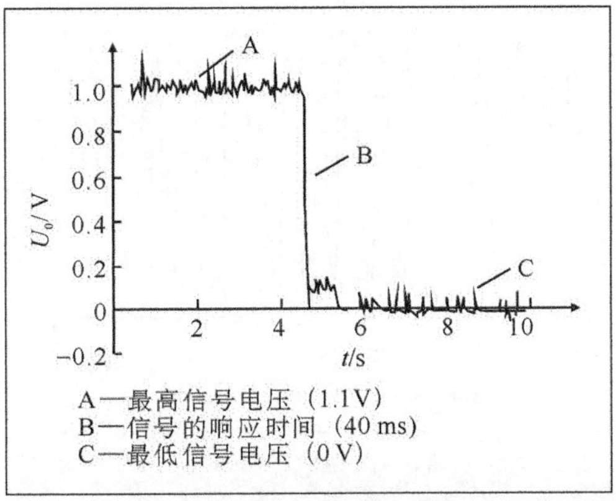

图 2-8 氧传感器标准信号电压波形

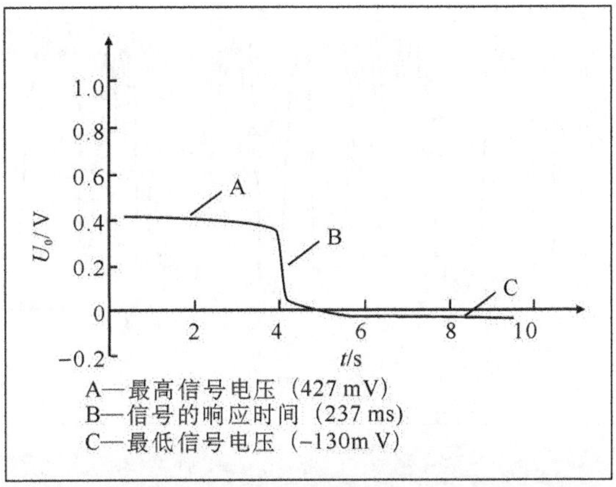

图 2-9 已损坏的氧传感器信号电压波形

表 2-1 氧传感器信号波形参数标准

序号	测量参数	允许范围
1	最高信号电压（左侧波形）	>850mV
2	最低信号电压（右侧波形）	75～175mV
3	混合气从浓到稀的最大允许响应时间（波形的中间部分）	<100ms（波形中在300～600mV之间的下降段应该是上下垂直的）

如果在关闭丙烷开关之前，发动机怠速运转时间（即混合气达到过浓状态的时间）超过25s，则可能是氧传感器的温度太低，这不仅会使信号电压的幅值过低，而且还会使输出信号下降的时间延长，造成氧传感器不合格的假象。因此，在检测前应将氧传感器充分预热（即让发动机在2500r/min下运转2～3min）。如果发动机仅怠速运转5s，就可能有一个或多个参数不合格，而这个不合格并不说明氧传感器是坏的，只是测试条件没有满足的缘故。

多数损坏的氧传感器都可以从其信号电压波形上明显地分辨出来，如果从信号电压波形上还无法准确地断定氧传感器的好坏，则可以用示波器上的游动标尺读出最大和最小信号电压值以及信号的响应时间，然后用这3个参数来判断氧传感器的好坏。

三、不同燃油喷射系统中的氧传感器波形

通常有两种不同的燃油喷射系统：节气门体燃油喷射（TBI）系统和多点式燃油喷射（MFI）系统。由于它们的结构、原理不同，其氧传感器的信号也稍有不同。

1. 节气门体燃油喷射系统氧传感器信号电压波形

节气门体燃油喷射系统（又称单点式燃油喷射系统）只有一个喷油器，因为系统的机

械元件少了，所以它只需较少的时间就可以响应系统的燃油控制命令，较迅速地改变喷油器的喷油量。

因此，在相同的时间内，该系统氧传感器信号电压变化的频率较高，其频率为0.2（怠速时）~3Hz（2500r/min时），如图2-10所示。

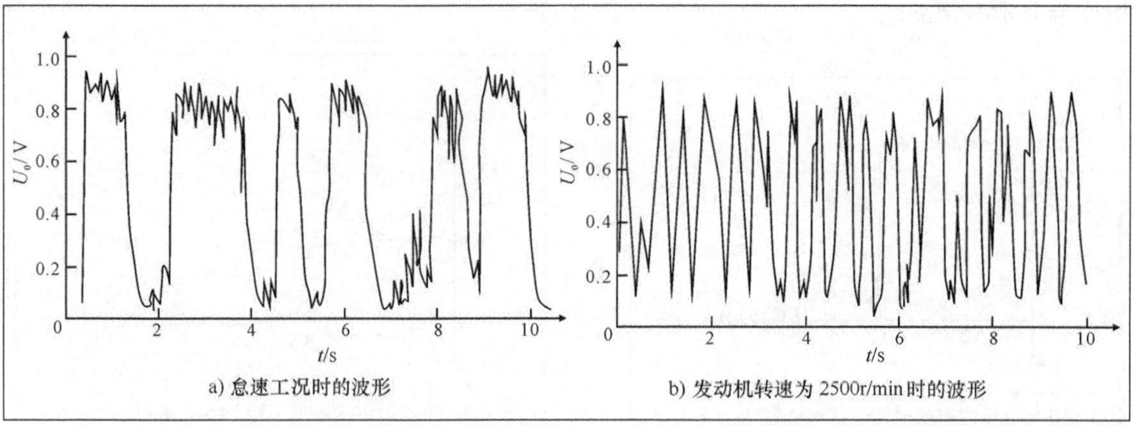

图2-10　典型单点式燃油喷射系统氧传感器的信号电压波形

2. 多点式燃油喷射（MFI）系统氧传感器信号电压波形

多点式燃油喷射系统大大改变了电子与机械部分设计，因而其性能超过节气门体（单点式）燃油喷射系统。

该系统的进气通道明显缩短，从节气门体燃油喷射系统的喷油器到进气门的距离没有了，氧传感器信号电压变化的频率为0.2（怠速时）~5Hz（2500r/min时），如图2-11所示。

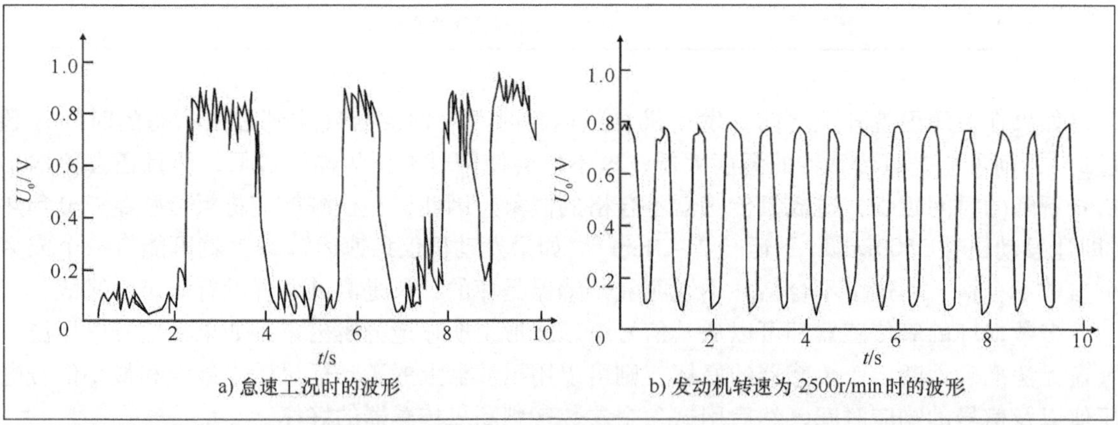

图2-11　典型多点式燃油喷射系统氧传感器的信号电压波形

因此，该系统对燃油的控制更精确，氧传感器的信号电压波形更标准，三元催化转化器的效果更好。

但因该系统分配至各气缸的燃油也不完全相等，所以氧传感器的信号电压波形会产生杂波或尖峰。

四、双氧传感器信号电压波形分析

在许多汽车发动机的燃油反馈控制系统中，安装了两只氧传感器。

为适应美国环境保护署（EPA）对废气控制的要求，从 1994 年起有些汽车在三元催化转化器的前后都装有 1 只氧传感器，这种结构在装有 OBD—Ⅱ的汽车上可用于检查三元催化转化器的性能，在一定情况下还可以提高对混合气空燃比的控制精度。

由于氧传感器信号的反馈速度快，其信号电压波形就成为最有价值的判断发动机性能的依据之一。

通常，氧传感器的位置越靠近燃烧室，燃油控制的精度就越高，这主要是由尾气气流的特性（例如尾气的流动速度，排气通道的长度和传感器的响应时间等）决定的。

许多制造厂在每个气缸的排气歧管中都安装有 1 只氧传感器，这就使汽车维修人员容易判断出工作失常的气缸，减少判断失误。

在许多情况下只要能迅速地判断出大部分无故障的气缸（至少为气缸总数的 1/2 以上），就能缩短故障诊断时间。

双氧传感器信号电压波形及分析如图 2-12 所示。

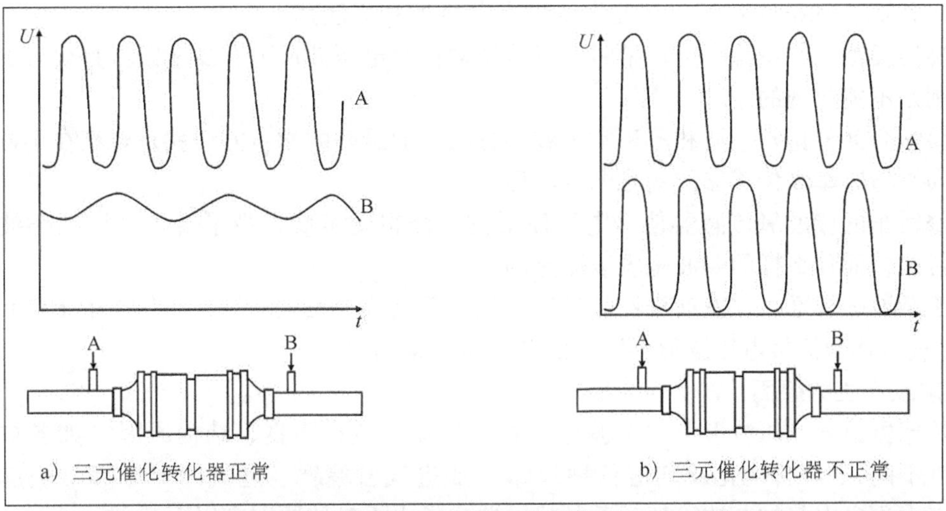

图 2-12　双氧传感器信号电压波形分析

一个工作正常的三元催化转化器，再配上燃油反馈控制系统后就可以保证将尾气中的有害成分转变为相对无害的二氧化碳和水蒸气。

但是，三元催化转化器会因温度过高（如点火不良时）而损坏（催化剂有效表面减少和板块金属烧结），也会因受到燃油中的磷、铅、硫或发动机冷却液中的硅的化学污染而损坏。

OBD—Ⅱ诊断系统的出现改进了三元催化转化器的随车监视系统。

在汽车匀速行驶时，安装在三元催化转化器后的氧传感器信号电压的波动应比装在三元催化转化器前的氧传感器（前氧传感器）信号电压的波动小得多（图 2-12a），因为正常运行的三元催化转化器在转化 HC 和 CO 时要消耗氧气。

OBD—Ⅱ监视系统正是根据这个原理来检测三元催化转化器转化效率的。

当三元催化转化器损坏时，三元催化转化器的转化效率丧失，这时在其前后的排气管中的氧气含量十分接近（几乎相当于没有安装三元催化转化器），前、后氧传感器的信号电压波形就趋于相同（图2-12b），并且电压波动范围也趋于一致。

出现这种情况应更换三元催化转化器。

五、氧传感器的杂波分析

杂波可能是由于燃烧效率低造成的，它反映了发动机各缸工作性能以及三元催化转化器工作效率降低的状况。

对杂波的分析是尾气分析中最重要的内容，因为杂波会影响燃油反馈控制系统的正常运行，使反馈控制程序失去控制精度或“反馈节奏”，导致混合气空燃比超出正常范围，从而影响三元催化转化器的工作效率以及尾气排放和发动机性能。

杂波信号的幅度越大，各个燃烧过程中氧气含量的差别越大。

在加速方式下，能够与碳氢化合物（HC）相对应的氧传感器杂波（波形的峰值毛刺）是一种非常重要的信息，因为它表示发动机在加大负荷的情况下出现了断火现象。

杂波还说明进入三元催化转化器的尾气中的氧含量升高而造成 NO_x 的增加，因为在浓氧环境（稀混合气条件）下三元催化转化器中的 NO_x 无法减少。

在燃油反馈控制系统完全正常时，氧传感器信号电压波形上有少量杂波是允许的，而大量杂波则是不能忽视的。

需要学会区分正常杂波和不正常杂波的方法，而最好的学习方法就是观察在不同行驶里程下不同类型轿车氧传感器的信号电压波形。

所修轿车的标准氧传感器信号电压波形图，能帮助维修人员了解什么样的杂波是允许的、正常的，而什么样的杂波是应该注意的。

关于杂波的标准：在发动机性能良好的状态下（没有真空泄漏，尾气中的HC和氧含量正常），氧传感器信号电压波形中所含的杂波是正常的。

1. 杂波产生的原因

氧传感器信号电压波形上的杂波通常是由发动机点火不良、结构原因（如各缸的进气管道长度不同）、零件老化及其他各种故障（如进气管堵塞、进气门卡滞等）引起的。其中，由点火不良引起的杂波呈高频毛刺状，造成点火不良的原因有以下几种：

① 点火系统本身有故障（如火花塞、高压线、分电器盖、分火头和点火线圈初级绕组的损坏等）。

② 混合气过浓（空燃比约为13）或过稀（空燃比约为17）。

③ 发动机的机械故障（如气门烧损、活塞环断裂或磨损、凸轮磨损和气门卡住等）引起气缸压力过低。

④ 1个气缸或几个气缸有真空泄漏故障（真空泄漏会造成混合气过稀）。

⑤ 在多点式燃油喷射发动机中各喷油器喷油量不一致（喷油器堵塞或卡死），造成个别气缸内的混合气过浓或过稀。

在判断点火不良的原因时，应首先检查点火系统本身是否有故障，然后检查气缸压力是否正常，再检查是否有气缸真空泄漏现象。如果这三项均正常，则对于多点式燃油喷射发动机来说，点火不良的原因一般就是各喷油器的喷油量不一致。

点火系统本身的故障和气缸压力过低的故障可以用汽车示波器检查，而气缸真空泄漏故障可以通过在所怀疑的区域或周围加丙烷的方法检查（观察汽车示波器上的氧传感器信号电压波形是否变多且尖峰消失）。

2. 氧传感器杂波的判断原则

如果氧传感器信号电压波形上的杂波比较明显，则它通常与发动机的故障有关，在发动机修理后应消失。

如果氧传感器信号电压波形上的杂波不明显，并且可以断定进气歧管无真空泄漏，排气中的 HC 含量和氧气含量正常，发动机的转动或怠速运转比较平稳，则该杂波是正常的，在发动机修理中一般不可能消除。

3. 杂波的三种类型

（1）增幅杂波　增幅杂波是指在氧传感器的信号电压波形中经常出现在 300 ~ 600mV 的一些不重要的杂波，如图 2-13 所示。

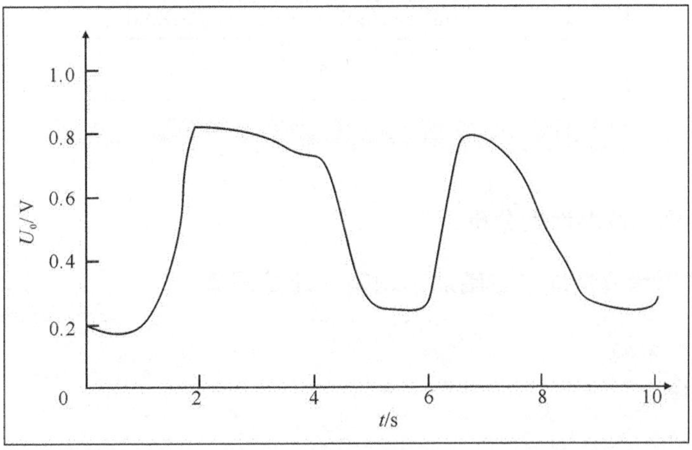

图 2-13　发动机怠速工况时氧传感器信号电压中的增幅杂波

增幅杂波大多是由氧传感器自身的化学特性引起的，而不是由发动机的故障引起的，因此它又称为开关型杂波。由此可见，明显的杂波是指高于 600mV 和低于 300mV 的杂波。

（2）中等杂波　中等杂波是指在信号电压波形的高电压段部分向下冲的尖峰。中等杂波尖峰幅度不大于 150mV。当氧传感器的波形通过 450mV 时，中等杂波会大到 200mV（图 2-14）。

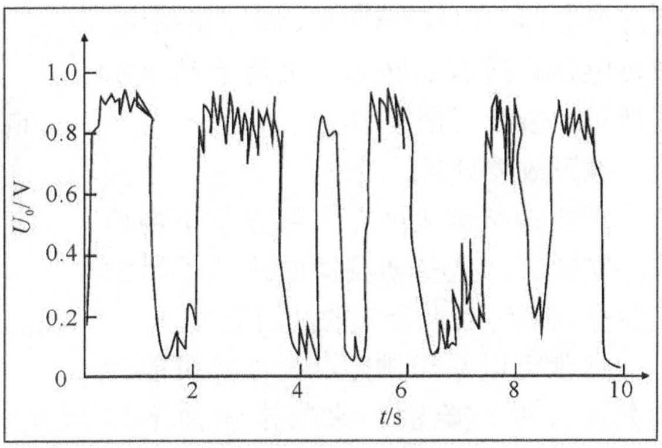

图 2-14　信号电压波形的高电压段的中等杂波

中等杂波对特定的故障诊断可能有用，它与燃油反馈系统的类型、发动机的运行方式（如在发动机怠速运转时氧传感器信号电压波形上的杂波比较多）、发动机或氧传感器的类型有很大关系。

（3）严重杂波　严重杂波是指振幅大于 200mV 的杂波，在波形测试设备上表现为从氧传感器的信号电压波形顶部向下冲（冲过200mV或达到信号电压波形的底部）的尖峰，并且在发动机持续运转期间它会覆盖氧传感器的整个信号电压范围。

发动机处在稳定的运行方式时，例如稳定在2500r/min时，如果严重杂波能够持续几秒，则意味着发动机有故障，通常是点火不良或各缸喷油器喷油量不一致（图2-15）。因此，这类杂波必须予以排除。

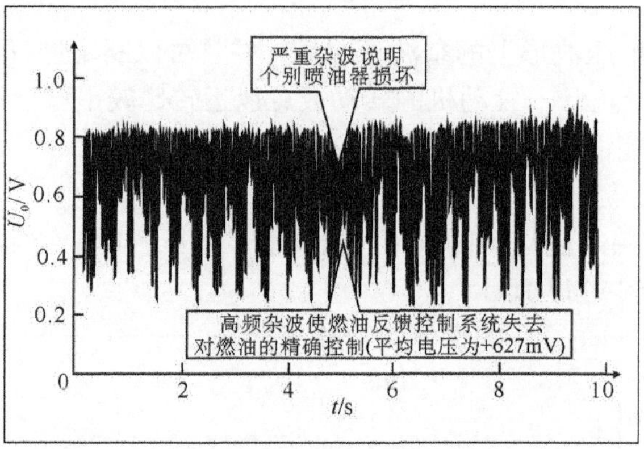

图2-15　由损坏的喷油器导致的严重杂波

六、氧传感器故障波形诊断分析

1. 个别缸喷油器堵塞造成各缸喷油不均衡的故障现象

① 怠速非常不稳。
② 加速迟缓。
③ 动力下降。

在冷起动后或重新热起动后的开环控制期间情况稍好，一旦燃油反馈控制系统进入闭环控制，症状就变得显著。

用示波器检测氧传感器，检测发动机在2500r/min和其他稳定转速下的氧传感器波形，以检查燃油反馈控制系统。氧传感器在所有的转速、负荷下都显示了严重的杂波（图2-16）。

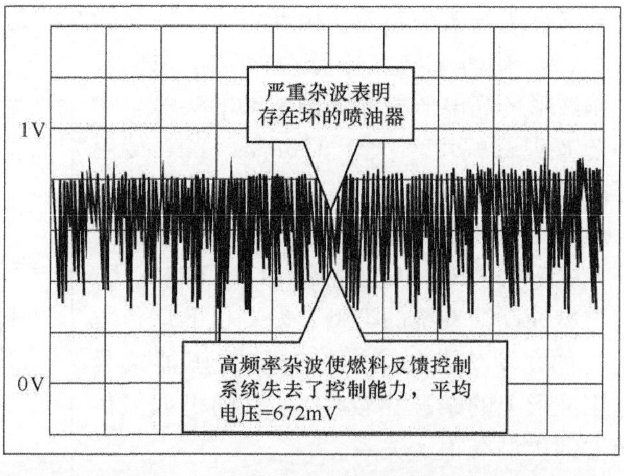

图2-16　个别缸喷油器堵塞造成各缸喷油不均衡时的氧传感器信号电压波形

波形故障分析：

严重的杂波表明排气氧含量不均衡或存在缺火。这些杂波彻底毁坏了燃油反馈控制系统对混合气的控制能力。

通常可以采用排除其他故障可能性的方法（即排除法）来判定喷油不均衡。包括用示波器检查、判断点火系统和气缸压缩压力以排除其可能性；用人为加浓或配合其他仪器等方法排除真空泄漏的可能性。总之，对于多点喷射式发动机，如果没有点火不良、压缩泄漏、真空泄漏问题引起的缺火，则可假定是喷射不均衡引起的缺火。

此例中，进一步检查了上述点火、压缩、真空的各方面情况，结果表明可以排除这些方面问题的可能性。因此，判断为喷油器损坏。

还应注意到，上述“在冷起动后或重新热起动后的开环控制期间情况稍好”，这进一步说明了有个别缸喷油器存在堵塞问题。这是因为，在当时情况下，喷油脉宽稍长，加浓了混合气，多少起到一些补偿作用。

当更换了好的喷油器后，故障现象消失，波形恢复正常。

2. 间歇性点火系统缺火故障

图 2-17 所示为发动机在 2500r/min 时的氧传感器波形。波形反映出点火系统存在间歇缺火故障。波形两边部分显示正常，但波形中段严重的杂波显示燃烧极不正常甚至缺火。

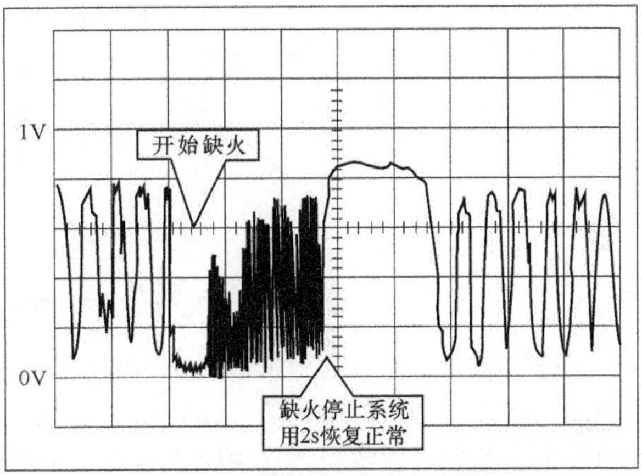

图 2-17　间歇性点火系统缺火故障波形

3. 氧传感器配合喷油脉宽检查分析

图 2-18 所示为发动机在 2500r/min 时的氧传感器波形和喷油脉宽波形。

氧传感器波形显示为不正常的持续浓混合气信号（上边波形），而微机控制系统能正确地发出较短的喷油脉宽指令（下边波形，正常应为 5ms）试图使混合气变稀。两个波形的关系是正确的负反馈关系。这说明故障不在燃料反馈控制系统，可能是燃油压力过高或喷油器存在漏油等原因。

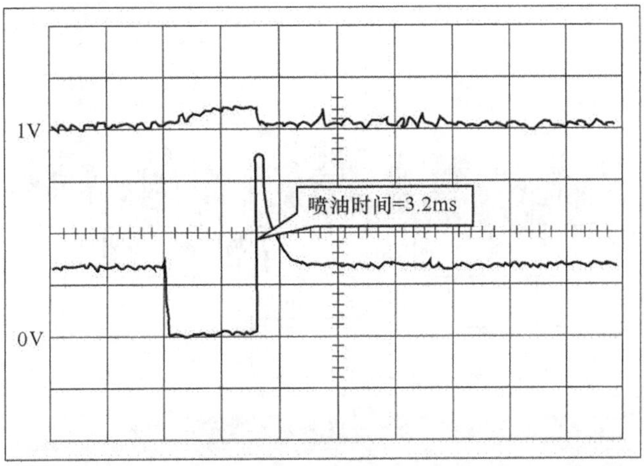

图 2-18　氧传感器配合喷油脉宽波形

若氧传感器波形显示为不正常的持续稀混合气信号（低电压），而微机控制系统能发出较长的喷油脉宽指令（例如 6ms），这两个波形的关系也是正确的负反馈关系。这同样说明故障不在燃油反馈控制系统，可能是燃油压力过低或喷油器存在堵塞等原因。

图 2-19 所示为发动机在 2500r/min 时的氧传感器波形和喷油脉宽波形（浓氧传感器信

号，长喷油脉宽信号）。

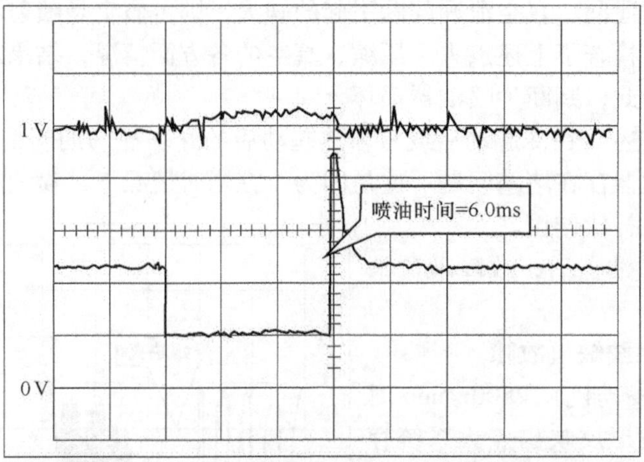

图2-19　浓氧传感器信号配合喷油脉宽波形

氧传感器波形显示为不正常的持续浓混合气信号（上边波形），而微机控制系统正在发出的却仍然是要加浓混合气的较长的喷油脉宽指令（下边波形，正常应为5ms），即两个波形的关系出现方向性错误。这说明故障存在于燃油反馈控制系统内部，例如可能是微机控制系统接收了错误的进气流量信号或错误的发动机冷却液温度信号等原因。

4. 进气真空泄漏

图2-20所示为发动机在2500r/min时的氧传感器波形。故障为个别气缸的进气歧管真空泄漏。

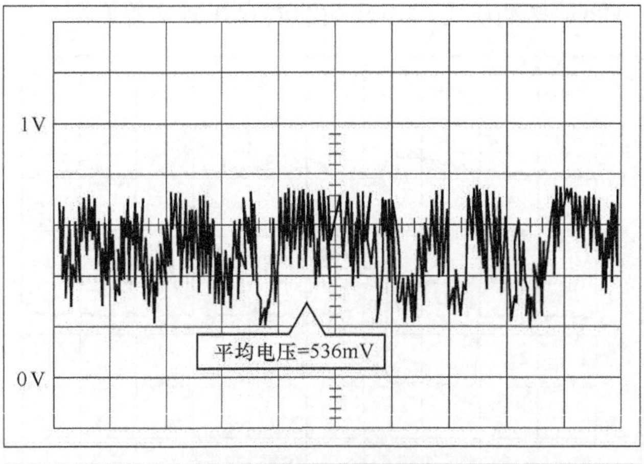

图2-20　进气真空泄漏波形

真空泄漏使混合气过稀，每当真空泄漏的气缸排气时，氧传感器就产生一个低电压尖峰。一系列的低电压尖峰在波形中形成了严重的杂波。

而平均电压高达536mV则可解释为：当氧传感器向微机控制系统反馈低电压信号时，燃油反馈控制系统使气缸内的混合气立即加浓，排气时氧传感器对此给出高电压信号。这说明燃油反馈控制系统的反应是正确的。

5. 氧传感器良好与损坏的波形比较

图 2-21 所示为良好的氧传感器波形与损坏的氧传感器波形叠加比较。

振幅大的波形表示良好者，振幅小的表示损坏者。

损坏的氧传感器波形表明，燃油反馈控制系统的正常运行受到了严重的抑制。但从其波形中的“稍浓、稍稀”振动来分析，燃油反馈控制系统一旦接收到正确的氧传感器反馈信号是有控制空燃比能力的。

由于损坏的氧传感器的反应速率迟缓限制了浓稀转换次数，使混合气空燃比超出了三元催化转化器要求的范围，故此时排放指标恶化。图中良好的氧传感器波形反映的是更换了氧传感器之后的情况。

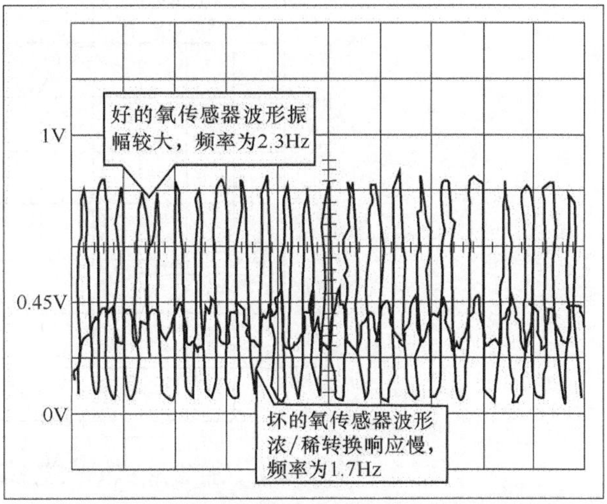

图 2-21　氧传感器好坏的波形比较

6. 氧传感器波形在电控汽车故障检修中的应用总结

上述几例显示了在部分发动机故障中氧传感器信号的反映情况，或显示了故障维修前后的波形对比情况，以及叙述了对波形的分析。

随着汽车排放法规的不断收严和汽车控制技术、汽车维修检测技术的相应发展，使得汽车上增加了许多传感器和诊断传感器故障的仪器。

因此，采用波形分析方法检测发动机故障有了更大的必要性和可能性。其中，由于氧传感器本身所具有的特殊作用，对氧传感器的波形检测和分析对于汽车维修有着更重要的意义。

第三节　其他传感器的波形分析

一、节气门位置传感器波形分析

1. 线性输出型节气门位置传感器信号波形分析

（1）波形检测方法

① 连接好波形测试设备，探针接传感器信号输出端子，鳄鱼夹搭铁。

② 打开点火开关，发动机不运转，慢慢地让节气门从关闭位置到全开位置，并重新返回至节气门关闭位置。慢慢地反复这个过程几次。这时波形应如图 2-22 所示铺开在显示屏上。

（2）波形分析　线性输出型节气门位置传感器信号波形如图 2-23 所示。

查阅车型规范手册，以得到精确的电压范围，通常传感器的电压应从怠速时的低于 1V 到节气门全开时的低于 5V。波形上不应有任何断裂、对地尖峰重大跌落。应特别注意在前 1/4 节气门开度中的波形，这是在驾驶中最常用到传感器膜片的部分。传感器的前 1/8 ~ 1/3 的膜片通常首先磨损。

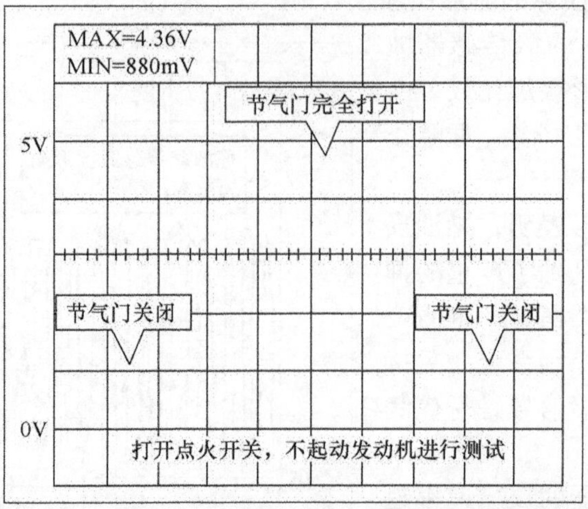

图2-22　线性输出型节气门位置传感器信号波形分析

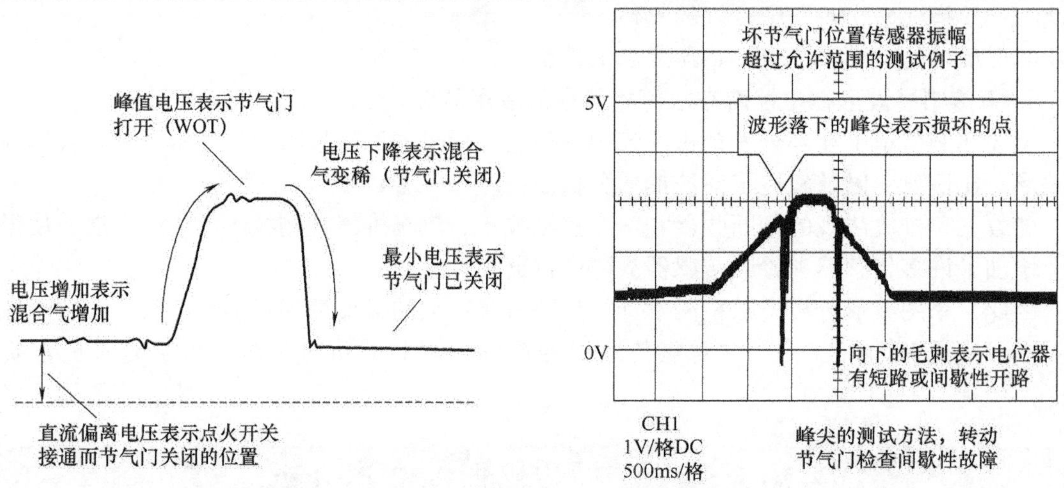

a)正常波形分析　　b)典型故障波形

图2-23　线性输出型节气门位置传感器信号波形

有些车辆有两个节气门位置传感器。一个用于发动机控制，另一个用于变速器控制。发动机节气门位置传感器传来的信号与变速器节气门位置传感器操作相对应。

变速器节气门位置传感器在怠速运转时产生低于5V电压，在节气门全开时变到低于1V。

特别应注意达到2.8V处的波形，这是传感器的膜片容易损坏或断裂的部分。

在传感器中磨损或断裂的膜片不能向发动机ECU提供正确的节气门位置信息，所以发动机ECU不能为发动机计算正确的混合气命令，从而引起汽车驾驶性能问题。

如果波形异常，则更换线性输出型节气门位置传感器。

2. 开关量输出型节气门位置传感器信号波形分析

开关量输出型节气门位置传感器的信号波形检测同线性输出型节气门位置传感器。它是由两个开关触点构成的一个旋转开关。一个常闭触点构成怠速开关，节气门处在怠速位置时，它位于闭合状态，将发动机 ECU 的怠速输入信号端接地，发动机 ECU 接到这个信号后，即可使发动机进入怠速控制，或者控制发动机“倒拖”状态时停止喷射燃油；另一个常开触点（构成全功率触点），节气门开度达到全负荷状态时，将发动机 ECU 的全负荷输入信号端接地，发动机 ECU 接到这个信号后，即可使发动机进入全负荷加浓控制状态。

开关量输出型节气门位置传感器的信号波形及其分析如图 2-24 所示。如果波形异常，则应更换开关量输出型节气门位置传感器。

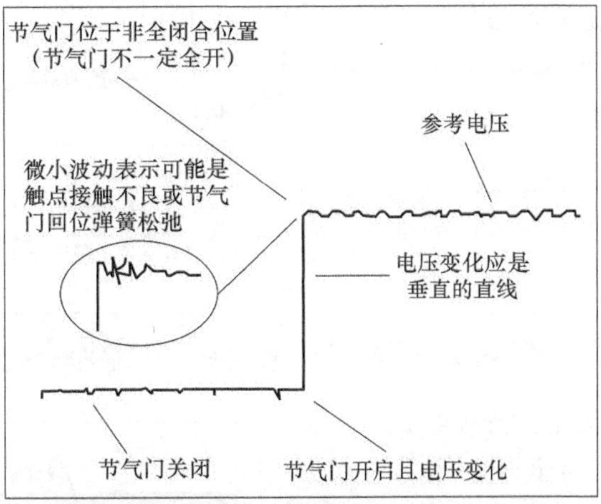

图 2-24　开关量输出型节气门位置传感器的信号波形及其分析

二、进气压力传感器（MAP）波形分析

进气压力传感器种类较多，按其检测原理可分为压敏电阻式、电容式、膜盒式、表面弹性波式等。在 D 型电控燃油喷射系统中应用最多的是压敏电阻式、电容式两种。如图2-25、图2-27 所示。

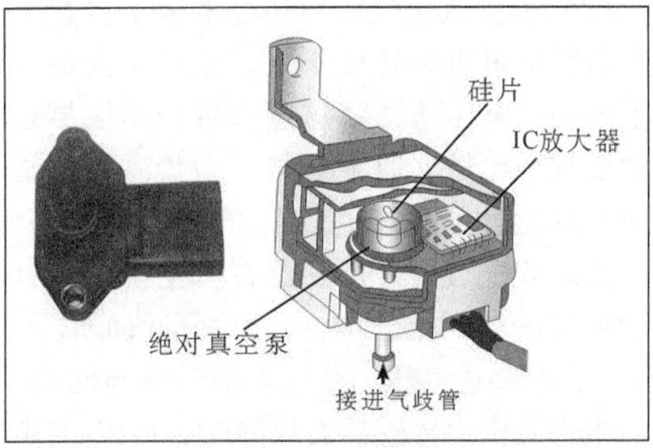

图 2-25　压敏电阻式进气管绝对压力传感器

1. 模拟式进气压力传感器

模拟式进气压力传感器在发动机感测到的真空度直接对应产生可变的电压输出信号。它是一个三线传感器，有 5V 参考电源，其中两条线是参考电源的正负极，另一条是给电脑的输出信号。

（1）模拟式进气压力传感器测试　关闭所有附属电气设备，起动发动机，并使其怠速运转，怠速稳定后，检查怠速输出信号电压。做加速和减速试验，应有如图 2-26 所示的波形出现。

① 将发动机转速从怠速增加到节气门全开（加速过程中节气门缓速打开），并持续 2s，不宜超速。

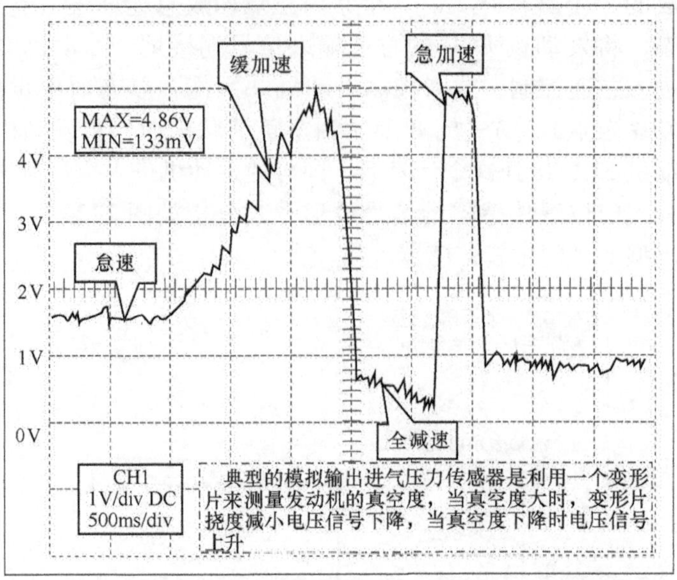

图 2-26　进气压力传感器波形信号分析

② 再减速回到怠速状况，持续约 2s。

③ 再急加速至节气门全开，然后再回到怠速。

④ 将波形定位在屏幕上，观察波形并与波形图比较。

也可以用手动真空泵对其进行抽真空测试，观察真空表读数值与输出电压信号的对应关系。

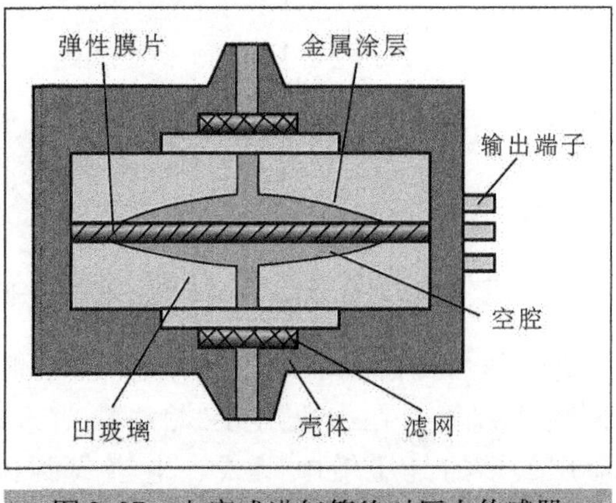

图 2-27　电容式进气管绝对压力传感器

（2）模拟式进气压力传感器波形分析　从汽车资料中可查到各种不同车型在不同的真空度下的输出电压值，将这些参数与示波器显示的波形进行比较。通常进气压力传感器的输出电压在怠速时是 1.25V，当节气门全开时略低于 5V，全减速时接近 0V。

大多数进气压力传感器在真空度高时（全减速时是 24inHg，1inHg = 3386.39Pa）产生低的电压信号（接近 0V），而真空值低时（全负荷时接近 3inHg）产生高的电压信号（接近 5V），也有些进气压力传感器设计成与此相反的方式，即当真空度增高时输出电压也增高。

当进气压力传感器有故障时，可以查阅维修手册，波形的幅度应保持在接近特定的真空度范围内，波形幅度的变化不应有较大的偏差。当传感器输出电压不能随发动机真空值变化时，在波形图上可明显看出来，同时发动机将不能正常工作。

有些克莱斯勒汽车的进气压力传感器在损坏时，不论真空度如何变化输出电压不变。

有些系统，如克莱斯勒汽车通常显示出许多电子杂波，甚至在 NORMAL 采集方式，在波形上还有许多杂波，通常四缸发动机有杂波，因为在两个进气行程间真空波动比较多，通用汽车进气压力传感器杂波最少。

如果波形杂乱或干扰太大，不用担心。因为这些杂波在传送到控制模块后，控制模块中的信号处理电路会清除杂波干扰。

2. 数字输出进气压力传感器

这种压力传感器产生的是频率调制式数字信号，它的频率随进气真空而改变，当没有真空时，输出信号频率为160Hz，怠速时真空度为19inHg，它产生约150Hz的输出，检测时应按照维修手册中的资料来确定真空度和输出频率信号关系，数字输出进气压力传感器也是一个三线传感器，用5V电源给它供电。

（1）数字输出进气压力传感器测试　打开点火开关，但不起动发动机，用手动真空泵给进气压力传感器施加不同的真空度，并观察示波器的波形显示。

确定判定参数：幅值、频率、形状是相同的，精确性和重复性好，幅值接近5V，频率随真空度变化，形状（方波）保持不变。

确定在给定真空度的条件下，传感器能发出正确的频率信号。

（2）数字输出进气压力传感器波形分析　波形的幅值应该是满5V的脉冲，同时形状正确，例如波形稳定，矩形主角正确，上升沿垂直。频率与对应的真空度应符合维修资料给定的值（图2-28）。

可能的缺陷和参数值的偏差主要是不正确频率值，脉冲宽度变短，不正常波形等（图2-29）。

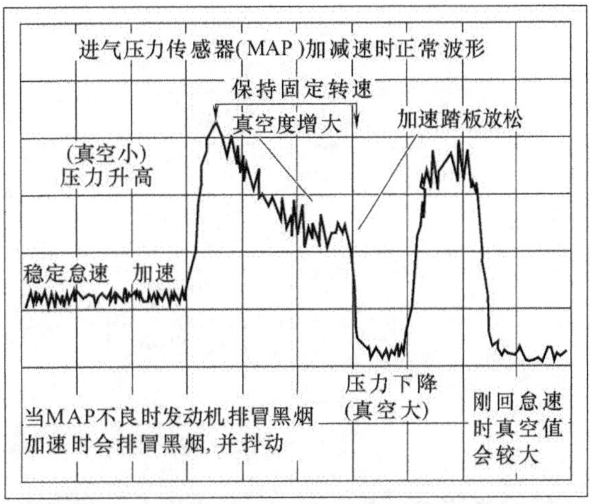

图2-28　正常波形

三、温度传感器波形分析

大多数温度传感器如：燃油温度传感器（FT）、进气温度传感器（IAT）和发动机冷却液温度传感器（ECT）是负温度系数（NTC）的热敏电阻，用半导体材料做成的电阻。这种传感器的电阻随着传感器温度的增加而减小，部分传感器用它们外壳作为接地，因此它只有一条信号线。

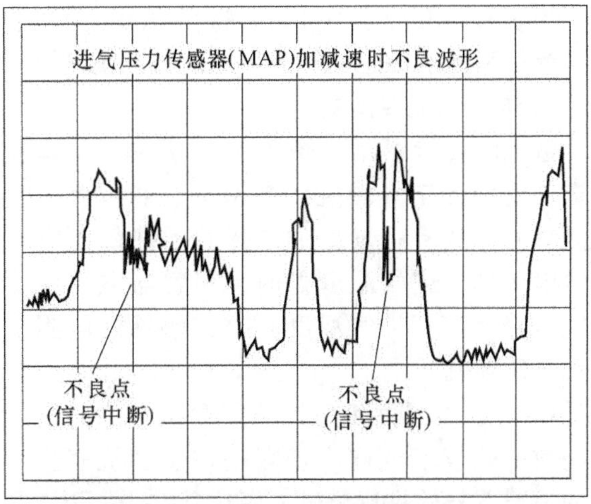

图2-29　不正常波形

这些传感器由控制模块提供5V参考电源供电，同时它们将与温度成比例的电压反送给控制模块（PCM）。典型的FT、IAT和ECT传感器的电阻变化范围是，在-40℃时约为10kΩ，在130℃时约为50Ω。

1. 燃油温度传感器

燃油温度传感器（FT）通常检测发动机的燃油管道中的温度，当用示波器或万用表测量燃油温度传感器时，你所读出的是NTC电阻两端的电压降，当较低温度时传感器两端电阻及电压降比较高，而温度高时，传感器电阻及两端电压降则变低。

燃油温度传感器的波形测试　除了故障与温度有关外，应从发动机完全冷的状况下开始测试，当得到故障与温度有关时，从被怀疑的温度范围开始可能是比较好的方法。

起动发动机，然后加速至2500r/min，并保持，让示波器中的波形从左向右在屏幕上完全显示出来（图2-30），定住波形，停止检测，这时传感器已经通过了汽车全部的运行范围，如果故障是间或发生在行驶中，这可能还将有必要在路试中测试。

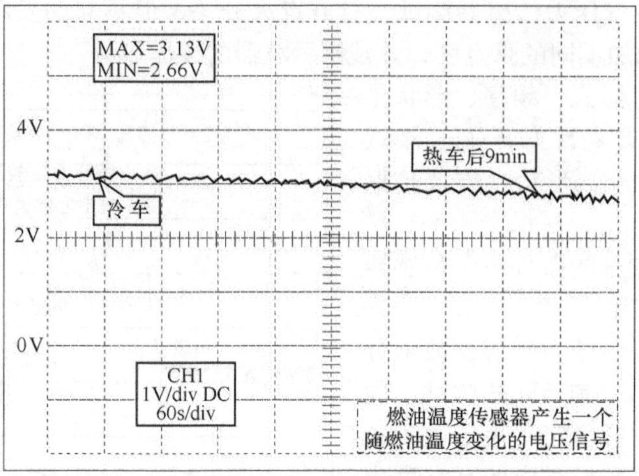

图2-30　燃油温度传感器波形

传感器的电压显示范围在≤5V（当发动机完全是冷机时），在运行温度范围内大约下降1～2V，这个直流（DC）信号的判定的关键尺度是电压幅度，这个传感器在任何温度下都应该发出平稳幅度的电压信号。

当燃油温度传感器开路时将出现向上直到参考电压值的尖峰。

当燃油温度传感器对地短路时将出现向下直到接地电压值的尖峰。

2. 进气温度传感器

进气温度传感器（图2-31）通常用于检测进气管中的空气温度，当用示波器或万用表测试时，从表中读出的是传感器热敏电阻两端电压降，进气温度低时，传感器电阻值及电压降就高，进气温度高时传感器的电阻值和电压降就低。

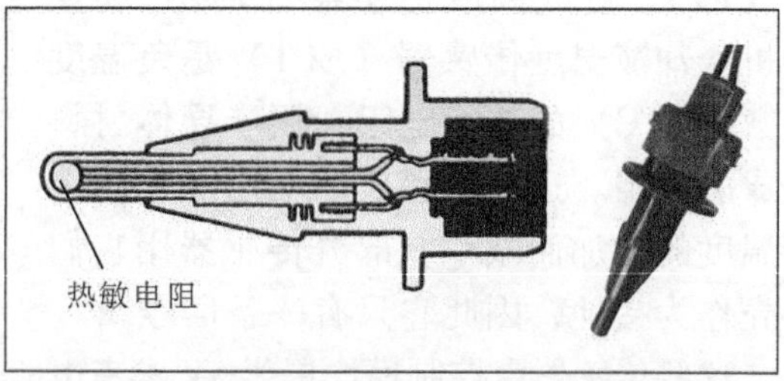

图2-31　进气温度传感器

（1）进气温度传感器波形测试　除非发现的故障依赖于温度，否则应在发动机完全冷的情况下开始进行测试。用这种方法，可以更好地从怀疑有故障的温度段开始测试。

起动发动机加速至2500r/min，稳住转速看示波器屏幕上波形从左端开始直到右端结束，示波器上时间轴每格5s，总共一次记录传感器工作为50s，将屏幕上的波形定住，停止测试。波形如图2-32所示。

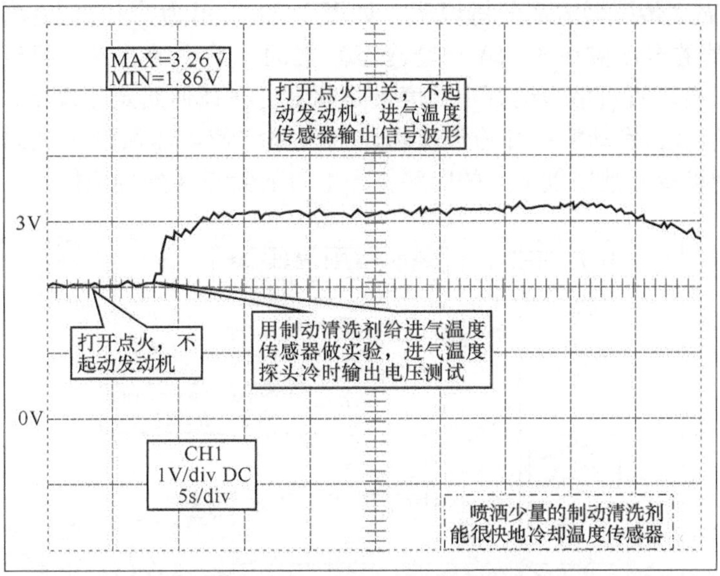

图 2-32 进气温度传感器测试波形

此时，传感器已经通过从完全冷的发动机到全部的工作范围，测试进气温度传感器的另一种方法是用喷射清洗剂或水喷雾器喷射传感器，这样会使传感器降温，当打开点火开关，发动机又转动的情况下，喷射传感器波形电压会向上升。

（2）进气温度传感器波形分析说明　按照制造厂的资料确定输出电压范围，通常传感器的电压应在 3 ~5V（完全冷车状态）之间，在运行温度范围内电压降在 1 ~2V 之间，这个直流信号的关键是电压幅度，在各种不同温度下传感器必须给出对应的输出电压信号。

当进气温度传感器电路开路时将出现电压向上直到接地电压值的尖峰。

当进气温度传感器电路对地短路时将出现电压向下直到参考电压值为 0。

3. 冷却液温度传感器

发动机冷却液温度传感器（图 2-33）安装在冷却液出口处，它向 ECU 提供一个随冷却液温度变化的模拟信号。ECU 根据冷却液温度信号来确定点火正时、怠速控制和喷油量。另外，氧传感器控制、减速断油和蒸发排放系统等功能也基于发动机冷却液温度传感器的输出信号系统进行工作。

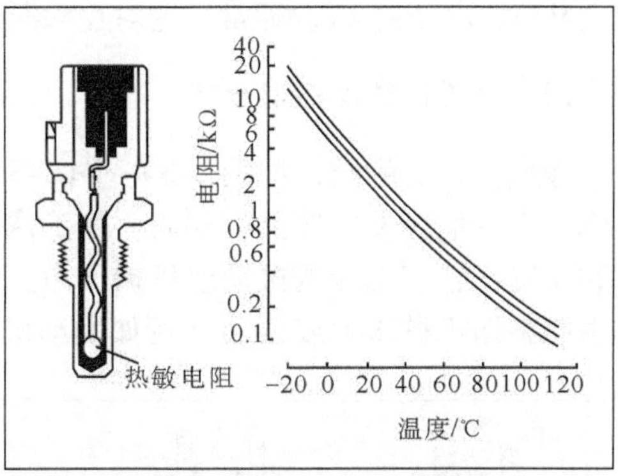

图 2-33 冷却液温度传感器

（1）冷却液温度传感器波形测试　如果你正观察的问题与温度有关，可以从全冷态的发动机开始试验步骤。如果故障与温度的变化无关，可以直接从怀疑的温度范围（从顾客处了解到的等）开始试验是较好的。起动发动机，在 2500r/min 下保持节气门不变，直至轨迹从屏幕的左侧至屏幕右侧，在 6s/D 下，看起来好像不变，但这仅仅 10min 后按示波器上 RUN/HOLD 按钮以冻结显示的波形，传感器现已通过整个运行范围，从全冷态至正常工作温度。

（2）冷却液温度传感器波形分析说明 如图2-34所示为冷却液温度传感器波形分析。通常冷车时传感器的电压应在3～5V（全冷态）之间，然后随着发动机运转减少至运行正常温度时的1V左右。直流信号的判定性度量是幅度。在任何给定温度下，好的传感器必须产生稳定的反馈信号，发动机冷却液温度电路的开路将使电压波形出现向上的尖峰（到参考电压值），发动机冷却液温度电路的闭路将产生向下尖峰（到接地值）。

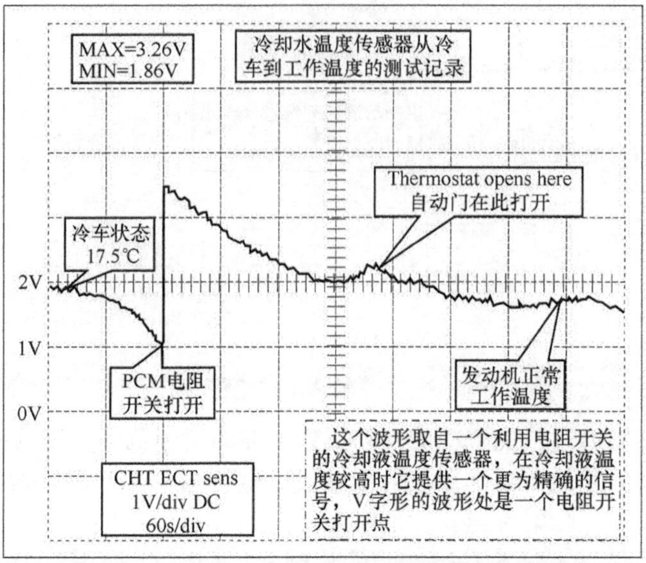

图2-34 冷却液温度传感器波形分析

缩短时基轴转速至200ms/D或更短对捕获在正常采集方式下快速和间歇性故障是有用的。

一些克莱斯勒公司和通用汽车公司生产的轿车在52℃时（约1.25V）串进一个1kΩ电阻回路，这使得波形先开始呈约1.25V，形成一向上的阶跃，波形上跳至3.7V，然后继续下降至完全升温，电压约2V。通常，这对克莱斯勒公司和通用汽车公司生产的轿车来说是正常的。

四、爆燃传感器波形分析

爆燃传感器的结构如图2-35～图2-37所示，它们是交流信号发生器，但又与其他大多数汽车交流信号发生器大不相同。除了像磁电式曲轴和凸轮轴位置传感器一样探测转轴的速度和位置，它们也探测振动或机械压力。与定子和磁阻器不同，它们通常是压电装置。它们是由能感知机械压力或振动（例如发动机爆燃时能产生交流电压）的特殊材料构成。

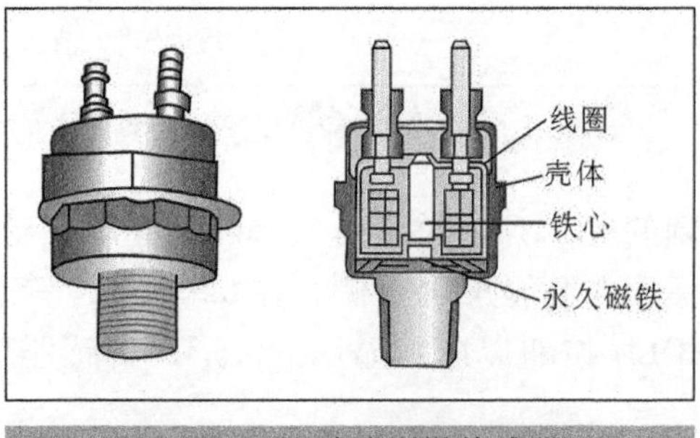

图2-35 电感式爆燃传感器

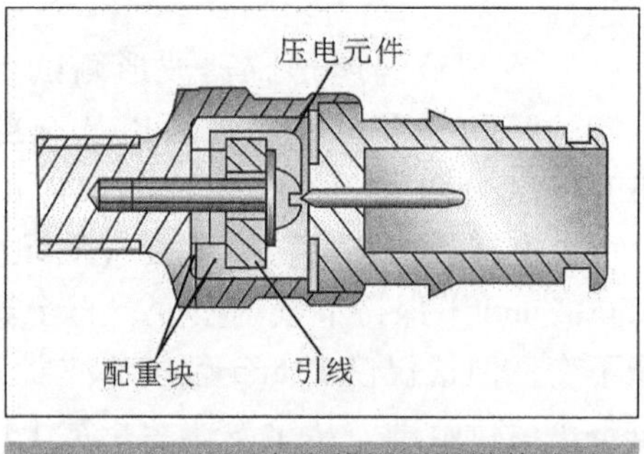

图2-36 电压式非共振型爆燃传感器

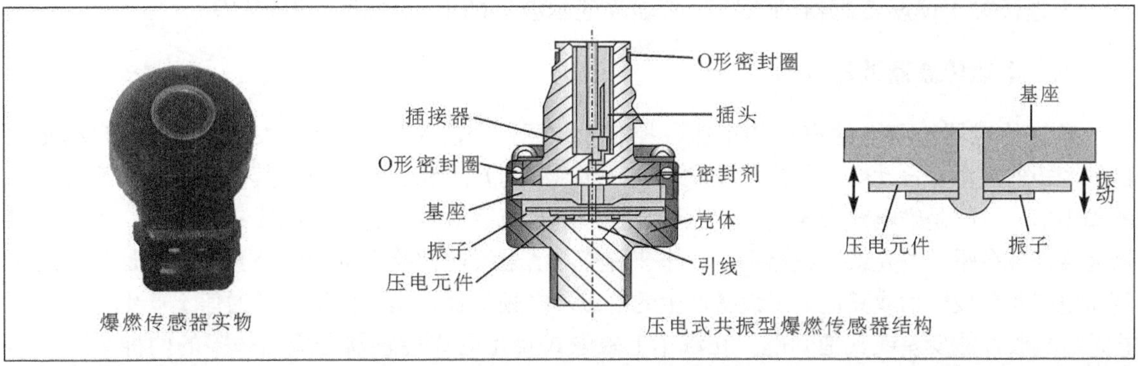

图 2-37　压电式共振型爆燃传感器实物与结构

点火过早，废气再循环不良，低标号燃油等原因引起的发动机爆燃会造成发动机损坏。爆燃传感器向电脑（有的通过点火控制模块）提供爆燃信号，使得电脑能重新调整点火正时以阻止进一步爆燃。它们实际上是充当点火正时反馈控制循环的“氧传感器”角色。

爆燃传感器安放在发动机体或气缸的不同位置。当振动或敲缸发生时，它产生一个小电压峰值，敲缸或振动越大，爆燃传感器产生峰值就越大。一定高的频率表明是爆燃或敲缸，爆燃传感器通常设计成测量 5 ~ 15kHz 范围的频率。当控制单元接收到这些频率时，电脑重修正点火正时，以阻止继续爆燃。爆燃传感器通常十分耐用，所以传感器只会因本身失效而损坏。

1. 爆燃传感器波形测试

打开点火开关，不起动发动机，用一些金属物敲击发动机（在传感器附近的地方）。

在敲击发动机体之后，紧接着在示波器显示上应有一振动，敲击越重，振动幅度就越大。

从一种形式的传感器至下一种传感器的峰值电压将有些变化。爆燃传感器是极耐用的。最常见的爆燃传感器失效的方式是传感器根本不产生信号——这通常是因为某些东西碰伤，它会造成传感器物理损坏（传感器内晶体断裂，这就使它不能使用）。波形显示只是一条直线，但如果你转动发动机或敲击传感器时的波形是平线，检查传感器和示波器的连接，确定该回路没有接地，然后再判断传感器是否失效。

2. 爆燃传感器顶部波形分析

爆燃传感器顶部波形分析如图 2-38 所示。

波形的峰值电压（峰高度或振幅）和频率（振荷的次数）将随发动机的负载和转速而增加，如果发动机因点火过早、燃烧温度不正常、废气再循环不正常流动等引起爆燃或敲击声，其幅度和频率也增加。

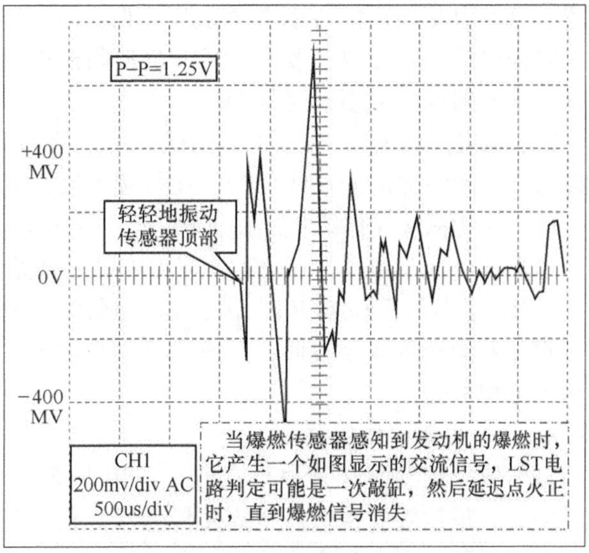

图 2-38　爆燃传感器顶部波形分析

为进行关于爆燃传感器的试验，必须改变示波器的电压分度至50mV/D。

五、车速传感器波形分析

车速传感器检测电控汽车的车速，控制模块用这个输入信号来控制发动机怠速，自动变速器的变矩器锁止，自动变速器换档及发动机冷却风扇的开闭和巡航定速等其他功能。车速传感器的输出信号可以是磁电式交流信号，也可以是霍尔式数字信号或者是光电式数字信号。车速传感器通常安装在驱动桥壳或变速器壳内，车速传感器信号线通常装在屏蔽的外套内，这是为了消除高压电线及车载电话或其他电子设备产生的电磁及射频干扰，用于保证电子通信不产生中断，防止造成驾驶性能变差或其他问题。在汽车上磁电式及光电式传感器是应用最多的两种车速传感器，在欧洲、北美和亚洲的各种汽车上比较广泛采用车速（VSS）传感器、曲轴转角（CKP）传感器和凸轮轴转角（CMP）传感器来共同进行车速的控制，同时还可以用它来感受其他转动部位的速度和位置信号等，例如压缩机离合器等。

1. 磁电式车速传感器

磁电式车速传感器（图2-39）是一个模拟交流信号发生器，它们产生交变电流信号，通常由带两个接线柱的磁心及线圈组成。这两个线圈接线柱是传感器输出的端子，当由铁质制成的环状翼轮（有时称为磁组轮）转动经过传感器时，线圈里将产生交流电压信号。

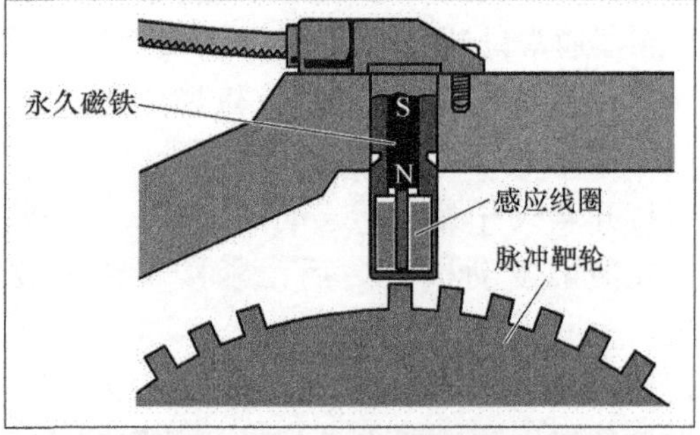

图2-39　磁电式车速传感器结构

磁组轮上的轮齿将逐个产生一一对应的系列脉冲，其形状是一样的。输出信号的振幅（峰对峰电压）与磁组轮的转速成正比，信号的频率大小正比于磁组轮的转速大小。传感器磁心与磁组轮间的气隙大小对传感器的输入信号的幅度影响极大，如果在磁组轮上去掉一个或多个齿就可以产生同步脉冲来确定上止点的位置。这会引起输出信号频率的改变，而在齿减少时输出信号幅度也会改变，发动机控制模块或点火模块正是靠这个同步脉冲信号来确定触发点火时间或燃油喷射时刻的。

（1）磁电式车速传感器波形测试　可以将系统驱动轮顶起，来模拟行驶时的条件，也可以将汽车示波器的测试线加长，在行驶中进行测试。

（2）磁电式车速传感器波形分析说明　磁电式车速传感器波形如图2-40所示，车轮转动后，波形信号在示波器显示中心处的0V线上开始上下跳动，并随着车速的提高跳动越来越高。波形显示与例子十分相似，这个波形是在大约30mile/h(1mile/h = 1.6km/h）的速度下记录的，它又不像交流信号波形，车速传感器产生的波形与曲轴和凸轮轴传感器的波形的形状特征是十分相似的。

2. 霍尔式车速传感器

霍尔效应传感器（开关）在汽车应用中是十分特殊的，这主要是由于变速器周围空间位置冲突。霍尔效应传感器是固体传感器，它主要应用在曲轴转角传感器和凸轮轴位置传感器上，用于开关点火和燃油喷射电路触发，它还应用在其他需要控制转动部件的位置和速度控制模块电路中。

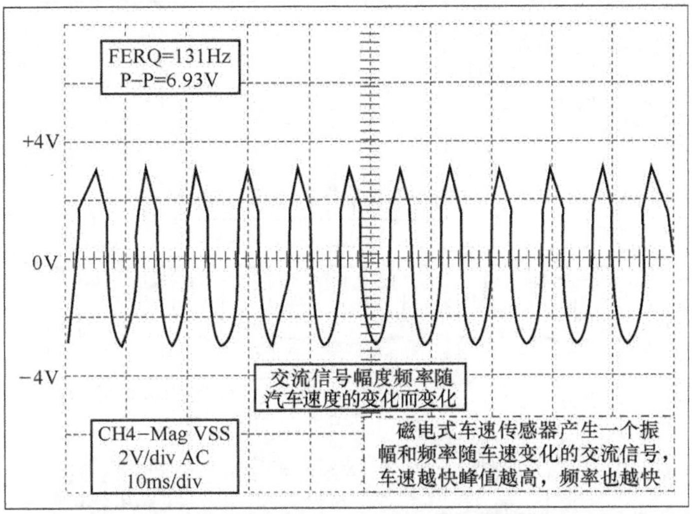

图 2-40 磁电式车速传感器波形

霍尔效应传感器或开关，由一个几乎完全闭合的包含永久磁铁和磁极部分的磁路组成，一个软磁铁叶片转子穿过磁铁和磁极间的气隙，在叶片转子上的窗口允许磁场不受影响地穿过并到达霍尔效应传感器，而没有窗口的部分则中断磁场。因此，叶片转子窗口的作用是开关磁场，使霍尔效应像开关一样地打开或关闭，这就是一些汽车厂商将霍尔效应传感器和其他类似电子设备称为霍尔开关的原因，该组件实际上是一个开关设备，而它的关键功能部件是霍尔效应传感器。

（1）霍尔式车速传感器波形测试　将驱动轮顶起模拟行驶状态，也可以将汽车示波器测试线加长进行行驶的测试。

（2）霍尔式车速传感器波形分析说明　霍尔式车速传感器波形如图 2-41 所示，当车轮开始转动时，霍尔效应传感器开始产生一连串的信号，脉冲个数将随着车速增加而增加，与图例相像。这是大约 30mile/h 时记录的，车速传感器的脉冲信号频率将随车速的增加而增加，但位置的占空比在任何速度下保持恒定不变。车速越高，传感器在示波器上的波形脉冲也就越多。

确认从一个脉冲到另一个脉冲的幅度、频率和形状是一致的，这就是说幅度的大小通常等于传感器的供电电压，两脉冲间隔一致，形状一致，且与预期的相同。

确定波形的频率与车速同步，并且占空比没有变化，还要观察如下内容：观察波形的一致性，检查波形顶部和底部尖角；观察幅度的一致性，波形高度应相等，因为给传感器的供电电压是不变的。有些实例表明波形底部或顶部有缺口或不规则。这里关键是波形的稳定性不变，若波形对地电位过高，则说明电阻过大或传感器接地不良。

还要观察由行驶性能问题的产生和故障码出现而诱发的波形异常，这样可以确定与顾客反映的故障或行驶性能故障产生的根本原因直接有关的信号问题。

虽然霍尔效应传感器一般设计能在高至 150℃下运行，但它们的工作仍然会受到温度影响，许多霍尔效应传感器在一定的温度下（冷或热）会失效。如果示波器显示波形不正常，检查被干扰的线或连接不良的线束，检查示波器和连线，并确定有关部件转动正常（如：

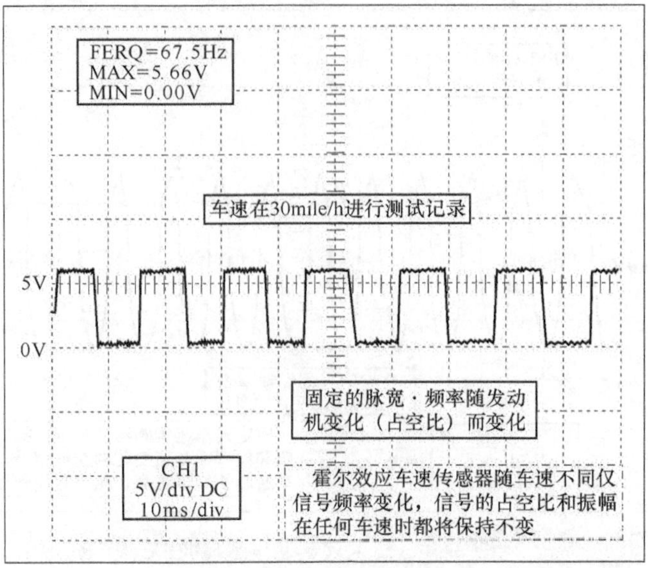

图 2-41　霍尔式车速传感器波形

输出轴、传感器转轴等）。当示波器显示故障时，摇动线束，这可以提供进一步的判断，以确认霍尔效应传感器是否是有故障。

3. 光电式车速传感器

光电式车速传感器是固态的光电半导体传感器，它由带孔的转盘和两个光导体纤维、一个发光二极管、一个作为光传感器的光敏晶体管组成。

一个以光敏晶体管为基础的放大器为发动机控制模块或点火模块提供足够功率的信号，光敏晶体管和放大器产生数字输出信号（开关脉冲）。发光二极管透过转盘上的孔照到光敏晶体管上实现光的传递与接收。转盘上间断的孔可以开闭照射到光敏晶体管上的光源，进而触发光敏晶体管和放大器，使之像开关一样地打开或关闭输出信号。

从示波器上观察光电式车速传感器输出波形（图 2-42）的方法与霍尔式车速传感器完全一样，只是光电传感器有一个弱点，即它们对油或脏物十分敏感，所以光电传感器的功能元件通常被密封得十分好，但损坏的分电器或密封垫容器在使用中会使油或脏物进入敏感区域，这会引起行驶性能问题并产生故障码。

（1）使用示波器测试光电车轮速度传感器　可使用示波器显示可疑车轮速度传感器的输出信号与电压。从而使维修技术人员能通过波形查看与脉冲环相关的车轮速度传感器故障，否则用其他工具很难检测出此类故障。

（2）光电式车速传感器波形分析说明　如图 2-43 所示，正常的车速传感器信号将产生一个正弦波（图 2-43a），其波幅高度 A 和频率宽度 B 与车轮速度成正比。如果脉冲环不圆或者未正确对准车轮速度传感器，则车轮速度传感器与脉冲环之间的空气间隙会随车轮旋转而变化，该故障条件会产生一个幅值变化的车速传感器信号（图 2-43b）。如果脉冲环缺齿或坏齿，示波器显示的正弦波波形会出现平点（图 2-43c），这表示脉冲环齿缺损。

六、ABS 轮速传感器波形分析

防抱死系统（ABS）车轮速度传感器是交流信号发生器，这就是说它们产生交流电流信

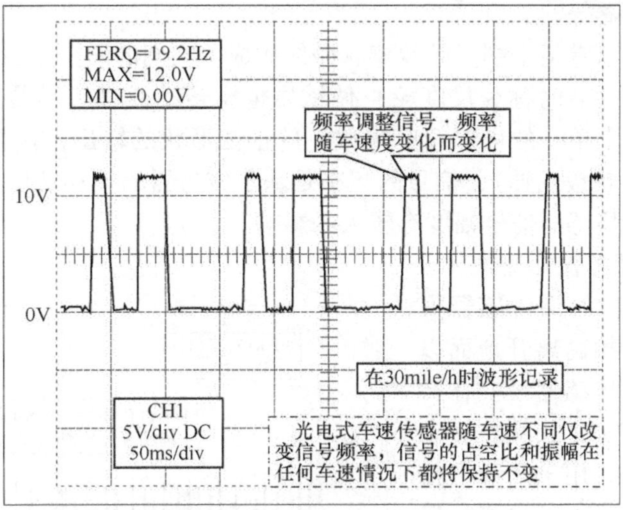

图 2-42　光电式车速传感器波形

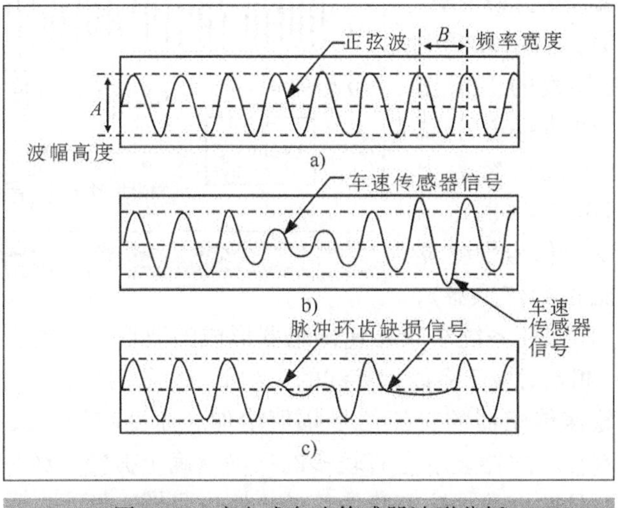

图 2-43　光电式车速传感器波形分析

号，防抱死系统车轮速度传感器是模拟传感器。这些传感器安装在轮盘内侧或前轴上，它们是两线传感器，而两线常封装于屏蔽编织线的导管中，这是因为它们的信号有些敏感，用电子术语说，容易被高压线、车载电话或轿车上其他电子设备来的电磁辐射或射频干扰。从安全的角度看，防抱死系统车轮速度传感器更是十分重要的。电磁干扰和射频干扰会扰乱信号的标准度量，并使“电子通信”中断。它会使防抱死系统失效或设定诊断故障码（DTC）。

如果电磁干扰或射频干扰在错误的时间扰乱该传感器信号，这会引起防抱死系统失效，在这里的编织屏蔽保证在防抱死系统传感器和防抱死系统控制模块间的“电子通信”不中断，在测试控制模块发出信号时，不能损坏线的外表屏蔽。

两个最常见的探测转轴的方法是用磁电式或光电式传感器，在许多北美、亚洲和欧洲生产的轿车和载货汽车上，从最便宜的型号到最豪华的，都用磁阻或磁感应传感器来探测防抱死系统的车轮速度，它们也可以用来传感其他转动部件的速度或位置，例如车速传感器、曲轴和凸轮轴位置传感器等。

它们通常由线圈，带两个端子的软棒状磁体构成。它们的两个线圈插头是传感器的输出端子，当一环状齿轮（有时称为尺度轮）使铁质金属转动通过传感器时，它在线圈中感应出一电压。在环状轮上单一的齿形会产生单一的正弦形状的输出，振幅（峰值电压）与尺度轮的转速成正比（轮毂或轴），信号的频率是基于磁阻器的转动速度，传感器的磁舌和磁阻器轮之间的气隙对传感器信号幅度有较大的影响。

1. ABS轮速传感器波形测试

如图2-44所示，如果传感器安在驱动轮上，将车轮抬高离开地面以模拟转动条件。如果传感器没安在转动轮上，用示波器探头延长线在转动时从前盖移到传感器，用千斤顶上抬车轮，用手转动车轮是一种选择，但让轿车行驶是最好的方法。

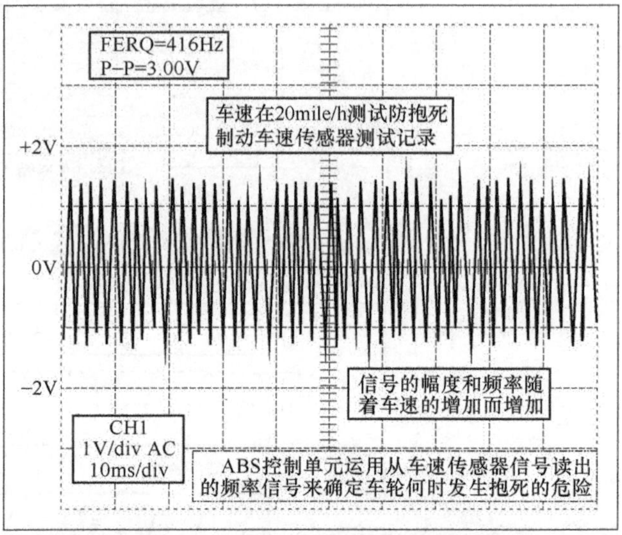

图2-44　ABS轮速传感器波形

2. ABS轮速传感器波形分析说明

当轮子开始转动时，在示波器中部的水平直线开始在零线的上下摆动，当转速增加时，摆动将越来越高。与本例十分相似的波形将会出现。这个波形是在约20mile/h时记录的，它不像一些其他交流信号发生器波形（例曲轴和凸轮轴位置传感器），但十分像车速传感器。防抱死系统车轮转速传感器形成的波形形状看上去都相似，通常摆动（波形的“上”“下”）相互对应于零线，零线的上和下十分符合对称关系。

当轿车加速时，轮速传感器的交流信号幅值增加。速度越快，波形越高，当车速增加时，频率增加，意味着在示波器显示上有较多的摆动。确定振幅、频率、形状的标准度量正确，重复性好，并与预见的一致，这意味峰值的幅度应足够，两个脉冲间的时间不变，形状不变且可预见，锯齿形尖峰是由传感器磁体碰击轮壳上的磁阻环所致，这是因轮轴承磨损或轴弯曲所造成，尖峰的缺少表明磁阻环物理损坏。

不同形式的传感器峰值电压将有些改变。另外，由于传感器的整体部分是线圈或绕组，它的损坏与温度或振动有关，在大多数情况下，波形将变短很多或十分无序，这将导致设定DTC。通常最普通的防抱死系统轮速传感器的损坏是传感器根本不产生信号，但是，如果波形是好的，检查传感器和示波器连线，确定回路没有接地，检查传感器的气隙是否正确，肯定旋转的部件在转动（磁阻环存在等），然后再对传感器进行判断。

七、上止点（TDC）、曲轴（CKP）、凸轮轴（CMP）传感器

1. 基本传感器波形分类

（1）霍尔效应传感器　霍尔效应传感器在汽车应用上是有特殊意义的，它是固态半导体传感器，用在曲轴转角和凸轮轴上来通断点火和燃油喷射触发电路的开关，它们也应用在

控制模块需要了解的转动部件的位置和速度的其他电路上，例如车速传感器等。

霍尔效应传感器（或开关）由一个永久磁铁或磁极的几乎完全闭合的磁路组成，一个软磁叶轮转过磁铁和磁极之间的空隙，当在叶轮上的窗口允许磁场通过，并不受阻碍地传到霍尔效应传感器上的时候，磁场就中断了（因叶片是传导磁场到传感器上的媒体），叶轮在窗口开和闭时允许磁场通过和遮断磁场，导致霍尔效应传感器像开关一样接通和关断，这就是为什么一些汽车制造商将霍尔效应传感器和其他一些类似的电子设备称为霍尔开关的原因。这个装置实际上是一个开关设备，而它包含有关键功能的部件霍尔效应传感器。

① 霍尔效应传感器波形测试。起动发动机，让发动机怠速运转或让汽车在行驶能力有故障的状况下行驶。

② 霍尔效应传感器波形分析说明。霍尔效应传感器波形如图 2-45 所示。确认从一个脉冲到另一个脉冲幅值、频率和形状等判定性尺寸是一致的，这意味着数值脉冲的幅度足够高（通常等于传感器供电电压），脉冲间隔一致（同步脉冲除外），形状一致且可预测。

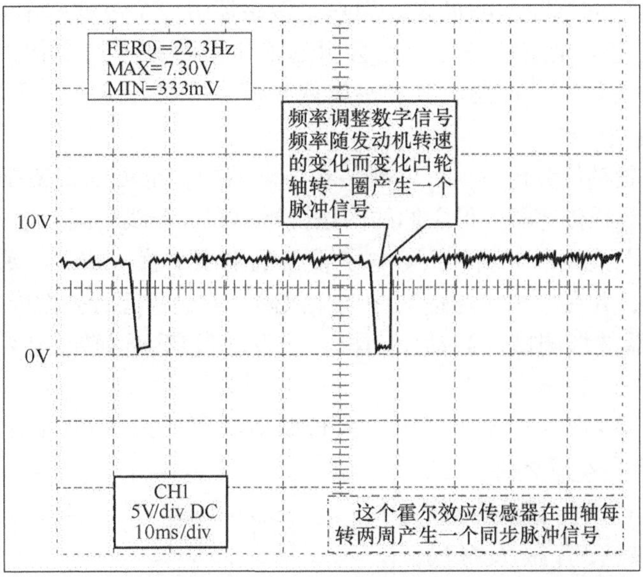

图 2-45　霍尔效应传感器波形

确认频率紧跟发动机转速，当同步脉冲出现时占空比才改变，能使占空比改变的唯一理由是不同宽度的转子叶片经过传感器，除此之外脉冲之间的任何其他变化都意味着故障。

了解波形形状的一致性，检查波形上下沿部分的拐角，检查波形幅值的一致性，由于传感器供电电压不变，因此所有波形的高度应相等，实际应用中有些波形有缺痕，或上下各部分有不规则形状，这也许是正常的，在这里关键是一致性，确认波形离地不是太高，若太高说明电阻太大或接地不良。

检查标准波形异常是由于发动机异响或行驶能力故障，这能证实与行驶性能故障有直接关系的是信号问题。

虽然霍尔效应传感器通常被设计在 150℃ 高温下运行，但它们的运行还是会受温度影响。许多霍尔效应传感器在一定温度下（冷或热）会失效。

如果在示波器上显示波形不正常，查找不良的线束和插头，也要检查示波器的接线，确认相关部件在转动（分电器转动等），当故障出现在示波器上时，摆动线束，这可以进一步判断霍尔效应传感器有故障的根本原因。

如果霍尔效应传感器电路包含同步脉冲，试接入第一缸触发信号来稳定波形，从第一缸火花塞高压线的触发输入信号，可以帮助稳定示波器上的波形，没有第一缸触发信号，在同步脉冲、频率不一致时，触发器通常给示波器的工作造成麻烦，如波形跳动或变得杂乱。

（2）磁电式传感器　有两种最普通的传感转动轴的信号的方法：一种是磁电式，一种是光电式。

磁电式传感器是模拟交流信号发生器，这意味着它们产生交流信号，它们一般由绕着线圈的磁铁和两个接线端组成。这两个线圈端子就是传感器的输出端子，当铁质环状齿轮（有时称为磁阻轮）转动经过传感器时，线圈里会产生电压。

磁组轮上相同齿形会产生相同形式的连续脉冲，脉冲有一致的形状幅值（峰对峰电压）与曲轴、凸轮轴磁组轮的转速成正比，输出信号的频率基于磁组轮的转动速度，传感器信号的幅值受磁极与磁组轮间气隙影响极大，靠除去传感器上一个齿或两个相互靠近的齿所产生的同步脉冲，可以确定上止点的信号。这会引起输出信号频率的变化，而在齿减少的情况下，幅值也会变化。固体电子控制装置，例如控制模块或点火模块，可以测出同步脉冲并用它去触发点火或燃油喷射器。

磁电式曲轴或凸轮轴位置传感器可以安装在分电器内，也可以安装在曲轴和凸轮轴中部、前部和后部，它们是双线传感器，但它们的两条线被裹在屏蔽线中间，这是因为它们的信号有些敏感，容易受高压点火线，车载电话等电子设备的电磁干扰（EMI）或射频干扰（RF）会改变信号判定性尺度，并在“电子通信”中产生故障，它会引起行驶性能故障或产生故障码。

① 磁电式传感器波形测试。起动发动机，让发动机怠速运转或让汽车在行驶能力有故障的状况下行驶。

② 磁电式传感器波形分析说明。磁电式传感器波形如图2-46所示。不同形式的凸轮轴和曲轴位置传感器产生多种形状的交流波形，分析磁电式传感器的波形，一个参考波形是会有很大帮助的，波形的上下波动，不可能是0V电平的上和下完美的对称，但大多数传感器将是相当接近的，磁电式曲轴或凸轮轴位置传感器的幅值随转速的增加而增加，转速增加，波形高度相对增加。

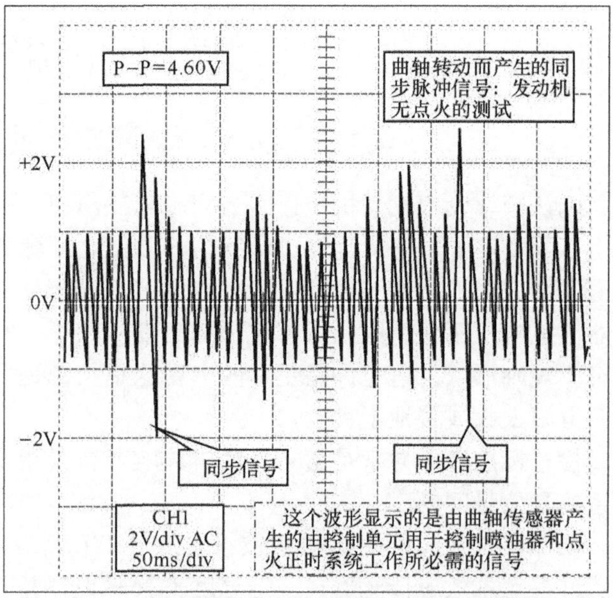

图2-46　磁电式传感器波形

确定幅值、频率和形状在确定的条件下（转速等）是一致的、可重复的、有规律的和可预测的，这意味着峰值的幅度应该足够高，两脉冲时间间隔（频率）一致（除同步脉冲），形状一致并可预测。

确认波形的频率同发动机转速同

步变化，两个脉冲间隔只是在同步脉冲出现时才改变，能使两脉冲间隔时间改变的唯一理由是磁组轮上的齿轮数缺少或特殊齿经过传感器，任何其他改变脉冲间隔时间的情况都意味着故障。

检查发动机异响和行驶性能故障与波形的异常是否有关。不同类型的传感器的波形峰值电压和形状并不相同，因为线圈是传感器的核心部分，所以故障往往与温度关系密切。大多数情况是波形峰值变小或变形，同时出现发动机失速、断火或熄火。通常最常见的交流传感器故障是根本不产生信号。

如果波形出现异常，检查不良的线路和接线插头，确认线路没有接地，检查示波器和传感器连线，确认相关的部件是转动的（分电器/凸轮轴/曲轴是转动的等），当摇动线束时故障出现，则可以进一步证明磁电式传感器出现故障的根本原因。

如果磁电式传感器电路包括同步脉冲，试用1缸触发来稳定波形，从1缸火花塞高压线上引入触发信号帮助稳定显示波形，如果没有1缸触发信号，同步脉冲波形的频率变化会使示波器出现问题，即波形跳动不稳。

（3）光电式传感器　光电式传感器在汽车中应用是因为它可以传感转动元件的位置（甚至在发动机不转的情况），同时它还可以使脉冲信号的幅值在速度变化时仍保持不变。光电式传感器波形如图2-47所示。近来高温光导纤维技术的发展使得光电传感器在汽车方面的应用增加了。光电传感器另一个优点是不受电磁干扰（EMI）的影响，它们是固体光电半导体传感器，被用在曲轴和凸轮轴上去控制点火和燃油喷射电路的开关。光电式传感器的功能元件通常被密封得很好，但损坏的分电器组套或密封垫，以及维修不当，都可能使油污和污物进入敏感区域造成污损，就可能引起不能起动、失速和断火。

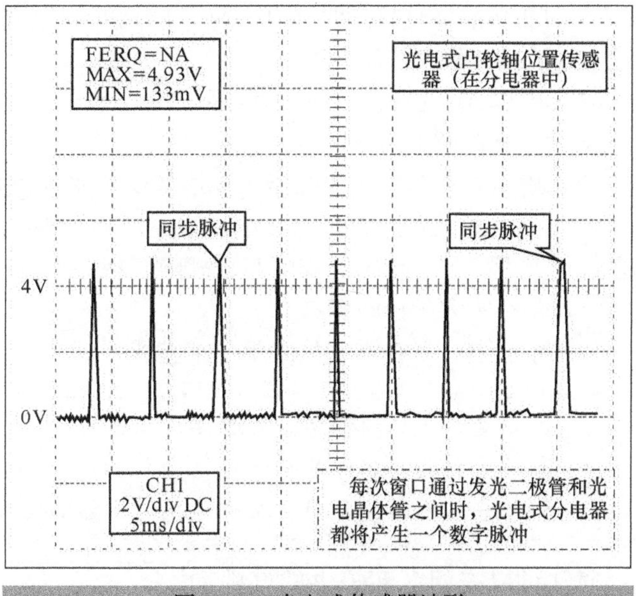

图2-47　光电式传感器波形

如果示波器显示波形异常，检查不良的线路和线束插头，检查示波器和传感器的连线，确认相应的零件是在转动的（分电器等），当故障出现在示波器上的时候，摇动线束，这可以提供进一步的证据，证明光电传感器是产生故障的根本原因。

2. 起动试验

起动时，遇到曲轴转动但发动机不能发动的情况下可以进行起动试验。对于行驶性能、排放及顾客反映的问题，应考虑以下三个问题：

① 什么是故障产生的重要原因。
② 检查这个故障的难易程度。
③ 故障电路或元件维修的难易程度。

对于不能起动故障的诊断可以遵循以下规律，通常发动机不能起动可能是由于：

① 燃油不能进入气缸。
② 火花塞不能点火。
③ 机械系统故障。

如果机械故障不存在的话，示波器就能够避开不必要的步骤，直接确定故障的根本原因。示波器可以迅速可靠地查出燃油喷射系统电路和曲轴转角传感器电路以及点火初、次级电路故障，当怀疑磁电式上止点（TDC）位置、曲轴（CKP）位置、凸轮轴（CKP）位置传感器有故障时，可以应用这个示波器试验步骤来检查。

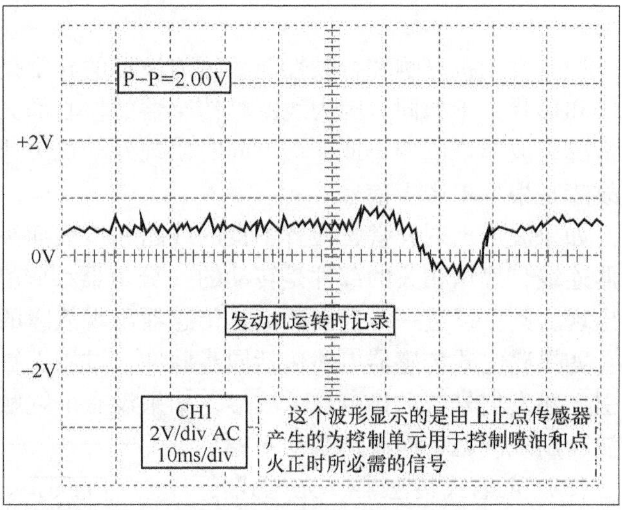

图2-48　磁电式上止点传感器波形

（1）磁电式上止点（TDC）传感器　波形如图2-48所示。

（2）磁电式曲轴转角传感器　波形如图2-49所示。

（3）磁电式上止点、曲轴转角传感器波形分析　在进行起动试验时，观察示波器，在大多数情况下，如果传感器或电路有故障，将完全没有信号，在示波器中间零电位上是一条直线，这是很重要的诊断资料。

如果示波器显示在零电位的是一条直线，那么：

① 确定示波器到传感器的连接是正常的。
② 确定相关的零件是否旋转（分电器轴、曲轴、凸轮轴）。
③ 检查传感器是否损坏及磁电式传感器的空气间隙是否适当。

通常可以查阅厂商提供的气隙允许值范围，这是很重要的。如果传感器的接线和示波器的接线良好，传感器轴是旋转的，气隙也是正常的，那么很可能是传感器出现了故障。在比较少见的例子中，点火模块或发动机控制模块被传感器内部电路接地，这可以用拔下传感器插头后再用示波器测试的方法来判断。

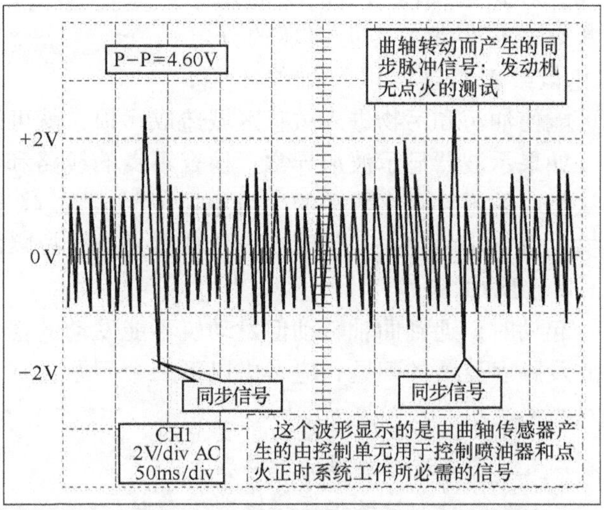

图2-49　磁电式曲轴转角传感器波形

如果可以观察到一个脉冲信号，就可以分析它的波形，不同形式的凸轮轴和曲轴传感器会产生多种交流信号波形，当分析磁电式传感器波形时，有一个能用来比较的参考波形是很有帮助的。因为磁电式传感器信号振幅与发动机转速成正比，所以许多磁电式传感器在发动机起动时（100～200r/min）输出的信号振幅很低，确定发动机起动的信号幅度是适当的，因为发动机起动的速度低会影响传给点火模块或发动机控制模块的信号幅值达不到规定的值。

通常波形中上升和下降的波形不完全对称于零线，但大多数传感器都是相当接近的，上止点和曲轴位置及磁电式传感器振幅将随着适当的转速增加而增加，转速越快、波形的幅值越高，而且转速增加波形频率也增加，这意味着示波器上会有更多的波形显示出来。确认根据振幅、频率、形状来判定在相同条件下（发动机转速等）是有重复性的、有规律的、可预测的。这意味着波形幅值足够高，两脉冲时隔即频率可重复（同步脉冲除外），形状可重复和可预估。

波形的频率与发动机转速保持同步，两个脉冲间隔时间只在同步脉冲出现时才有变化，有一种可能使得两脉冲间隔时间变化，那就是当角度齿轮经过传感器时丢失或多出齿数。

注意：发动机起动时旋转速度不可能是不变的，在压缩同时和进气行程之间曲轴实际上在加速和减速，这使得波形的频率和幅值随转速改变而同时增加或减少，在脉冲之间的其他任何变化都可能意味着故障。

不同形式的传感器的波形峰值电压和形状是不同的，许多磁电式传感器在起动时产生很小的信号。如果传感器出故障则可能根本不产生信号。

如果示波器显示不正常波形，应先检查线路和接线端，确认线路没有接地，再检查示波器和传感器的连线，还要确认机械转动部分（分电器/凸轮轴/曲轴）转动是否正常。当故障出现在示波器上时，摇动线束，这可以进一步判断磁电式传感器是否是产生故障的根本原因。

（4）霍尔式曲轴位置传感器　霍尔效应传感器（波形如图2-50所示）在自动化应用中具有特殊意义，它安装在凸轮轴与曲轴处，用于触发点火和燃油喷射电路的开关。它也用在控制模块需要控制速度和位置的地方，如汽车速度传感器上。

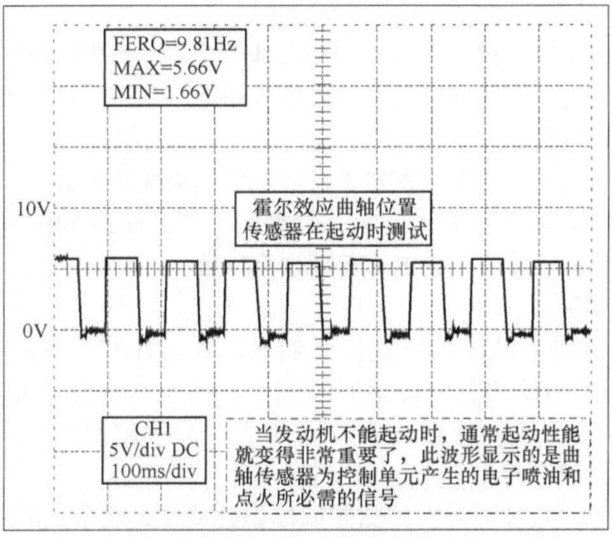

图2-50　霍尔式曲轴位置传感器波形

（5）光电式曲轴位置传感器　汽车上应用光电式传感器（图2-51）波形是因为它可以

在发动机不转动的情况下传感传动部件的位置，并且在任何转速下脉冲幅度都保持不变。最近高温光导纤维技术方面的进步，使得光电式传感器在汽车应用方面增加了，光电式传感器的另一方面优点是它不受电磁干扰（EMI）的影响。

（6）霍尔效应和光电式传感器的波形分析

① 如果在示波器0V电压处显示一条直线。

a. 确认示波器和传感器连接良好。

b. 确认相关的元件都在转动（分电器、曲轴、凸轮轴等）。

c. 用示波器检查传感器的电源电路和控制模块的电源及接地电路。

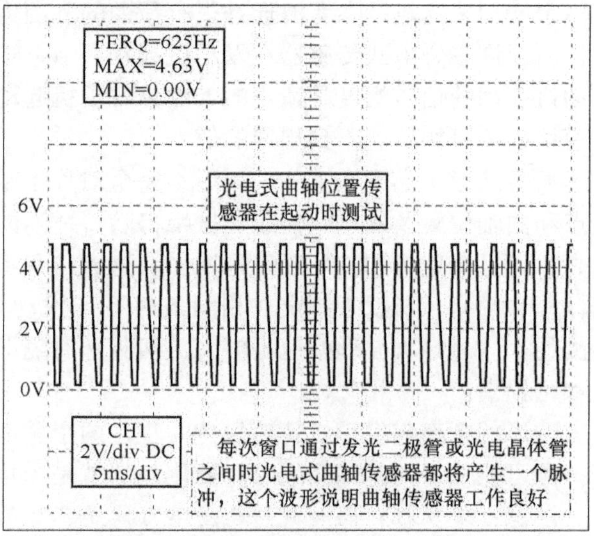

图2-51 光电式曲轴位置传感器波形

d. 检查电源电压和传感器参考电压。

② 如果在示波器上传感器电源电压处显示一条直线。

a. 检查传感器的接地电路的完整性。

b. 确认相关的元件都在转动（分电器、曲轴、凸轮轴等）。

如果传感器的电源接地良好，示波器在传感器供给电源电压处显示一条直线，那么很可能传感器损坏是主要原因。

③ 如果有脉冲信号存在，确认从一个脉冲到另一个脉冲的幅度、频率、形状等判定性度量，数字脉冲的幅度必须够高（通常在起动时等于传感器供给电压）。两个脉冲间的时间不变（同步脉冲除外），并且形状是重复可预测的。

检查波形形状的一致性，检查波形顶部和底部的拐角，检查波形幅值的一致性，因为供给传感器的电压是不变的，所以波形的脉冲高度应相等，确认波形对地电压并不太高，若过高说明电阻太大或接地不良。

如果示波器上波形显示不正常，查找不良的电线或损坏的插头，检查示波器和传感器测试线，确认相关部件的转动正常（分电器、转轴等），当问题显示在示波器上时，摇动线束可以进一步判定是否是霍尔效应或光电式传感器有问题。

3. 用第一缸触发试验

通常可以在一个曲轴或凸轮轴位置传感器上，看到各缸或某上止点的同步脉冲及标识脉冲信号，这个信号的设置会使传感器的频率和占空比在这个信号出现时发生改变，进而导致以自触发方式显示的波形失常，因此改用第一缸触发，可以圆满地解决这个问题。

（1）上止点传感器　当波形有同步脉冲或标识脉冲时，这个试验对上止点（TDC）、曲轴和凸轮轴位置传感器的波形观察是很有效的，从第一缸火花塞高压线提取的触发输入信号可以帮助稳定显示出的波形（图2-52），如果没有第一缸触发，示波器在同步脉冲波形的频率一致时，触发会遇到麻烦，以致显示出的波形跳动像神经质似的。正确的波形要求与磁电式传感器相同。

（2）霍尔式曲轴、凸轮轴传感器　当被诊断信号有同步脉冲时，这个测试对霍尔效应曲轴转角和凸轮轴位置传感器非常有效，从第一缸火花塞高压线提取的触发输入信号可以帮助稳定显示波形（图2-53）。如果没有第一缸触发，在波形的同步脉冲的频率变化时，示波器触发通常有麻烦，即波形跳动不稳定。正确的波形分析方法与霍尔效应传感器相同。

（3）磁电式曲轴、凸轮轴传感器　当有同步脉冲和标识脉冲信号时，这个试验对磁电式曲轴和凸轮轴位置传感器非常有效，从第一缸火花塞高压线提取触发信号可以帮助稳定显示波形（图2-54），如果没有第一缸触发，在波形的同步脉冲的频率变化时，示波器触发信号出现问题，使得波形不稳定地移动。正确的波形分析方法与磁电式传感器相同。

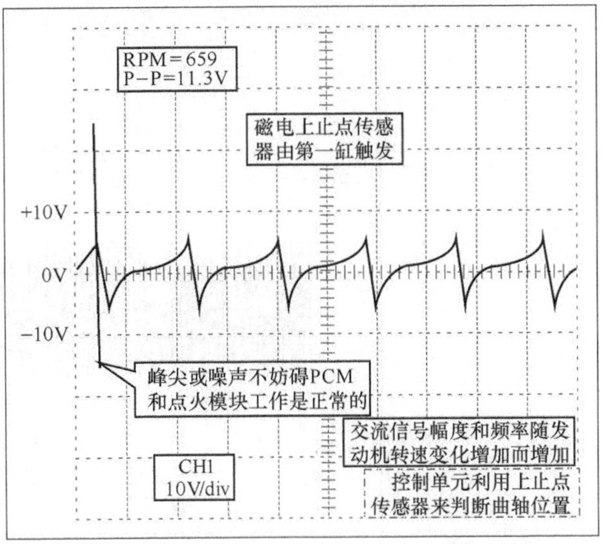

图2-52　第一缸触发试验的上止点传感器波形

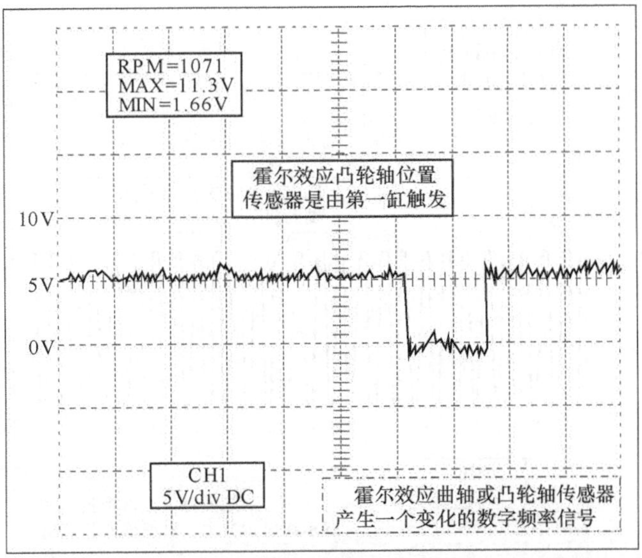

图2-53　第一缸触发试验的霍尔式曲轴、凸轮轴传感器波形

（4）光电式曲轴、凸轮轴传感器　当反映各缸上止点的同步或标识脉冲信号出现，这个试验对光电式曲轴和凸轮轴传感器非常有效。从第一缸火花塞高压线提取的触发输入信号能使得示波器波形（图2-55）稳定地显示。如果没有第一缸触发信号波形在这种情况下会产生不正常波动。正确的波形分析方法与光电传感器相同。

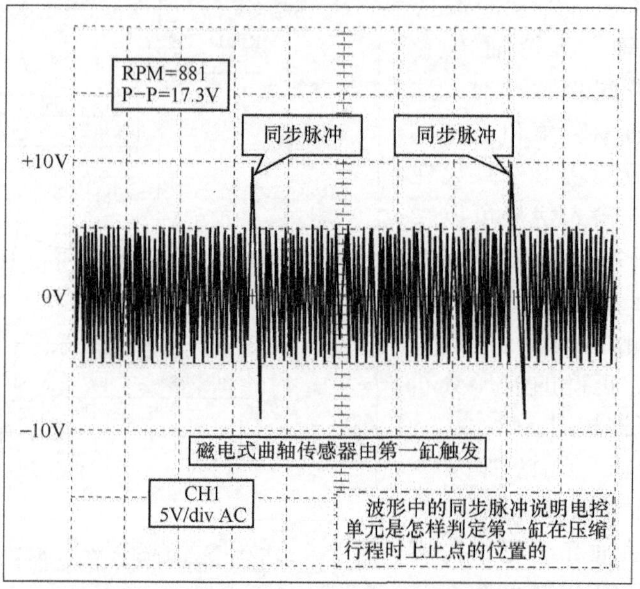

图 2-54　第一缸触发试验的磁电式曲轴、凸轮轴传感器波形

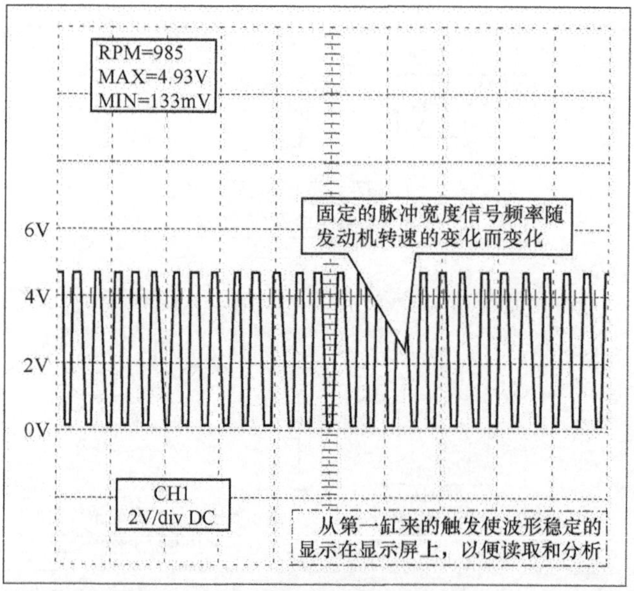

图 2-55　第一缸触发试验的光电式曲轴、凸轮轴传感器波形

4. 双通道测试

用双通道或双踪示波器来同时分析凸轮轴和曲轴位置传感器的信号，是很有用的分析方法，它不仅可以观察两个传感器波形是否正确，同时还可以帮助分析两个传感器所反映的凸轮轴和曲轴在旋转中的相位关系。

（1）磁电式凸轮轴和曲轴位置传感器　这是双踪示波器测试磁电式凸轮轴和曲轴传感器的波形，它可以把两个相互有着重要关系的传感器或电路的波形同时显示在示波器的屏幕上（图 2-56），用这个试验可以同时诊断磁电式曲轴和凸轮轴位置传感器或检查曲轴和凸轮轴之间的正时关系。正确的波形分析方法与磁电式传感器相同。

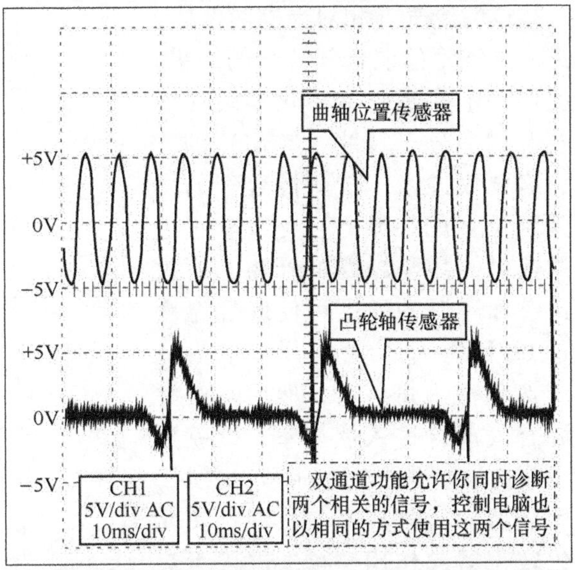

图 2-56　双通道测试的磁电式凸轮轴、曲轴传感器波形

（2）霍尔式凸轮轴和曲轴位置传感器　如图 2-57 所示，这是一个双踪示波器测试，霍尔式凸轮轴和曲轴位置传感器的波形是从两个传感器上测出的两个波形，它们相互之间的重要联系同时显示在示波器上，用这个测试步骤可以同时诊断曲轴和凸轮轴之间的正时关系。正确的波形分析方法与霍尔效应传感器相同。

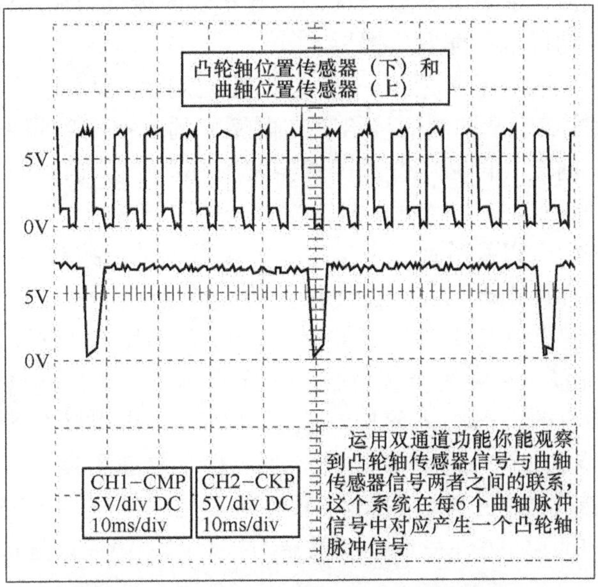

图 2-57　双通道测试的霍尔式凸轮轴、曲轴传感器波形

八、废气再循环阀位置传感器波形分析

废气再循环系统用于减少氮氧化物（NO_x）的形成。氮氧化物是一种有害的尾气排放，在燃烧过程中，大气中的氮和可变量的氧氧化生成氮氧化合物，这通常发生在燃烧温度超过 1371℃、在大负荷或发动机爆燃等工况时，如图 2-58 所示。

排放的废气（相对惰性的气体）与进入进气管的混合气混合的结果，可提供一个在燃烧室中化学缓冲或空气和燃油分子缓冲（冷却）的方式，这导致进入气缸的混合气的燃烧受到更多的控制。它可以防止过度的速燃，甚至爆燃的产生，而过度速燃和爆燃的发生可使燃烧温度超过1371℃。

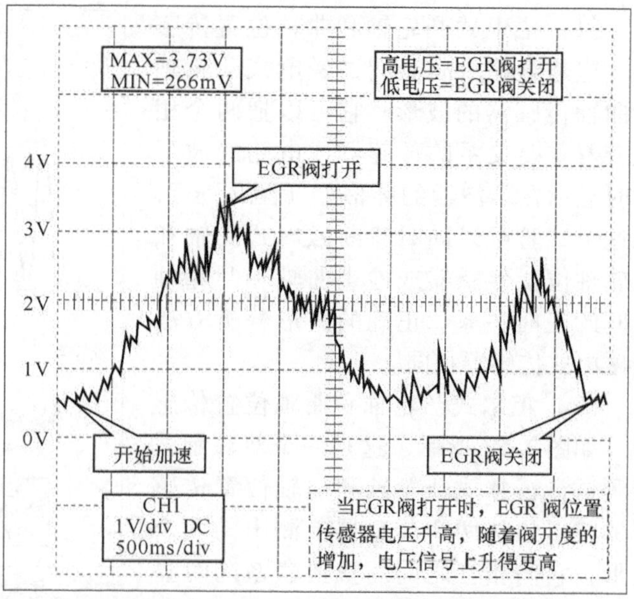

图2-58 废气再循环阀位置传感器波形

废气流入进气管，然后与新鲜的混合气混合进入燃烧室，这就限制了最初氢氧化合物的形成，然后，当燃烧后的尾气离开气缸时，三元催化转化器起作用，减少进入大气中的氢氧化合物。

废气再循环何时开始工作，以及流量多少对排放和行驶性能是非常重要的。废气再循环流量调整非常精确，过多的废气再循环流量会使汽车喘振或功率下降甚至熄火，没有足够的废气再循环流量会使尾气排放的氮氧化合物猛增，同时发动机也可能发生爆燃。

为正确地控制废气再循环流量，一些发动机控制系统用电子反馈控制，控制模块（PCM）发出开关或脉冲宽度及调制信号给废气再循环的真空电磁阀来控制流入废气再循环控制电磁阀的真空度，向废气再循环位置传感器发出一个与废气再循环阀开启成比例的信号给控制模块（PCM），控制模块（PCM）能够将这个信号转变成废气再循环流动率。

在起动、发动机暖机，以及减速或怠速时，大多数发动机控制系统不能使废气再循环运行，在加速时废气再循环用正确的控制去优化发动机转矩。

废气再循环位置传感器（EVP传感器）是一个可变电阻（电位计），这个电阻值指示着废气再循环阀转轴的位置，它常用于福特公司的EEC—Ⅳ和EEC—Ⅴ发动机系统。这是一个重要的传感器，因为它的信号输入使控制模块（PCM）得以计算废气再循环流量，一个损坏的EVP传感器会造成喘振现象，发动机产生爆燃、怠速不良和其他行驶性能故障，甚至检查保养I/M尾气测试也不正常。EVP传感器通常是一个三线传感器，一条是控制模块PCM来的参考电源5V电压，另外一条是传感器的接地线，第三条是传感器给控制模块的信号输出线。

几乎所有的EVP传感器都以相同的方式工作，所以这个示波器程序由大多数三线EVP传感器的构造和模式来确定。通常EVP传感器在废气再循环阀关闭时会产生恰好在1V以下的电压，在废气再循环阀打开时会产生恰好在5V以下的电压。

1. 废气再循环阀位置传感器试验步骤

起动发动机保持在2500r/min转速下运转2～3min，直到发动机充分暖机，燃烧反馈系统进入闭环状态，可以在示波器上观察传感器信号来确认上述步骤，关闭所有附属电器，按以下步骤驾驶汽车，从停车状态起步，轻加速、急加速、巡航和减速。

在观察波形时用手动真空泵连接废气再循环阀去打开、关闭阀门是有帮助的。

确认判定性幅值是适当的，可重复的，并在废气再循环流动的条件下所存在的传感器信号与废气再循环阀的动作成正比例。

确认从进气管、废气再循环阀真空电磁阀的进出管道均完好无损且安装正常，并无泄漏，确认废气再循环阀的膜片能够正确地保持真空度（看制造厂资料），确认废气再循环进入和绕过发动机的通道是清洁的，没有由于内部积炭造成堵塞（按照制造商给出的步骤执行废气再循环功能检查），这可以确认当控制模块收到 EVP 传感器来的信号时，废气实际流入了燃烧室。

2. 废气再循环阀位置传感器波形分析说明

一台发动机达到废气再循环工作条件，控制模块 PCM 就开始推动废气再循环阀，当废气再循环阀打开时波形将上升，当废气再循环阀关闭时波形则下降，翻阅制造商的资料确定正确的电压范围，但通常在阀关闭时的电压在 1V 以下，当阀打开时的电压接近 5V。

在正常加速时废气再循环需要打开特别大，在怠速和减速时阀是关闭的，不需要废气再循环，波形上不应出现任何断线、指向地的尖峰和波形下掉等，特别注意波形开始上升时的形状（在第一次阀运动时 1/2 段）。这是传感器最经常动作的碳膜段，通常首先损坏。

许多汽车在没有开动或行驶中还没有踩过制动的条件下，不会有废气再循环流动。没有控制模块给废气再循环阀的信号，所以也就没有 EVP 电压的变化。

第三章　执行器波形分析

第一节　喷油驱动器波形分析

一、喷油驱动器分类

喷油器的驱动器简称喷油驱动器。除了关断电压峰值的高度以外，喷油器本身并不能确定其自身波形的特点，而开关晶体管和喷油驱动器才能确定大多数波形的判定性尺度。喷油驱动器由控制模块（PCM）里的一个晶体管开关及相应电路组成，它开闭喷油器，不同类型的喷油驱动器产生不同的波形，一共有四种主要的喷油驱动器类别，另外还有一些是四种驱动器类型的分支，这四种主要类型的喷油驱动器是：

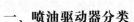

① 饱和开关型。
② 峰值保持型。
③ 脉冲宽度调制型。
④ PNP 型。

其中博世峰值保持型有两种类型，PNP 型也有两种类型。了解了这 4 种主要喷油驱动器的波形，就可以认识和解释任何汽车喷油驱动器的波形了。

二、喷油驱动器的测试

掌握如何解释喷油驱动器波形的技巧（确定开启时间、参考峰值高度、判定喷油驱动器好坏等），对汽车行驶能力和尾气排放方面故障的修理是非常有价值的。通常，喷油驱动器开启时间的数据资料是非常难找到的，所以当要判定喷油驱动器波形是否是正确的时候，一个标准的参考波形是非常有用的。

在喷油驱动器参考波形的开启时间上有一个基本标准，但必须给出影响喷油时间的相关资料，因为知道一个孤立的喷油驱动器的开启时间（从参考波形中读出的），本身并没有太大的意义。除非它是同样的发动机型号系列、同样的温度和发动机转速、同样的进气真空度以及其他因素完全相同的条件下，才能对比判断，否则就不能直接参考。

喷油驱动器波形的峰值高度也是一个非常有价值的诊断数据。只要参考波形是在“示波器峰值检测”方式下测得的，那么直接参考喷油驱动器波形的峰值高度也就非常有用。这是因为峰值检测模式可以正确地显示峰值高度，而标准的取样模式采集数据速度比较慢，而不能准确地去采集峰值顶点的数据，所以显示的峰值高度比实际高度低。喷油驱动器峰值高度是很重要的参数，因为它通常与喷油驱动器的感抗成正比。

同样，一些采样速度低的发动机分析仪，在喷油驱动器波形尖峰上、点火初级波形和点火次级波形的尖峰上会出现不一致的情况。下面就 4 种主要喷油器类型分别加以介绍。

1. 饱和开关型（PFI/SFI）喷油驱动器波形分析

饱和开关型喷油驱动器（图 3-1）主要在多点燃油喷射系统中使用，这种形式的喷油驱动器用于组成顺序喷射的系统中，在节气门体燃油喷射（TBI）系统上应用不多。

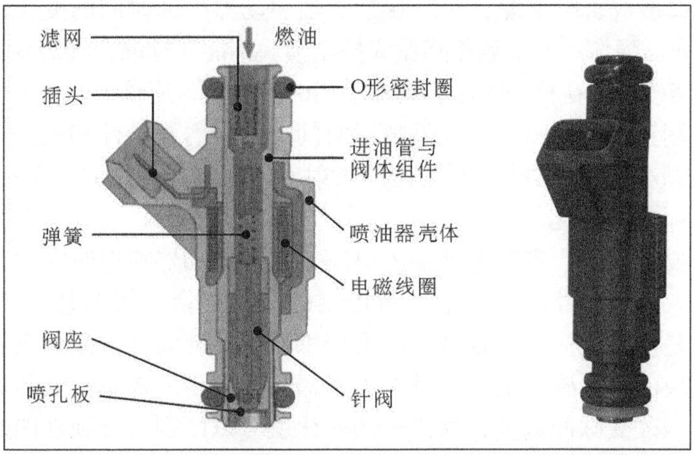

图 3-1 喷油器结构图

从饱和开关型喷油驱动器的波形上读取喷油时间是相当容易的，当发动机控制模块（PCM）接地电路接通后，喷油驱动器开始喷油。当控制模块断开控制电路时，电磁场会发生突变，这个线圈突变的电磁场产生了峰值。汽车示波器可以用数字的方式在显示屏上与波形一起显示出喷油时间。

（1）喷油器测试步骤　起动发动机，以 2500r/min 转速保持 2～3min，直至发动机完全热机，同时燃油反馈系统进入闭环，通过观察示波器上氧传感器的信号确定这一点。

关掉空调和所有附属电器设备，让变速杆置于驻车档或空档，缓慢加速并观察在加速时喷油驱动器喷油持续时间的相应增加。

（2）饱和开关型喷油器波形分析说明

饱和开关型喷油器波形分析如图 3-2 所示。

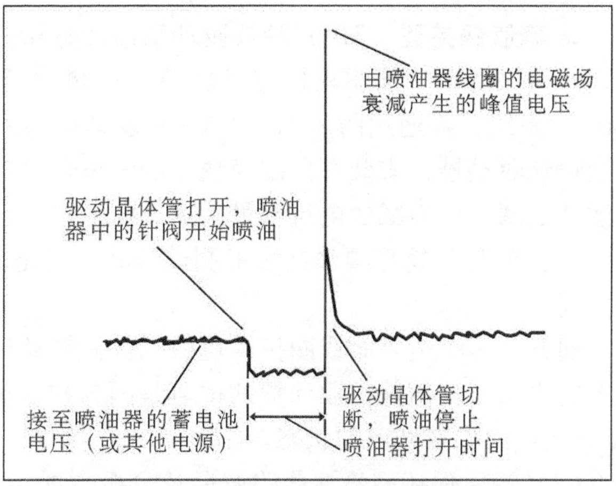

图 3-2 饱和开关型（PFI/SFI）喷油器波形及分析

① 从进气管中加入丙烷，使混合气变浓，如果系统工作正常，喷油驱动器喷油时间将缩短，这是由于排气管中的氧传感器此时输出高的电压信号给发动机 ECU，试图对浓的混合气进行修正的结果。

② 造成真空泄漏，使混合气变稀，如果系统工作正常，喷油驱动器喷油时间将延长，这是由于排气管中的氧传感器此时输出低的电压信号给发动机 ECU，试图对稀的混合气进行修正的结果。

③ 提高发动机转速至2500r/min，并保持稳定。在许多燃油喷射系统中，当该系统控制混合气时，喷油驱动器的喷油时间性能被调节（改变）得从稍长至稍短。通常喷油驱动器喷油持续时间在正常全浓（高氧传感器电压）至全稀（低氧传感器电压）0.25～0.5ms 的范围内变化。

如果加入丙烷或造成真空泄漏，然后观察喷油驱动器喷油时间的变化，若喷油时间不变化，则氧传感器可能已损坏。如果氧传感器或控制模块不能察觉混合气的变化，那么喷油驱动器的喷射时间就不能改变。在检查喷油驱动器喷射时间之前，应该先确认氧传感器是否正常。

当燃油反馈控制正常时，喷油驱动器喷射时间会随着驾驶条件和氧传感器输出的信号变化而变化（增加或减少），通常喷油驱动器的喷射时间大约在怠速时的1～6ms，到冷起动或节气门全开时的6～35ms 变化。

与驾驶状况的要求相比，氧传感器输入电压对喷油驱动器喷射时间的影响相对要小。与输入电脑参数相比，氧传感器的输入电压对控制的作用更像“燃油修正”程序。喷油驱动器喷射时间大多数是用空气流量计或进气压力传感器、转速和其他控制模块输入信号计算出来的，输入控制模块的氧传感器电压信号是为了提高催化剂的效率，虽然氧传感器在喷油驱动器上只是相对小地改变脉冲宽度，这样小的变化就可以区别出行驶性能的好坏以及排放试验的通过或失效。

匝数较少的喷油器线圈通常产生较短的关断峰值电压，或甚至不出现尖峰。关断尖峰随不同汽车制造商和发动机系列而不同。正常的范围是30～100V，有些喷油驱动器的峰值被钳位二极管限制在30～60V。可以用尖峰上的平顶代替顶点来确认峰值，在这种情况下，匝数少的喷油器线圈并不减少峰值的高度，除非它的线圈匝数太少了。如果所测波形有异常，则应更换喷油器。

2. 峰值保持型（TBI）喷油驱动器波形分析

峰值保持型喷油驱动器应用在节气门体（TBI）喷射系统中，但有少数几种多点喷射（MFI）系统，像通用的2.3L QUAD-4 发动机系列、土星1.9L 和五十铃1.6L 亦采用峰值保持型喷油驱动器，安装在控制模块中的峰值保持喷油驱动器被设计成允许大约4A 电流供给喷油器线圈，然后减少电流至最大约1A。

（1）峰值保持型喷油器波形测试步骤　与饱和开关型（PFI/SFI）喷油器的波形测试方法相同。

通常，一个电磁阀线圈拉动机械元件做初始运动，比保持该元件在固定位置需要多4倍以上的电流，峰值保持驱动器的得名是因为控制模块用4A 电流打开喷油器针阀，而后只用1A 电流使它保持开启的状态。

（2）峰值保持型喷油器的波形及分析说明　峰值保持型喷油器的正确波形及分析说明如图3-3 所示，从左至右，波形轨迹从蓄电池电压开始，这表示喷油驱动器关闭，当控制模块打开喷油驱动器时，它对整个电路提供接地。

控制模块继续将电路接地（保持波形踪迹在0V）直到检测到流过喷油驱动器的电流达到4A 时，控制模块将电流切换到1A（靠限流电阻开关实现），电流减少引起喷油驱动器中的磁场突变，产生类似点火线圈的电压峰值，剩下的喷油驱动器喷射时间由控制模块继续保持工作，然后它通过完全断开接地电路而关闭喷油驱动器，这就产生了第二个峰值。

当控制模块接地电路打开时，喷油器开始喷射，当控制模块接地电路完全断开时（断开的峰值最高在右侧）喷油器结束喷射，这时读取喷油器的喷射时间，可以计算控制模块从打开到关闭波形的格数来确定喷射时间。

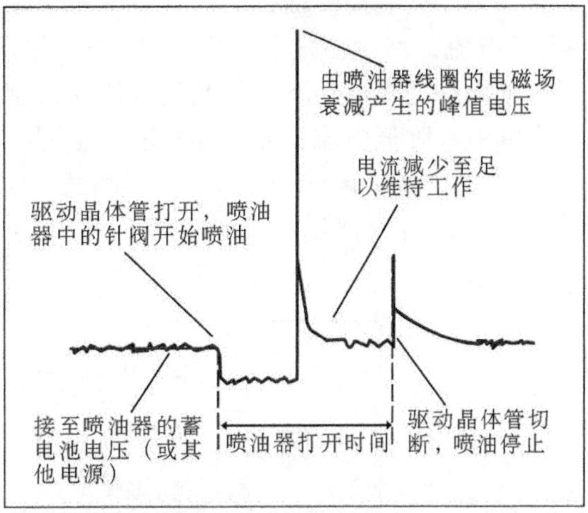

图 3-3 峰值保持型喷油器的波形及分析

波形的峰值部分通常不改变它的喷射时间，这是因为流入喷油器的电流和打开针阀的时间是保持不变的，波形的保持部分是控制模块增加或减少开启时间的部分。峰值保持喷油驱动器可能引起下列波形结果：

① 加速时，将看到第二个尖峰向右移动，第一个保持不动。

② 如果发动机在极浓的混合气下运转，能看到两个尖峰顶部靠得很近，如图 3-4 所示，这表明控制模块试图靠尽可能缩短喷油器喷射时间来使混合气变得更稀。

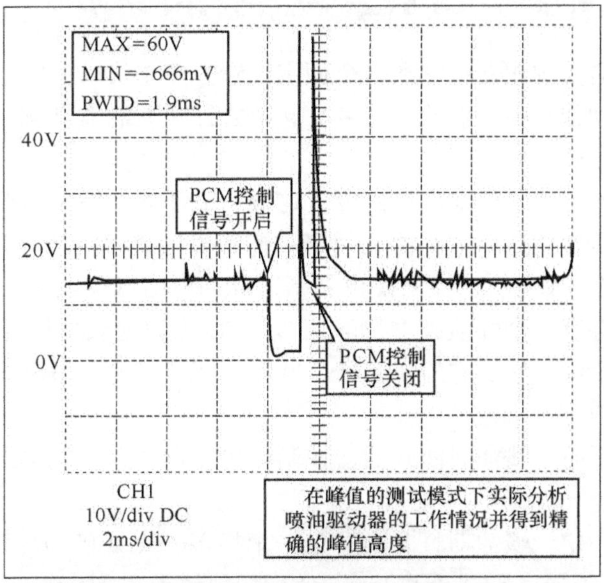

图 3-4 发动机在极浓的混合气下运转时的喷油器波形

在有些双节气门体燃油喷射系统中（通用汽车车型和一些五十铃车型），在波形的峰值之间出现许多特殊的振幅式杂波，可能表示发动机 ECU 中的喷油驱动器有故障。

3. 脉冲宽度调制型喷油驱动器波形分析

脉冲宽度调制型喷油器用在一些欧洲车型和早期亚洲车型的多点燃油喷射系统中。

脉冲宽度调制型喷油驱动器（安装在发动机 ECU 内）被设计成允许喷油器线圈流过大约 4A 的电流，然后再减少大约 1A 电流，并以高频脉动方式开、关电路。

这种类型的喷油器不同于其他峰值保持型喷油器，因为峰值保持型喷油器的限流方法是用一个电阻来降低电流，而脉冲宽度调制型喷油器的限流方法是脉冲开关电路。

（1）脉冲宽度调制型喷油器波形测试步骤　脉冲宽度调制型喷油器波形测试方法同前。

（2）脉冲宽度调制型喷油器的波形及分析　脉冲宽度调制型喷油器的波形及分析如图 3-5 所示。

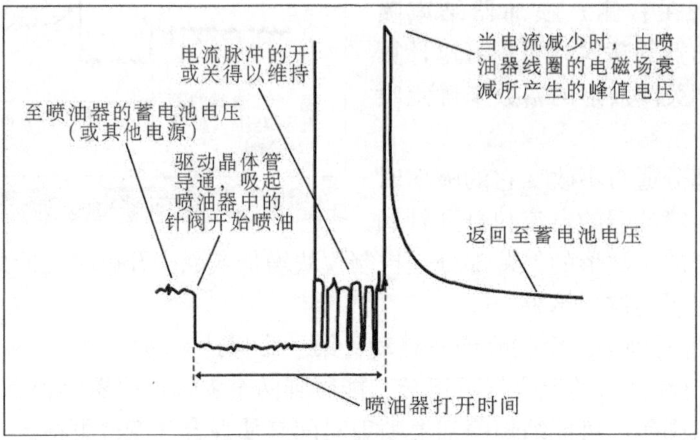

图 3-5　脉冲宽度调制型喷油器的波形及分析

通常一个线圈因需要用比保持它在一个固定位置上多 4 倍以上的电流去吸动这个机械装置，峰值保持喷油驱动器是因控制模块用 4A 电流去打开喷油器针阀，又只用 1A 的电流来保持针阀的打开而得名的。

从左至右，波形开始在蓄电池电压高度，这表示喷油器关闭，当控制模块打开喷油驱动器时，它提供了一个接地使这个电路构成回路。控制模块继续接地（保持在 0V）直到探测到流过喷油器的电流在 4A 左右，控制模块靠高速脉冲电路减少电流，在亚洲车型上，磁场收缩的这个部分通常会有一个峰值（左侧峰值）。控制模块继续保持开启操作以便使剩余喷油时间可以继续得到延续，然后它停止脉冲，并完全断开接地电路使喷油器关闭，这就产生了波形右侧的那个峰值。

控制模块接地打开时，喷油时间开始，控制模块完全断开接地电路时（右侧释放峰值）喷油时间结束。

在日产汽车的例子中，喷油器打开刚好是一个格多一点（确切地说是 1.1 个格），由于时基定在 2ms/div，喷油器大概打开了 2ms，或确切地说是 2.23ms。这个例子的喷油器喷油时间是 2.23ms，可以用这个图形去观察燃油反馈控制系统是否工作。可以加入丙烷使混合气变浓，也可以造成真空泄漏使混合气变稀，然后观察喷油时间的变化。

在一些欧洲汽车上，例如捷豹车型，它的喷油驱动器波形上只有一个释放峰值，由于峰值钳位二极管的作用，第一个峰值（左侧那一个）没有出现。

4. PNP 喷油驱动器波形分析

PNP 型喷油驱动器是由在控制模块中操作它们的开关晶体管的形式而得名的，一个 PNP

型喷油驱动器的晶体管有两个正极管脚和一个负极管脚。PNP 型驱动器与其他系统驱动器的区别就在于它的喷油器的脉冲电源端接在负极上。

PNP 型喷油驱动器的脉冲电源连接到一个已经接地的喷油器上去开关喷油器，几乎所有的喷油驱动器都是 NPN 型，它的脉冲连接到一个已经有电压供给的喷油器上，流过 PNP 型喷油器的电流与其他喷油器上的方向相反，这就是 PNP 型喷油器释放峰值方向相反的原因。

PNP 型喷油驱动器常见于一些多点燃油喷射（MFI）系统，除了它们出现的波形方向相反以外，PNP 型喷油驱动器与饱和开关型喷油驱动器十分相像。

PNP 型喷油器的喷油时间开始于控制模块电源开关将电源电路打开时，喷油时间结束于控制模块完全断开控制电路。它的波形分析如图 3-6 所示。

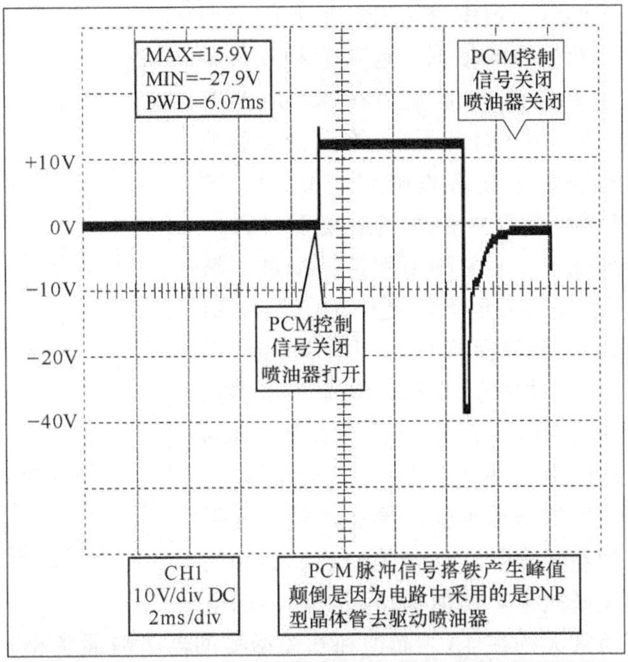

图 3-6　PNP 型喷油器波形分析

在波形实例中，喷油器喷油时间刚好是 3 个格，因为这个实例波形的时间轴为 2ms/div，所以喷油时间大约是 6ms，或精确地说是 6. 07ms。可以从这个图形上观察出燃油反馈控制系统是否工作，用丙烷去加浓混合气或用造成真空的方法使混合气变稀，然后观察相应的喷油时间变化情况。

5. 喷油器电流波形分析

如果怀疑喷油器线圈短路或喷油驱动器有故障，可以用以下几种方法检查：

① 从静态测试喷油器的线圈阻值。

② 测试动态下流过线圈电流的踪迹或波形。

③ 在喷油器电流测试时，还可以检查喷油驱动器的工作（控制模块中的开关晶体管）。

喷油驱动器电流极限的测试能进一步确认控制模块中的喷油驱动器的极限电流是否合适，这个测试需要用示波器中的附加电流钳来完成，汽车示波器内部已设置（除了示波器探头设定），不需要任何修改地接受附加电流钳的输入。附加电流钳确是物有所值，可以用它来检查大多数电磁阀、线圈（点火线圈等）或开关电路。大电流钳还可以有效地进行起动、充电，并可在汽车示波器上显示最大的电流值。

（1）喷油器电流波形测试步骤　起动发动机并在怠速下运转或驾驶汽车使故障出现，如果发动机不能起动，就在起动机带动发动机运转的同时观察示波器上的显示。

（2）喷油器电流的波形及分析　喷油器电流的波形如图 3-7 所示。

当电流开始流入喷油器时，由喷油器线圈的特定电阻和电感特性，引起波形以一定斜率上升，上升的斜率是判断故障的依据，通常饱和开关型喷油器电流波形大约在45°角上升（在2ms/div时基下）。饱和开关型喷油器通常用在多点喷射（MFI）、顺序喷射（SFI）和进气道喷射（PFI）等系统中，通常峰值保持型喷油器波形大约在60°角斜角上升（在2ms/div时基），峰值保持型通常用在单点喷射（节气门体喷射TBI）、欧亚车型多点喷射（MPI）系统和通用2.3L Qrad4发动机中，在电流最初流入线圈时，峰值保持型喷油器波形比较陡，这是因为与大多数饱和开关型喷油器相比电流增大了。峰值保持型喷油器的电流通常大约在4A，而饱和开关型喷油器电流通常小于2A。如果电流开始流入线圈时，电流波形在左侧几乎垂直上升，这就说明喷油器的电阻太小（短路），这会产生行驶性能故障，并损坏控制模块的喷油驱动器。

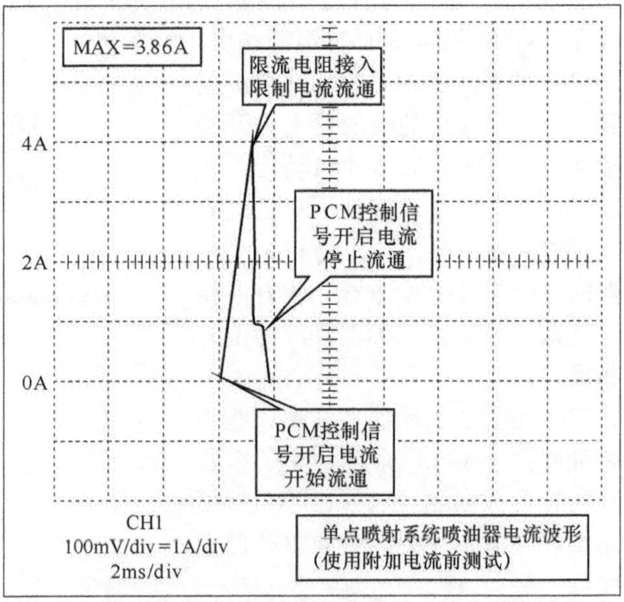

图3-7 喷油器电流的波形及分析

也可以通过分析电流波形来检查峰值保持型喷油器的限流电路，在限流喷油器波形中，波形踪迹起始于大约60°角（2ms/div）并继续上升到喷油驱动器达到峰值（通常大约为4A），在这一点上，波形成了一个尖峰（在峰值保持型里的尖峰），然后几乎是垂直下降至大约稍少于1A。这里喷油驱动器的“保持”是指正在工作着，并且保持电流约为1A直到控制模块关闭喷油器的时间，当电流从线圈中消失时，电流波形慢慢回到零线。

基于电流到达峰值时间，电流波形的峰值部分通常是不变的，这是因为一个好的喷油器充满电流和打开针阀的时间保持不变（随温度有轻微变化），控制模块操纵喷油器打开时间就是波形的波形保持部分。

6. 喷油器起动试验波形分析

这个测试主要是用在发动机不能起动的状态。

对不能起动的发动机的故障诊断有一个主要的规律可循，一台发动机不能起动可能是因为气缸未得到燃油、火花塞上无点火或者机械故障，一旦机械故障排除，在确定故障根本原因和避免无效诊断步骤方面示波器就是很有价值的，示波器也能快速可靠地检查喷油器电路、曲轴和凸轮轴传感器电路及点火初级电路。

当怀疑没有喷油器脉冲信号时，可以用示波器进行下列测试：起动发动机，在大多数情况下，如果喷油器电路有故障，就一点脉冲信号都没有，可能有两种情况，一种是有一条0V的直线或者一条12V电压的水平线（喷油器电源电压）。

（1）除PNP喷油驱动器外的所有电路

① 波形测试设备显示一条0V直线。首先确认波形测试设备和喷油器连接是否良好，确

认必要的部件的运转（分电器、曲轴及凸轮轴等），用波形测试设备检查喷油器的供电电源电路，以及控制模块的电源和接地电路，如果喷油器上没有电源电压，检查其他电磁阀（EGR 阀、EEC 控制阀等）的电源电压。

如果喷油器供电电源正常，喷油器线圈可能开路或者喷油器插头损坏，个别情况是由于控制模块中喷油器控制电路频繁接地，代替了推动脉冲，频繁地从喷油器向气缸中喷射燃油，造成发动机淹缸。

② 波形测试设备显示一条 12V 供电电压水平直线。首先确认必要部件（如分电器、曲轴及凸轮轴等）运转良好，如果喷油器供给电压正常，波形测试设备上显示一条喷油器电源电压的水平直线，说明控制模块没有提供喷油器的接地。这可能由于以下原因造成：控制模块没有收到曲轴、凸轮轴位置传感器传出的发动机转速信号或同步信号；控制模块内部或外部接地电路不良；控制模块电源故障、控制模块内部喷油驱动器损坏。

③ 波形测试设备显示有脉冲信号出现。确定脉冲信号的幅值、频率、形状及脉冲宽度等判定性尺度都是一致的。十分重要的是确认有足够的喷油器脉冲宽度去供给发动机足够的燃油来起动。在起动时大多数控制模块一般被程序设定会发出 6 ~ 35ms 脉冲宽度。通常喷油脉冲宽度超过 50ms，燃油会淹缸，并可能阻碍发动机的起动。

检查喷油器尖峰高度幅值的一致性和正确性。喷油器释放尖峰应该有正确的高度。如果尖峰异常短可能说明喷油器线圈短路，可用欧姆表测量喷油器线圈阻值或用电流钳测量喷油器的电流值。或者用电流钳在波形测试设备上分析电流波形，确认波形从对地水平升起得不是太高，太高可能说明喷油器线圈电阻太大或者控制模块中喷油驱动器接地不良。如果出现在波形测试设备上的波形不正常，检查线路和线路插座是否损坏，检查波形测试设备的接线并确认零部件（分电器、曲轴及凸轮轴等）的运转情况，当故障显示在波形测试设备上时摇动线束和插头，这就能进一步确认喷油器电路真正的故障原因。

（2）PNP 喷油驱动器电路

① 波形测试设备显示一条电源电压水平直线。确认喷油器的插头和喷油器接地插头良好，确认必要部件（如分电器、曲轴及凸轮轴等）的运转良好，用波形测试设备检查喷油器的接地电路和控制模块提供的电源及接地电路。比较少见的情况是控制模块内部连续对喷油器控制电路提供电源，它代替脉冲推动，造成从喷油器连续喷射燃油，这是淹缸的原因。

② 波形测试设备显示一条在地线的水平直线。首先确认必要的部件（分电器、曲轴及凸轮轴等）是运转正常的，如果喷油器接地正常，则是控制模块没有电源脉冲推动控制电路信号输出，这可能有以下几种原因：

① 控制模块没有收到曲轴、凸轮轴位置传感器传出的发动机转速信号或同步信号。
② 控制模块内部或外部电源电路损坏。
③ 控制模块接地不良。
④ 控制模块内部喷油驱动器损坏。

对照图 3-8 所示实测的典型供油压力波形，喷油器常见的几种故障波形如下，供实测时参考。

① 喷油泵不供油或喷油器针阀在开启位置“咬死”的故障波形如图 3-9 所示。

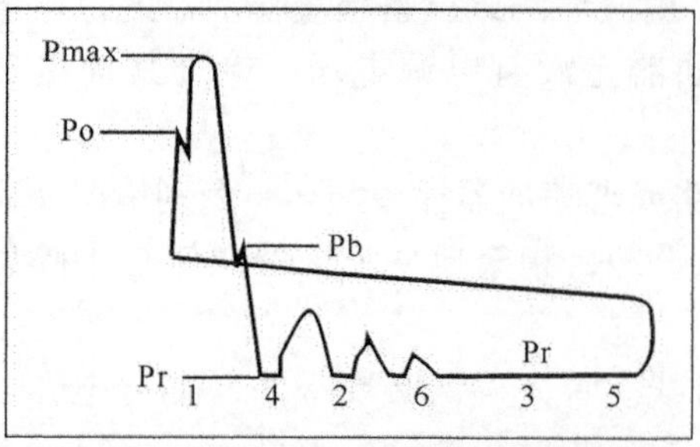

图3-8　实测的典型供油压力波形

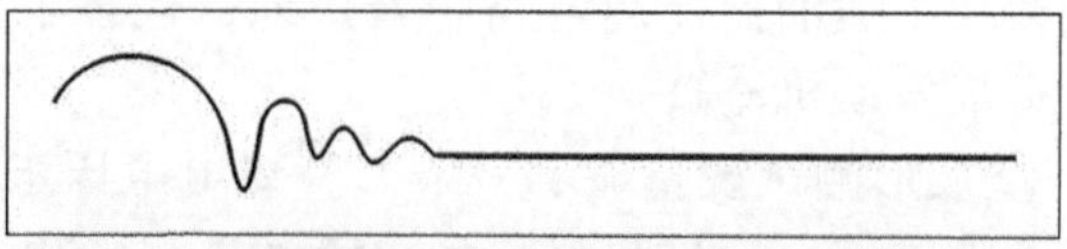

图3-9　喷油泵不供油或喷油器针阀在开启位置“咬死”的故障波形

② 喷油器针阀在关闭位置不能开启的故障波形如图3-10所示。

③ 喷油器喷前滴漏的故障波形如图3-11所示。

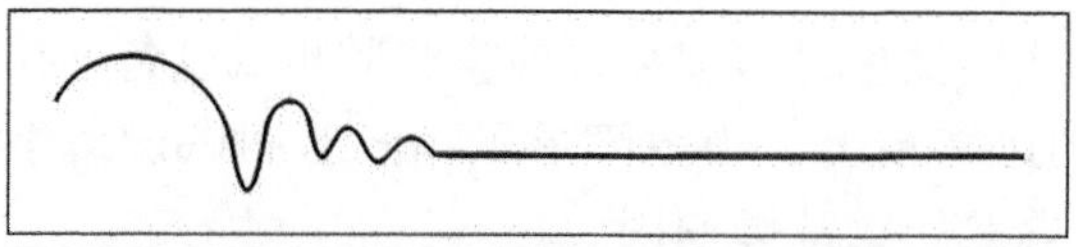

图3-10　喷油器在关闭位置不能开启的故障波形

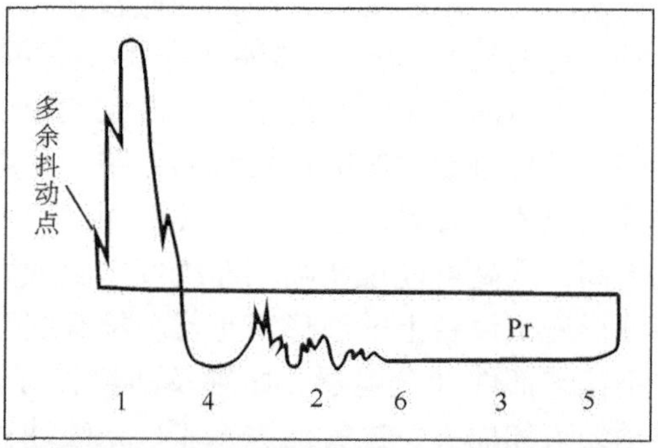

图3-11　喷油器喷前滴漏的故障波形

④ 高压油路密封不严时的故障波形如图3-12所示。

⑤ 残余压力上下抖动的故障波形如图3-13所示。残余压力上下抖动，说明喷油器有隔次喷射现象，这是因为当喷油器不能喷油时残余压力升高，而在喷油时降低的缘故。

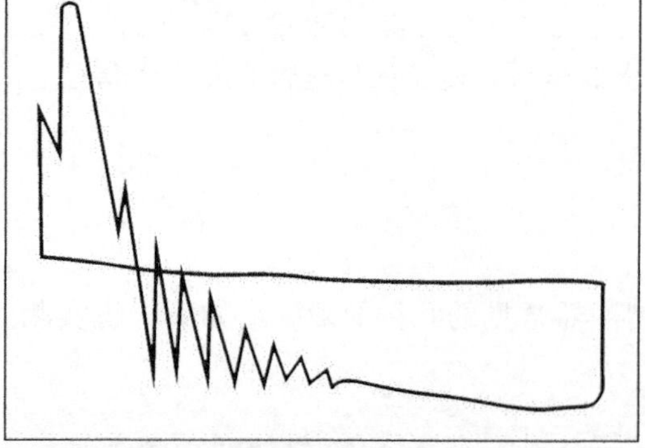

图3-12　高压油路密封不严时的故障波形

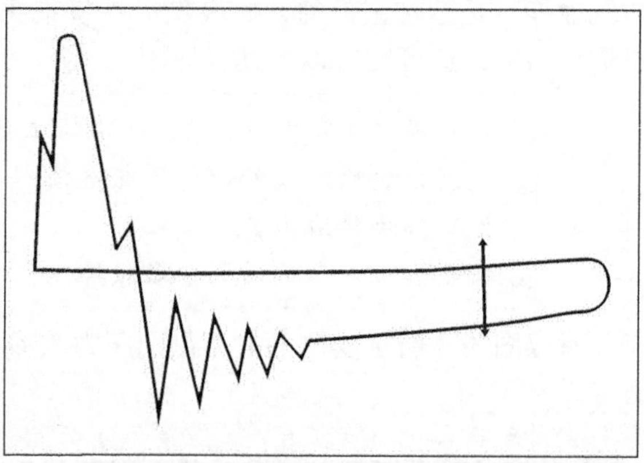

图3-13　残余压力上下抖动的故障波形

用 WFJ-1 型微电脑发动机检测仪检测柴油机燃料系统的参数和波形，除示波器显示外，还能打印。

第二节　点火正时及参考信号波形的分析

波形点火系统需要几个输入信号才能正常工作，它需要知道什么时候点火、点火线圈通电多长，以及点火正时提前多少。在早期点火装置中这些信息则是由分电器、真空提前点火装置和白金来提供，因此检测部件的物理手段是最主要的诊断方法之一。

现在真空提前点火装置、分电器和白金几乎不复存在了，点火系统仍然可以通过示波器的“眼睛”来检查，电子点火正时（EST）从设计上讲是一个复杂系统，但它并不是难以诊断的。发动机控制模块发出一个 EST 信号给点火模块或直接给点火线圈，这个 EST 信号含有老式真空提前点火装置、分电器和白金所提供的全部信息，发动机控制模块（PCM）只是收集并传送不同的信息。

电子点火正时（EST）信号的频率代替了老式的分电器和白金装置——它告诉点火线圈什么时候点火，电子点火正时信号的导通时间或脉冲宽度包含着闭合角的信息，这决定了每次点火时点火线圈充电时间的长短。点火提前角信息（像老式的真空提前点火装置）也由一个新的方法，即信号的导通时间或脉冲宽度来提供。

发动机控制模块用来自点火模块的点火参考信号和其他输入信号（例如 MAP、TPS、ECT 等信号）产生了电子点火正时信号。电子点火正时信号是返送给点火模块中另一个开关晶体管的信号。这个开关晶体管用于控制点火线圈初级电路，随着发动机转速的增减，电子点火正时信号频率与点火参考信号频率同步变化。

发动机控制模块主动不断地控制电子点火正时信号的脉宽，而这个脉宽又提供了初级点火闭合角和点火正时提前角的信息。

点火模块根据曲轴位置传感器信号产生的数字信号就是点火参考信号。点火模块向发动机控制模块发送点火参考信号，发动机控制模块用这个信号正确地控制喷油时间和电子点火正时输出信号。点火参考信号是频率调制数字信号，这个信号的频率随发动机转速变化而变化。

一、电子点火正时信号波形分析

电子点火正时信号波形（图 3-14）可以用来诊断电子点火正时电路。许多通用汽车、欧洲汽车甚至亚洲生产的汽车都有相似的点火电路设计，当确定发动机失速或点火不良的原因是在点火模块、曲轴位置传感器和控制模块时，可以按照这种测试方法进行诊断。

确认波形的频率与发动机转速同步，只有当点火正时需要改变时，电子点火正时信号（EST）的占空比才发生改变。电子点火正时信号的幅值通常略小于 5V。

二、点火参考信号（DIST）波形分析

点火参考信号（DIST）波形，可以诊断点火参考电路，这个电路有时又称为分电器参考电路。许多通用（GM）汽车、欧洲甚至亚洲生产的汽车都使用相似的点火电路设计。当

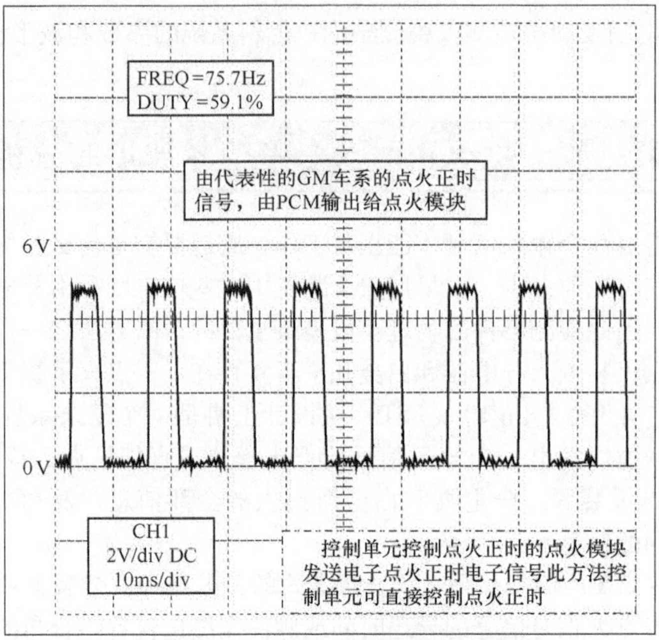

图3-14　电子点火正时信号波形

怀疑点火模块、曲轴位置传感器或控制模块是造成发动机失速或点火不良的根本原因时，使用这个示波器测试程序就很有用。根据点火模块的形式或曲轴位置传感器传送给点火模块的信号类型，点火参考信号波形（图3-15）的幅值可能略小于5V或8V左右。这种情况可以按照前述的测试方法进行诊断，不同的地方是要确认点火参考信号波形的频率不仅与发动机转速同步，而且在任何情况下占空比都保持不变。

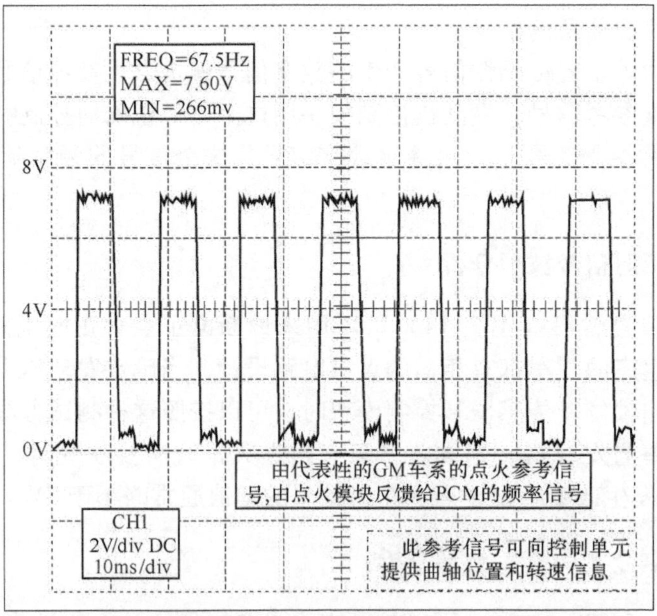

图3-15　点火（DIST）参考信号波形

三、点火参考信号（DIST）和电子点火正时（EST）双踪波形分析

这是双通道示波器测试程序，点火参考信号和电子点火正时（图3-16）波形来自两条电路，它把有着重要联系的两个波形同时显示在示波器上，它可以同时诊断点火参考电路和电子点火正时电路，或检查它们两者之间的关系，进而诊断控制模块（PCM）的可能故障。

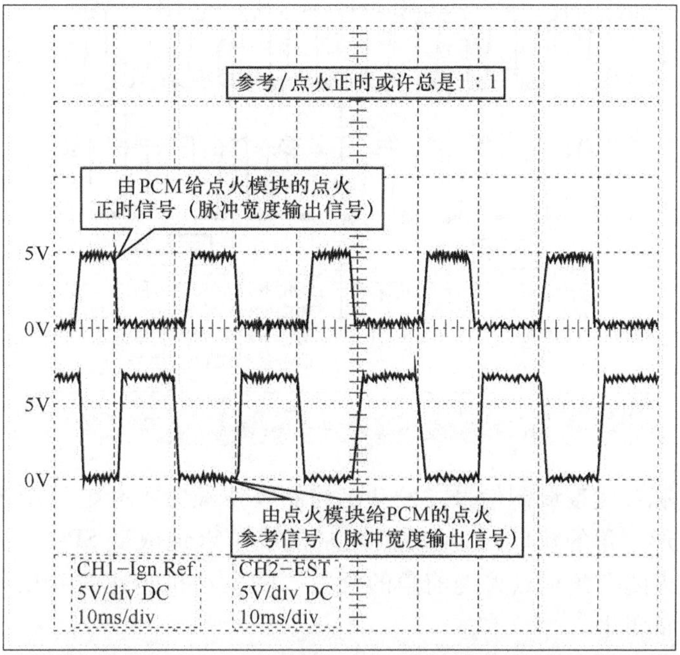

图3-16　点火参考信号和电子点火正时波形

四、福特分布型点火传感器PIP和点火输出信号SPOUT双踪波形分析

福特分布型点火传感器PIP和点火输出信号SPOUT双踪波形如图3-17所示。用于福特林肯和水星汽车点火系统的双踪示波器测试图，把相互有着重要联系的波形同时显示在示波器上，用这个测试方法可以同时诊断分布型点火传感器PIP和点火输出信号电路或检查它们之间的联系，进而去诊断发动机控制模块或点火正时的故障。许多通用汽车、欧洲汽车甚至亚洲生产的轿车都使用相似的点火线路设计，但福特PIP/SPOUT设计却有其独特之处，当确定发动机失速或点火不良的根本原因可能是点火模块、霍尔效应传感器或发动机控制模块时，用这个测试步骤是很有效的。

分布型点火传感器PIP信号是数字信号，它是由厚膜集成电路点火模块TFI根据霍尔效应传感器送入的信号产生的。霍尔效应传感器安装在分电器或曲轴上，厚膜集成电路点火模块TFI发出PIP信号给发动机控制模块，发动机控制模块用这个信号正确发出燃油喷油时间、电子点火正时信号。PIP信号主要是频率调制信号，也就是说频率随发动机转速而变化，而厚膜集成电路TEI模块则根据SPOUT信号产生一个脉冲宽度的调制成分。

发动机控制模块用来自点火模块的PIP信号和一些其他信号（例如MAP、TPS等）产生SPOUT信号，然后发动机控制模块将SPOUT信号送回给TFI点火模块去控制点火初级电

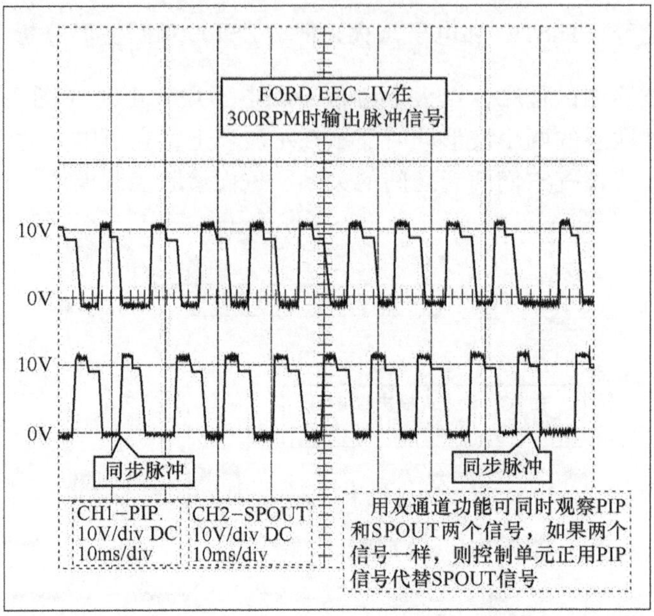

图3-17　输出脉冲信号（FORD）波形

路。SPOUT 信号是脉冲宽度调制信号，发动机控制模块经常不断地控制 SPOUT 信号脉冲宽度调制成分（在波形上角的缺口），发动机控制模块频繁地改变 SPOUT 信号脉冲宽度，这个宽度提供初级点火闭合角和点火提前角的资料。随发动机转速的变化 SPOUT 信号的频率跟着 PIP 信号频率而变化。

可以按照前面测试步骤进行分析，但要注意每一个 PIP 脉冲都会对应一个 SPOUT 脉冲，在示波器上显示的脉冲并不是直接地在相互的顶部的位置，这意味着它们不是同时发生的。在 SPOUT 脉冲上的缺口脉宽将随着节气门开启而变化，由计算机控制闭合角（CCD）系统中缺口宽度的改变量来确定点火正时提前角和点火闭合角。

当 SPOUT（设定正时）插头插上时，造成 PIP 信号的直角顶部和底部的小缺口，显示出从控制模块到厚膜集成电路点火模块，然后再返回控制模块的监视环是完整的。当拔下 SPOUT 插头，缺口就消失了，这是因为它破坏了厚膜集成电路 TFI 点火模块将 PIP 信号编成 SPOUT 信号的能力。

第三节　控制阀波形分析

一、怠速控制（IAC）电磁阀波形分析

电子控制怠速电磁阀（图3-18）可以防止怠速的失速，增强怠速的稳定性，在减速时采用分级减速手段减少碳氢化合物（HC）的排放。怠速电磁阀可以保持尽可能低的怠速而不熄灭，甚至在打开空调、发电机、动力转向等附属设备对发动机增负载时，也可以保持尽可能的平稳性。

怠速由发动机转速传感器来检测，怠速被调整在预定的程序设定的保持段内。控制模块

从诸如空调压缩机的开关、蓄电池充电指示、动力转向开关和空档/驻车档开关等附属设备中接受数字开关的输入信号，每个开关都会触发预先设定的怠速补偿命令并传送给怠速控制器。当节气门关闭，发动机转速至最低值以下或车速稳定时，怠速控制系统通常开始起作用，电控怠速阀允许空气绕过节气门流动，产生类似于打开节气门的效果。

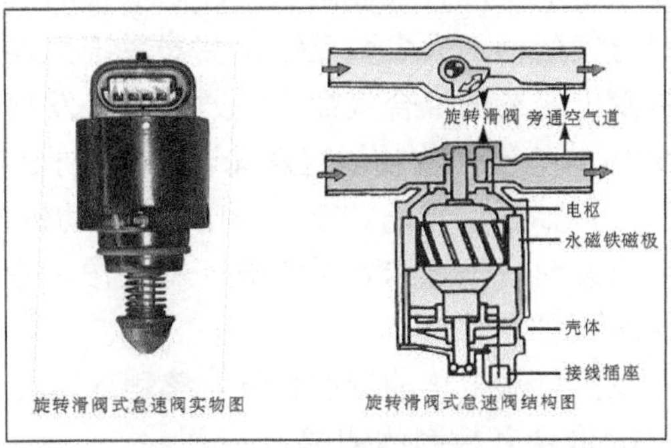

图 3-18　电子控制怠速电磁阀

1. 怠速控制（IAC）电磁阀波形测试

使发动机怠速运转并将附属设备（空调、风扇、刮水器）开或关，如果该车装有自动变速器，在驻车档与前进档之间切换。这将会改变发动机负荷，引起发动机控制模块给怠速阀的输出命令信号改变。

2. 怠速控制（IAC）电磁阀波形分析说明

确认对各种怠速补偿模式波形的幅值、频率、形状、脉冲宽度等判定性尺度都在正确范围内，并且有可重复性和一致性（图 3-19）。

确认当控制模块的命令信号改变时，电磁阀有反应，并且发动机转速也跟着改变，观察下列情况的出现：

当附属电气设备开关开启闭合时或变速器脱档入档时，控制模块的怠速控制输出命令将改变。怠速改变时，怠速控制阀应开闭节气门旁通孔，若怠速不变，应怀疑怠速阀损坏或旁通道阻塞。

在诊断怠速控制阀和控制电路之前，应先确定节气门开关自如，最低怠速符合制造厂商的标准，检查真空泄漏或不合适的空气泄漏，它们会使怠速控制系统出问题。

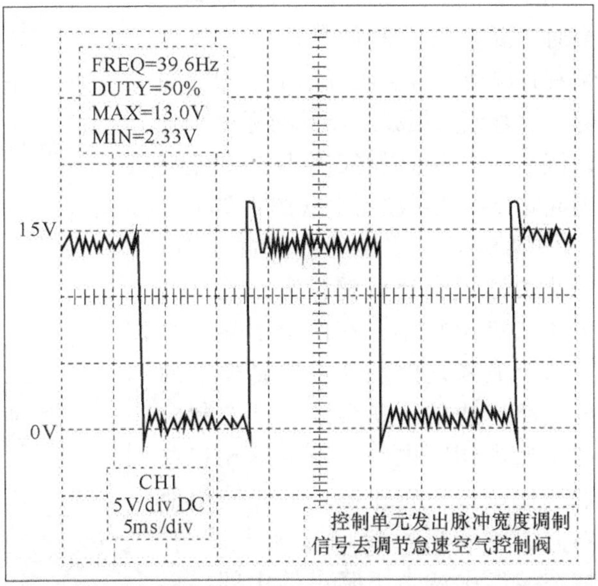

图 3-19　怠速控制（IAC）电磁阀波形

二、混合气控制阀波形分析

通用公司的混合气控制阀应用比较广泛，它与其他反馈型混合气控制阀的波形在外观上略有不同，但它们的信号显示出相同的判定尺度，并以十分相像的形式出现。在化油器燃油反馈控制系统中混合气控制信号是最重要的输出信号，在通用汽车上，这个电路的脉冲大约为 10 次/s，每个单独脉冲（脉冲宽度或开启时间）的变化，依据此时燃油混合气的需要而定。

在通用汽车中，这个电路控制化油器中处于低位置的主喷量孔针阀每次脉冲的时间。在其他系统中，混合气控制电路控制空气电磁阀，它动作时空气进入主喷量孔通道或进入管道使混合气变稀。大多数反馈化油器系统都以相同方式工作，即较长的混合气控制开启时间意味着发出变稀的混合气命令。通常，从发动机控制模块发出的控制命令，都围绕在占空比大于50%的范围内波动。这意味着系统被控制在稀的混合气状态下对长期浓的情况起着补偿作用（例如化油器浓调整），相反从发动机控制模块发出控制命令都围绕在占空比小于50%范围内波动，则意味着系统被控制在浓的混合气状态对长期稀的情况起补偿作用（例如真空泄漏）。

在执行这个化油器混合气调整程序之前，先要确认氧传感器的工作正常与否。

1. 混合气控制阀测试

起动发动机并怠速运转在2500r/min约2～3min，直到发动机充分暖机，燃油反馈控制系统进入闭环。上述过程可以根据从示波器中观察到的氧传感器信号来确认，关闭所有附属电气设备，确认汽车处于驻车档或空档，按照推荐的维修步骤对被检修的化油器进行空气泄漏和怠速混合比调节。

2. 混合气控制阀波形分析说明

当主喉管量孔油路或一氧化碳调整适当时，混合气控制信号占空比将在50%左右波动，占空比可用示波器上的游标来检查或根据波形显示的标定来分析，汽车示波器可以将占空比的数值与波形同时显示在示波器上（图3-20）。

用屏幕标定波形的方法并不难，如果化油器混合比调整设定正确，波形的峰尖就会被集中在两个下降沿之间，这个尖峰是由发动机控制模块的接地电路造成的，观察波形中控制模块的接通和切断电路。当主量孔和怠速混合比调整设定正确。尖峰轻微地从右向左，然后再返回接地点波动。保持在波形中两个下降沿的中间，根据氧传感器的输入信号控制模块从左向右显示波形信号。

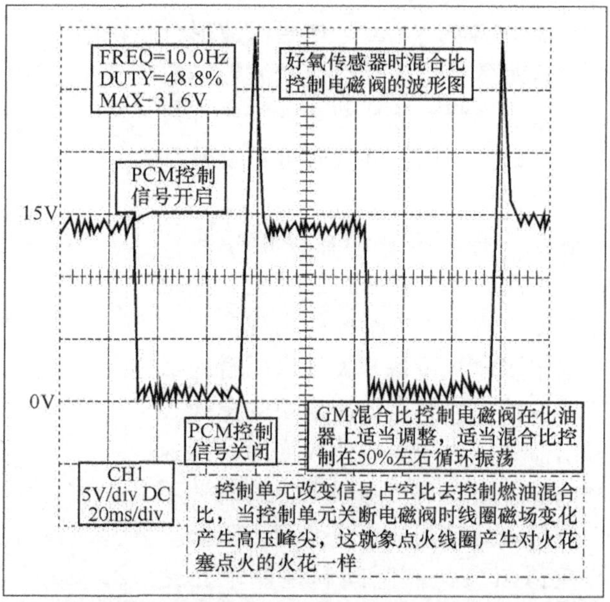

图3-20　混合气控制阀波形分析

当氧传感器信号浓时，控制模块就将混合比控制电路每个循环接地时间延长（闭合角增加）去进行补偿修正，当氧传感器信号稀时，控制模块就将混合比控制电路每个循环时间缩短（闭合角减小）去进行补偿修正。当混合比控制波形占空比在50%附近波动，并且氧传感器工作正常时，系统混合比控制正常，催化器工作效果最佳。在怠速运转在2500r/min，或是正常行驶下（不包括重载和加减速），波形显示均应在50%左右波动；这时燃油反馈控制系统性能最佳并且废气排放可能性最低。

在怠速工作状态下不正常，波形占空比在50%左右波动；在行驶状况下不正常，波形显示占空比经常在50%左右波动。这样系统在需要时可以得到最大的混合比补偿（从稀的一侧到浓的一侧），当波形的尖峰运动到右侧时，说明控制模块正下达稀混合气的命令，这里是根据氧传感器输出高的电压。

三、炭罐清洗电磁阀波形分析

燃油蒸发污染控制系统设计的目的是防止挥发性的碳氢化合物（HC）蒸发和污染大气。储存在化油器或燃油箱中的燃油在使用中会蒸发出来，大约50%的汽车碳氢化合物排放物来自有故障的蒸发系统。为减少这些排放，用一个装有活性炭的滤清罐来收集并储存碳氢化合物（HC）。被收集的燃油通过由控制模块控制的电磁阀从炭罐释放进入进气歧管。这就使蒸发出来的HC在发动机中燃烧而不会释放入大气中。在开环运行中，由于燃油计算复杂，控制模块通常不打开电磁阀回收碳氢化合物（清洗炭罐）。

1. 炭罐清洗电磁阀波形测试

起动发动机，保持在2500r/min下2～3min，直到发动机完全暖机，燃油反馈系统进入闭环。通过观察示波器上碳氢传感器信号波形确认上述过程。关闭所有附属电气设备，将汽车处于驻车档或空档位置，顶起驱动轮或驾驶汽车同时观察示波器炭罐清洗电磁阀信号波形。

确认幅度、频率、形状和脉冲宽度的判定性尺度都是正确的、可重复的。在炭罐清洗时是存在的。

确认从油箱到炭罐、进气歧管的油气管完好无损，而且管路安装正确，没有泄漏。这就确保了被从炭罐中清洗出的燃油真正在发动机内燃烧。在线炭罐清洗流量计对决定清洗流量率是有用的。

2. 炭罐清洗电磁阀波形分析说明

炭罐清洗电磁阀波形如图3-21所示。汽车一旦达到预定的车速（通常约15mile/h），控制模块开始用可变的脉宽调制信号推动电磁阀去打开清洗阀。当减速时，这个信号停止，同时阀关闭。几乎任何时候当满足上述条件时，那么这个过程都会发生，如前所述，一些系统在变速器在驻车档或空档，发动机又不在以怠速运转时，清洗炭罐就开始工作。

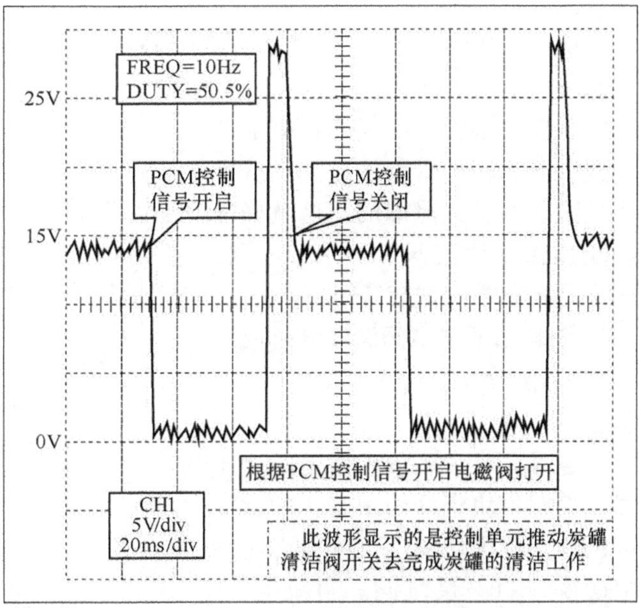

图3-21　炭罐清洗电磁阀波形

可以发现的故障和可能看到的判定性尺度的偏差是尖峰高度变短，这也许说明清洗炭罐电磁阀有短路，或完全没有信号（一条直线），这说明控制模块故障，控制模块没有接收到清洗条件信号，这可能是连线或插头的故障。

四、涡轮增压电磁阀波形分析

涡轮增压器在不增加发动机排气量下增加功率，涡轮增压器的好处也包括在有效的转速范围内增加转矩，与相同功率下自然吸气的发动机相比，提高了燃油经济性，降低废气排放污染。

然而，为获得最好的加速性、节气门反应性及发动机耐用性，增压器的压强应被控制或调节。如果增压压强不能适当调节，驾驶性能会受影响或造成发动机损坏（冲气缸垫或更严重）。调节增压压强是通过改变废气量，即旁通废气侧涡轮机气路的方法达到的，当更多的废气绕过涡轮机排出后，增压压强减少了。

一个称为废气门的阀通过打开和关闭来调节旁通量。废气阀由真空伺服电动机控制，它可以由机械或电子手段来驱动。在电子控制系统时，真空电磁阀接收发动机控制模块发出的控制信号，当电路接收到从进气压力传感器或增压传感器指示的一定的增压压强时，控制模块命令真空电磁阀开启，减少增压压强，控制模块用脉宽调制信号打开电磁阀，允许真空进入废气阀，打开废气阀来调节增压压强。

1. 涡轮增压电磁阀波形测试

起动发动机，保持在2500r/min下运行数分钟，直至发动机完全暖机，燃油反馈系统进入闭环，可以通过观察示波器上氧传感器信号来确认上述过程。驾驶汽车，重复所怀疑的故障现象。

确认信号幅值、频率、形状和脉冲宽度的判定性尺度都是正确的、可重复的，同时在增压控制条件下确定存在。

确认进气歧管、废气阀真空电动机和真空电磁阀的管路完整无损，且连接是正确的、无泄漏的。这就确保真空能被送到废气阀，如果有必要，可用手动真空泵测试废气阀。

2. 涡轮增压电磁阀波形分析说明

涡轮增压电磁阀波形如图3-22所示。

加速时一旦达到预先设定的增压压强，控制模块将开始用变化的脉冲宽度调制信号推动发动机推力涡轮增压电磁阀以打开废气阀。当减速时，信号停止，该阀关闭。几乎任何时候当发动机加速能保持几秒钟时，上述过程就会发生。

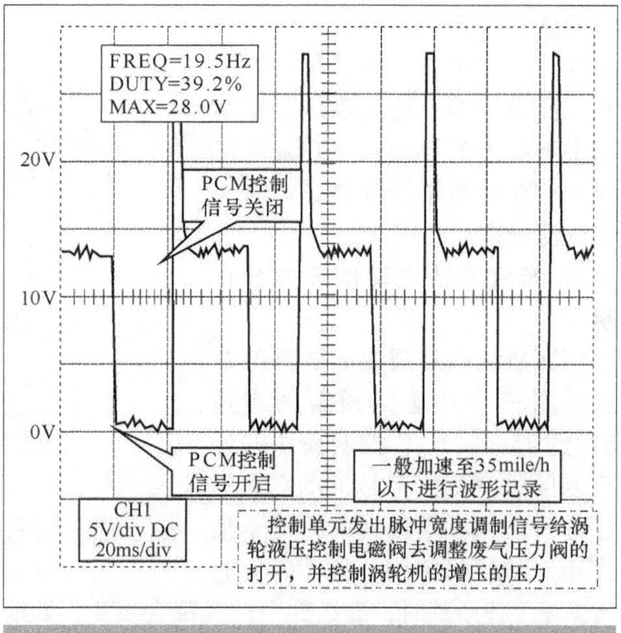

图3-22　涡轮增压电磁阀波形

可能发现的故障和判定性尺度的偏差是尖峰高度变短，这可能是真空电磁阀线圈短路，或者是完全没有信号，这可能说明控制模块有故障，控制模块没有接收到增压减少的信号，这也许是连线或插头的故障。

五、废气再循环（EGR）控制电磁阀波形分析

废气再循环（EGR）控制电磁阀波形如图3-23所示。

废气再循环系统设计用来减少氮氧化合物的形成，氮氧化合物是一种有害的尾气排放。

在燃烧中，空气中大量的氮与氧化合生成氧化氮。这通常发生在大负荷或发动机爆燃时。

排气尾气（相对惰性的气体）与进气管的混合气混合的结果，是提供了一个在燃烧室中化学缓冲，或空气和燃油分子冷却的方式。这导致进入气缸的混合气的燃烧受到更多的控制，它可以防止过度速燃甚至爆燃的产生。而过度的速燃和爆燃会使燃烧温度超过 1371℃。

废气是被定管路控制流入进气歧管中，然后与新鲜的混合气混合进入燃烧室，这就限制了最初的氮氧化物的形成。然后，当燃烧后的可燃混合气离开气缸时，三元催化器起作用减少进入大气的氮氧化合物。

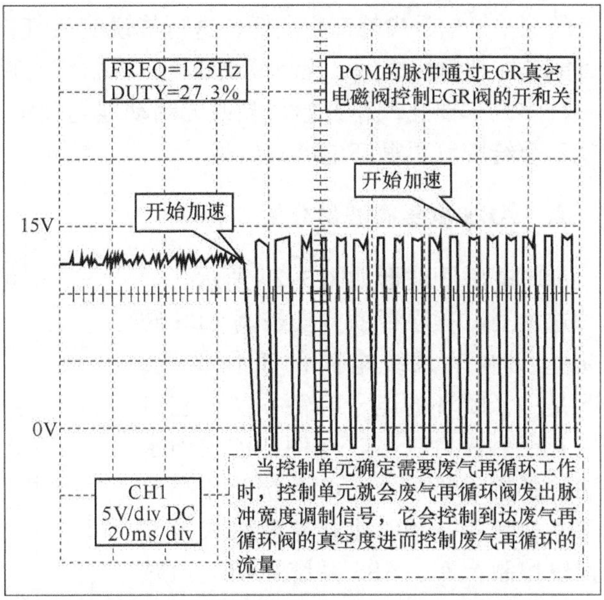

图 3-23 废气再循环（EGR）控制电磁阀

废气再循环何时开始工作，以及流量的多少对排放和驾驶性能是非常重要的。废气再循环调整是非常精确的，过多的废气流量会使发动机喘振、功率下降，控制废气再循环阀的流量，大多数发动机控制系统用电子控制，发动机控制模块发出开关或脉冲调制信号给真空电磁阀去控制流入废气再循环阀的真空度，当控制模块打开电磁阀时，真空作用吸开废气再循环阀，允许废气再循环通过。当控制模块切断真空电磁阀时，供给废气再循环的真空被切断，废气再循环停止。在起动发动机暖机，减速和怠速时，大多数发动机控制系统不能使废气再循环系统工作，在加速情况下废气再循环系统才被精确地控制，以优化发动机工况。

1. 废气再循环（EGR）控制电磁阀波形分析

起动发动机，保持在 2500r/min 下运转 2～3min，直至发动机完全暖机，同时燃油反馈系统进入闭环，观察示波器上氧传感器信号来确认上述过程。

关闭所有附属电气设备，然后正常驾驶汽车；从完全停止下起动，缓加速，急加速，巡航行驶和减速。

确认波形幅值、频率、形状和脉冲宽度等判定性尺度是正确的、可重复的，并且在废气再循环下是存在的。

确认进气歧管、废气阀真空电动机和真空电磁阀的管路完全无损，且连接是正确的、无泄漏的。确定废气再循环隔膜能保持适量的真空。确认废气再循环和绕过发动机的通道是清洁的，没有由于内部积炭造成堵塞，这可以确认当控制模块引导真空进入废气再循环阀时，废气实际流进了燃烧室。

2. 废气再循环（EGR）控制电磁阀波形

发动机达到废气再循环工作的条件，控制模块开始用变化的脉宽调制信号推动电磁阀，在加速时废气再循环速度加快，在怠速和减速时，信号中断，阀关闭，不需要废气再循环，几乎任何时候，只要条件符合，这个过程随时都可能发生。可能产生的故障和可能观察到的判定性尺度的偏差是信号尖峰高度变短，这可能说明废气再循环电磁阀线圈短路，或完全没有信号，这可能是控制模块故障，控制模块的废气再循环控制条件没有满足或连线或插头的故障。

许多汽车要在汽车开始行驶或无制动地驾驶中，才能进入废气再循环流动，否则控制模块就不会给废气再循环电磁阀信号。

六、ABS 电磁阀波形分析

ABS 电磁阀波形如图 3-24 所示。

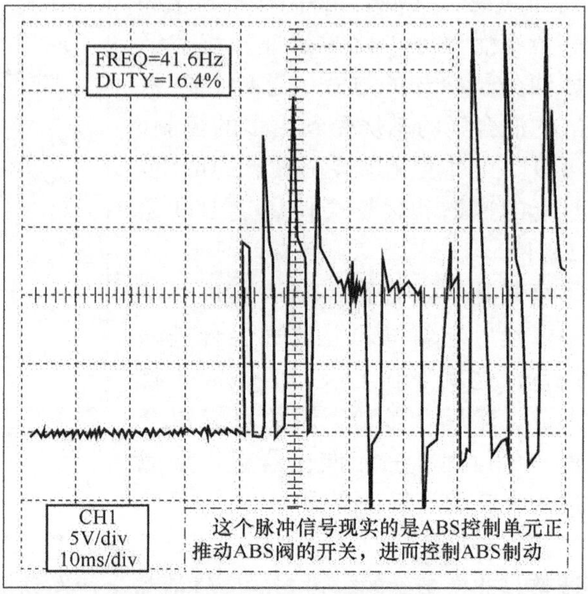

图 3-24　ABS 电磁阀波形

这个测试程序帮助检查控制 ABS 阀的防抱死制动系统电路的工作情况。ABS 是一个闭环的电子控制系统，它可以完善在附着力减小时（例如冰或雨水路面）的制动性能。ABS 系统防止车轮滑移，在紧急制动时也能使驾驶人较好地操纵控制汽车，ABS 系统也明显地减少了制动的停车距离。

大多数 ABS 系统用常规制动部件，例如主缸、轮缸、制动钳或制动片及制动油管、制动器等，除在常规制动系统部件以外，ABS 系统还有车轮传感器和电子控制模块和液压制动调节器（电磁阀）。ABS 控制模块接收车轮速度信号，并去调节接近抱死状态或滑移状态的车轮制动压力。当优化制动在有效状态时，可以改善车轮牵引力，给驾驶人提供较好的操作控制。

1. ABS 电磁阀波形测试

按照能使 ABS 系统开始动作所需要的条件驾驶汽车，找一条碎石路面或有冰和雨水的路面来帮助判断是有益的，这会对试验车轮抱死和 ABS 功能带来方便。

确认波形幅值、频率、形状和脉冲宽度等判定性尺度是正确的，可重复的，并且与被测的 ABS 电磁阀类型相一致。

2. ABS 电磁阀波形分析说明

当在示波器上分析 ABS 电磁阀波形时，用动态行驶 ABS 制动测试仪可能是很有帮助的，它可以帮助分析是 ABS 电气故障，还是机械或液压制动系统的故障，但动态行驶 ABS 制动测试仪比较昂贵，而且不容易操作。

一旦 ABS 控制模块起动电磁阀，波形就会开始变化，这些脉冲宽度调制电磁电路波形看起来与燃油喷油器或废气再循环清洗控制电磁阀波形相似。

当一个车轮抱死后开始滑移时，ABS 控制模块会开始驱动这个轮的 ABS 压力电磁阀，这就调节了这个有问题的车轮的制动能力。

观察到可能的缺陷和判定性尺度的偏差是尖峰高度的变短，这可能说明电磁阀线圈短路，或完全没有信号（一条直线），这可能说明 ABS 控制模块的故障，ABS 系统工作条件不足（车轮速度等），或是线路及插头的故障。

一些 ABS 系统只驱动电磁阀的线圈的负极端，还有一些 ABS 系统将控制驱动线圈的电源供给及接地两端，这会在波形上升或下降沿处产生释放尖峰，产生的尖峰信号反映了 ABS 控制模块驱动的是电磁阀的一端。

七、变速器换档控制电磁阀波形分析

自动变速器换档控制电磁阀波形图如图 3-25 所示。

这个测试步骤帮助检查控制模块控制的自动变速电子换档电磁阀或变矩器锁止电磁阀的工作情况，这个测试程序也可以用于检查电子控制压力调节电磁阀。

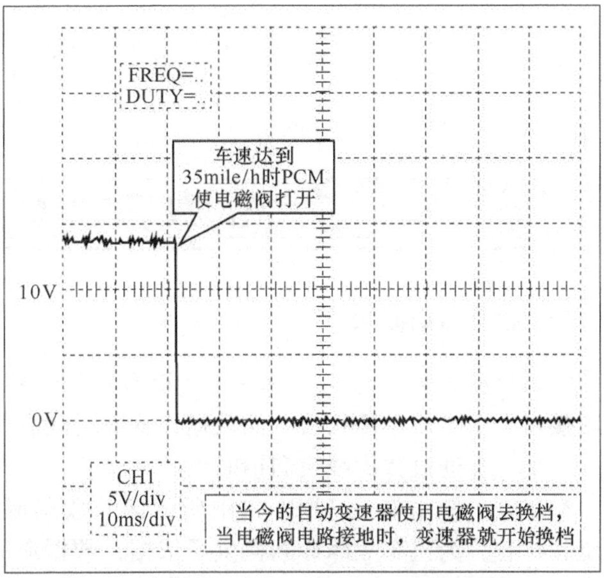

图 3-25　自动变速器换档控制电磁阀波形

1. 变速器换档控制电磁阀波形测试

在发生行驶性能故障的条件下试车，或者在试车中试验所怀疑的换档阀电路，变矩器锁止电磁阀及油压调节电磁阀。

对于直流开关的电磁阀，要确认幅值这个判定性尺度对怀疑变速运行故障是否适当。

对于用脉冲宽度调制电磁阀要确认幅值、频率和脉冲宽度判定性尺度是正确的、可重复的和一致的。

2. 变速器换档控制电磁阀波形分析说明

一些系统用控制电源式电磁阀，其他系统电磁阀中有一根线总是与电源相接。它靠控制接地电路去操作电磁阀。在检查这些结果之前，先应确认检查的是哪种类型。

一旦控制模块推动电磁阀，波形就会变化。在控制模块推动之前，直流开关电源控制电磁阀波形将出现一条直线，当控制模块推动电磁阀时波形上升到系统电压值，接地控制的电磁阀工作方式相反，当控制模块推动电磁阀的波形从一条等于系统电压的值突变到接地电压。

翻阅制造厂商的修理资料，了解变速器电路的特殊功能控制方式，正确理解假设有故障的电路是怎样工作的，这对提高诊断故障的准确性和速度是会有帮助的。

可能产生的缺陷和可以观察到的判定性尺度的偏差是尖峰高度变短，这可能是变速器电磁阀线圈有短路，或者没有信号（一条直线），也可能是控制模块故障，控制模块换档条件不具备（转换点，TCC 锁止等）或线路或插头的故障。

许多汽车的控制模块被程序设定为不能进入某种功能状态，例如锁止离合器 TCC 的动作要等到发动机达到确定温度和车速才能实现。

第四章　汽车数据流认识

第一节　汽车数据流概述

一、数据流的概念

汽车数据流是指电子控制单元（ECU）与传感器和执行器交流的数据参数，它是通过诊断接口，由专用诊断仪读取的数据，且随时间和工况而变化。数据的传输就像队伍排队一样，一个一个通过数据线流向诊断仪。

汽车电子控制单元（ECU）中所记忆的数据流真实地反映了各传感器和执行器的工作电压和状态，为汽车故障诊断提供了依据，数据流只能通过专用诊断仪器读取。汽车数据流可作为汽车 ECU 的输入输出数据，使维修人员随时可以了解汽车的工作状况，及时诊断汽车的故障。

读取汽车数据流可以检测汽车各传感器的工作状态，并检测汽车的工作状态，通过数据流还可以设定汽车的运行数据。

二、数据流参数的分类

根据各数据在检测仪上显示方式不同，数据参数可分为两大类型：数值参数和状态参数。数值参数是有一定单位、一定变化范围的参数，它通常反映出电控装置工作中各部件的工作电压、压力、温度、时间及速度等。状态参数是那些只有两种工作状态的参数，如开或关，闭合或断开、高或低、是或否等，它通常表示电控装置中的开关和电磁阀等元件的工作状态。

根据 ECU 的控制原理，数据参数又分为输入参数和输出参数。输入参数是指各传感器或开关信号输入给 ECU 的各个参数。输入参数可以是数值参数，也可以是状态参数。输出参数是 ECU 送出给各执行器的输出指令。输出参数大多是状态参数，也有少部分是数值参数。

数据流中的参数可以按汽车和发动机的各个系统进行分类，不同类型或不同系统的参数的分析方法各不相同。在进行电控装置故障诊断时，还应当将几种不同类型或不同系统的参数进行综合对照分析。不同厂家及不同车型的汽车，其电控装置的数据流参数的名称和内容都不完全相同。

三、汽车数据流的作用

综上所述，汽车数据流主要是反映传感器和执行器工况的一系列数值所组成的数据块，其作用体现在如下几方面。

1. 维持电子控制系统正常工作

在汽车电子控制系统内部，数据流的作用是使系统保持正常工作。例如传感器流向信息控制器的数据流，控制器根据传感器输入的数据流计算和判断被控对象的物理参量及工作状态，并向执行器发出控制数据流，执行器在这些数据流的作用下工作，将被控制对象控制在设定的目标范围之内。

2. 显示汽车工作状态

当汽车的行驶工况与状态变化时，汽车数据流随即改变。一些汽车数据流通过汽车显示仪表显示出汽车的行驶状态，以及发动机的状况，例如，汽车的车速、燃油液面、瞬时油耗、发动机的转速、发动机温度等。这些数据流通过显示装置使驾驶人随时了解汽车的工作状况，及时发现异常情况。

3. 检测与诊断汽车电子控制系统的故障

在现代汽车中，电子控制系统的应用已十分普遍，一些高级轿车所装备的电子控制系统的数据传输线多达数百条，各电子控制系统的工作状态即使有最轻微的变化，都会在数据流上有所反映。因此，通过诊断接口或用其他检测手段获得相关的数据流（传感器的输入信号和控制器的输出信号），检修人员运用分析与比较的方法，就可以获得相关的系统工作正常与否、相关系统部件或线路是否有故障的诊断结果。

如果运用微机故障分析仪进行动态检测，就可将汽车运行中各种传感器和执行元件的输入与输出信号的瞬时数据值直接以数据流的方式在显示屏上显示出来。这样，可以根据汽车工作过程中控制系统各种数据的变化情况来分析与判断电子控制系统的工作是否正常。

4. 实现汽车电子控制系统故障自诊断

汽车电子控制系统设有故障自诊断功能，在电子控制器的 ROM 存储器中储存有传感器输入信号和执行器反馈信号的标准参数和故障自诊断程序。电子控制系统工作时，控制器通过调用故障自诊断程序，将输入的信号与标准参数进行比较。如果输入信号丢失或不在正常范围之内，就诊断为提供输入信号的线路和部件有故障，并将故障信息以代码的形式储存于 RAM 存储器中。

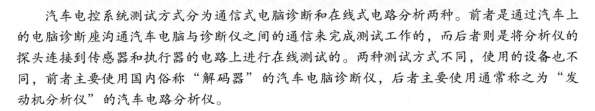

第二节 获得汽车数据流的方法

汽车电控系统测试方式分为通信式电脑诊断和在线式电路分析两种。前者是通过汽车上的电脑诊断座沟通汽车电脑与诊断仪之间的通信来完成测试工作的，而后者则是将分析仪的探头连接到传感器和执行器的电路上进行在线测试的。两种测试方式不同，使用的设备也不同，前者主要使用国内俗称“解码器”的汽车电脑诊断仪，后者主要使用通常称之为“发动机分析仪”的汽车电路分析仪。

一、电脑通信方式

1. 专用诊断仪

专用诊断仪是各汽车厂家生产的专用测试设备，它除具有读码、解码、数据扫描等功能外，还具有传感器输入信号和执行器输出信号的参数修正实验、电脑控制系统参数调整、系统匹配和标定及防盗密码设定等专业功能。专用诊断仪是汽车生产厂家专门配备给其特约维修站的测试设备，它具有专业性强、测试功能完善等优点，是汽车专修厂的必备设备。

其典型产品有通用 TECH-Ⅱ（图4-1）、大众 V. A. G1552(图4-2)、宝马 IMIB 等。

图4-1 通用公司 TECH-Ⅱ

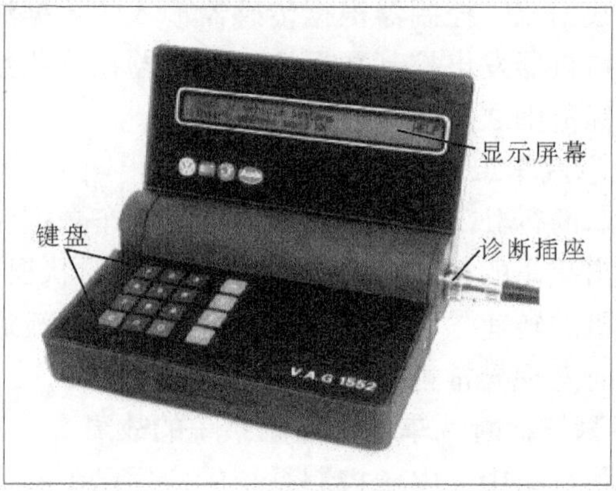

图4-2 V. A. G1552 车辆故障阅读仪

2. 通用诊断仪

通用诊断仪的主要功能有控制模块版本的识别、故障码读取和清除、动态数据参数显示、传感器和部分执行器的功能测试与调整、某些特殊参数的设定、维修资料及故障诊断提示及路试记录等。通用诊断仪可测试的车型较多，适应范围也较宽，因此被称为通用诊断仪（图4-3），但它与专用诊断仪相比，无法完成某些特殊功能，这也是大多数通用仪器的不足之处。

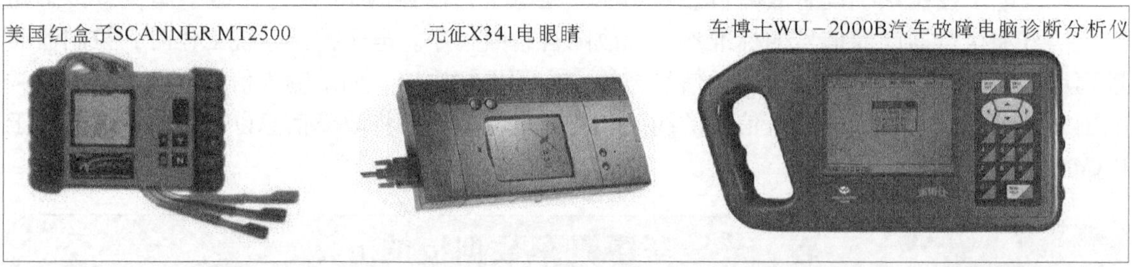

图4-3 通用诊断仪

通用诊断仪和专用诊断仪的动态数据显示功能不仅可以对控制系统的运行参数（最多可达上百个）进行数据分析，还可以观察电脑的动态控制过程。因此，它具有从电脑内部分析过程的诊断功能，这是进行数据分析的主要手段。

二、电路在线测量方式

电路在线测量方式是通过对控制模块电路的在线检测（主要指电脑的外部连接电路），将控制模块各输入、输出端的电信号直接传送给电路分析仪的测量方式。电路分析仪一般有两种：一种是汽车万用表；一种是汽车示波器。

汽车万用表也是一种数字多用仪表，其外形和工作原理与袖珍数字万用表几乎没有区别，只增加了几个汽车专用功能档（如 DWELL 档、TACHO 档）。

汽车万用表除具备有袖珍数字万用表功能外，还具有汽车专用项目测试功能。除有测量交流电压与电流、直流电压与电流、电阻、频率、电容、占空比、温度、闭合角及转速的功能外，还有一些新颖功能，如自动断电、自动变换量程、模拟条图显示、峰值保持、读数保持（数据锁定）及蓄电池测试（低电压提示）等。

为实现某些功能（例如测量温度、转速），汽车万用表还配有一套配套件，如热电偶适配器、热电偶探头、电感式拾取器以及 AC/DC 感应式电流夹钳等。

汽车万用表应具备下述功能：

① 测量交、直流电压。考虑到电压的允许变动范围及可能产生的过载，汽车万用表应能测量高于 40V 的电压值，但测量范围也不能过大，否则读数的精度会下降。

② 测量电阻。汽车万用表应能测量 1MΩ 以内的电阻，测量范围大一些使用更方便。

③ 测量电流。汽车万用表应能测量大于 10A 的电流，测量范围小则使用不方便。

④ 记忆最大值和最小值。该功能用于检查某电路的瞬间故障。

⑤ 模拟条显示。该功能用于观测连续变化的数据。

⑥ 测量脉冲波形的频宽比和点火线圈一次电流的闭合角。该功能用于检测喷油器、怠速稳定控制阀、EGR 电磁阀及点火系统的工作状况。

⑦ 测量转速。

⑧ 输出脉冲信号。该功能用于检测无分电器点火系统的故障。

⑨ 测量传感器输出的电信号频率。

⑩ 测量二极管的性能。

⑪ 测量大电流。配置电流传感器（霍尔式传感器）后，可检测大电流。

⑫ 测量温度。配置温度传感器后可以检测冷却液温度、尾气温度和进气温度等。

汽车万用表及电流传感器如图 4-4 所示。

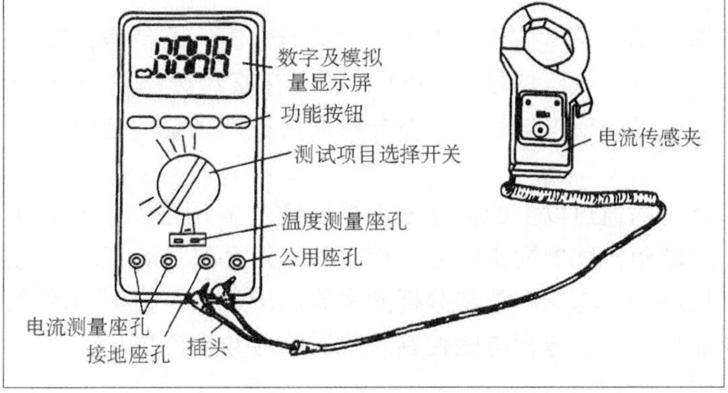

图 4-4　汽车万用表及电流传感器

汽车示波器是用波形显示的方式表现电路中电参数的动态变化过程的专业仪器，它能够对电路上的电参数进行连续性图形显示，是分析复杂电路上电信号波形变化的专业仪器。汽车示波器通常用两个或两个以上的测试通道，同时对多路电信号进行同步显示，具有高速动态分析各信号间相互关系的优点。通常汽车示波器设有测试菜单，使用时无须像普通示波器那样繁琐地设定，只需点一下要测试的传感器或执行器的菜单就可以自动进入测量。电子存储示波器还具有连续记忆和重放功能，便于捕捉间歇性故障。同时也可以通过一定的软件与PC机连接，将采集的数据进行存储、打印及再现。

EA3000发动机分析仪如图4-5所示。发动机综合性能检测仪如图4-6所示。

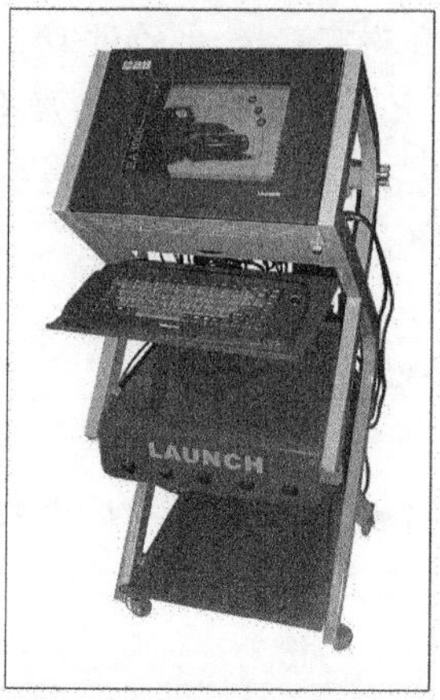

图4-5　EA3000发动机分析仪

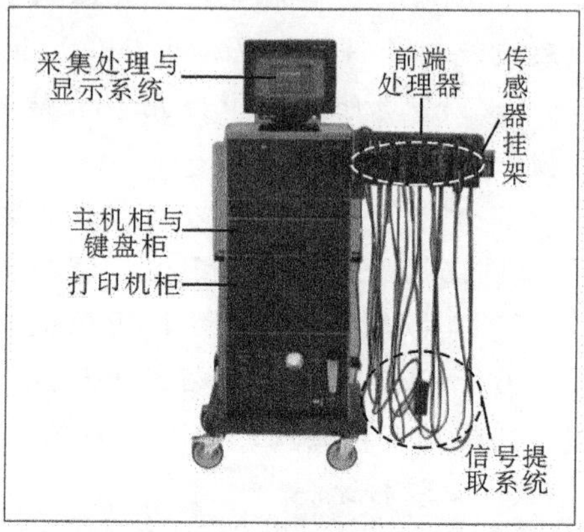

图4-6　发动机综合性能检测仪

三、元器件模拟方式

元器件模拟方式测量是通过信号模拟器替代传感器向控制模块输送模拟的传感器信号，并对控制模块的响应参数进行分析比较的测量方式。信号模拟器有两种：一种是单路信号模拟器；另一种是同步信号模拟器。

单路信号模拟器是单一通道信号发生器。它只能输出一路信号，模拟一个传感器的动态变化信号。主要信号有可变电压信号0～15V，可变交直流频率信号0～10Hz，可变电阻信号的好坏，另一个是用可变模拟信号去动态分析模块控制系统的响应，进而分析控制模块及系统的工作情况。

同步信号模拟器是两通道以上的信号发生器。它主要用于产生有相关逻辑关系的信号，如曲轴转角和凸轮轴转角传感器同步信号；用于模拟发动机运转工况，完成在发动机未转动的情况下对控制模块进行动态响应数据分析的实验。同步信号模拟器的功用也有两个：用对比方式比较传感器品质好坏；分析电脑控制系统的响应数据参数。

第五章　汽车数据流的分析方法

第一节　常见的数据分析方法

一、数值分析法

数值分析是对数据的数值变化规律和数值变化范围的分析，即数值的变化，如转速、车速和电脑读值与实际值的差异等。

在控制系统运行时，控制模块将以一定的时间间隔不断地接收各个传感器传送的输入信号，并向各个执行器发出控制指令，对某些执行器的工作状态还根据相应传感器的反馈信号再加以修正。我们可以通过诊断仪器读取这些信号参数的数值加以分析。

例 1　系统电压在发动机未起动时，其值应约为当时的蓄电池电压，在起动后应等于该车充电系统的电压。若出现不正常的数值，表示充电系统或发动机控制系统可能出现故障；因有些车型的充电系统是由发动机控制模块控制的，有时甚至是电脑内部的电源出现故障。

例 2　对于发动机不能起动（起动系统正常）的情况，应注意观察发动机的转速信号（用诊断仪），因大多数发动机控制系统在对发动机进行控制时，都必须知道发动机的转速（发送信号的方式各车型会不同），否则将无法确定发动机是否在转动，当然也无法计算进气量和进行点火及喷油的控制。

例 3　本田雅阁轿车冷却风扇的控制不是采用安装在散热器上的温控开关，而是发动机控制模块接收冷却液温度传感器的电压信号，判断冷却液的温度变化，当达到规定的温度时，电脑将控制风扇继电器接通，使风扇工作。如一辆本田雅阁 2.3L 轿车，发动机起动时间不长，冷却风扇即工作，此时凭手感冷却液只有 40～50℃。原先维修人员因无法找到真正的故障原因，只得改动风扇的控制电路，用一个手动开关人工控制。根据该车的电路图，可确定该车的风扇是由电脑控制的，接上检测仪，没有故障码存在；但在观察数据时，电脑读取的冷却液温度是 115℃。根据该车的设计，发动机电动风扇的工作点为 91～95℃（开关 A 低速档）和 103～109℃（开关 B 高速档）。由此可以判断电脑对风扇的控制电路是正常的，问题在于电脑得到的温度信号是不正确的，这可能是由于冷却液温度传感器、线束插头或电脑本身有故障。经检查发现传感器的阻值不正确，更换后一切正常。为什么没有故障码呢？这是因为该车在故障码的设定中，只规定了开路（读值一般在 −35℃以下）和短路（读值一般在 120℃以上）状态，并不能判断传感器温度值是否是实际温度值，当然也就无法给出故障码了。从此例中可看出，应注意测量值和实际值的关系，对一个确定的物理量，不论是通过诊断仪还是直接测量，得到的值与实际值差异都应不太大（因测量手段不同），否则就有可能是测量值的问题了。

二、时间分析法

电脑在分析某些数据参数时，不仅要考虑传感器的数值，还要判断其响应的速率，以获得最佳效果。

以氧传感器的信号为例，不仅要求有信号电压的变化，而且信号电压的变化频率在一定时间内要超过一定的次数（如某些车要求大于6次/s），当小于此值时，就会产生故障码，表示氧传感器响应过慢。有了故障码是比较好解决的，但当次数并未超过限定值，而又反应迟缓时，并不会产生故障码。此时不仔细体会，可能不会感到故障症状。应接上仪器观察氧传感器数据的变化状态以判断传感器的好坏。对采用OBD-Ⅱ系统的催化转化器前后氧传感器的信号变化频率是不一样的。通常后氧传感器的信号变化频率至少应低于前氧传感器的一半，否则可能催化转化效率已降低了。

三、因果分析法

因果分析法是对相互联系的数据间响应情况和响应速度的分析。

在各个系统的控制中，许多参数是有因果关系的。如电脑得到一个输入，肯定要根据此输入给出下一个输出，在认为某个过程有问题时可以将这些参数连贯起来观察，以判断故障出现在何处。

例1　在自动空调系统中，通常当按下空调选择开关后，该开关并不是直接接通空调压缩机离合器，而是该开关信号作为空调请求，空调选择信号被发送给发动机控制模块。发动机控制模块接收到此信号后，检查是否满足设定的条件，若满足，就会向压缩机继电器发出控制指令，接通继电器，使压缩机工作。因此当空调不工作时，可观察在按下空调开关后，空调请求（选择）、空调允许、空调继电器等参数的状态变化来判断故障点。

例2　许多车上都装有EGR（废气再循环）系统，该排放装置的作用主要是降低氮氧化物。通常电脑是根据反馈传感器（如EGR位置传感器、DFPE传感器或其他传感器）来判断EGR阀的工作状态。当有EGR系统未工作的故障码出现时，应首先在相应工况下检查电脑控制电磁阀的输出指令和反馈传感器的值，若无控制输出，则可能是工况条件不满足或电脑有故障；若反馈值没有变化，则可能是传感器、线路或EGR阀（包括废气通道）有问题。此时可直接在EGR阀上施加一定的真空（发动机在怠速时），若发动机出现明显抖动或熄火，则说明EGR阀本身和废气通道无问题，故障可能在传感器、线路或电脑上，应检查电路；若无明显抖动，则可能是EGR阀或废气通道有问题，属于常规机械故障。

四、关联分析法

电脑对故障的判断是根据几个相关传感器的信号进行比较，当发现它们之间的关系不合理时，会给出一个或几个故障码，或指出某个信号不合理。此时不要轻易断定是该传感器不良，需要根据它们之间的相互关系做进一步的检测，以得到正确结论。

以本田雅阁轿车为例，有时会给出节气门位置传感器信号不正确的故障码，但不论用什么方法检查，该传感器和其设定值都无问题。而若能认真地观察转速信号（用仪器或示波器），就会发现转速信号不正确，更换曲轴上的曲轴位置传感器（CKP 传感器）后，故障排除。故障原因是电脑接收到此时不正确的转速信号后，并不能判断转速信号是否正确（因无比较量），而是比较此时的节气门位置传感器信号，认为其信号与接收到的错误转速信号不相符，故给出节气门位置传感器的故障码。

五、比较分析法

比较分析法是对相同车种及系统在相同条件下的相同数据组进行的分析。

在很多时候，没有足够详细的技术资料和详尽的标准数据，则无法正确地断定某个器件的好坏。此时可与同类车型或同类系统的数据加以比较。当然在修理中，很多人会使用替换实验进行判断，这也是一种简单的方法，但在进行时应注意首先做一定的基本诊断。在基本确定故障趋势后，再替换被怀疑有问题的器件，不能一上来就换这换那，其结果可能是换了所有的器件，仍未发现问题。再一个注意的是用于替换的器件一定要确认是良好的，而不一定是新的，因为新的未必是良好的，这是做替换实验的基本原则。

第二节　基本数据分析

一、发动机参数分析

1. 发动机转速分析

读取电控装置数据流时，在检测仪上所显示出来的发动机转速是由电子控制单元（ECU）根据发动机点火信号或曲轴位置传感器的脉冲信号计算而得的，它反映了发动机的实际转速。发动机转速的单位一般采用 r/min，其变化范围为 0 至发动机的最高转速。该参数本身并无分析的价值，一般用于对其他参数进行分析时作为参考基准。

2. 发动机起动转速分析

该参数是发动机起动时由起动机带动的发动机转速，其单位为 r/min，显示的数值范围为 0 ~ 800r/min。该参数是发动机 ECU 控制起动喷油量的依据。分析发动机起动转速可以分析其起动困难的故障原因，也可分析发动机的起动性能。

3. 冷却液温度分析

发动机冷却液温度是一个数值参数，其单位可以通过检测仪选择为℃或℉。在单位为℃时其变化范围为 -40 ~ 199℃。该参数表示 ECU 根据冷却液温度传感器送来的信号计算后得出的冷却液温度数值。该参数的数值应能在发动机冷车起动至热车的过程中逐渐升高，在发动机完全热车后怠速运转时的冷却液温度应为 85 ~ 105℃。当冷却液温度传感器或线路断路时，该参数显示为 -40℃。若显示的数值超过 185℃，则说明冷却液温度传感器或线路短路。

在有些车型中，发动机冷却液温度参数的单位为 V，表示这一参数的数值直接来自冷却液温度传感器的信号电压。该电压和冷却液温度之间的比例关系依控制电路的方式不同而不同，通常成反比例关系，即冷却液温度低时电压高，冷却液温度高时电压低，但也可能成正比例关系。在冷却液温度传感器正常工作时，该参数值的范围为 0 ~ 5V。

如果发动机工作时，冷却系统的节温器已完全打开，而冷却液温度不是逐渐上升，而是下降好几度，这就表明冷却液温度传感器已损坏。冷却液温度传感器损坏引发的故障现象如下：

① 发动机冒黑烟。
② 车辆不易起动。
③ 加速不良。
④ 怠速不稳，有时熄火。

4. 起动时冷却液温度分析

某些车型的电脑会将点火开关刚接通那一瞬间的冷却液温度传感器信号存在存储器内，并一直保存至发动机熄火后下一次起动时。在进行数值分析时，检测仪会将电脑数据流中的这一信号以起动温度的形式显示出来，可以将该参数的数值和发动机冷却液温度的数值进行比较，以判断冷却液温度传感器是否正常。在发动机冷态起动时，起动温度和此时的发动机冷却液温度数值是相等的。随着发动机在热状态下起动，发动机冷却液温度应逐渐升高，而起动温度仍然保持不变。若起动后两个数值始终保持相同，则说明冷却液温度传感器或线路有故障。

5. 发动机机油液面信号分析

发动机机油液面是一个状态参数，其显示内容为正常或过低。它表示微机接收到的发动机机油液面控制开关的信号。

6. 发动机运转时间分析

发动机运转时间是一个数值参数，其数值范围为00:00:00～99:99:99（h:min:s）。

该参数表示从发动机起动所经过的时间。若发动机关闭，发动机运行时间则会重新设定至00:00:00。

7. 车速信号分析

车速参数是由发动机或自动变速器电脑（ECM、TCM）根据车速传感器的信号计算出的汽车车速数值。车速参数的显示单位有mile/h（英里/小时）或km/h两种，可以通过调整检测仪来改变。

车速参数是电脑控制自动变速器的主要参数，也是进行巡航控制的重要参数。有些带自动变速器的汽车没有车速传感器，此时检测仪上显示的车速为0。该参数一般作为对自动变速器的其他控制参数进行分析的参考依据。

8. 车辆防盗燃油中止分析

车辆防盗燃油中止是一个状态参数，其显示内容为“起动”或“未起动”。

防盗燃油启用电路是从车辆防盗控制模块输入的，该模块向PCM发送信号，使其在接收合适的信号条件下启用喷油器。扫描工具正常时显示“未起动”。若车辆防盗控制模块将校正防盗燃油信号发给PCM，显示器则转换为“起动”且燃油系统中止。

9. 故障指示灯（MIL）信号分析

故障指示灯是一个状态参数，其显示内容为接通或断开。当发动机各控制电路正常时，ECM/PCM的输入与信号电压将在规定范围内变化，此时仪表板上故障指示灯（MIL）不亮（图5-1），故障指示灯数据显示OFF。当某一电路出现超过规定范围的信号电压时，ECM/PCM便判定该电路信号出现故障，故障指示灯（MIL）被点亮，故障指示灯数据显示ON。

10. 发动机负荷分析

发动机负荷是一个数值参数，单位为 ms 或%，其数值范围为 1.3 ~4.0ms（怠速时）或 15%~40%。

发动机负荷是由控制单元根据传感器参数计算出来，并由进气压力或喷油量显示，一般观察怠速时的发动机负荷来判断车辆是否存在故障。

发动机负荷的喷射时间是一个纯计算的理论值。在怠速下的发动机可以理解为发动机所需克服的自身摩擦力和附件驱动装置。

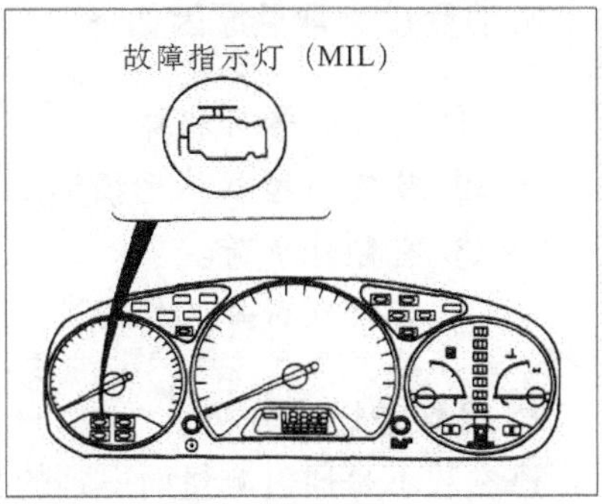

图 5-1　故障指示灯

发动机负荷的喷射时间与基本喷油量，仅与发动机曲轴转速和负荷有关，不包括喷油修正量。正常数值如下：

① 怠速时，即负荷为 0 时的正常显示范围为 100 ~250ms。
② 海拔每升高 1000m，发动机负荷（输出功率）降低约 10%。
③ 当外界温度很高时，发动机输出功率也会降低，最大降低幅度可达 10%。
④ 当发动机达到最大负荷时（汽车行驶中），在 4000r/min 显示值应达到 7.5ms；在 6000r/min 显示值应达到 6.5ms。

发动机负荷异常的主要原因如下：

① 进气系统漏气。
② 真空管堵塞。
③ 配气正时错误。
④ 有额外负荷。

二、燃油控制参数分析

1. 喷油脉宽信号分析

喷油脉冲宽度是发动机微机控制喷油器每次喷油的时间长度，是喷油器工作是否正常的最主要指标。该参数所显示的喷油脉冲宽度数值单位为 ms。

该参数显示的数值大，表示喷油器每次打开喷油的时间较长，发动机将获得较浓的混合气；该参数显示的数值小，表示喷油器每次打开喷油的时间较短，发动机将获得较稀的混合气。喷油脉冲宽度没有一个固定的标准，它将随着发动机转速和负荷的不同而变化。

影响喷油脉冲宽度的主要因素如下：

① λ 调节。
② 炭罐清污。
③ 空气温度与密度。
④ 蓄电池电压（喷油器打开的快慢）。

喷油量过大常见原因如下：

① 空气流量计损坏。
② 节气门控制单元损坏。
③ 有额外负荷。
④ 某缸或数缸工作不良。

2. 目标空燃比分析

该参数不是通过测量而得到的发动机实际空燃比，而是发动机微机在闭环控制时根据各种传感器信号计算后得出的应提供的空燃比，微机将依照此参数的大小来控制喷油器的喷油量。

该参数的显示数值一般为14.7左右，低于此值表示微机要提供较浓的混合气，高于此值表示微机要提供较稀的混合气。有些车型以状态参数的方式显示这一参数，其显示内容为浓或稀。

该类参数还有燃油短期校正系数、燃油长期校正系数、燃油校正学习、燃油校正块、不同步脉冲、功率加浓、节气门分开、溢流清除、减速调稀、减速断油、加速加浓、起动开关等。

3. 指令燃油泵分析

指令燃油泵是一个状态参数，其显示状态为接通或断开（ON/OFF），表示燃油泵继电器驱动电路PCM（ECU）的指令状态。

当燃油流量或MAP超过一定位置或当系统电压低于10V时，燃油泵高速运行，增加供油。

PCM提供点火正极电压以控制燃油泵继电器工作。当点火开关第一次转至“ON”位置时，PCM便激发燃油泵继电器向装于燃油箱内的燃油泵供电，使燃油泵开始工作。

燃油泵继电器在发动机运转期间，且PCM能接收到参考信号脉冲的情况下，一直处于导通状态。如果没有参考信号存在，燃油泵继电器在点火开关被转至“ON”位置后2s内停止。PCM可以检测到燃油泵继电器控制电路中的故障，如果PCM检测到燃油泵继电器控制电路中存在电气故障，PCM将设置故障码（燃油泵继电器控制电路不良）。

别克、本田雅阁轿车燃油泵驱动电路，分别如图5-2和图5-3所示。

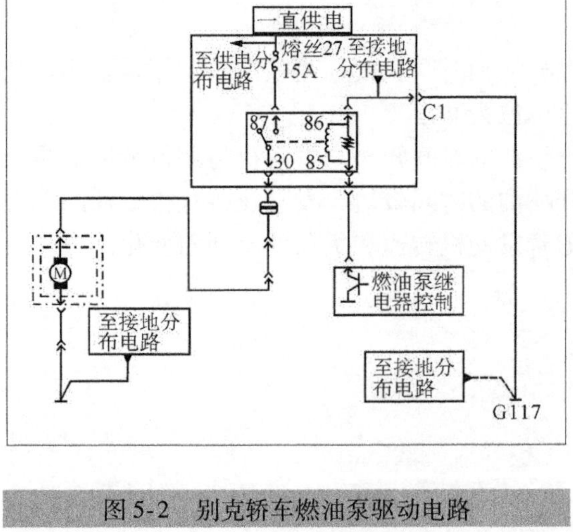

图5-2　别克轿车燃油泵驱动电路

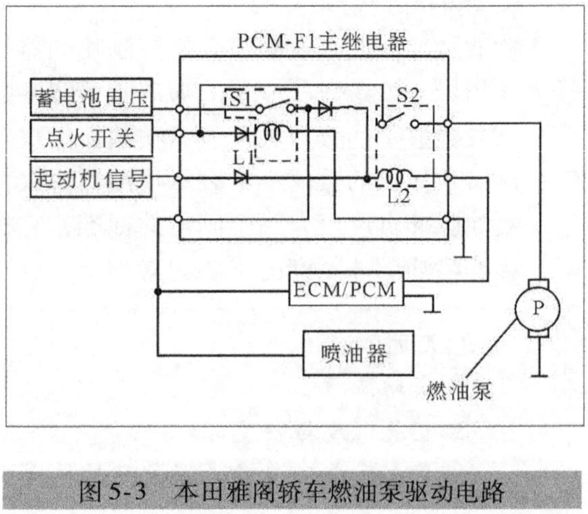

图5-3　本田雅阁轿车燃油泵驱动电路

4. 短时燃油修正分析

短时燃油修正是一个数值参数，其数值范围是 -10%~10%。短期燃油微调，即 PCM 响应燃油控制氧传感器，在电压高于或低于 450mV 限度的时间内，短期地校正供油。若氧传感器电压主要保持在 450mV 以下，表示混合气过稀，短期燃油微调则提高至 0% 以上的正值范围内且 PCM 将增加供油量。若氧传感器电压主要在限值以上，短期燃油微调则减小至 0% 以下进入负值范围。同时，PCM 减小供油量，补偿所指示的浓混合气状况。在一定条件下，如长时间在怠速运行和环境温度较高，正常操作时，炭罐清污也会使短期燃油微调显示在负值范围内。控制燃油微调时，PCM 最大允许范围在 -10%~10% 之间。在最大允许值时，燃油微调值则表示系统过浓或过稀。

对应于短时燃油修正，还有一个长时修正（BLM）参数，它是从短时燃油修正派生出来的。长时燃油修正同短时燃油修正一样表示修正的方向，即高的数值表示加浓混合气，低的数值表示减稀混合气。

某些 V 形发动机，对左右两侧气缸具有单独的修正参数，因此参数也分为左和右。

5. 长时燃油修正分析

长时燃油修正是一个数值参数，其数值范围为 -23%~16%。长期燃油微调来自短期燃油微调数值，并表示长期的供油校正。0% 表示如果供油不需要补偿就能保持 PCM 指令的空燃比。若显著低于 0%，为一个负值，表示系统过浓，供油应减少（减小喷油器脉宽）。如果明显高于 0%，为一个正值，表示存在过稀状况，PCM 要增加油量（增加喷油器脉宽）进行补偿。由于长期燃油微调力图追随短期燃油微调，因怠速炭罐清污产生的负值，不属于异常。PCM 控制长期燃油微调的最大允许值在 -23%~16% 之间，最大允许燃油微调值表示系统过浓或过稀。

某些 V 形发动机，对左右两侧气缸均有单独的燃油修正，因此对这种发动机参数将分别显示为左右侧长时燃油修正。

根据不同的发动机管理系统，自适应的修正数可能存储于 PCM 非永久性存储器或永久性存储器中。若存储在非永久性存储器中，则当关闭点火开关后记忆被删除，在再次起动时，修正数返回 0。若存储在永久性存储器中，则即使关闭点火开关，记忆也不会消失，并且在再次起动时，返回原记忆的修正数处。只有断开蓄电池或拆除 PCM 的熔丝后记忆才会被删除，并返回至 0。

可以将这两个修正值与喷油器的开启时间加以比较。大于 0 的值表示开启时间增加，而小于 0 的值表示开启时间减少。只有在闭环中才有燃油修正，在开环时，参数值为固定值。

6. 动力增强模式分析

动力增强或混合气加浓是一个状态参数，其显示状态为启用或未启用。如果显示 ACTIVE（启用），表示 PCM 已检测的条件适合在（混合气加浓）动力增强模式中操作。当检测到大幅度增加节气门位置和负载时，PCM 将指令（混合气加浓）动力增强模式。当在（混合气加浓）动力增强时，PCM 则通过进入开环和增加喷油器脉宽来增加供油量，以防止在加速过程中可能产生的降速。

7. 减少燃油模式分析

减少燃油模式是一个状态参数，其显示状态为启用或未启用。显示的启用表示 PCM 已检测到减少燃油模式中相应的操作状况。当检测到节气门位置突然减小同时车辆以高于

25mile/h速度行驶，PCM则指令减少燃油模式。当在减少燃油模式中，PCM则通过进入开路并减小喷油器脉宽来减少所供给的油量。

三、进气状态参数分析

1. 大气压力参数分析

大气压力是一个数值参数，它表示大气压力传感器送给电脑的信号电压的大小，或电脑根据这一信号经计算后得出的大气压力的数值。该参数的单位依车型而不同，有V、kPa及cmHg三种，其变化范围分别为0～5.12V、10～125kPa和0～100cmHg。有些车型的电脑显示两个大气压力参数，其单位分别为V和kPa或cmHg。这两个参数分别代表大气压力传感器电压的大小，及电脑根据这一信号计算后得出的大气压力数值。大气压力数值和海拔有关：在海拔为0m附近为100kPa左右，高原地区大气压力较低，在海拔4000m附近为60kPa左右。在数值分析中，如果发现该参数和环境大气压力有很大的偏差，说明大气压力传感器或电脑有故障。

2. 进气歧管压力的分析

进气歧管压力是一个数值参数，表示由进气歧管压力传感器送给电脑的信号电压，或表示电脑根据这一信号电压计算出的进气歧管压力数值。该参数的单位依车型而不同，也有V、kPa及cmHg三种，变化范围分别为0～5.12V、0～205kPa和0～150cmHg。进气歧管压力传感器所测量的压力是发动机节气门后方的进气歧管内的绝对压力。在发动机运转时该压力的大小取决于节气门的开度和发动机的转速。在相同转速下，节气门开度愈小，进气歧管的压力就愈低（即真空度愈大）；在相同节气门开度下，发动机转速愈高，该压力就愈低。涡轮增压发动机的进气歧管压力在增压器起作用时，则大于102kPa（大气压力）。在发动机熄火状态下，进气歧管压力应等于大气压力，该参数的数值应为100～102kPa。如果在数值分析时发现该参数值和发动机进气歧管内的绝对压力不符，则说明传感器不正常或微机有故障。

3. 空气流量的分析

空气流量是一个数值参数，它表示发动机微机接收到的空气流量计的进气量信号。该参数的数值变化范围和单位取决于车型和空气流量计的类型。

采用翼板式空气流量计、热线式空气流量计及热膜式空气流量计的汽车，该参数的数值单位均为V，其变化范围为0～5V。在大部分车型中，该参数的大小和进气量成反比，即进气量增加时，空气流量计的输出电压下降，该参数的数值也随之下降。5V表示无进气量，0V表示最大进气量。也有部分车型该参数的大小和进气量成正比，即数值大表示进气量大，数值小表示进气量小。

采用涡流式空气流量计的汽车，该参数的数值单位为Hz或ms，其变化范围分别为0～1600Hz或0～625ms。在怠速时，不同排量的发动机该参数的数值为25～50Hz。进气量愈大，该参数的数值也愈大。在2000r/min时为70～100Hz。如果在不同工况时该参数的数值没有变化或与标准有很大差异，说明空气流量计有故障。

进气流量不准，常引起以下故障：

① 加速不良。
② 发动机回火。

③ 排气管放炮。

4. 进气怠速控制分析

进气怠速控制参数是一个数值参数，它表示微机控制的发动机节气门体上的怠速控制阀的开度。在检测时，根据不同的车型，该参数有采用百分数（%）及不采用百分数两种情况，其数值范围有0~100、0~15和0~255三种。数值小，表示怠速控制阀的开度小，经怠速控制阀进入发动机的进气量较小；数值大，表示怠速控制阀开度大，经怠速控制阀进入发动机的进气量多。

在数值分析时，通过观察该参数可以监测到微机对怠速控制阀的控制情况，以作为判断发动机怠速故障或其他故障时的参考。

5. 进气温度分析

进气温度是一个数值参数，其数值单位为℃或℉，在单位为℃时其变化范围为-50~185℃。该参数表示电脑按进气温度传感器的信号计算后得出的进气温度数值。在进行数值分析时，应检查该数值与实际进气温度是否相符。在冷车起动之前，该参数的数值应与环境温度基本相同；在冷车起动后，随着发动机的升温，该参数的数值应逐渐升高。若该参数显示为-50℃，则表明进气温度传感器或线路断路；若该参数显示为185℃，则表明进气温度传感器或线路有短路。

6. 节气门开度分析

节气门开度是一个数值参数。其数值的单位根据车型不同有三种：若单位为电压（V），则数值范围为0~5.1V；若单位为角度（°），则数值范围为0°~90°；若单位为百分数（%），则数值范围为0%~100%。

该参数的数值表示发动机微机接收到的节气门位置传感器信号值，或根据该信号计算出的节气门开度的大小。其绝对值小，则表示节气门开度小；其绝对值大，则表示节气门开度大。在进行数值分析时，应检查在节气门全关时参数的数值大小。以电压为单位的，节气门全关时的参数的数值应低于0.5V；以角度为单位的，节气门全关时的参数值应为0°；以百分数为单位的，节气门全关时该参数的数值应为0。此外，还应检查节气门全开时的数值。不同单位下的节气门全开时的数值，应分别为4.5V左右、82°以上和95%以上。若有异常，则可能是节气门位置传感器有故障或调整不当，也可能是线路或微机内部有故障。

线性输出节气门位置传感器要输出与节气门开度成比例的电压信号，控制系统根据其输入电压信号来判断节气门的开度，即负荷的大小，从而决定喷油量的控制。如果传感器的特性发生了变化，即由线性输出变成了非线性输出（图5-4），传感器输出的电压信号虽然在规定的范围内，但

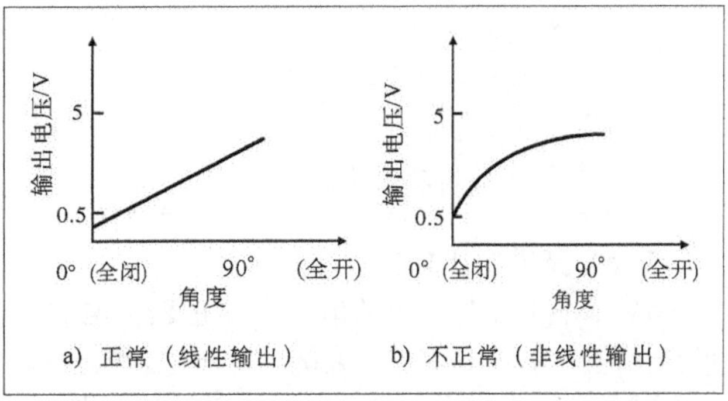

图5-4　线性输出节气门位置传感器输出特征

并不与节气门的开度成规定的比例变化，就会出现发动机工作不良，而故障指示灯却不会亮，当然也不会有故障码。

节气门位置传感器损坏引起的常见故障如下：

① 加速不良。
② 怠速不稳。
③ 发动机熄火。
④ 导致自动变速器自动进入紧急运行状态。

7. 怠速开关分析

怠速开关是一个状态参数，其显示内容为ON或OFF。它表示微机接收到的节气门位置传感器中的怠速开关的信号。当节气门全关时，节气门位置传感器的怠速开关闭合，此时该参数应显ON；在节气门打开后，该参数应显OFF。

若有异常，说明节气门位置传感器有故障，或线路、电脑内部有故障。

该类参数还有目标怠速转速、怠速控制阀位置、怠速电动机步进角等。

四、供电器点火参数分析

1. 蓄电池电压分析

蓄电池电压是一个数值参数，它反映了电脑所检测到的汽车蓄电池的电压，其数值变化范围为0~25，单位为V。发动机电脑的控制系统中没有专门检测蓄电池电压的传感器，电脑是根据其内部电路对输入电脑的电源电压进行检测后获得这一数值的。在发动机运转时该参数实际数值通常接近正常的充电电压，怠速时为13.5~14.5V。在数值分析时，可将该参数的数值与蓄电池接线柱上的电压进行比较。若电压过低，说明电脑的电源线路有故障。

该参数主要用于电脑自诊断。当蓄电池电压过高或过低时，电脑的某些功能会发生变化。例如：如果电脑发现电压下降到低于极限以下，它将发出指令让发动机以怠速运转，以增加充电量。这样会对怠速控制、燃油控制和点火正时参数产生影响。在大部分车型中，如果电脑发现蓄电池电压过高，它会切断由电脑控制的所有电磁阀的电流，以防止电脑因电流过大而损坏。

控制单元的电压过低，易引起以下故障：

① 发动机怠速不稳。
② 发动机熄火。
③ 加速不良。
④ 发动机起动困难。

2. 5V基准电压分析

5V基准电压是一个数值参数，它表示电脑向某些传感器输出的基准工作电压的数值，其变化范围为0~5.12V。大部分汽车电脑的基准电压为5.0V左右。该电压是衡量电脑工作是否正常的一个基本标志，若该电压异常，则表示电脑有故障。

3. 点火提前角分析

点火提前角是一个数值参数，它表示由电脑控制的总点火提前角（包含基本点火提前角），其变化范围为 −90° ~90°。在发动机运转过程中，该参数的数值取决于发动机的工况及有关传感器的信号，通常在 10° ~60°之间变化。在进行数值分析时，应检查该参数能否随发动机工况不同而变化。通常在发动机怠速运转时该参数为 15°左右；发动机加速或中高速运转时，该参数增大。如果该参数在发动机不同工况下保持不变，则说明电脑有故障，也可以用正时灯检测发动机点火提前角的实际数值，并与该参数进行比较。如果发现实际点火提前角和该参数不符，说明曲轴位置传感器安装位置不正确，应按规定进行检查和调整。

点火提前角异常的主要原因如下：

① 用电器用电。
② 转向盘不归正。
③ 进气系统漏气。
④ 怠速稳定阀损坏。

4. 起动信号分析

起动信号是一个状态参数，其显示内容为 YES 和 NO。该参数反映由电脑检测到点火开关的位置或起动机回路起动时是否接通。在点火开关转至起动位置、起动机回路接通运转时，该参数应显示为 YES，其他情况下为 NO。发动机电脑根据这一信号来判断发动机是否处于起动状态，并由此来控制发动机起动时的燃油喷射、怠速和点火正时。在进行数值分析时，应在发动机起动时检查该参数是否显示为 YES。如果在起动时该参数仍显示为 NO，说明起动系统至电脑的信号电路有故障，这会导致发动机起动困难等故障。

5. 点火控制信号分析

点火控制是一个状态参数，其显示内容为 YES 或 NO。该参数表示发动机电脑是否在控制点火提前角。通常在发动机起动过程中，点火正时由点火电子组件控制，发动机电脑不进行点火提前角控制，此时该参数显示为 NO；起动后，发动机电脑控制点火正时后，此时该参数显示为 YES。如果在发动机运转中该参数显示为 NO，说明控制系统某些传感器有故障，使发动机电脑无法进行点火提前角控制。

6. 爆燃信号分析

这是一个状态参数，其显示内容为 YES 或 NO。该参数表示电脑是否接到爆燃传感器送来的爆燃信号。当参数显示为 YES 时，说明电脑接到爆燃信号；显示 NO 时，表示没有接到爆燃信号。在进行数值分析时，可在发动机运转中急加速，此时该参数应能先显示 YES，后又显示为 NO。如果在急加速时该参数没有显示为 YES 或在等速运转时也显示为 YES，说明爆燃传感器或线路有故障。

7. 爆燃计数分析

爆燃计数是一个数值参数，其变化范围为 0 ~255。它表示电脑根据爆燃传感器信号计算出的爆燃的数量和相关的持续时间。参数的数值并非爆燃的实际次数和时间，它只是一个与爆燃次数及持续时间成正比的相对数值。任何大于 0 的数值都表示已发生爆燃。数值小表示爆燃次数少或持续时间短，数值大表示爆燃次数多或持续时间长。

8. 爆燃推迟分析

爆燃推迟是一个数值参数，其变化范围为 0° ~99°。它表示电脑在接到爆燃传感器送来的爆燃信号后将点火提前角推迟的数值。该参数的数值不代表点火提前角的实际数值，仅表示点火提前角相对于当前工况下最佳点火提前角向后推迟的角度。

9. 电气负荷开关分析

电气负荷开关是一个状态参数，其显示内容为ON和OFF。该参数表示汽车电气系统的负荷状态。当使用前照灯、制动灯、后窗除霜器、空调等较大用电设备时，该参数显示为ON；当所有附属用电设备关闭时，该参数显示为OFF。发动机控制系统利用这一参数在怠速时对充电系统作出补偿（如提高发动机怠速），以增加交流发电机的发电量。

对于本田雅阁轿车，其电气负荷由电气负荷传感器（ELD）来检测，用电流来表示，其数值范围为0～100A，如图5-5所示。

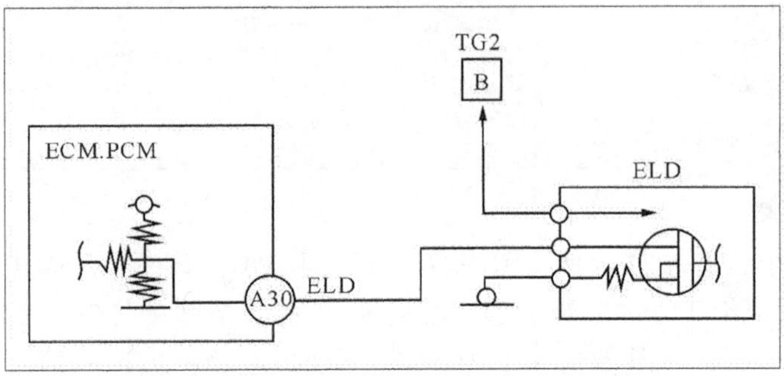

图5-5　电气负荷传感器电路（本田雅阁轿车）

10. 点火模式分析

在别克轿车上设有点火模式参数，此参数为状态参数，其显示状态为旁通或IC，如图5-6所示。旁通表示点火控制模块保持点火固定在上止点前（BTDC）10°。点火控制模块根据PCM发送到旁通电路中的点火控制模块的电压水平，确定正确的操作模式。若PCM未接通5V电压，或点火控制模块未接收到该电压，该模块控制点火正时。IC指示PCM已向

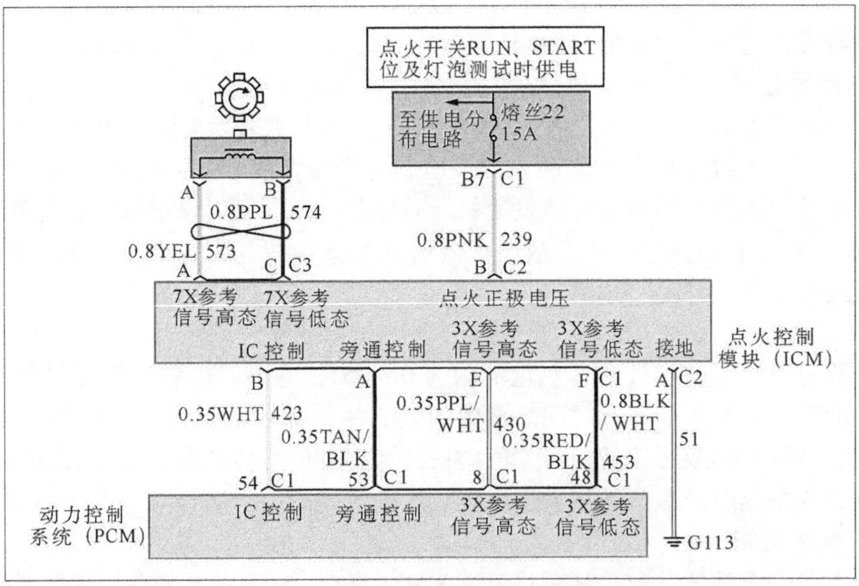

图5-6　点火控制模块（别克轿车）

点火模块发送信号，表示 PCM 将要控制点火提前（IC 模式）。点火控制模块根据 PCM 发送到旁通电路中的点火控制模块电压水平，决定正确的操作模式。若 PCM 将控制点火正时（IC 模式），PCM 则向点火控制模块旁通电路提供 5V 电压。若 PCM 未接通 5V 电压，或点火控制模块未接收到该电压，模块则控制点火正时（旁通模式）。

五、排放控制参数分析

1. 炭罐指令分析

炭罐指令是一个状态参数，显示内容为 ON 或 OFF。它表示电脑输出至炭罐电磁阀的控制信号。电脑在冷车或怠速运转时让电磁阀关闭，切断发动机进气歧管至炭罐的真空通路，停止炭罐的净化回收工作，此时该参数显示为 OFF。发动机在热车并以高于怠速转速运转时，电脑让电磁阀打开，导通炭罐至发动机进气歧管的真空通路，此时该参数显示为 ON。如果在数值分析时发现该参数显示规律有异常，说明微机或某些传感器有故障。

燃油蒸气控制系统又称蒸气净化控制系统，简称 EVAP 系统，如图 5-7 所示。EVAP 控制系统是为了适应封闭式燃油箱的需要而设计的。现代汽车的燃油箱都采用封闭式结构，其目的是防止燃油蒸气外泄对大气造成污染和节约能源。EVAP 控制系统的功用是回收和利用蒸气。EVAP 系统由炭罐（内装有吸附力的活性炭颗粒）、燃油箱蒸气阀、双通阀和 EVAP 控制电磁阀。

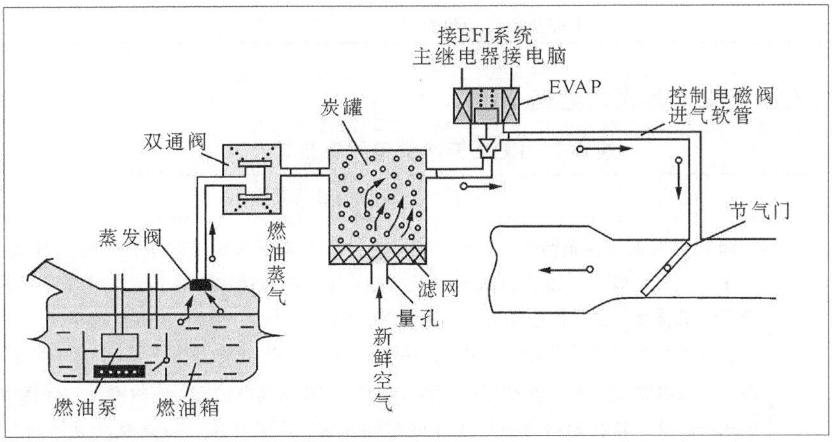

图 5-7 燃油蒸气控制系统

当发动机在中、小负荷下工作（冷却液温度≥75℃）时，电脑给 EVAP 控制电磁阀提供接地回路，EVAP 控制电磁阀开启，炭罐与排气管之间形成通路，新鲜空气即从炭罐下方的控制量孔进入炭罐，清除吸附在活性炭颗粒上的燃油蒸气，并与其一起通过进气管进行燃烧。

燃油蒸气被活性炭吸附储存和随后进入气缸内燃烧的过程的不断进行，减少了燃油消耗，也减少了发动机排放的污染物。

发动机运转时当气缸的混合气浓度允许燃油进入，在 ECM/PCM 的控制下，电磁阀的电磁线圈通电，使阀门打开，燃油蒸气从接炭罐侧进入进气歧管侧。

2. 废气再循环（EGR）指令分析

废气再循环指令是一个状态参数，其显示内容为ON或OFF。该参数表示电脑是否输出控制信号让废气再循环控制电磁阀打开。该参数显示为ON时，表示微机输出控制信号，废气再循环控制电磁阀接到信号通路，打开真空通路，让真空进入废气再循环阀，使废气再循环装置开始工作。该参数显示为OFF时，电磁阀不通电，切断废气再循环阀的真空。该参数在汽车停车或发动机处于怠速、开环控制状态时显示为OFF，在汽车行驶状态下通常显示为ON。该参数仅仅反映微机有无输出控制信号，它不表示废气再循环控制电磁阀是否接到该信号及是否已打开。

EGR系统的控制模式见表5-1。

表5-1　EGR系统的控制模式

发动机的工作状态	EGR系统控制模式
在发动机低速运转、冷却液温度低于60℃时	EGR阀关闭，废气不再进行循环，以防止发动机怠速不稳。如果节气门开度调节不当，EGR阀过早地开启，发动机怠速会不稳。因此应注意：节气门的限位螺钉不得轻易变动
在发动机中速运转（转速≥2000r/min）、中等负荷下工作（节气门开度≥25%）时	电脑控制EGR阀开启，使部分废气（6%~15%）进行再循环，以降低NO_x的生成量，减少排放污染
当发动机在大负荷工作时	EGR阀关闭，废气不进行循环，以保证发动机有足够的功率输出。从另一方面来说，此时的空燃比（A/F）较小，NO_x的生成量不多，也没有必要让废气再循环

EGR系统常见故障及其原因见表5-2。

表5-2　EGR系统常见故障及其原因

部　　件	常见故障及其原因
EGR阀	因为EGR阀的热负荷大，工作环境差，所以其常见故障是脏堵、卡死（导致EGR阀常开或常闭）或膜片破裂。如果EGR阀常开，则发动机在怠速和高速下工作时废气都进行再循环，导致发动机转速不稳和加速无力；如果EGR阀常闭，则发动机在中等负荷下工作时废气不能再循环，导致NO_x的生成量增多，排放污染物增加。EGR的膜是由弹簧钢片制成的，它一旦破裂、漏气，EGR阀就失控，必须予以更换；如果EGR阀高度传感器有故障，它会将错误的电压信号输送给电脑，导致EGR阀进行工作的时间失常，EGR失准，以致发动机的动力性和经济性下降，排放污染物增加
EGR控制电磁阀	EGR控制电磁阀的常见故障是电磁阀线圈电路不良、阀口脏堵或阀芯卡死，它们都会使EGR阀工作失常 注意：对EGR控制电磁阀做通电、断电检查，应能听到阀芯的动作声（“咔嚓”声），其线圈的电阻值应正常
恒压阀	恒压阀常见的故障是关不严、膜片破裂或通大气口的滤网堵塞，它们都会导致真空管中的真空度发生变化，使EGR失准、发动机转速不稳
真空软管	EGR系统各真空软管的位置必须正确，否则EGR阀会失控

EGR系统维护要点如下：

① 当发动机怠速运转时，将节气门后方的真空软管和EGR阀连接，观察发动机转速是

否变化。如果发动机转速下降 100r/min，则说明 EGR 阀工作良好，因为这时 EGR 阀应开启，废气进入气缸。

② 将发动机的转速从怠速转速突然提高到 2000r/min 以上，然后从 EGR 阀外壳上的散热通风口观察（或用手感）其锥阀是否上移。如果锥阀上移，说明 EGR 阀、EGR 控制电磁阀、恒压阀都良好。此时，真空软管中的真空度应为 27kPa。

3. 废气再循环温度分析

废气再循环温度是一个数值参数，其变化范围为 0 ~ 5. 12V 或 -50 ~ 320℃。该参数表示安装在废气再循环通路上的废气再循环温度传感器送给微机的反馈信号，这一信号以温度变化的形式间接地反映废气再循环的流量。当废气再循环流量大时，再循环通路上的废气温度升高，该参数的数值增大；废气再循环流量小或停止时，该参数的数值减小。在数值分析时，可以将该参数的变化和废气再循环指令对照。当废气再循环指令参数为 ON 时，废气再循环温度数值应上升，否则说明废气再循环装置不工作或废气再循环温度传感器有故障。

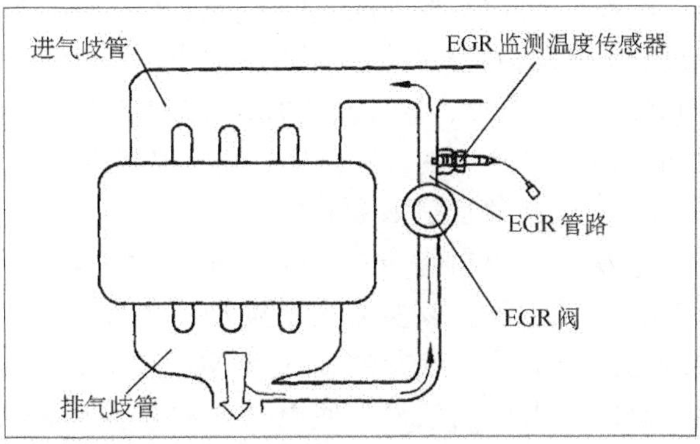

图 5-8　EGR 监测温度传感器的安装位置

（1）作用　EGR 监测温度传感器用于监视 EGR 阀的工作状况，减少汽车尾气 NO_x 的含量。

（2）传感器的识别　EGR 温度传感器安装在 EGR 阀下游，如图 5-8 所示。在 EGR 系统中排气歧管排放气体中的部分气体再循环到进气歧管中，这一部分就由 EGR 阀控制。

要保证 EGR 阀工作正常，必须由 EGR 监测温度传感器时刻监视它的工作。在排放法规中，已强制要求安装 EGR 监测温度传感器，以监视 EGR 阀的工作状况，减少汽车尾气中 NO_x 的含量。

EGR 监测温度传感器用热敏电阻制成，它的结构如图 5-9 所示。EGR 监测温度传感器的作用就是检测 EGR 阀下游的再循环气体的温度变化情况，以此来监视 EGR 阀的工作状况。在一般工况下，EGR 阀附近废气温度为 100 ~ 200℃；高温、重负荷时为 300 ~ 400℃；不工作时为 50℃左右。

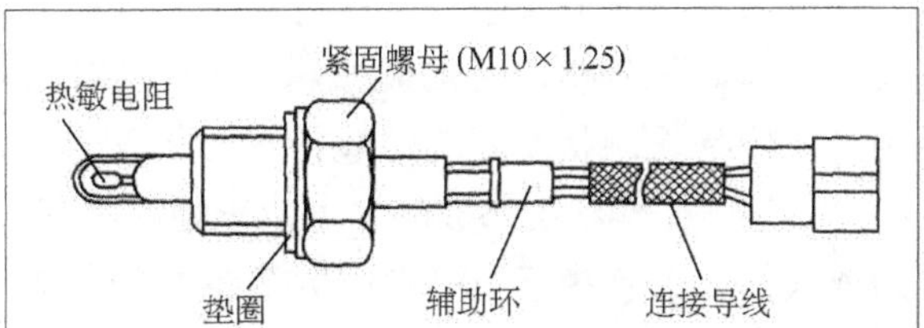

图 5-9　EGR 监测温度传感器的结构

（3）传感器的检修　当 EGR 系统发生故障导致没有废气再循环时，其原因可能是 EGR 监测温度传感器连接电路断路或短路；EGR 控制系统发生故障，引起系统停止工作；EGR 管路中的沉积物堵塞了通路。这时应检查 EGR 监测温度传感器的电阻与温度的关系。

在检查时，应拆下 EGR 监测温度传感器，用专用设备加热，其电阻值应随温度的升高而下降，应符合表 5-3 中的规定值，如果与规定值相差较大，则应更换 EGR 监测温度传感器。

表5-3　EGR监测温度传感器的温度特性

温度/℃	50	100	200	400
初始电阻值/kΩ	635±77	85.3±8.8	5.1±0.61	0.16±0.05

4. EGR阀位置分析

EGR阀位置是一个数值参数，其数值范围为0.0~5.1V。该参数是以EGR阀升程传感器的电压来表示EGR阀的位置。当EGR阀的开度增加时，电压读数也相应提高。

EGR阀升程传感器又称EGR高度传感器或EGR位置传感器，如图5-10所示。

在EGR阀上方装有EGR阀高度传感器（电位器），用于监控EGR阀的开度。EGR阀高度传感器以电压信号（0~5V）将EGR阀的开度反馈给电脑，电脑即将它与理想的开度值进行比较，若两者不同，电脑便调整其控制脉冲的占空比，通过改变EGR控制电磁阀的开、闭时间来调节EGR阀的开度，从而适应发动机的工况。

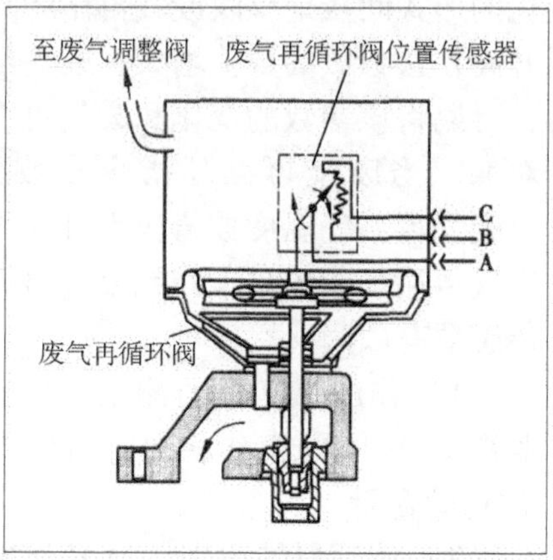

图5-10　EGR位置传感器

5. 二次空气喷射指令分析

二次空气喷射指令是一个状态参数，其显示内容为NORM或DIV。该参数表示发动机电脑向空气喷射系统送出的指令。该参数显示为NORM时，表示电脑向电磁阀输出控制信号，使电磁阀移动空气喷射阀的阀门，让空气喷向排气门或排气歧管；该参数为DIV时，表示微机控制电磁阀移动阀门，使空气喷向大气或三元催化转化器。

6. 氧传感器工作状态分析

氧传感器工作状态参数表示由发动机排气管上的氧传感器所测得的排气的浓稀状况。有些双排气管的汽车将这一参数显示为左氧传感器工作状态和右氧传感器工作状态两种参数。排气中的氧气含量取决于进气中混合气的空燃比。氧传感器是测量发动机混合气浓稀状态的主要传感器。氧传感器必须被加热至300℃以上才能向微机提供正确的信号。而发动机微机必须处于闭环控制状态才能对氧传感器的信号做出反应。

氧传感器工作状态参数的类型依车型而不同，有些车型以状态参数的形式显示出来，其变化为浓或稀；也有些车型将它以数值参数的形式显示出来，其数字单位为mV。浓或稀表示排气的总体状态，数值表示氧传感器的输出电压。该参数在发动机热车后以中速（1500~2000r/min）运转时，呈现浓稀的交替变化或输出电压在100~900mV之间来回变化，每10s内的变化次数应大于8次（0.8Hz）。若该参数变化缓慢或不变化或数值异常，则说明氧传感器或微机内的反馈控制系统有故障。

氧传感器工作电压过低，一直显示在0.3V以下，其主要原因如下：

① 喷油器泄漏。
② 燃油压力过高。

③ 炭罐的电磁阀常开。
④ 空气流量计有故障。
⑤ 传感器加热器故障或氧传感器脏污。

氧传感器工作电压过高，即一直显示在 0.6V 以上，其主要原因如下：

① 喷油器堵塞。
② 空气流量计故障。
③ 燃油压力过低。
④ 空气流量计和节气门之间的未计量的空气。
⑤ 在排气歧管垫片处的未计量的空气。
⑥ 氧传感器加热器故障或氧传感器脏污。

氧传感器的工作电压不正常可能引起的主要故障如下：

① 加速不良。
② 发冲。
③ 冒黑烟。
④ 有时熄火。

7. 反馈状态分析

反馈状态开环或闭环是一种状态参数，它表示发动机 ECU 的控制方式是开环还是闭环。在冷车运转中，应显示为开环状态；当发动机达到正常工作温度后，发动机 ECU 对氧传感器的信号有反应时应显示为闭环状态。

有些故障（通常会显示出故障码）会使发动机 ECU 回到开环控制状态。此外，有些车型在怠速运转一段时间后也会回到开环状态，这常常是因为氧传感器在怠速时温度太低所致。对此，可以踩下加速踏板，让发动机以快怠速运转来加热氧传感器。如果该参数一直显示为开环状态，快怠速运转后仍不能回到闭环状态，说明氧传感器或发动机燃油系统有故障。

为了保证发动机具有良好的工作性能，混合气的空燃比不是在发动机所有工况下都进行反馈控制。在下述情况下 ECU 对空燃比将不进行反馈控制，而是进行开环控制。

① 发动机起动工况。此时需要浓混合气，以便起动发动机。

② 发动机起动后暖机工况。此时发动机温度低于正常工作温度（80℃），需要迅速升温。

③ 发动机大负荷（节气门全开）工况。此时需要加浓混合气，使发动机输出最大功率。

④ 加速工况。此时需要发动机输出最大转矩，以便提高汽车速度。

⑤ 减速工况。此时需要停止喷油，使发动机转速迅速降低。

⑥ 氧传感器温度低于正常工作温度。氧化锆式氧传感器的温度低于 300℃、氧化钛式氧传感器温度低于 600℃，氧传感器不能正常输出电压信号。

⑦ 氧传感器输入ECU的信号电压持续10s以上时间保持不变时，说明氧传感器失效，ECU将自动进入开环控制状态。

8. OBD-Ⅱ准备状态监测分析

OBD-Ⅱ准备状态监测是一个状态参数，其显示内容为就绪、未就绪和无。

使用OBD-Ⅱ系统的车型，其PCM随时监测各种与排放物有关电路和器件的功能和工作效率。当一个被监测的电路或器件工作不正常时，将设定故障码（DTC）。

每个监测器在监测相关电路前，都要求一定的条件。随被监测电路和器件不同，监测器所需的条件也不相同。OBD-Ⅱ准备状态监测参数显示这些监测器的状态。

当一个OBD-Ⅱ准备状态监测参数读值为“就绪”时，表示所要求的条件已满足，监测器已为报告故障和设定故障码准备就绪。当准备状态监测参数读值为“未就绪”时，表示所要求的条件未满足，因此监测器不能报告故障和设定故障码。当准备状态监测器参数读值为“无”时，表示该车未配备该监测器。

OBD-Ⅱ监测的主要内容见表5-4。

表5-4　OBD-Ⅱ监测的主要内容

监测对象	监测目的
失火（失火监测）	监测发动机的失火，并用故障码（DTC）指明哪个气缸出现失火。失火是由于丢失高压火、燃油计量不正确、压缩不足或因其他原因造成的燃烧不良。该监测器通常需要ECT（发动机冷却液温度）、MAF（空气流量计）和CKP（曲轴位置）传感器的输入信号
器件（其余器件监测）	用于确定未被包括在其他监测系统中的PCM任何输入和输出电路出现的故障。这些故障可能是短路、断路或值超出规定范围。该监测器仅在发动机起动后短时进行，因此某些器件可能在瞬间未被监测
空气（二次空气系统监测）	用于监测二次空气系统的功能和检测该空气系统向排气系统喷射空气的能力。该监测依赖氧传感器的反馈信号以确定空气流的存在。该监测需要ECT（发动机冷却液温度）、IAT（进气温度）、CKP（曲轴温度）传感器和氧传感器的信号
氧传感器和氧传感器加热器（氧传感器监测）	监测氧传感器（O_2）切换的频率以确定传感器是否老化。监测氧传感器的加热器是否工作正常（若装有）
EGR系统（废气再循环系统监测）	用于检测EGR系统的总量和流量特性：在某些发动机运转的基本条件被满足后，该监测需要ECT（发动机冷却液温度）、IAT（进气温度）、CKP（曲轴位置）和TP（节气门位置）传感器的输入信号，并在EGR系统工作时进行
燃油系统（燃油系统监测）	监测自适应燃油控制系统和确定自学习值是否超出了规定的范围。该监测需要ECT（发动机冷却液温度）、IAT（进气温度）、MAF（空气流量计）和MAP（进气歧管绝对压力）传感器的输入信号
催化器（催化器效率监测）	用于确定催化转化器效率是否低于最小规定标准。该监测需要ECT（发动机冷却液温度）、IAT（进气温度）和TP（节气门位置）传感器的输入信号。某些车型还要求CKP（曲轴位置）和VSS（车速）传感器的输入信号。当传感器准备就绪后，主要依赖于氧传感器的输入信号
EVAP系统（蒸发排放物控制系统监测）	检查EVAP各器件的功能和燃油蒸发物（HC）流向发动机的能力。该监测因EVAP系统器件不同，所要求的条件也会有所变化

六、变速器参数分析

1. 锁止离合器指令分析

锁止离合器指令是一个状态参数，显示内容为 ON 或 OFF。它表示自动变速器锁止离合器（TCC）电磁阀的工作状态。

与锁止离合器（TCC）相关的参数还有：

① TCC 负荷周期（0%~100%）。
② TCC 释放压力（是或否）。
③ TCC 滑动速度（-4080~+4080r/min）。
④ TCC 延时（0~25.5s）。
⑤ TCC 强制脱开（YES 或 NO）。

在本田雅阁轿车上，锁止离合器（TCC）的控制有 5 种工作状态，即不锁止、部分锁止、半锁止、全锁止和减速锁止。各锁止状态下，相关电磁阀的工作情况见表 5-5。

表 5-5 各锁止状态下相关电磁阀工作情况

锁止状态	锁止控制电磁阀	A/T 离合器压力控制阀	
		A	B
不锁止	断开	低压	低压
部分锁止	接通	低压	低压
半锁止	接通	中压	中压
全锁止	接通	高压	高压
减速锁止	接通	中压	中压

锁止离合器 5 种工作状态的控制过程见表 5-6。

表 5-6 锁止离合器锁止控制过程

锁止状态	锁止控制过程
不锁止	当车速较低或进入非锁止控制状态，PCM 将断开锁止控制阀，此时锁止换档阀左边作用着锁止控制电磁阀压力，右边作用着调制器压力，两力的作用结果使换档阀右移并打开液力变矩器左侧的出口，液力变矩器的压力传出口转变压力后进入液力变矩器的左侧（即变矩器壳内壁与锁止活塞之间），于是锁止活塞分离，处于不锁止状态
部分锁止	当车速达到规定值时，锁止控制电磁阀被 PCM 打开，以释放锁止换档阀左侧的 LC（LA）压力。锁止换档阀被移向左侧，以打开通向液力变矩器的出口，使液力变矩器压力流向变矩器的左侧或右侧。液力变矩器压力流到液力变矩器右侧使锁止离合器啮合。PCM 还控制 A/T 离合器压力控制电磁阀 A 和 B，使 LSA 或 LSB 压力输送到锁止控制阀和锁止正时阀。锁止控制阀的位置由液力变矩器压力以及 LSA 或 LSB 压力决定。当 LSA 或 LSB 压力低时，液力变矩器从调节阀经过锁止控制阀，流到液力变矩器左侧，以分离锁止离合器，在这种情况下液力变矩器受到从右侧的压力（使锁止离合器啮合）以及左侧来的压力（使锁止离合器分离），因此锁止离合器处于部分锁止状态
半锁止	当车速达到规定值，PCM 控制 A/T 离合器压力控制电磁阀 A 和 B，较高的 LSA 或 LSB 压力作用到锁止控制阀上，使液力变矩器反馈压力释放，液力变矩器反馈压力变低，使得较高的压力作用到锁止离合器上，反馈压力仍然存在，阻止离合器完全啮合

（续）

锁止状态	锁止控制过程
全锁止	当车辆在锁止控制档位范围内行驶且车速足够高时，PCM将控制A/T离合器压力控制阀A、B，使两者的压力均升高。升高后的压力将输送到锁止换档阀和锁止控制阀并使两阀左移。于是，锁止活塞工作腔内的油压升高，而锁止活塞与变矩器壳内壁间的油压被释放，因而锁止活塞与变矩器壳体完全锁止
减速锁止	在减速时，PCM控制锁止控制电磁阀和A/T离合器压力控制电磁阀A或B，控制方式与在半锁止状态下相同，中压的LSA或LSB压力被作用到锁止控制阀上，以释放液力变矩器反馈压力。液力变矩器反馈压力变低，使得较高的压力作用到锁止离合器上，使之啮合。反馈压力仍然存在，阻止离合器完全啮合

2. 制动开关分析

制动开关是一个状态参数，其显示内容为ON或OFF。该参数表示常开式制动开关的位置状态。当制动踏板松开时，该参数显示为OFF；当制动踏板踩下时，该参数显示ON，并被送至ECM/PCM中。当踩下制动踏板时，PCM将脱开变矩器的锁止离合器。制动开关位置及电路如图5-11所示。

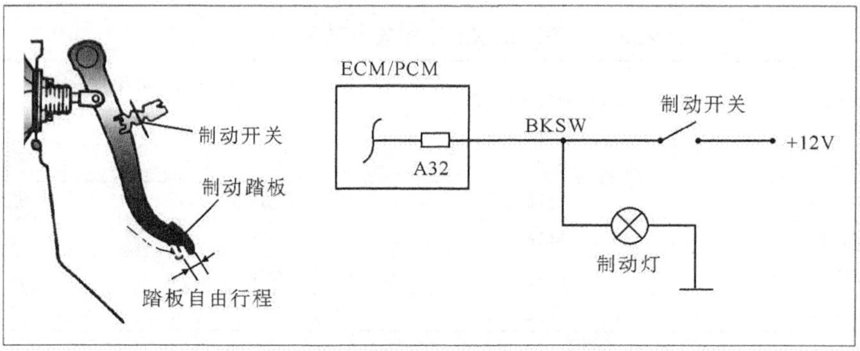

图5-11　制动开关位置及电路

3. 稳定状态数据分析

自动变速器的稳定状态是个数值参数，其数值范围为0～621kPa。为了防止自动变速器在某一档位时，离合器或制动常打滑，压力控制（PC）电磁阀对主油路压力进行适配控制，以保持该档位下压力适配量。

稳定状态参数见表5-7。

表5-7　稳定状态参数

序号	参数名称	变化范围	含义
1	稳定状态的TAP 1GR	0～621kPa	施加到PC电磁阀压力中以保持第一档齿轮传动比的压力适配量（消除离合器或带滑动）。较大的数字表示PCM已经检测到元件滑动，并且正在用适配压力进行补偿
2	稳定状态的TAP 2GR	0～621kPa	施加到PC电磁阀压力中以保持第二档齿轮传动比的压力适配量（消除离合器或带滑动）。较大的数字表示PCM已经检测到元件滑动，并且正在用适配压力进行补偿

（续）

序号	参数名称	变化范围	含义
3	稳定状态的 TAP 2GR/TCC	0～621kPa	采用TCC时，施加到PC电磁阀压力中以保持第二档齿轮传动比的压力适配量（消除离合器或带滑动）。较大的数字表示PCM已经检测到元件滑动，并且正在用适配压力进行补偿
4	稳定状态的 TAP 3GR	0～621kPa	采用TCC时，施加到PC电磁阀压力中以保持第三档齿轮传动比的压力适配量（消除离合器或带滑动）。较大的数字表示PCM已经检测到元件滑动，并且正在用适配压力进行补偿
5	稳定状态的 TAP 3GR/TCC	0～621kPa	采用TCC时，施加到PC电磁阀压力中以保持第三档齿轮传动比的压力适配量（消除离合器或带滑动）。较大的数字表示PCM已经检测到元件滑动，并且正在用适配压力进行补偿
6	稳定状态的 TAP4GR	0～621kPa	施加到PC电磁阀压力中以保持第四档齿轮传动比的压力适配量（消除离合器或带滑动）。较大的数字表示PCM已经检测到元件滑动，并且正在用适配压力进行补偿
7	稳定状态的 TAP 4GR/TCC	0～621kPa	采用TCC时，施加到PC电磁阀压力中以保持第四档齿轮传动比的压力适配量（消除离合器或带滑动）。较大的数字表示PCM已经检测到元件滑动，并且正在用适配压力进行补偿
8	稳定状态的 TAP 倒档 TAP	0～621kPa	施加到PC电磁阀压力中以保持倒档齿轮传动比的压力适配量（消除离合器或带滑动）。较大的数字表示PCM已经检测到元件滑动，并且正在用适配压力进行补偿

4. 换档控制（当前档位）分析

换档控制是一个数值参数，正常数值范围是0、1、2、3、4。表示自动变速器当前的档位。

当前的档位是根据换档电磁阀的状态来确定的，对于只有两个换档电磁阀的自动变速器，对应于各个档位的电磁阀状态见表5-8。

表5-8 各档位电磁阀状态

档位	电磁阀A	电磁阀B	档位	电磁阀A	电磁阀B
1档	ON	ON	3档	OFF	OFF
2档	OFF	ON	4档	ON	OFF

本田雅阁轿车采用了3个换档的电磁阀，各个档位电磁阀的状态见表5-9。

表5-9 本田雅阁轿车各档位电磁阀状态

档位	电磁阀A	电磁阀B	电磁阀C	档位	电磁阀A	电磁阀B	电磁阀C
1档	OFF	ON	ON	3档	ON	OFF	ON
2档	ON	ON	OFF	4档	OFF	OFF	OFF

5. 变速器档位分析

变速器档位是一个数值参数，其数值范围为P、R、N、D、3、2、1。它反映了自动变速器变速杆目前所处的位置。

档位开关有两种形式：一种是滑动开关式；另一种为多功能组合开关式。

滑动开关式档位开关是根据滑动触点在不同位置，接通相对应档位的电路。此类档位开关应用较广，如本田、丰田等轿车均采用此类档位开关，本田雅阁轿车的档位开关电路如图5-12所示，各端子之间的导通性见表5-10。

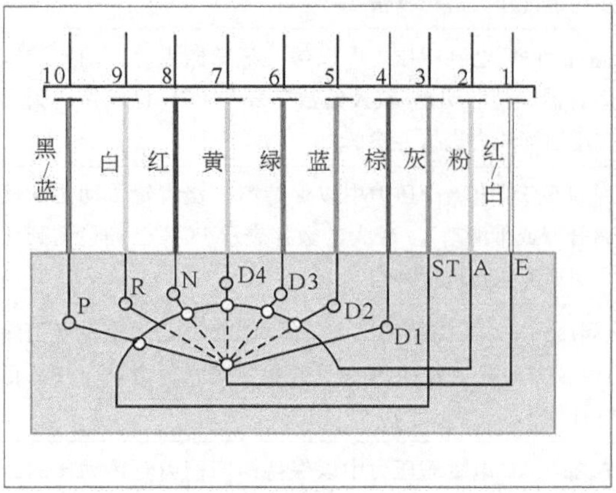

图5-12　档位开关电路

表5-10　端子导通性

档位位置	A/T档位位置开关插头端子									
	1	2	3	4	5	6	7	8	9	10
P	●		●							●
R			●						●	
N	●		●					●		
D4		●	●				●			
D3		●	●			●				
D2		●	●		●					
D1			●	●						

注：●表示导通。

多功能组合开关式档位开关是由若干个常闭或常开开关组成，根据各开关的组合方式来确定变速器档位，如图5-13所示。帕萨特轿车的多功能组合开关是由6个压力开关（3个常闭和3个常开开关）组成，利用手动阀的油液压力，将一个或多个开关接地，PCM即可检测到所选择的档位。

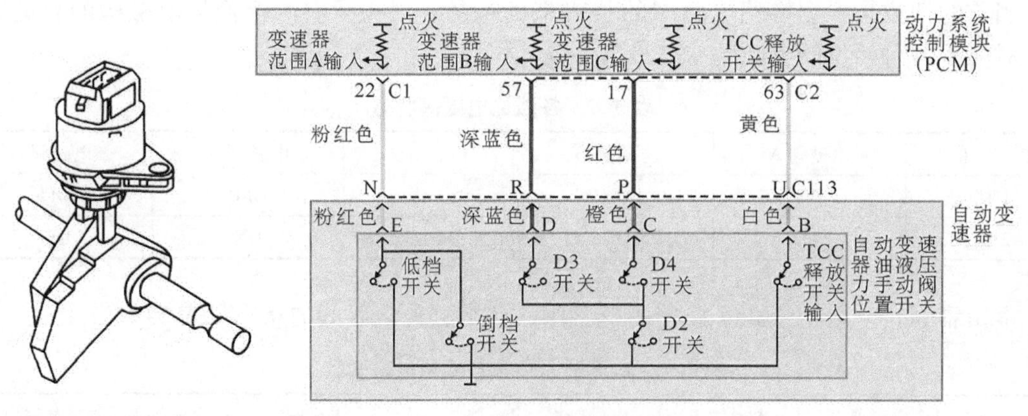

a) 多功能开关外形　　b) 多功能开关电路

图5-13　多功能开关

6. 自动变速器油温分析

自动变速器油（ATF）温度是一个数值参数，单位为℃或℉。在单位为℃时，其变化范围为－40～199℃。该参数表示微机根据ATF温度传感器送来的信号计算后得出的油温数值。该参数的数值应能在汽车行驶过程中逐渐升高，正常时，油温应在60～80℃之间。

ATF温度用于检测自动变速器油的温度，以作为ECU进行换档控制、油压控制和锁止离合器控制的依据。

若ATF温度在35～45℃恒定不变时，表明油温传感器损坏或线路不良。

在有些车型中，自动变速器油温参数的单位为V，表示这一参数的数值直接来自油温传感器信号电压。该电压与油温之间的比例关系依据电路的方式不同而不同，一般成反比例关系，即油温低时信号电压高，油温高时信号电压低。但也可能成正比例关系。在油温传感器正常工作时，该参数的数值范围是0～5.0V。

注意：如果ATF温度超过130℃时，此时可观察热模式参数，此参数应显示为接通，表示自动变速器油温度已超过130℃，且在5s后没有冷却到120℃，进入热模式状态。此时TCC在4档接合直到油温降至130℃以下，或制动，或TPS电压信号较低时才断开。

自动变速器油温度传感器的位置如图5-14所示。

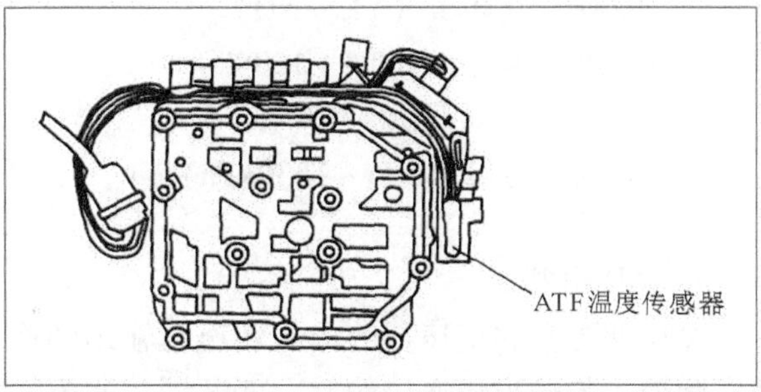

图5-14　自动变速器油（ATF）温度传感器的位置

7. 压力控制电磁阀（PCS）实际电流分析

压力控制电磁阀（PCS）实际电流是一个数值参数，单位为安培（A），其变化范围为0～1.1A。该参数反映流过PCS电路的实际电流，高的电流表示低的管道电压力，低的电流表示高的管道电压力。PCS的功用是根据档位、运动型/经济型模式选择负荷和车速，通过调整电磁阀的电流来调节主油路电压。

帕萨特轿车自动变速器的PCS如图5-15所示。别克轿车压力控制电磁阀（PC）电路如图5-16所示。

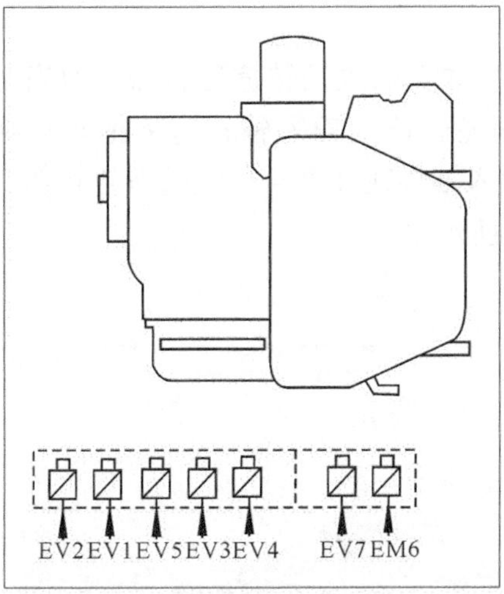

图5-15　帕萨特轿车自动变速器的PCS（6号电磁阀）

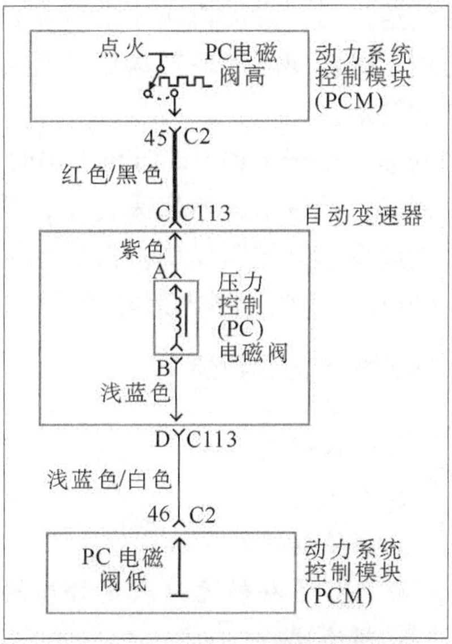

图5-16　别克轿车压力控制电磁阀（PC）电路

压力控制电磁阀（PCS）是一个低阻抗（3～5Ω）电磁阀，PCM 是利用脉冲宽度调节信号来控制转矩信号压力的。

与压力控制电磁阀（PCS）相关的参数还有：

① PC 电磁阀额定电流、参考电流或设定电流（0～1.1A）。
② PC 电磁阀载荷周期（0%～100%）。
③ 压力控制电磁阀（PCS）（0～255lbf/in^2，1lbf/in^2＝6.89kPa）。
④ PCS 实际电流与额定电流之差（0～4.98A）。
⑤ PCS 低电压（YES/NO）。
⑥ PCS 占空比（0%～100%）。
⑦ 压力控制（0%～100%）。
⑧ 指令管压（396～1530kPa）。

8. 速比分析

速比即为自动变速器的输入转速与输出转速之比，此参数为数值参数。该参数反映变速器实际输入与输出转速比的差，变速器控制模块将比较指令值与内部计算值以确定是否存在故障，正常范围是：

① 1 档：2.38～2.63。
② 2 档：1.43～1.58。
③ 3 档：0.95～1.05。
④ 倒档：1.97～2.17。

电控变速器的车上，装有 3 个传感器向变速器控制模块提供发动机转速、输入轴转速和输出轴转速信号。发动机转速信号取自发动机点火系统，电脑用此信号计算超速速比。输入轴转速用于确定实际涡轮转速以便控制管路压力。输出轴转速用于控制 TCC 管路压力、换档时间和转矩。

当变速器处于 1 档、2 档和 3 档时，涡轮转速直接取自输入轴转速传感器。但当变速器处于 4 档时，前进离合器超速转动，若再直接读取涡轮转速（输入轴转速传感器）则会不正确，因此变速器控制模块将根据此标定值增加的输入轴转速计算 4 档时的涡轮转速。

4T65-E 自动变速器内部电子部件位置如图 5-17 所示。

与速比相关的参数还有：

① 输入转速。
② 输出转速。
③ 涡轮转速。
④ TCC 滑移转速（或离合器滑移转速）。
⑤ 超速比。
⑥ 车速。

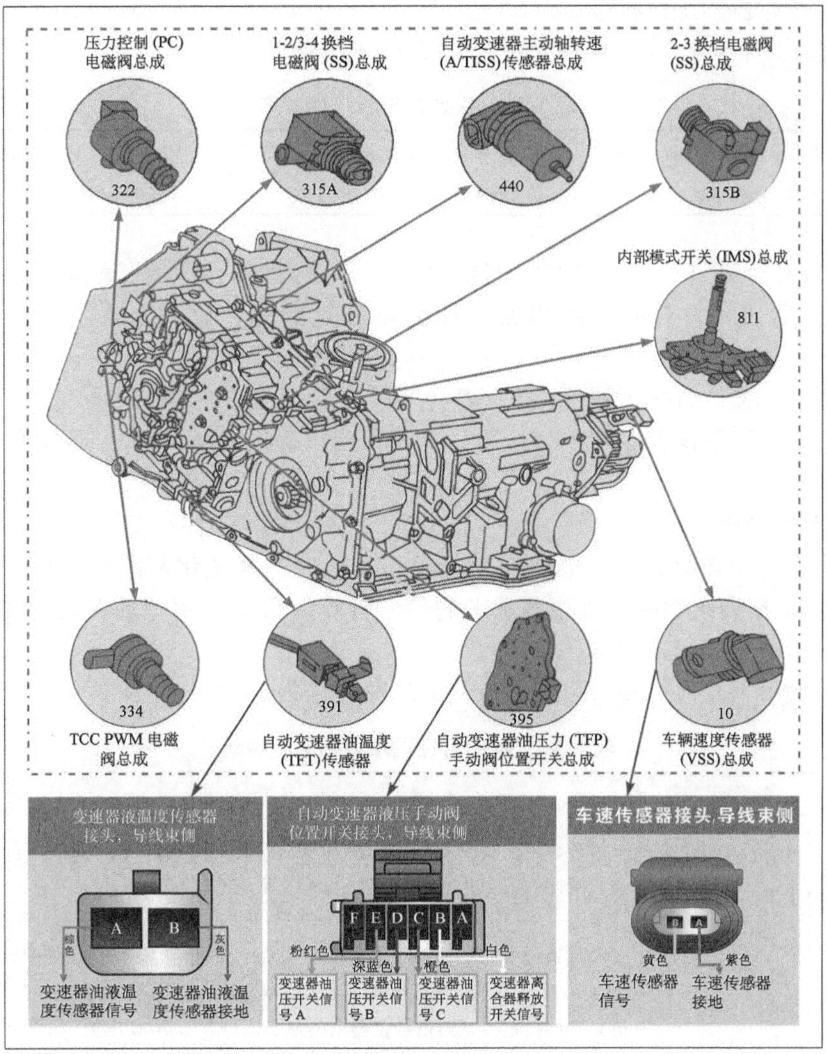

图 5-17　4T65-E 自动变速器内部电子部件位置

七、空调参数分析

1. 空调（A/C）请求分析

空调（A/C）请求是一个状态参数。其显示内容为 YES 或 NO。它表示空调控制单元控制 A/C 请求输入电路的状态。参数读值为 YES 时表示 A/C 开关已接通，或车身控制模块（BCM）已指令 A/C 系统接通。在某些情况下，即使开关接通，但可能压缩机离合器并不工作，因为电路中还有其他开关或传感器信号阻止 PCM 接通 A/C 离合器。

A/C 请求参数仅表示开关已接通，或当所有必要条件满足时，PCM 已指令 A/C 系统接通。

2. A/C 离合器分析

A/C 离合器是空调压缩机工作的反馈参数，发动机控制单元根据 A/C 离合器的反馈信号来显示空调压缩机的工作状态。

该参数是一个状态参数，其显示内容见表5-11。

表5-11　空调压缩机工作状态

空调压缩机工作状态	A/C 离合器接通	A/C 离合器断开
显 示 状 态	Compr ON（压缩机开）	Compr OFF（压缩机关）

当A/C离合器工作时，即空调压缩机进入工作状态时，发动机负荷加大。此时ECU收到A/C离合器信号，对喷油器和点火提前角进行修正，喷油脉宽增大，点火提前角加大。

某些车型同时提供A/C请求和A/C离合器两参数读值，它们应一起变化（同时为ON或OFF），除非ECU使仪表板的控制无效。某些车型仅提供A/C请求，而没有A/C离合器反馈信号。

3. A/C压力分析

A/C压力是一个数值参数，单位为kPa或lbf/in^{2}时，其变化范围为170～3170kPa。该参数表示ECU根据高压侧压力传感器送来的信号计算后得出的制冷剂在高压侧的压力。利用仪器可将显示单位进行米制/英制转换。

在某些车型中，其他一些与空调压力相关的参数见表5-12。

表5-12　其他与空调压力相关的参数

参 数 名 称	变 化 范 围	参 数 解 释
A/C 压力	正常/偏离	该参数是由A/C系统高压侧的压力开关提供，它反映系统中压力正常或偏高。当参数读值偏高时，PCM将切断A/C系统的工作
A/C 压力	0～5.12V	A/C系统中有一传感器监测A/C系统中高压侧的压力，该传感器向PCM传送一个与A/C压力成比例的电压信号，高电压表示高的压力值，低电压表示低的压力值。本参数是传感器信号仪器上的显示，可参考A/C压力（kPa或lbf/in^2）的有关内容
A/C 压力低	YES/NO	某些车型，在空调系统中装有一个压力开关，当制冷剂压力降低至最小规定值以下时，该开关断开，在正常状态下，该参数读值为NO。如果读值为YES，PCS将断开A/C压缩机离合器，空调系统将不工作
A/C 压力过高	YES/NO	该参数表示A/C压力开关是闭合（正常位置）还是断开。当A/C压力过高时，此开关被断开。PCM接收到这个中断的电压信号后，断开A/C压缩机控制继电器，使A/C压缩机停止工作
A/C 高压侧	15～420lbf/in^2	该参数显示制冷剂的压力。它反映由A/C压缩机添加给发动机的负荷量。此压力值被转换为电压值后送给PCM，用于调整怠速和控制冷却风扇
A/C 高压侧	0～5V	该参数显示制冷剂的压力信号。它反映由A/C压缩机添加给发动机的负荷量。此信号被送给PCM，用于调整怠速和控制冷却风扇

4. 空调风扇请求分析

空调风扇请求是一个状态参数，其显示内容为 YES 或 NO，该参数反映 ECU 是否指令发动机冷却用的电动风扇工作（图 5-18）。

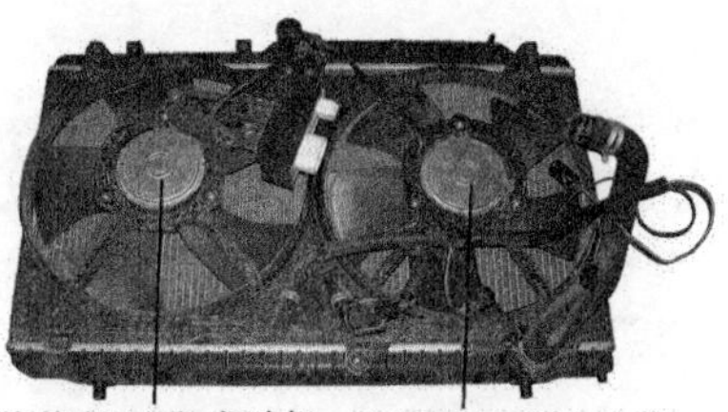

图 5-18　空调风扇（或冷凝器风扇）

当系统高压侧的压力开关闭合时，输送信号给 ECM/PCM，此时冷凝器风扇控制参数为 ON，其他状态下此参数为 OFF。

在其他车型中，与空调风扇相关的参数见表 5-13。

表 5-13　空调风扇相关参数

参数名称	变化范围	参数含义
冷却风扇 1	ON/OFF	某些车装有两个冷却风扇，PCM 通过两个继电器控制两个风扇，因此仪器将显示出冷却风扇 1 和冷却风扇 2 两个参数 当冷却风扇 1 读值为 ON 时，PCM 接通低速风扇继电器，该继电器同时控制两个风扇以低速运转。当冷却风扇 2 读值为 YES 时，PCM 接通高速风扇继电器，两个风扇以高速运转。在上述两种状态，PCM 都是通过 QDM 控制继电器的
冷却风扇 2		
风扇 1 请求	YES/NO	某些车型有两个单独的风扇请求和风扇允许参数，其他车型则只有一组
风扇 1 允许		
风扇 2 请求	YES/NO	某些车型有两个单独的风扇请求和风扇允许参数，其他车型则只有一组
风扇 2 允许		
风扇占空比	0%~100%	该参数含义是风扇接通的时间占一个工作循环的百分比，它表示风扇的转速。低的百分比读值反映低的风扇转速，高的百分比反映高的风扇转速。0 的读值表示风扇未工作
风扇继电器	ON/OFF	该参数反映风扇继电器是否被 PCM 指令 ON 或 OFF 在装有三个继电器的车型上，当 PCM 指令继电器 1 接通（ON）时，两冷却风扇以低速运转（ON）
风扇继电器 1		
风扇继电器 2		
风扇继电器 3		

第六章 大众车系数据流分析

第一节 奥迪车系

一、奥迪车系发动机数据流读取

用故障阅读仪 V. A. G1552（图 6-1）读取发动机数据流的步骤如下：

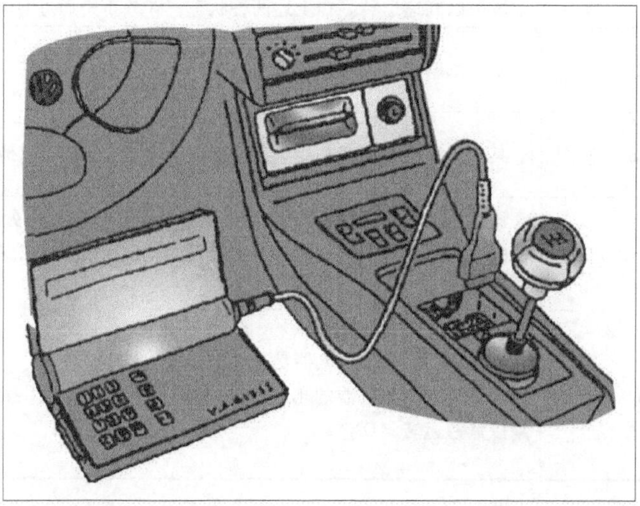

图 6-1 V. A. G1552 与诊断接口的连接

第 1 步：

打开诊断插口盖板，将故障阅读仪 V. A. G1552 用 V. A. G1551/3 电缆连接到车上位于变速器操纵杆前的诊断插座上。

第 2 步：

打开点火开关或者发动机怠速运转，同时打开阅读仪的电源开关，这时，显示器上首先显示下列文字：

Test of Vehicle systems HELP Enter address word × ×	车辆系统测试 帮助 输入地址码 × ×

第 3 步：

输入“发动机电子系统”的地址指令 01，并按“Q”键确认，显示器上将显示：

330 907 404 1. 8L R4/2V MOTR HS D01→ Coding 08001　WSC　×××××

其中：

① 330 907 404 是发动机电控单元零件编号。
② 1. 8L 是发动机排量。
③ R4/2V 代表直列式发动机、4 缸、每缸 2 气门。
④ MOTR 代表 Motronic。
⑤ HS 代表手动变速器。
⑥ D01 是电控单元软件版本。
⑦ Coding 08001 是控制单元编码。
⑧ WSC ×××××是维修站代码。

第 4 步：

Test of Vehicle systems　HELP Select function	车辆系统测试　帮助 选择功能　××

根据需要，选择故障阅读仪功能。

V. A. G1552 故障阅读仪的功能见表 6-1。

表 6-1　V. A. G1552 故障阅读仪的功能

功能代码	含义（英文）	点火开关是否接通	发动机怠速是否运转
01	Interrogate control unit versions 询问控制单元版本	是	否
02	Interrogate fault memory 查询故障存储	是	是
03	Final control diagnosis 最终控制诊断	是	否
04	Introduction of basic settling 基本设定	是	否
05	Erase fault memory 清除故障存储	是	是
06	End out put 结束输出	是	是
07	Code control unit 控制单元编码	是	否
08	Read measuring value block 读测量数据块	是	是
09	Read individual measuring value 读取单个测量数据	×	×
10	Adaptation 匹配、自适应	×	×
11	Log-on 登录	×	×

注意：必须在下述工作完成后进行。

① 更换控制单元、节气门控制单元发动机或拆下蓄电池接线。

② 仅在冷却液温度高于80℃时能进行，在此之前这项功能锁止。

③ 目前仅用于厂内检测。

第5步：

输入08功能“读测量数据块”，按“Q”键确认，显示器上将显示：

Read measuring value block　　HELP Enter display group number　× ×	读测量数据块　　帮助 输入显示组别号　× ×

根据需要，输入组别号，即可读出发动机各部分的数据流，各组别号的含义见表6-2。

表6-2　测量数据块各组别号的含义

组别号	含　义	组别号	含　义
00	基本功能	25	进气歧管切换和凸轮轴调整
01	基本功能	26	凸轮轴调整
02	基本功能	27	氧传感器的加热
03	基本功能	30	怠速时氧状况
04	怠速稳定	32	怠速时氧自适应值
05	怠速稳定	33	怠速时三元催化器前氧调节
06	怠速稳定	34	怠速时三元催化器前氧调节
07	氧控制和ACF阀（活性炭罐电磁阀）系统	36	怠速时三元催化器后氧调节
08	氧调节值	37	怠速时三元催化器后氧调节
09	氧调节值	41	怠速时左侧氧传感器的加热器
10	氧调节值	42	怠速时右侧氧传感器的加热器
11	燃油消耗	50	传往发动机控制单元的信号
12	燃油消耗	54	节气门位置传感器
13	爆燃控制	56	达到工作温度后的怠速稳定值
14	爆燃控制	60	打开点火开关时，节气门控制单元自适应
15	爆燃控制	62	打开点火开关时，节气门控制单元自适应
16	爆燃控制	63	强制低速开关（强制降档开关）
17	催化转化器加热	66	打开点火开关时，传往发动机控制单元的信号
18	海拔适配	93	怠速时，左右霍尔传感器相位
19	自动变速器中的转矩减少	95	车在行驶时，进气歧管切换
20	运行状态	98	节气门控制部件的匹配
21	氧控制工作状态	99	氧调节（基本设定）
22	氧控制工作状态	125	打开点火开关时，CAN数据总线信号
23	节气门控制部件	126	打开点火开关时，CAN数据总线信号
24	爆燃控制		

二、大众/奥迪车系发动机数据流分析

大众/奥迪发动机控制单元数据流分析见表6-3。

表6-3　发动机控制单元数据流分析总表

显示界面	显示内容	标准值
00显示组号的显示界面 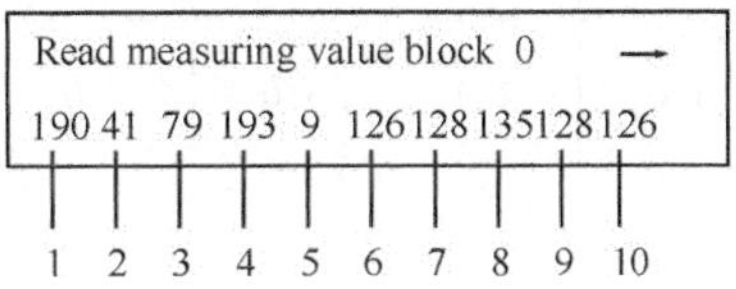	1. 冷却液温度	正常值：170～204，冷却液温度对应表见表6-3a
	2. 发动机负荷	正常值：20～50，发动机负荷对应表见表6-3b
	3. 发动机转速	正常值：70～90，发动机转速对应表见表6-3c
	4. 蓄电池电压	正常值：146～212，蓄电池电压对应表见表6-3d
	5. 节气门开度	正常值：0～15，节气门开度对应表见表6-3e
	6. 怠速稳定控制值	正常值：118～138，怠速稳定控制值对应表见表6-3f
	7. 怠速稳定自适应值	正常值：112～144，怠速稳定自适应值对应表见表6-3g
	8. 氧过量调节值	正常值：78～178，氧过量调节值对应表见表6-3h
	9. 混合气的学习值	正常值：115～141，混合气的学习值对应表见表6-3i
	10. 氧传感器控制形成自适应值	正常值：118～138，氧传感器控制形成自适应值对应表见表6-3j

表6-3a　冷却液温度对应表

显　示　值	170	177	184	191	197	204
相当于冷却液温度/℃	80	85	90	95	100	105

表6-3b　发动机负荷表

显　示　值	10	20	30	40	50	60	70
相当于发动机负荷/ms	0.5	1.0	1.5	2.0	2.5	3.0	3.5

表6-3c　发动机转速表

显　示　值	60	65	70	75	80	85	90	95	100
相当于发动机转速/（r/min）	600	650	700	750	800	850	900	950	1000

表6-3d　蓄电池电压表

显　示　值	146	153	160	168	175	182	190	197	204	212
相当于蓄电池电压/V	10.0	10.5	11.0	11.5	12.0	12.5	13.0	13.5	14.0	14.5

（续）

表 6-3e　节气门开度表

显　示　值	0	2	5	7	10	12	15
相当于节气门开度/（°）	0	1	2	3	4	5	6

表 6-3f　怠速稳定控制值表

显　示　值	118	122	126	130	134	138
相当于怠速稳定控制值/（kg/h）	-2.5	-1.5	-0.5	0.5	1.5	2.5

表 6-3g　怠速稳定自适应值表

显　示　值	112	116	120	124	128	132	136	140	144
相当于怠速稳定自适应值/（kg/h）	-4.0	-3.0	-2.0	-1.0	0	1.0	2.0	3.0	4.0

表 6-3h　氧过量调节值表

显　示　值	78	88	98	108	118	128	138	148	158	168	178
相当于氧过量调节值（%）	-10	-8	-6	-4	-2	0	2	4	6	8	10

表 6-3i　混合气的学习值表

显　示　值	115	118	121	124	128	131	134	137	141
相当于混合气的学习值/ms	-0.64	-0.48	-0.32	-0.16	0	0.16	0.32	0.48	0.64

表 6-3j　氧传感器控制形成自适应值表

显　示　值	118	120	123	125	128	130	133	135	138
相当于氧传感器控制形成自适应值/ms	-8	-6	-4	-2	0	2	4	6	8

表 6-3k　数据流分析

<table>
<tr><th>显示界面</th><th>显示内容</th><th>显示数值</th><th>数据分析</th></tr>
<tr><td rowspan="4">01 显示组号的显示界面
Read measuring value block 1 →
800r/min　2.20ms　3　12°　bef.TDC
1　2　3　4</td><td rowspan="4">1. 发动机转速</td><td>0～6800r/min</td><td>正常显示范围</td></tr>
<tr><td>（800±30）r/min</td><td>怠速时的正常值</td></tr>
<tr><td>小于 770r/min</td><td>① 发动机有额外负荷
② 节气门控制单元卡死或损坏</td></tr>
<tr><td>大于 830r/min</td><td>① 怠速开关（F60）没有关上或损坏
② 有较大漏气（可能是没有怠速稳定平衡）
③ 节气门控制单元卡死或损坏
④ 空调装置没有关闭</td></tr>
</table>

（续）

显示界面	显示内容	显示数值	数据分析
01 显示组号的显示界面 Read measuring value block 1 → 800r/min 2.20ms 3 12° bef.TDC 1 2 3 4	2. 发动机负荷（曲轴每转喷射持续时间）	1.00～2.50ms	发动机负荷的喷射时间是一个纯计算的理论值。在怠速下的发动机负荷可以理解为发动机所需克服的自身摩擦力和附件驱动装置 发动机负荷的喷射时间是基本喷油量，仅与发动机曲轴转速和负荷有关，不包括喷油修正量
		小于 1.00ms	较小的值仅在超速切断工况时出现
		大于 2.50ms	① 空气流量计损坏 ② 节气门控制单元损坏 ③ 转向盘位于终止点 ④ 用电器用电
	3. 节气门开度	0°～5°	怠速时
		35°（固定不变）	节气门位置传感器出现故障时
		80°～90°	加速踏板踩到底时
		怠速时小于 0°	不可能
		怠速时大于 5°	没有进行节气门控制单元的基本调整 节气门控制单元的节气门电位计损坏或调节不正确 调整节气门接线、节气门悬架
	4. 点火提前角	12°±4.5°	怠速时点火提前角的正常值 实际点火提前角 = 初始点火提前角 + 基本点火提前角 + 修正点火提前角（或推迟角）
		小于 8°（怠速时）	用电器用电
		大于 16°（怠速时）	转向盘在终止点位置；漏气
02 显示组号显示界面 Read measuring value block 2 → 800r/min 2.2ms 3.48ms 2.9g/s 1 2 3 4	1. 发动机转速	0～6800r/min	正常显示范围
		(800±30)r/min	怠速时的正常值
		小于 770r/min	① 发动机有额外负荷 ② 节气门控制单元卡死或损坏
		大于 830r/min	① 怠速开关（F60）没有关上或损坏 ② 有较大漏气（可能是没有怠速稳定平衡） ③ 节气门控制单元卡死或损坏 ④ 空调装置没有关闭

（续）

显示界面	显示内容	显示数值	数据分析
	2. 发动机负荷（曲轴每转喷射持续时间）	1.00～2.50ms	发动机负荷的喷射时间是一个纯计算的理论值。在怠速下的发动机负荷可以理解为发动机所需克服的自身摩擦力和附件驱动装置 发动机负荷的喷射时间是基本喷油量，仅与发动机曲轴转速和负荷有关，不包括喷油修正量
		小于1.00ms	较小的值仅在超速切断工况时出现
		大于2.50ms	① 空气流量计损坏 ② 节气门控制单元损坏 ③ 转向盘位于终止点 ④ 用电器用电
02显示组号显示界面 Read measuring value block 2 → 800r/min　2.2ms　3.48ms　2.9g/s 1　2　3　4	3. 喷油脉宽（发动机每工作循环持续喷射时间）	2.00～5.00ms	怠速时，正常显示范围 喷油脉宽是指发动机完成一个工作循环，即曲轴转2圈得出的喷油时间 显示区域3喷油脉宽的值不是显示区域2发动机负荷的2倍，而是一个经修正过的实际喷油时间。其影响因素有： ① 氧调节 ② 炭罐的混合气浓度 ③ 空气温度与密度 ④ 蓄电池电压（喷油器打开的快慢） 如果发动机吸入未被计量的空气，则在显示区域2发动机负荷中的计算值会变化，每个工作循环的实际喷油时间将通过调节保持在允许值上
		小于2.00ms（怠速时）	① 来自炭罐系统的高的燃油量 ② 带较大流量的喷油器故障
		大于5.00ms（怠速时）	电气设备、空调设备、档位选择及动力转向机在极限位置等引起的发动机负荷加大
	4. 吸入空气流量	2.0～4.0g/s	怠速时正常显示数值 在节气门控制部件故障引起的紧急运行状态下，发动机以高怠速运转，此时进气量显示有4.5～5.5g/s 如果发动机控制单元识别出空气质量计有故障，则将节气门电位计的替代值（g/s）显示出来
		小于2.0g/s（怠速时）	在进气歧管和空气质量计之间的大量未计量空气量
		大于4.0g/s（怠速时）	① 档位选择（自动变速器） ② 发动机由于辅助设备而增加负荷

（续）

显示界面	显示内容	显示数值	数据分析
03 显示组号的显示界面 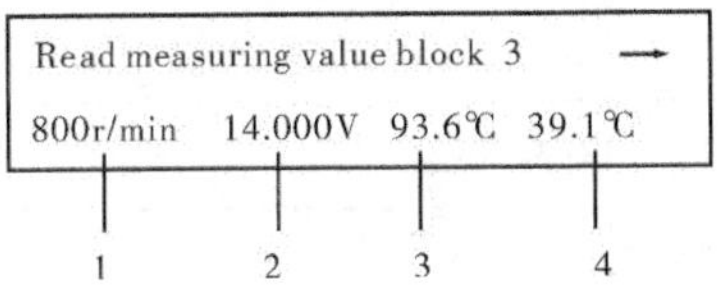	1. 发动机转速	0～6800r/min	正常显示范围
		(800±30)r/min	怠速时的正常值
		小于770r/min	① 发动机有额外负荷 ② 节气门控制单元卡死或损坏
		大于830r/min	① 怠速开关（F60）没有关上或损坏 ② 有较大漏气（可能是没有怠速稳定平衡） ③ 节气门控制单元卡死或损坏 ④ 空调装置没有关闭
	2. 蓄电池电压	10.00～14.50V	正常显示范围 发动机控制系统中没有专门的传感器来测量蓄电池的电压，而是ECU根据某些电源提供电路中的参数计算出蓄电池电压 蓄电池电压参数是ECU自检的重要内容，如果蓄电池电压过低或过高，ECU都将改变运行模式或变更某些功能。例如：蓄电池电压低于最小规定值，ECU将提高怠速以便加大充电量，这将影响怠速控制、燃油计量和点火时间的参数读值
		小于10.00V	① 发动机故障，蓄电池耗电太剧烈 ② 蓄电池起动后不久，由于大电流或用电设备负载太大 ③ 发动机控制单元的电流供给和地线接触不良 ④ 点火关闭时漏电
		大于14.50V	① 发动机上的电压调节器故障 ② 由于突然起动或快充电设备而产生过电压
	3. 冷却液温度	80～105℃	正常显示数值
		小于80℃	① 发动机太冷 ②冷却液温度传感器同发动机控制单元的导线连接
		大于105℃	① 散热器受污染 ② 冷却风扇不工作 ③ 节温器故障 ④ 冷却液温度传感器同发动机控制单元的导线连接
	4. 进气温度	环境温度～90℃	正常显示范围
		恒定19.5℃	① 识别出进气温度传感器(G42)故障 ② 进气温度传感器G42

（续）

显示界面	显示内容	显示数值	数据分析
	1. 节气门开度	0°~5°	怠速时
		80°~90°	节气门踏板踩到底
		35°（固定不变）	节气门位置传感器出故障时
		小于0°	不可能
		大于5°	没有进行节气门控制单元的基本调整 节气门控制单元的节气门电位计损坏或调节不正确 调整节气门接线、节气门悬架
04 显示组号的显示界面 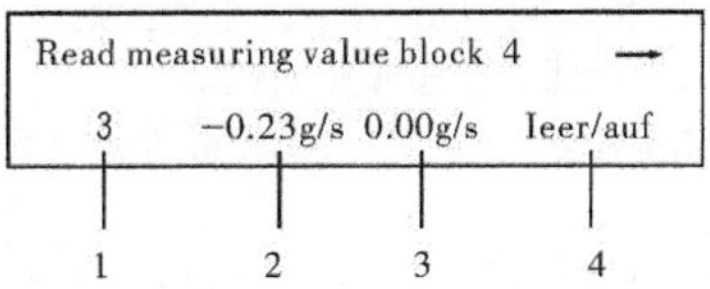 	2. 怠速时空气质量学习值（自适应）（不挂档时）	−1.70~+1.70g/s	怠速空气质量学习值的正常显示数值 怠速空气质量学习值是表示手动变速器或自动变速器在不挂档时，怠速稳定系统同预先设计给定的中间值偏离“学习值”有多大 在一台新的发动机上，由于摩擦力较大，其值位于正区域，在磨合的发动机上则位于负区域
		低于−1.70g/s	通向节气门有漏气处
		高于+1.70g/s	有额外负荷 进气区域有堵塞或异物
	3. 怠速时空气质量学习值（自动变速器挂档时）	−1.70~+1.70g/s	正常显示数值 此参数显示自动变速器挂档时，怠速稳定系统同预先设计给定的中间值偏离“学习值”有多大 在一台新的发动机上，由于摩擦力较大，其值位于正区域，在磨合的发动机上则位于负区域
		低于−1.70g/s	通向节气门有漏气处
		高于+1.70g/s	有额外负荷 进气区域有堵塞或异物
	4. 工作状态	Idling	怠速工况
		Part throttle	部分负荷工况
		All throttle	满负荷工况
		Schab	加浓工况
		Anreicherung	超速断油工况

（续）

显示界面	显示内容	显示数值	数据分析
05 显示组号的显示界面 Read measuring value block 5 → 810r/min 800r/min −1.7% 2.9g/s 1 2 3 4	1. 发动机转速（实际值）	0～6800r/min	正常显示范围 发动机转速是从发动机转速传感器的信号中获得的，是实际测量值，每 10 步刷新一次。10 步中最大转速限定为 2550r/min
		(800±30)r/min	怠速时的正常值
		小于 770r/min	① 发动机有额外负荷 ② 节气门控制单元卡死或损坏
		大于 830r/min	① 怠速开关（F60）没有关上或损坏 ② 有较大漏气（可能是没有怠速稳定平衡） ③ 节气门控制单元卡死或损坏 ④ 空调装置没有关闭
	2. 发动机转速（设定值）	800r/min，并保持不变	怠速时，正常显示数值 此参数是 ECU 根据发动机不同工况下，所设定的发动机目标转速，不是测量所得的，是由 ECU 内部计算所得的值，也是每 10 步刷新一次
	3. 怠速稳定控制值（怠速控制）	−10%～10%	正常显示数值 在怠速负荷发生变化时，为维持怠速稳定不变，通过控制怠速调节阀改变怠速空气量。怠速空气量的变化用%来表示。只要怠速稳定的自适应能力平衡空气流量变化，平均值即被存储。偏离平均值的程度取决于怠速负荷的变化量。自适应过程是以很小的步节随着怠速开关的每次闭合而进行的。偏差越大，所需步节越多。为此必须每隔 20s，轻点节气门，这样每次可再进行一步自适应过程。自适应偏离值显示在 04 显示组第 2 显示区，若显示区 2 中的自适应值到了极限点，则怠速调节阀的值将在允许公差之外（极限值为 −1.7～+1.7g/s）
	4. 怠速空气流量	2.0～4.0g/s	怠速时正常显示数值 在节气门控制部件故障引起的紧急运行状态下，发动机以高怠速运转，此时进气量显示有 4.5～5.5g/s 如果发动机控制单元识别出空气质量计有故障，则将节气门电位计的替代值（g/s）显示出来
		小于 2.0g/s（怠速时）	在进气歧管和空气质量计之间的大量未计量空气量
		大于 4.0g/s（怠速时）	① 档位选择（自动变速器） ② 发动机由于辅助设备而增加负荷

（续）

显示界面	显示内容	显示数值	数据分析
06 显示组号的显示界面 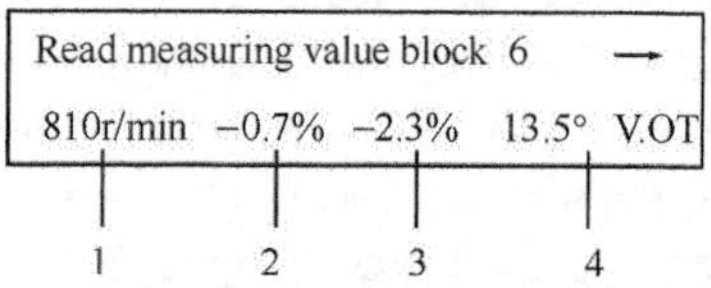	1. 发动机转速	0～6800r/min	正常显示范围 发动机转速是从发动机转速传感器的信号中获得的，是实际测量值，每 10 步刷新一次。10 步中最大转速限定为 2550r/min
		(800±30) r/min	怠速时的正常值
		小于 770r/min	① 发动机有额外负荷 ② 节气门控制单元卡死或损坏
		大于 830r/min	① 怠速开关（F60）没有关上或损坏 ② 有较大漏气（可能是没有怠速稳定平衡） ③ 节气门控制单元卡死或损坏 ④ 空调装置没有关闭
	2. 怠速控制	-10%～10%	正常显示数值 在怠速负荷发生变化时，为维持怠速稳定不变，通过控制怠速调节阀改变怠速空气量。怠速空气量的变化用% 来表示。只要怠速稳定的自适应能力平衡空气流量变化，平均值即被存储。偏离平均值的程度取决于怠速负荷的变化量。自适应过程是以很小的步节随着怠速开关的每次闭合而进行的。偏差越大，所需步节越多。为此必须每隔 20s，轻轻地点踏加速踏板门，这样每次可再进行一步自适应过程。自适应偏离值显示在 04 显示组第 2 显示区，若显示区 2 中的自适应值到了极限点，则怠速调节阀的值将在允许公差之外（极限值为 -1.7～+1.7g/s）
	3. 混合气 λ 控制	-10%～10%	混合气 λ 控制值的正常数值，且在 0 左右不断摆动 ECU 根据氧传感器反馈空气过量系数 λ 的大小，即空燃比浓稀信号，控制喷油量的增加或减少
		超出允许范围	① 负值，发动机混合气太浓，影响：λ 调节变稀 ② 正值（“+”号不显示），发动机混合气太稀，影响：λ 调节加浓 ③ 漏气 ④ 喷油阀损坏 ⑤ λ 自适应值到极限值
	4. 点火提前角	12°±4.5°	怠速时点火提前角的正常值 实际点火提前角 = 初始点火提前角 + 基本提前角 + 修正点火提前角（或推迟角）
		小于 8°（怠速时）	用电器用电
		大于 16°（怠速时）	转向盘在终止点位置；漏气

（续）

显示界面	显示内容	显示数值	数据分析
07 显示组号的显示界面 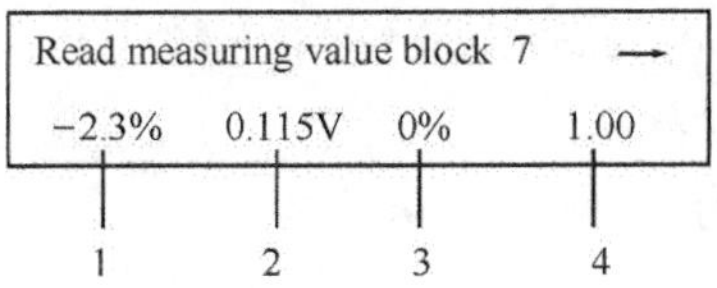	1. 混合气氧控制	-10% -10%	混合气 λ 控制值的正常数值，且在 0 左右不断摆动 ECU 根据氧传感器反馈空气过量系数 λ 的大小，即空燃比浓稀信号，控制喷油量的增加或减少
		超出允许范围	① 负值，发动机混合气太浓，影响：λ 调节变稀 ② 正值（“+”号不显示），发动机混合气太稀，影响：λ 调节加浓 ③ 漏气 ④ 喷油阀损坏 ⑤ λ 自适应值到极限值
	2. 氧传感器电压	0.1~1.0 V	氧传感器电压显示正常数值，且跳动频率应大于 1 次/s 由于电压跳跃急剧，使 λ 控制不能恒定保持相应于 λ = 1.0 的理想混合气成分，控制不断在“稍许稀”和“稍许浓”的状态之间来回摆动。显示值必须不低于 0.3V 和高于 0.6V
		过低	① 喷油器泄漏 ② 燃油压力太高 ③ 炭罐的电磁阀常开 ④ 空气质量计故障 ⑤ 氧传感器加热故障或氧传感器脏污
		过高	① 喷油器堵塞 ② 空气质量传感器故障 ③ 燃油压力太低 ④ 空气质量计和节气门之间的未计量的空气 ⑤ 在排气歧管垫片处的未计量的空气 ⑥ 氧传感器加热故障或氧传感器脏污
	3. 炭罐清除电磁阀的占空比	0%~99%	正常显示数值 当占空比为 0 时表示电磁阀 N80 完全关闭，当占空比为 99% 时，表示电磁阀 N80 完全打开 注意：在怠速时发动机仅能接受的来自炭罐系统的某一最大燃油蒸气量，因此在怠速时炭罐电磁阀的开度受限制，在部分负荷和满载时其占空比可增加到 99%。通过对在“初始设置”（电磁阀闭合）和在“读测试数据块”（电磁阀开 220~900s/闭约 70s）时的显示值比较，可以评判炭罐系统的影响作用

（续）

显示界面	显示内容	显示数值	数据分析
07 显示组号的显示界面 Read measuring value block 7 → −2.3%　0.115V　0%　1.00 1　2　3　4	4. 炭罐清除时的λ修正系数	0.3～1.2	正常显示数值 当炭罐清除控制系统工作时，来自炭罐的燃油蒸气进入了进气管路，使可燃混合气的成分发生变化，为此ECU根据燃油蒸气吸入量，计算出过量空气系数λ，从而确定是增加喷油量还是减少喷油量 若从炭罐系统中出来一很浓的混合气，则λ调节须将其调稀，其值可达0.6，在这种情况下λ调节将喷油量减少40%。在显示值为1.0（λ调节位于中性区域，即无修正因素）时，由炭罐系统出来一理想混合气（即不需要进行稀化或浓化）或电磁阀闭合。在显示值为1.01～1.20时，则由炭罐系统来的混合气太稀，λ调节必须使之加浓
		λ<1	表示AKF系统的混合气过浓，λ调节必须将喷油量减少
		λ=1	表示AKF系统的混合气为理想混合气（不需加浓或减稀）或AKF阀未工作
		λ>1	表示AKF系统的混合气过稀，λ调节必须加大喷油量
08 显示组号的显示界面 Read measuring value block 8 → 3.4ms　−3.9%　−0.7% λ Adaptation 1　2　3　4	1. 喷油脉宽（发动机每工作循环持续喷射时间）	2.00～5.00ms	怠速时，正常显示范围 喷油脉宽是指发动机完成一个工作循环即曲轴转2圈得出的喷油时间 在显示区域3喷油脉宽的值不是显示区域2发动机负荷的2倍，而是一个经修正过的实际喷油时间。其影响因素有： ① λ调节 ② 炭罐的混合气浓度 ③ 空气温度与密度 ④ 电池电压（喷油器打开的快慢） 如果发动机吸入未被计量的空气，则在显示区域2发动机负荷中的计算值会变化，每个工作循环的实际喷油时间将通过调节保持在允许值上
		小于2.00ms （怠速时）	① 来自炭罐系统的高的燃油量 ② 带较大流量的喷油器故障
		大于5.00ms （怠速时）	由于使用电气设备、空调设备、档位选择及动力转向机在极限位置等引起的发动机负荷加大

（续）

<table>
<tr><th>显示界面</th><th>显示内容</th><th>显示数值</th><th>数据分析</th></tr>
<tr><td rowspan="4">08 显示组号的显示界面
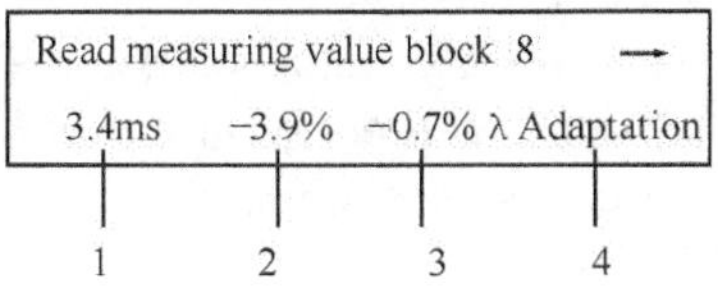</td><td rowspan="3">2. 怠速时λ自适应值</td><td>−10%～10%</td><td>怠速时，λ自适应值的正常显示数值
在怠速工况时，ECU（J220）采用自适应控制方式，将氧传感器的输出电压与预先储存在ECU中的过量空气系数（λ）表进行比较，从而确定氧传感器是否老化及老化程度，通过选择适当的修正系数对氧传感器的输出参数值进行核准，使其输出参数值接近器件老化前的正常状态，从而提高空燃比的控制精度
低值表示发动机混合气在太浓的情况下，λ调节使混合气稀；高值表示发动机运行在太稀的情况下，λ调节使混合气浓
注意：如果控制单元ECU（J220）断电（如拆下蓄电池，或拔下EFI主熔断丝），则怠速得出的λ自适应值被删除，恢复原值
自适应控制系统就是随着环境条件或结构参数产生不可预计的变化时，系统本身能够自行调整或修改系统的参数值使系统在任何环境条件下都保持满意的性能。换句话说，自适应控制系统是一种“自身具有适应能力”的控制系统</td></tr>
<tr><td>过低</td><td>① 喷油器泄漏
② 燃油压力太高
③ 炭罐的电磁阀常开
④ 空气质量计故障
⑤ 氧传感器加热故障或氧传感器脏污</td></tr>
<tr><td>过高</td><td>① 喷油器堵塞
② 空气质量传感器故障
③ 燃油压力太低
④ 空气质量计和节气门之间的未计量的空气
⑤ 在排气歧管垫片处的未计量的空气
⑥ 氧传感器加热故障或氧传感器脏污</td></tr>
<tr><td>3. 部分负荷时λ自适应值</td><td>−8%～8%</td><td>部分负荷时，λ自适应值的正常显示数值
低值表示发动机混合气在太浓的情况下，λ调节使混合气稀；高值表示发动机运行在太稀的情况下，λ调节使混合气浓
在发动机处于部分负荷工况时，ECU进行自适应控制方式，将氧传感器的输出电压与预储存在ECU中的过量空气系数（λ）表进行比较，从而确定氧传感器是否老化及老化程度，通过选择适当的修正系数对氧传感器的输出信号进行核准，使其输出参数值接近器件老化前的正常状态，这一修正参数即为λ自适应值</td></tr>
</table>

（续）

<table>
<tr><th>显示界面</th><th>显示内容</th><th>显示数值</th><th>数据分析</th></tr>
<tr><td rowspan="5">08 显示组号的显示界面
Read measuring value block 8 →
3.4ms −3.9% −0.7% λ Adaptation
1 2 3 4</td><td rowspan="2">3. 部分负荷时λ自适应值</td><td>λ自适应值低</td><td>① 全损耗系统用油稀释（全损耗系统用油中有较高燃油成分）
② 喷油阀损坏
③ 燃油压力太高
④ 炭罐电磁阀始终开启
⑤ 空气流量计损坏
⑥ 氧传感器加热器损坏或氧传感器脏污</td></tr>
<tr><td>λ自适应值高</td><td>① 进气管有漏气
② 喷油阀堵塞
③ 空气流量计损坏
④ 燃油压力太低
⑤ 空气流量计和节气门之间有漏气
⑥ 歧管密封垫有漏气
⑦ 氧传感器加热器损坏或氧传感器脏污</td></tr>
<tr><td rowspan="3">4. 燃油箱通风系统的运行状态</td><td>TE Active</td><td>表示炭罐电磁阀（N80）以6～16s的周期开/闭</td></tr>
<tr><td>TE not Active</td><td>表示炭罐电磁阀（N80）处于关闭状态</td></tr>
<tr><td>λ-Adaptation</td><td>表示混合气自适应过程正在进行</td></tr>
<tr><td rowspan="7">09 显示组号的显示界面
Read measuring value block 9 →
800r/min 0.7% 0.695V −3.9%
1 2 3 4</td><td rowspan="5">1. 发动机转速</td><td>0～6800r/min</td><td>正常显示范围
发动机转速是从发动机转速传感器的信号中获得的，是实际测量值，每10步刷新一次。10步中最大转速限定为2550r/min</td></tr>
<tr><td>（800±30）r/min</td><td>怠速时的正常值</td></tr>
<tr><td>小于770r/min</td><td>① 发动机有额外负荷
② 节气门控制单元卡死或损坏</td></tr>
<tr><td>大于830r/min</td><td>① 怠速开关（F60）没有关上或损坏
② 有较大漏气（可能是没有怠速稳定平衡）
③ 节气门控制单元卡死或损坏
④ 空调装置没有关闭</td></tr>
<tr><td></td><td></td></tr>
<tr><td rowspan="2">2. 混合气λ控制</td><td>-10%～10%</td><td>混合气λ控制值的正常数值，且在0左右不断摆动
ECU根据氧传感器反馈空气过量系数λ的大小，即空燃比浓稀信号，控制喷油量的增加或减少</td></tr>
<tr><td>超出允许范围</td><td>① 负值，发动机混合气太浓，影响：λ调节变稀
② 正值（“+”号不显示），发动机混合气太稀，影响：λ调节加浓
③ 漏气
④ 喷油阀损坏
⑤ λ自适应值到极限值</td></tr>
</table>

（续）

<table>
<tr><th>显示界面</th><th>显示内容</th><th>显示数值</th><th>数据分析</th></tr>
<tr><td rowspan="4">09 显示组号的显示界面
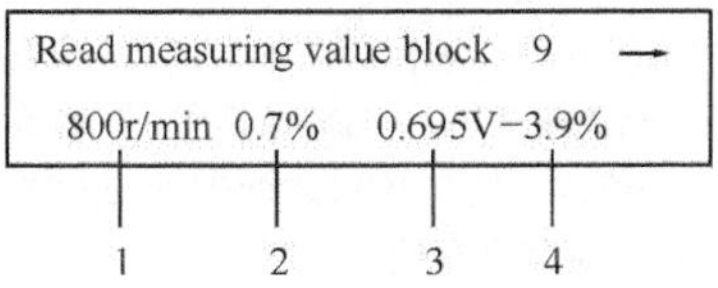</td><td rowspan="3">3. 氧传感器电压</td><td>0.1～1.0 V</td><td>氧传感器电压显示正常数值，且跳动频率应大于 1 次/s
由于电压跳跃急剧，使 λ 控制不能恒定保持相应于 λ＝1.0 的理想混合气成分，控制不断在“稍许稀“和“稍许浓”的状态之间来回摆动。显示值必须不低于 0.3V 和高于 0.6V</td></tr>
<tr><td>过低</td><td>① 喷油器泄漏
② 燃油压力太高
③ 炭罐的电磁阀常开
④ 空气流量计故障
⑤ 氧传感器加热故障或氧传感器脏污</td></tr>
<tr><td>过高</td><td>① 喷油器堵塞
② 空气质量传感器故障
③ 燃油压力太低
④ 空气流量计和节气门之间的未计量的空气
⑤ 在排气歧管垫片处的未计量的空气
⑥ 氧传感器加热故障或氧传感器脏污</td></tr>
<tr><td>4. 怠速时 λ 自适应值</td><td>－10%～10%</td><td>怠速时，λ 自适应值的正常显示数值
在怠速工况时，ECU（J220）采用自适应控制方式，将氧传感器的输出电压与预先储存在 ECU 中的过量空气系数（λ）表进行比较，从而确定氧传感器是否老化及老化程度，通过选择适当的修正系数对氧传感器的输出参数值进行核准，使其输出参数值接近器件老化前的正常状态，从而提高空燃比的控制精度
低值表示发动机混合气在太浓的情况下，λ 调节使混合气稀；高值表示发动机运行在太稀的情况下，λ 调节使混合气浓
注意：如果控制单元 ECU（J220）断电（如拆下蓄电池，或拔下 EFI 主熔丝），则怠速得出的 λ 自适应值被删除，恢复原值
自适应控制系统就是随着环境条件或结构参数产生不可预计的变化时，系统本身能够自行调整或修改系统的参数值，使系统在任何环境条件下都保持有满意的性能。换句话说，自适应控制系统是一种“自身具有适应能力”的控制系统</td></tr>
</table>

（续）

显示界面	显示内容	显示数值	数据分析
09 显示组号的显示界面 Read measuring value block 9 → 800r/min 0.7% 0.695V −3.9% 1 2 3 4	4. 怠速时λ自适应值	过低	① 喷油器泄漏 ② 燃油压力太高 ③ 炭罐的电磁阀常开 ④ 空气流量计故障 ⑤ 氧传感器加热故障或氧传感器脏污
		过高	① 喷油器堵塞 ② 空气质量传感器故障 ③ 燃油压力太低 ④ 空气流量计和节气门之间的未计量的空气 ⑤ 在排气歧管垫片处的未计量的空气 ⑥ 氧传感器加热故障或氧传感器脏污
10 显示组号的显示界面 Read measuring value block 10 → 0% 1.00 0 0.00 1 2 3 4	1. 炭罐清除电磁阀的占空比	0%～99%	正常显示数值 占空比为0时表示电磁阀N80完全关闭；占空比为99%时，表示电磁阀N80完全打开 炭罐清除电磁阀（N80）的开启信号是由ECU（J220）控制。ECU（J220）是根据占空比控制原理来控制炭罐清除电磁阀工作的 使用λ调节将使炭罐的电磁阀（N80）以220～900s的间隔脉动（进行燃油箱通风），并关掉70s（无燃油箱通风），在70s期间，λ调节学习了运行条件，使来自炭罐的燃油与从燃油箱来的燃油蒸气没有偏差 注意：在怠速时发动机仅能接受的来自炭罐系统的某一最大燃油蒸气量，因此在怠速时炭罐电磁阀的开度受限制，在部分负荷和满载时其占空比可增加到99%。通过对在“初始设置”（电磁阀闭合）和在“读测试数据块”（电磁阀开220～900s/闭约70s）时的显示值比较，可以评判炭罐系统的影响作用
	2. 炭罐清除时λ修正系数	0.3～1.2	正常显示数值 当炭罐清除控制系统工作时，来自炭罐的燃油蒸气进入了进气管路，使可燃混合气的成分发生了变化，为此ECU根据燃油蒸气吸入量，计算出过量空气系数λ，从而确定是增加喷油量还是减少喷油量 若从炭罐系统中出来一很浓的混合气，则λ调节须将其调稀，其值可达0.6，在这种情况下，λ调节将喷油量减少40%。在显示值为1.0（λ调节位于中性区域，即无修正因素）时，由活性炭罐系统出来一理想混合气（即不需要进行稀化或浓化）或电磁阀闭合。在显示值为1.01～1.20时，则由炭罐系统来的混合气太稀，λ调节须使之加浓

（续）

显示界面	显示内容	显示数值	数据分析
	2. 炭罐清除时λ修正系数	λ<1	表示AKF系统的混合气过浓，λ调节必须将喷油量减少
		λ=1	表示AKF系统的混合气为理想混合气（不需加浓或减稀）或AKF阀未工作
		λ>1	表示AKF系统的混合气过稀，λ调节必须加大喷油量
10 显示组号的显示界面 Read measuring value block 10 → 0% 1.00 0 0.00 1 2 3 4	3. 炭罐中燃油蒸气的充填率	-3%~32%	炭罐中燃油蒸气充填率的正常显示数值 发动机控制单元通过炭罐的电磁阀（N80）决定由炭罐系统向发动机供应燃油蒸气量。如果目前在炭罐系统为保持规定的净化率而有一个高的充填率时，电磁阀维持闭合（较低的占空比），则作为λ调节的反应，显示λ修正因素的变化。如果这种反应比预期要低些，因为其间从燃油箱中出来的燃油蒸气提高了充填率，则控制单元由此算出了一个较高的充填率
		-3%	表示炭罐中无燃油蒸气
		32%	表示炭罐中充满燃油蒸气
	4. 炭罐系统供应燃油蒸气的比例	0.00~0.30	炭罐系统供应燃油蒸气比例的正常显示数值 ECU根据活性炭罐电磁阀的占空比大小，可测量燃油蒸气被吸入的流量，再根据空气流量计的空气流量，从而可得出燃油蒸气吸入容积与总的吸入空气容积的比例，此比例即被显示出来，单位为%
		0.00	表示炭罐系统没有供给燃油蒸气，即炭罐电磁阀处于关闭状态
		0.30	表示进入气缸混合气的30%来自活性炭罐系统
11 显示组号的显示界面 Read measuring value block 11 → 800r/min 1.8ms 0km/h 1.12L/h 1 2 3 4	1. 发动机转速	0~6800r/min	正常显示范围
		(800±30)r/min	怠速时的正常值
		小于770r/min	① 发动机有额外负荷 ② 节气门控制单元卡死或损坏
		大于830r/min	① 怠速开关（F60）没有关上或损坏 ② 有较大漏气（可能是没有怠速稳定平衡） ③ 节气门控制单元卡死或损坏 ④ 空调装置没有关闭

（续）

显示界面	显示内容	显示数值	数据分析
11 显示组号的显示界面 Read measuring value block 11 → 800r/min 1.8ms 0km/h 1.12L/h 1 2 3 4	2. 发动机负荷（曲轴每转喷射持续时间）	1. 00~2. 50ms	发动机负荷的喷射时间是一个纯计算的理论值 在怠速下的发动机负荷可以理解为发动机所需克服的自身摩擦力和附件驱动装置 发动机负荷的喷射时间是基本喷油量，仅与发动机曲轴转速和负荷有关，不包括喷油修正量
		小于1. 00ms	较小的值仅在超速切断工况时出现
		大于2. 50ms	① 空气流量计损坏 ② 节气门控制单元损坏 ③ 转向盘位于终止点 ④ 用电器用电
	3. 车速	0~最大车速（km/h）	车速的正常显示数值
	4. 燃油消耗	0. 5~1. 5L/h（怠速时）	燃油消耗的正常显示数值 电子控制单元（ECU）根据在怠速无负荷工况下的喷油时间，计算出发动机的燃油消耗量 注意：此处所显示的燃油消耗规定值只适用于无额外负荷（如空调、发动机动力转向等）时的怠速工况。不适合于L/100km的油耗值
12 显示组号的显示界面 Read measuring value block 12 → 800r/min 13.790V 1.12L/h 12.7° V.OT 1 2 3 4	1. 发动机转速	0~6800r/min	正常显示范围
		（800±30）r/min	怠速时的正常值
		小于770r/min	① 发动机有额外负荷 ② 节气门控制单元卡死或损坏
		大于830r/min	① 怠速开关（F60）没有关上或损坏 ② 有较大漏气（可能是没有怠速稳定平衡） ③ 节气门控制单元卡死或损坏 ④ 空调装置没有关闭
	2. 蓄电池电压	10. 00~14. 50V	正常显示范围 发动机控制系统中没有专门的传感器来测量蓄电池的电压，而是ECU根据某些电源提供电路中的参数计算出蓄电池电压 蓄电池电压参数是ECU自检的重要内容，如果蓄电池电压过低或过高，ECU都将改变运行模式或变更某些功能。例如：蓄电池电压低于最小规定值，ECU将提高怠速以便加大充电量，这将影响怠速控制、燃油计量和点火时间的参数读值

（续）

显示界面	显示内容	显示数值	数据分析
12 显示组号的显示界面 Read measuring value block 12 → 800r/min 13.790V 1.12L/h 12.7° V.OT 1 2 3 4	2. 蓄电池电压	小于 10.00V	① 发动机故障，蓄电池耗电太剧烈 ② 蓄电池起动后不久，由于大电流或用电设备负载太大 ③ 发动机控制单元的电流供给和地线接触不良 ④ 点火关闭时漏电
		大于 14.50V	① 发动机上的电压调节器故障 ② 由于突然起动或快充电设备而产生过电压
	3. 燃油消耗	0.5～1.5L/h （怠速时）	燃油消耗的正常显示数值 电子控制单元（ECU）根据在怠速无负荷工况下的喷油时间，计算出发动机的燃油消耗量 注意：此处所显示的燃油消耗规定值只适用于无额外负荷（如空调、发动机动力转向等）时的怠速工况。不适合于 L/100km 的油耗值
	4. 点火提前角	12°±4.5°	怠速时，点火提前角正常显示数值
		小于上止点前 8°	① 用电器用电 ② 转向盘在终止点位置 ③ 漏气
13 显示组号的显示界面 Read measuring value block 13 → 2.3° kW 1.9° kW 2.5° kW 2.4° kW 1 2 3 4	1. 第 1 缸爆燃控制点火滞后角	0～15°kW	正常显示数值，各缸滞后角应小于 6°kW
	2. 第 2 缸爆燃控制点火滞后角	0～15°kW	正常显示数值，各缸滞后角应小于 6°kW
	3. 第 3 缸爆燃控制点火滞后角	0～15°kW	正常显示数值，各缸滞后角应小于 6°kW
	4. 第 4 缸爆燃控制点火滞后角	0～15°kW	正常显示数值，各缸滞后角应小于 6°kW
	说明	一个气缸的点火滞后角明显与其他缸不同	① 某些结构零件松动 ② 传感器连接插头锈蚀 ③ 发动机机械故障
		所有气缸均有较大的点火滞后角减少	① 在插头连接处腐蚀 ② 爆燃传感器扭紧力矩不正确 ③ 导线断路 ④ 爆燃传感器故障 ⑤ 部件松动 ⑥ 燃油质量不佳

（续）

显示界面	显示内容	显示数值	数据分析
13 显示组号的显示界面 Read measuring value block 13 → 2.3° kW 1.9° kW 2.5° kW 2.4° kW 1 2 3 4	说明	可听到爆燃声，但无点火滞后角减少	为了进行爆燃传感器的故障识别（诊断），需将转速在5s内提高到3500r/min以上再试
		各缸点火滞后角均为15°	爆燃信号中断
14 显示组号的显示界面 Read measuring value block 14 → 800r/min 2.10ms 2.6° kW 2.5° kW 1 2 3 4	1. 发动机转速	0～6800r/min	正常显示范围
		(800±30)r/min	怠速时的正常值
		小于770r/min	① 发动机有额外负荷 ② 节气门控制单元卡死或损坏
		大于830r/min	① 怠速开关（F60）没有关上或损坏 ② 有较大漏气（可能是没有怠速稳定平衡） ③ 节气门控制单元卡死或损坏 ④ 空调装置没有关闭
	2. 发动机负荷（曲轴每转喷射持续时间）	1.00～2.50ms	发动机负荷的喷射时间是一个纯计算的理论值 在怠速下的发动机负荷可以理解为发动机所需克服的自身摩擦力和附件驱动装置 发动机负荷的喷射时间是基本喷油量，仅与发动机曲轴转速和负荷有关，不包括喷油修正量： ① 怠速时，即负荷为0时的正常显示范围为：100～250ms ② 海拔每升高1000m，发动机负荷（输出功率）降低约10% ③ 当外界温度很高时，发动机输出功率也会降低，最大降低幅度可达10% ④ 当发动机达到最大负荷时（汽车行驶中），在数值为4000r/min，显示值应达到7.5ms；在数值为6000r/min，显示值应达到6.5ms
		小于1.00ms	较小的值仅在超速切断工况时出现
		大于2.50ms	① 空气流量计损坏 ② 节气门控制单元损坏 ③ 转向盘位于终止点 ④ 用电器用电
	3. 第1缸爆燃控制点火滞后角	0～15°kW	正常显示数值，两缸滞后角应小于6°kW
	4. 第2缸爆燃控制点火滞后角	0～15°kW	正常显示数值，两缸滞后角应小于6°kW

（续）

显示界面	显示内容	显示数值	数据分析
15 显示组号的显示界面 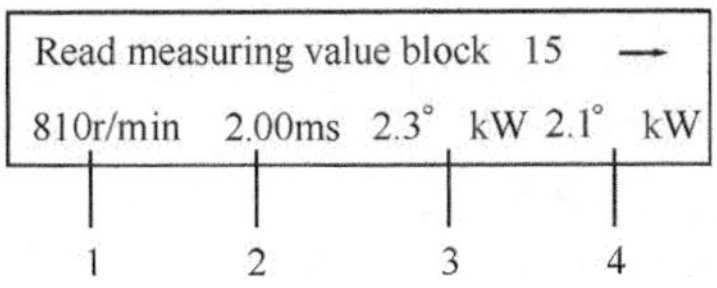	1. 发动机转速	0～6800r/min	正常显示范围
		(800±30)r/min	怠速时的正常值
		小于 770r/min	① 发动机有额外负荷 ② 节气门控制单元卡死或损坏
		大于 830r/min	① 怠速开关（F60）没有关上或损坏 ② 有较大漏气（可能是没有怠速稳定平衡） ③ 节气门控制单元卡死或损坏 ④ 空调装置没有关闭
	2. 发动机负荷（曲轴每转喷射持续时间）	1.00～2.50ms	发动机负荷的喷射时间是一个纯计算的理论值 在怠速下的发动机负荷可以理解为发动机所需克服的自身摩擦力和附件驱动装置 发动机负荷的喷射时间是基本喷油量，仅与发动机曲轴转速和负荷有关，不包括喷油修正量： ① 怠速时，即负荷为 0 时的正常显示范围为：100～250ms ② 海拔每升高 1000m，发动机负荷（输出功率）降低约 10% ③ 当外界温度很高时，发动机输出功率也会降低，最大降低幅度可达 10% ④ 当发动机达到最大负荷时（汽车行驶中），在 4000r/min，显示值应达到 7.5ms；在 6000r/min，显示值应达到 6.5ms
		小于 1.00ms	较小的值仅在超速切断工况时出现
		大于 2.50ms	① 空气流量计损坏 ② 节气门控制单元损坏 ③ 转向盘位于终止点 ④ 用电器用电
	3. 第 3 缸爆燃控制点火滞后角	0～15°kW	正常显示数值，两缸滞后角应小于 6°kW
	4. 第 4 缸爆燃控制点火滞后角	0～15°kW	正常显示数值，两缸滞后角应小于 6°kW

（续）

显示界面	显示内容	显示数值	数据分析
16 显示组号的显示界面 Read measuring value block 16 → 0.760V 0.800V 1.120V 1.130V 1 2 3 4	1. 第1缸爆燃传感器信号电压	0.300～1.400V	正常显示数值
	2. 第2缸爆燃传感器信号电压	0.300～1.400V	正常显示数值
	3. 第3缸爆燃传感器信号电压	0.300～1.400V	正常显示数值
	4. 第4缸爆燃传感器信号电压	0.300～1.400V	正常显示数值
	说明	四个缸的爆燃传感器信号电压的最大值与最小值之间的差值超过50%	① 1、2缸爆燃传感器（G61）松动或插头锈蚀 ② 3、4缸爆燃传感器（G66）松动或插头锈蚀 ③ 发动机某附属装置松动 注意：在高转速和高负荷时，所显示的爆燃传感器信号电压可达5.1V
17 显示组号的显示界面 Read measuring value block 17 → 800r/min 2.02ms 0 12° V.OT 1 2 3 4	1. 发动机转速	0～6800r/min	正常显示范围
		(800±30)r/min	怠速时的正常值
		小于770r/min	① 发动机有额外负荷 ② 节气门控制单元卡死或损坏
		大于830r/min	① 怠速开关（F60）没有关上或损坏 ② 有较大漏气（可能是没有怠速稳定平衡） ③ 节气门控制单元卡死或损坏 ④ 空调装置没有关闭
	2. 发动机负荷（曲轴每转喷射持续时间）	1.00～2.50ms	发动机负荷的喷射时间是一个纯计算的理论值 在怠速下的发动机负荷可以理解为发动机所需克服的自身摩擦力和附件驱动装置 发动机负荷的喷射时间是基本喷油量，仅与发动机曲轴转速和负荷有关，不包括喷油修正量： ① 怠速时，即负荷为0时的正常显示范围为：100～250ms ② 海拔每升高1000m，发动机负荷（输出功率）降低约10% ③ 当外界温度很高时，发动机输出功率也会降低，最大降低幅度可达10% ④ 当发动机达到最大负荷时（汽车行驶中），在4000r/min，显示值应达到7.5ms；在6000r/min，显示值应达到6.5ms

（续）

显示界面	显示内容	显示数值	数据分析
17 显示组号的显示界面 Read measuring value block 17 → 800r/min　2.02ms　0　12°　V.OT 1　2　3　4	2. 发动机负荷（曲轴每转喷射持续时间）	小于 1.00ms	较小的值仅在超速切断工况时出现
		大于 2.50ms	① 空气流量计损坏 ② 节气门控制单元损坏 ③ 转向盘位于终止点 ④ 用电器用电
	3. 催化转化器加热能量平衡	—	—
	4. 点火提前角	12° ±4.5°	怠速时，点火提前角正常显示数值
		小于上止点前 8°	① 用电器用电 ② 转向盘在终止点位置 ③ 漏气
18 显示组号的显示界面 Read measuring value block 18 → 800r/min　1.8ms　1.85ms　-3.9% 1　2　3　4	1. 发动机转速	0 ~ 6800r/min	正常显示范围
		(800 ± 30) r/min	怠速时的正常值
		小于 770r/min	① 发动机有额外负荷 ② 节气门控制单元卡死或损坏
		大于 830r/min	① 怠速开关（F60）没有关上或损坏 ② 有较大漏气（可能是没有怠速稳定平衡） ③ 节气门控制单元卡死或损坏 ④ 空调装置没有关闭
	2. 发动机负荷（无海拔高度修正）	1.00 ~ 2.50ms	发动机负荷的喷射时间是一个纯计算的理论值 在怠速下的发动机负荷可以理解为发动机所需克服的自身摩擦力和附件驱动装置 发动机负荷的喷射时间是基本喷油量，仅与发动机曲轴转速和负荷有关，不包括喷油修正量： ① 怠速时，即负荷为 0 时的正常显示范围为：100 ~ 250ms ② 海拔每升高 1000m，发动机负荷（输出功率）降低约 10% ③ 当外界温度很高时，发动机输出功率也会降低，最大降低幅度可达 10% ④ 当发动机达到最大负荷时（汽车行驶中），在 4000r/min，显示值应达到 7.5ms；在 6000r/min，显示值应达到 6.5ms
		小于 1.00ms	较小的值仅在超速切断工况时出现
		大于 2.50ms	① 空气流量计损坏 ② 节气门控制单元损坏 ③ 转向盘位于终止点 ④ 用电器用电

（续）

显示界面	显示内容	显示数值	数据分析
18 显示组号的显示界面 Read measuring value block 18 → 800r/min 1.8ms 1.85ms -3.9% 1 2 3 4	3. 发动机负荷（有海拔修正）	0.98～3.75ms	怠速时，正常范围 ECU根据空气密度来推算海拔高度，得出由海拔的喷油量修正系数，从而计算出发动机负荷的喷射时间，单位：ms
	4. 海拔修正系数	-50%～10%	正常显示范围。大众轿车一般没有安装大气压力传感器。其海拔修正系数计算方法是：发动机控制单元将来自空气流量计的负荷信号与一个由节气门开度和转速计算出来的负荷值相比较，由二者的差异来得出海拔高度修正系数 注意：海拔修正系数会影响起动时喷油量的确定和进气管脉动作用的补偿
		0	海拔<400m
		0	普通气候条件
		0	海平面处
		-20%	海拔=2000m
19 显示组号的显示界面 Read measuring value block 19 → 850r/min 2.0ms 0ms 12° V.OT 1 2 3 4	1. 发动机转速	0～6800r/min	正常显示范围
		(800±30)r/min	怠速时的正常值
		小于770r/min	① 发动机有额外负荷 ② 节气门控制单元卡死或损坏
		大于830r/min	① 怠速开关（F60）没有关上或损坏 ② 有较大漏气（可能是没有怠速稳定平衡） ③ 节气门控制单元卡死或损坏 ④ 空调装置没有关闭
	2. 发动机负荷（曲轴每转喷射持续时间）	1.00～2.50ms	发动机负荷的喷射时间是一个纯计算的理论值 在怠速下的发动机负荷可以理解为发动机所需克服的自身摩擦力和附件驱动装置 发动机负荷的喷射时间是基本喷油量，仅与发动机曲轴转速和负荷有关，不包括喷油修正量： ① 怠速时，即负荷为0时的正常显示范围为：100～250ms ② 海拔每升高1000m，发动机负荷（输出功率）降低约10% ③ 当外界温度很高时，发动机输出功率也会降低，最大降低幅度可达10% ④ 当发动机达到最大负荷时（汽车行驶中），在4000r/min，显示值应达到7.5ms；在6000r/min，显示值应达到6.5ms

（续）

显示界面	显示内容	显示数值	数据分析
19 显示组号的显示界面 Read measuring value block 19 → 850r/min 2.0ms 0ms 12° V.OT 1 2 3 4	2. 发动机负荷（曲轴每转喷射持续时间）	小于 1.00ms	较小的值仅在超速切断工况时出现
		大于 2.50ms	① 空气流量计损坏 ② 节气门控制单元损坏 ③ 转向盘位于终止点 ④ 用电器用电
	3. 运行状态（工况）	×1× ×0×	该参数显示自动变速器换档时的有无点火滞后状态。当自动变速器换档瞬时，通过延迟发动机点火时间，暂时减小发动机的输出转矩，以减小换档冲击和输出轴的转矩波动。 ×1×表示无变速器挂档信号，即无点火角滞后 ×0×表示有变速器挂档信号，即有点火角滞后 专家提醒：由于点火滞后的信号显示非常短，用 V. A. G1551 或 1552 可能不易检测到此信号
	4. 点火提前角	12°±4.5°	怠速时，点火提前角正常显示数值
		小于上止点前 8°或大于上止点前 16°	① 用电器用电 ② 转向盘在终止点位置 ③ 漏气
20 显示组号的显示界面 Read measuring value block 20 → 800r/min 0 Low A/C-Low compr.OFF 1 2 3 4	1. 发动机转速	0～6800r/min	正常显示范围
		(800±30)r/min	怠速时的正常值
		小于 770r/min	① 发动机有额外负荷 ② 节气门控制单元卡死或损坏
		大于 830r/min	① 怠速开关（F60）没有关上或损坏 ② 有较大漏气（可能是没有怠速稳定平衡） ③ 节气门控制单元卡死或损坏 ④ 空调装置没有关闭
	2. 变速杆位置	0	表示此汽车配置手动变速器
		显示 Neutral	表示变速杆位于“P”、“N”位置
		显示 Gear Selected ON	表示变速杆位于“2”、“3”、“4”、“R”或“D”位置
	3. 空调开关	A/C-High	A/C 开关接通，空调要求有高的加热或制冷功率
		A/C-Low	A/C 开关断开时，空调要求有低的加热或制冷功率
		A/C-Low	未安装空调系统时
	4. 空调压缩机的工作状态	Compr. ON（压缩机开）	A/C 离合器接通
		Compr. OFF（压缩机关）	A/C 离合器断开

（续）

显示界面	显示内容	显示数值	数据分析
21显示组号的显示界面 Read measuring value block 21 → xxr/min　x.xxms　xx.x℃　λ-Reg.OFF 1　2　3　4	1. 发动机转速	0～6800r/min	正常显示范围
		(800±30)r/min	怠速时的正常值
		小于770r/min	① 发动机有额外负荷 ② 节气门控制单元卡死或损坏
		大于830r/min	① 怠速开关（F60）没有关上或损坏 ② 有较大漏气（可能是没有怠速稳定平衡） ③ 节气门控制单元卡死或损坏 ④ 空调装置没有关闭
	2. 发动机负荷（曲轴每转喷射持续时间）	1.00～2.50ms	发动机负荷的喷射时间是一个纯计算的理论值 在怠速下的发动机负荷可以理解为发动机所需克服的自身摩擦力和附件驱动装置 发动机负荷的喷射时间是基本喷油量，仅与发动机曲轴转速和负荷有关，不包括喷油修正量： ① 怠速时，即负荷为0时的正常显示范围为：100～250ms ② 海拔每升高1000m，发动机负荷（输出功率）降低约10% ③ 当外界温度很高时，发动机输出功率也会降低，最大降低幅度可达10% ④ 当发动机达到最大负荷时（汽车行驶中），在4000r/min，显示值应达到7.5ms；在6000r/min，显示值应达到6.5ms
		小于1.00ms	较小的值仅在超速切断工况时出现
		大于2.50ms	① 空气流量计损坏 ② 节气门控制单元损坏 ③ 转向盘位于终止点 ④ 用电器用电
	3. 冷却液温度	80～105℃	正常显示数值
		小于80℃	① 发动机太冷 ② 冷却液温度传感器同发动机控制单元的导线连接
		大于105℃	① 散热器受污染 ② 冷却风扇不工作 ③ 节温器故障 ④ 冷却液温度传感器同发动机控制单元的导线连接

（续）

显示界面	显示内容	显示数值	数据分析
21 显示组号的显示界面 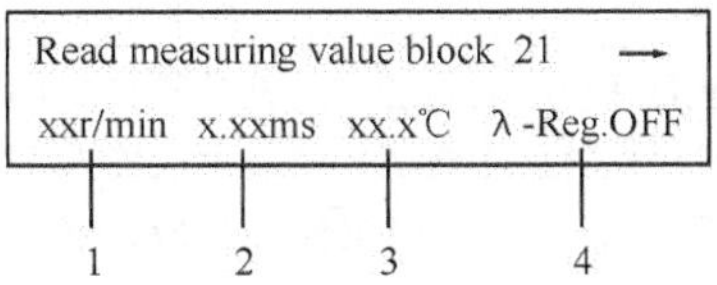	4. λ 控制工作状态	λ- Reg. ON	λ 控制打开（闭环控制）
		λ- Reg. OFF	λ 控制关闭（开环控制）。在以下工况需采用开环控制： ① 起动工况 ② 起动后暖机工况 ③ 大负荷（节气门全开）工况 ④ 加速工况
		λ- Reg. OFF	起动温度＜15℃ 冷却液温度＜55℃
		λ- Reg. ON	起动温度＞15℃ 冷却液温度＞55℃
23 显示组号的显示界面 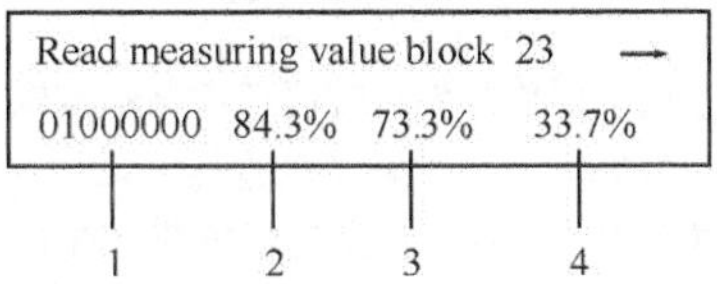	1. 节气门控制部件的工作状态	01000000	此参数是显示节气门控制器中节气门电位计 G69 和节气门定位电位计 G88 的匹配情况，用 8 位数字表示。若显示其他数值，则表明节气门控制单元需要进行匹配 第 1 位：无意义 第 2 位：表示节气门电位计 G69 与节气门定位电位计 G88 的匹配。0—匹配没有完成；1—匹配已完成 第 3 位：无意义 第 4 位：表示节气门电位计 G69 最大停止位置调节过程。0—调节过程已完成，调节正常；1—调节过程未完成，调节不正常 第 5 位：表示节气门电位计 G69 最小停止位置调节过程。0—调节过程已完成，调节正常；1—调节过程未完成，调节不正常 第 6 位：表示节气门电位计 G88 最大停止位置调节过程。0—调节过程已完成，调节正常；1—调节过程未完成，调节不正常 第 7 位：表示节气门电位计 G88 最小停止位置调节过程。0—调节过程已完成，调节正常；1—调节过程未完成，调节不正常 第 8 位：无意义
	2. 节气门定位器最小停止位置	72. 0%～95. 0%	正常显示数值 发动机控制单元（J220）根据发动机转速信号，并与理论怠速转速不断地比较，通过控制怠速电动机（V60）来调节节气门开度，实现对怠速进气量的调节，即进行怠速自动稳定调节（自适应学习），怠速电动机（节气门定位器）自动确定其最小停止位置、最大停止位置和紧急停止位置

（续）

显示界面	显示内容	显示数值	数据分析
23 显示组号的显示界面 Read measuring value block 23 → 01000000　84.3%　73.3%　33.7% 1　2　3　4	3. 节气门定位器的紧急运行停止位置	67.0%~83.0%	在怠速自适应学习过程中，若发动机控制单元（J220）对节气门定位器（怠速电动机）失去控制时，应急弹簧将把节气门拉到一个特定的紧急位置，即为节气门定位器的紧急运行停止位置
	4. 节气门定位器的最大停止位置	18.0%~54.0%	在怠速自适应学习过程中，发动机控制单元（J220）控制怠速电动机至最大位置（上止点位置），即为节气门定位器的最大停止位置
24 显示组号的显示界面 Read measuring value block 24 → xxxxr/min　x.xxms　xx.x°　V.OT xx.x°　kW 1　2　3　4	1. 发动机转速	0~6800r/min	正常显示范围
		(800±30)r/min	怠速时的正常值
		小于770r/min	① 发动机有额外负荷 ② 节气门控制单元卡死或损坏
		大于830r/min	① 怠速开关（F60）没有关上或损坏 ② 有较大漏气（可能是没有怠速稳定平衡） ③ 节气门控制单元卡死或损坏 ④ 空调装置没有关闭
	2. 发动机负荷（曲轴每转喷射持续时间）	0.00~10.00ms	发动机负荷的喷射时间是一个纯计算的理论值 在怠速下的发动机负荷可以理解为发动机所需克服的自身摩擦力和附件驱动装置 发动机负荷的喷射时间是基本喷油量，仅与发动机曲轴转速和负荷有关，不包括喷油修正量： ① 怠速时，即负荷为0时的正常显示范围为：100~250ms ② 海拔每升高1000m，发动机负荷（输出功率）降低约10% ③ 当外界温度很高时，发动机输出功率也会降低，最大降低幅度可达10% ④ 当发动机达到最大负荷时（汽车行驶中），在4000r/min，显示值应达到7.5ms；在6000r/min，显示值应达到6.5ms
		小于1.00ms（怠速时）	较小的值仅在超速切断工况时出现
		大于2.50ms（怠速时）	① 空气流量计损坏 ② 节气门控制单元损坏 ③ 转向盘位于终止点 ④ 用电器用电

（续）

显示界面	显示内容	显示数值	数据分析
24 显示组号的显示界面 Read measuring value block 24 → xxxxr/min x.xxms xx.x° V.OT xx.x° kW 1 2 3 4	3. 点火提前角	12° ±4. 5°	怠速时，点火提前角正常显示数值
		小于上止点前 8°或大于上止点前 16°	① 用电器用电 ② 转向盘在终点位置 ③ 漏气
	4. 第 1 缸至第 4 缸总的点火滞后角	0 ~ 60°kW	正常显示数值范围 发动机电子控制单元（J220）根据爆燃传感器（G61 和 G66）的电压信号及点火顺序，识别某缸发生了爆燃时，使该缸的点火时刻向“滞后”方向推迟，即减少点火提前角。如果爆燃燃烧持续，则点火时刻再次推迟。单位:°kW（相对于曲轴转角）
25 显示组号的显示界面 Read measuring value block 25 → 10000000 20° kW 10000100 2.5° kW 1 2 3 4	1. 发动机工作状态	00000000	未定义 此参数显示发动机目前的工作状态，即怠速、部分负荷、全负荷、超速及加浓等工况。ECU 根据节气门位置传感器、空气流量计和发动机转速等信号可判断出在某瞬时，发动机所处的工况
		01000000	1—表示怠速工况；0—非怠速
		00100000	1—表示部分负荷工况；0—非部分负荷
		00010000	1—表示全负荷工况；0—非全负荷
		00001000	1—表示加速工况；0—非加速
		00000100	1—表示减速工况；0—非减速
		00000000	未定义
		00000001	1—表示霍尔传感器正常；0—霍尔传感器非正常
	2. 霍尔传感器调整偏差	-30 ~ 300°kW	
	3. 工作状态（进气歧管切换/凸轮轴调整）	10000000	无意义
		11000000	未定义
		10100000	未定义
		10010000	未定义
		10001000	未定义
		10000100	未定义
		10000010	1—表示进气歧管切换；0—表示进气歧管未切换
		10000001	1—表示凸轮轴被激活；0—表示凸轮轴未激活

（续）

显示界面	显示内容	显示数值	数据分析
25 显示组号的显示界面 Read measuring value block 25 → 10000000　20°　kW 10000100　2.5°　kW 1　2　3　4	4. 激活的凸轮轴调整角	-3.0°kW ~ +6.0 °kW	表示凸轮轴正时调节处于未激活状态 当凸轮轴正时调节电磁阀处于工作状态时，即凸轮轴的正时调节处于激活状态，ECU 可根据进气凸轮轴的相对转动量可检测到点火提前角的调整量
		16.0°kW ~21.0°kW	凸轮轴正时调节处于激活状态
		6.0°kW ~ 16.0° kW	① 油压不足 ② 刚度不足 ③ 正时调节器失效
26 显示组号的显示界面 Read measuring value block 26 → 900r/min　2.5ms　10000001　5.5°　kW 1　2　3　4	1. 发动机转速	0 ~6800r/min	正常显示范围
		(800 ±30) r/min	怠速时的正常值
		小于 770r/min	① 发动机有额外负荷 ② 节气门控制单元卡死或损坏
		大于 830r/min	① 怠速开关（F60）没有关上或损坏 ② 有较大漏气（可能是没有怠速稳定平衡） ③ 节气门控制单元卡死或损坏 ④ 空调装置没有关闭
	2. 发动机负荷（曲轴每转喷射持续时间）	0.00 ~10.00ms	发动机负荷的喷射时间是一个纯计算的理论值 在怠速下的发动机负荷可以理解为发动机所需克服的自身摩擦力和附件驱动装置 发动机负荷的喷射时间是基本喷油量，仅与发动机曲轴转速和负荷有关，不包括喷油修正量： ① 怠速时，即负荷为 0 时的正常显示范围为：100 ~250ms ② 海拔每升高 1000m，发动机负荷（输出功率）降低约 10% ③ 当外界温度很高时，发动机输出功率也会降低，最大降低幅度可达 10% ④ 当发动机达到最大负荷时（汽车行驶中），在 4000r/min，显示值应达到 7.5ms；在 6000r/min，显示值应达到 6.5ms
		小于 1.00ms（怠速时）	较小的值仅在超速切断工况时出现
		大于 2.50ms（怠速时）	① 空气流量计损坏 ② 节气门控制单元损坏 ③ 转向盘位于终止点 ④ 用电器用电

（续）

显示界面	显示内容	显示数值	数据分析
26 显示组号的显示界面 Read measuring value block 26 → 900r/min 2.5ms 10000001 5.5° kW 1 2 3 4	3. 工作状态（进气歧管切换/凸轮轴调整）	10000000	无意义
		11000000	未定义
		10100000	未定义
		10010000	未定义
		10001000	未定义
		10000100	未定义
		10000010	1—表示进气歧管切换；0—表示进气歧管未切换
		10000001	1—表示凸轮轴被激活；0—表示凸轮轴未激活
	4. 激活的凸轮轴调整角	−3.0°kW ~ +6.0°kW	表示凸轮轴正时调节处于未激活状态 当凸轮轴正时调节电磁阀处于工作状态时，即凸轮轴的正时调节处于激活状态，ECU 可根据进气凸轮轴的相对转动量可检测到点火提前角的调整量
		16.0°kW ~ 21.0 °kW	凸轮轴正时调节处于激活状态
		6.0°kW ~ 16.0° kW	① 油压不足 ② 刚度不足 ③ 正时调节器失效
95 显示组号的显示界面 Read measuring value block 95 → 900r/min 2.5ms 12° V.OT 95℃ 1 2 3 4	1. 发动机转速（怠速）	0 ~ 6800r/min	正常显示范围
		(800 ± 30) r/min	怠速时的正常值
		小于 770r/min	① 发动机有额外负荷 ② 节气门控制单元卡死或损坏
		大于 830r/min	① 怠速开关（F60）没有关上或损坏 ② 有较大漏气（可能是没有怠速稳定平衡） ③ 节气门控制单元卡死或损坏 ④ 空调装置没有关闭
	2. 发动机负荷（曲轴每转喷射持续时间）	1.00 ~ 2.50ms	怠速时，即负荷为 0 时的正常显示范围
		小于 1.00ms（怠速时）	较小的值仅在超速切断工况时出现
		大于 2.50ms（怠速时）	① 空气流量计损坏 ② 节气门控制单元损坏 ③ 转向盘位于终止点 ④ 用电器用电
	3. 点火提前角	12° ± 4.5°	怠速时，点火提前角正常显示数值
		小于上止点前 8°或大于上止点前 16°	① 用电器用电 ② 转向盘在终点位置 ③ 漏气

（续）

显示界面	显示内容	显示数值	数据分析
95 显示组号的显示界面 Read measuring value block 95 → 900r/min 2.5ms 12° V.OT 95℃ 1 2 3 4	4. 冷却液温度	80~105℃	正常显示数值
		小于 80℃	① 发动机太冷 ② 冷却液温度传感器同发动机控制单元的导线连接
		大于 105℃	① 散热器受污染 ② 冷却风扇不工作 ③ 节温器故障 ④ 冷却液温度传感器同发动机控制单元的导线连接
98 显示组号的显示界面 Read measuring value block 98 → x.xxV x.xxV xxxxxx xxxxxxx 1 2 3 4	1. 节气门电位计（G69）电压	0.5~4.9 V	正常显示数值范围 发动机控制单元（J220）接收到节气门电位计（G69）的信号后，经过 A/D 转换器送入中央处理器（CPU），再通过 K 线传送给诊断插座，使用 V. A. G. 1552 诊断仪可读取此参数，此参数以电压方式显示出来
	2. 怠速节气门电位计（G88）电压	0.5~4.9V	正常显示数值范围 发动机控制单元（J220）接收到节气门控制器中怠速节气门电位计（G88）的信号，经过 A/D 转换器至中央处理器后，通过 K 线输送至自诊断系统，此参数以电压方式显示出来
	3. 怠速开关工作状态	Idling（或 Leerlauf）	怠速开关闭合
		Part throttle	怠速开关打开
	4. 匹配状态	ADP. running	正在进行节气门控制组件匹配 发动机控制单元（J220）需要与节气门控制组件匹配一致，以使节气门定位器（怠速电动机）移动到最大、最小和中间位置，在发动机控制单元的永久记忆中记录各种节气门开度。中央处理器将匹配情况通过数据线（K 线）输送到诊断仪。此参数以字母方式输出 需要对节气门控制组件进行匹配的情况如下： ① 拆下节气门控制组件又再装上 ② 更换节气门控制组件 ③ 更换发动机控制单元（J220） ④ 拔下节气门控制组件的 8 芯插头 ⑤ 拔下发动机控制单元的连接插头 ⑥ 蓄电池负极（或正极）被拔下
		ADP. OK	节气门控制组件匹配
		ADP. ERROR	节气门控制组件匹配错误

（续）

显示界面	显示内容	显示数值	数据分析
99 显示组号的显示界面 Read measuring value block 99 → 800r/min 5% 70℃ λ·Reg·ON 1 2 3 4	1. 发动机转速（怠速）	0 ~ 6800r/min	正常显示范围
		(800 ± 30) r/min	怠速时的正常值
		小于 770r/min	① 发动机有额外负荷 ② 节气门控制单元卡死或损坏
		大于 830r/min	① 怠速开关（F60）没有关上或损坏 ② 有较大漏气（可能是没有怠速稳定平衡） ③ 节气门控制单元卡死或损坏 ④ 空调装置没有关闭
	2. λ 调节值	-10% ~ 10%	正常显示数值范围 λ 控制，即空燃比控制 发动机不同转速和负荷时的最佳空燃比预先通过台架试验测试求得并存储在只读存储器 ROM 中。发动机工作时，ECU 根据曲轴位置传感器、空气流量计和节气门位置传感器等信号，从空燃比脉谱图中查询出最佳的空燃比修正系数对空燃比进行修正 在以下工况需采用开环控制： ① 起动工况 ② 起动后暖机工况 ③ 大负荷（节气门全开）工况 ④ 加速工况 ⑤ 减速工况 ⑥ 氧传感器温度低于正常工作值 ⑦ 氧传感器信号电压保持不变时
	3. 冷却液温度	80 ~ 105℃	正常显示数值
		小于 80℃	① 发动机太冷 ② 冷却液温度传感器同发动机控制单元的导线连接
		大于 105℃	① 散热器受污染 ② 冷却风扇不工作 ③ 节温器故障 ④ 冷却液温度传感器同发动机控制单元的导线连接
	4. λ 控制工作状态	λ-Reg. ON	λ 控制打开（闭环控制）
		λ-Reg. OFF	λ 控制关闭（开环控制）
		λ-Reg. OFF	起动温度 < 15℃ 冷却液温度 < 55℃
		λ-Reg. ON	起动温度 > 15℃ 冷却液温度 > 55℃

三、大众/奥迪车系自动变速器数据流读取

1. 用 V. A. G1551 或 V. A. G1552 读取大众/奥迪车系自动变速器的数据流的方法

用故障阅读仪 V. A. G1551 或 V. A. G1552 读取自动变速器数据流的步骤如下：

第 1 步：

打开诊断插口盖板，将故障阅读仪 V. A. G1551 或 V. A. G1552 用 V. A. G1551/3 电缆连接到车上位于变速器操纵杆前的诊断插座上。

第 2 步：

打开点火开关或者发动机怠速运转，同时打开阅读仪的电源开关，这时，显示器上首先显示：

Test of Vehicle systems　　HELP Enter address word　× ×	车辆系统测试　　帮助 输入地址码　× ×

第 3 步：

输入“变速器电子系统”的地址指令 02，并按“Q”键确认，显示器上将显示：

Test of Vehicle systems　　HELP select function	车辆系统测试　　帮助 选择功能　× ×

第 4 步：

按“0”和“8”键，选择“读测量数据组”功能。屏幕显示：

Rapid date transfer　　Q 08-Read measured value block	快速数据传输　　Q 08-读测量数据组

第 5 步：

按“Q”键确认。屏幕显示：

Read measured value block　　Q Input display group number　× × ×	读测量数据组输出　　Q 输入显示组编号　× × ×

第 6 步：

输入显示组编号，如输入显示组编号 01，即按“0”和“1”键，并按“Q”键确认。屏幕显示：

Read measured value block1　　→ 1　2　3　4	读测量数据组 01　　→ 1　2　3　4

屏幕上有 4 个显示区域，每个显示区域表示一个参数。

第 7 步：

按“→”键可读下一组数据。

第 8 步：

按“06”键，选择功能“结束输出”，并按“Q”键确认，即退出读取数据流。

大众/奥迪车系 01V 自动变速器数据流的标准值见表 6-4。下面对自动变速器各显示组数据块的分析均以 01V 自动变速器的数据块为例。

表 6-4　01V 自动变速器数据流标准值

显示组号	屏幕显示	显示区	参数含义	标准值
001	测量数据块读数 1 → 1 2 3 4	1	发动机转速	820 ~ 900r/min（怠速）
		2	变速器输入转速（传感器 G182）	0 ~ 200r/min
		3	变速器转速（传感器 G38）	0 ~ 8200r/min
		4	所挂档位	P N R D 4 3 2
002	测量数据块读数 2 → 1 2 3 4	1	动力代号	0 ~ 240
		2	节气门值	0% ~ 100%
		3	变速器转速（传感器 G38）	0 ~ 8200r/min
		4	所挂档位	P N R D 4 3 2
003	测量数据块读数 3 → 1 2 3 4	1	制动	0
		2	P、N 锁止	P N 有效
		3	速度	× × × km/h
		4	54、55 脚电压	10 ~ 16V
004	测量数据块读数 4 → 1 2 3 4	1	ATF 温度	× × ×℃
		2	变速杆位置	P R N D 4 3 2
		3	组合开关位置	（0 1）
		4	车上诊断信息（带 CAN 总线车辆）、发动机配合要求（不带 CAN 总线车辆）	—
005	测量数据块读数 5 → 1 2 3 4	1	1—N88 电磁阀	1.0
		2	1—N89 电磁阀	1.0
		3	1—N90 电磁阀	1.0
		4	所挂档位	P R N D 3 2
006	测量数据块读数 6 → 1 2 3 4	1	4—N91 电磁阀额定电流	0.1 ~ 0.8A
		2	4—N92 电磁阀额定电流	0.1 ~ 0.8A
		3	4—N93 电磁阀额定电流	0.1 ~ 0.8A
		4	所挂档位	P R N D 3 2
007	测量数据块读数 7 → 1 2 3 4	1	ATF 温度	× × ×℃
		2	N94 电磁阀额定电流	0.1 ~ 0.8A
		3	液力变矩器离合器	Wkauf
		4	液力变矩器离合器转速	0 ~ 制动转速 r/min

（续）

显示组号	屏幕显示	显示区	参数含义	标准值
008	测量数据块读数 8 → 1 2 3 4	1	强制减档开关	Kick Down
		2	节气门值	0%～100%
		3	发动机转矩节气门占空比	怠速时<0%，节气门全开时>70%
		4	滑移/拖车状态	超速切断
009（带 CAN）	测量数据块读数 9 → 1 2 3 4	1	发动机实际转矩	×××N·m
		2	最大转矩	×××N·m
		3	发动机转速	0～8200r/min
		4	节气门值	0%～100%
009（无 CAN）	测量数据块读数 9 → 1 2 3 4	1	发动机实际转矩	×××N·m
		2	发动机转速	0～8200r/min
		3	节气门值	0%～100%
		4	油耗信号	×××ms
010	测量数据块读数 10 → 1 2 3 4	1	液力变矩器转矩上升	1.00～2.17N·m
		2	发动机转速	0～8200r/min
		3	所挂档位	R 5 4 3 2 1
		4	传动轴滑差调节	ASR
011	测量数据块读数 11 → 1 2 3 4	1	变速杆位置	P R N D 3 2
		2	Tiptronic 识别	M-
		3	Tiptronic 加减档开关 F189	增档、减档
		4	空调强制减档	关闭、接通

2. 奥迪 01V 自动变速器数据流分析

奥迪 01V 自动变速器数据流分析见表 6-5。

表 6-5 奥迪 01V 自动变速器数据流分析

显示界面	显示内容	显示数值	数据分析
01 显示组号的显示界面 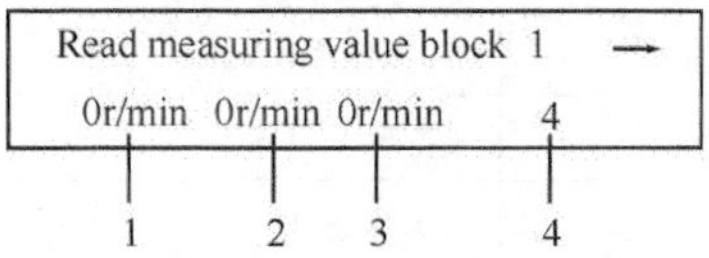	1. 发动机转速	0～8200r/min	正常显示范围，每 40 步刷新一次
	2. 变速器输入转速（G182）	0～1000r/min	在倒档变速器输入转速的正常显示范围
		0～1000r/min	在 1 档变速器输入转速的正常显示范围
		0～1000r/min	在 1 档拖车状态变速器输入转速的正常显示范围
		0～3000r/min	在超速切断状态变速器输入转速的正常显示范围
		0～4000r/min	在 2 档变速器输入转速的正常显示范围
		0～8200r/min	在 3 档变速器输入转速的正常显示范围
		0～8200r/min	在 4 档变速器输入转速的正常显示范围
		0～8200r/min	在 5 档变速器输入转速的正常显示范围

（续）

显示界面	显示内容	显示数值	数据分析
01 显示组号的显示界面 Read measuring value block 2 → 0　0%　0r/min　4 1　2　3　4	3. 变速器输出转速（G38）	0～2000r/min	在倒档变速器输出转速的正常显示范围
		0～1200r/min	在1档变速器输出转速的正常显示范围
		0～4000r/min	在2档变速器输出转速的正常显示范围
		0～5800r/min	在3档变速器输出转速的正常显示范围
		0～8200r/min	在4档变速器输出转速的正常显示范围
		0～8200r/min	在5档变速器输出转速的正常显示范围
	4. 所挂档位	N	变速杆在N位
		R	变速杆在R位
		1、2、3、4、5	变速杆在D位
		1、2、3、4	变速杆在4位
		1、2、3	变速杆在3位
		1、2	变速杆在2位
02 显示组号的显示界面 Read measuring value block 2 → 0　0%　0r/min　4 1　2　3　4	1. 动力代号（动力换档程序）	0	正常行驶状态：最小值（非常经济的）
		240	最大值（动力非常强劲的）
		241	预热程序有效
		242	驱动防滑调节有效
		243	Tiptronic 识别有效
		244	速度调节器代码GRA
	2. 节气门数值	0%～1%	怠速
		99%～100%	节气门全开
	3. 变速器输出转速（G38）	0～2000r/min	在倒档变速器输出转速的正常显示范围
		0～1200r/min	在1档变速器输出转速的正常显示范围
		0～4000r/min	在2档变速器输出转速的正常显示范围
		0～5800r/min	在3档变速器输出转速的正常显示范围
		0～8200r/min	在4档变速器输出转速的正常显示范围
		0～8200r/min	在5档变速器输出转速的正常显示范围
	4. 所挂档位	N	变速杆在N位
		R	变速杆在R位
		1、2、3、4、5	变速杆在D位
		1、2、3、4	变速杆在4位
		1、2、3	变速杆在3位
		1、2	变速杆在2位

（续）

显示界面	显示内容	显示数值	数据分析
03 显示组号的显示界面 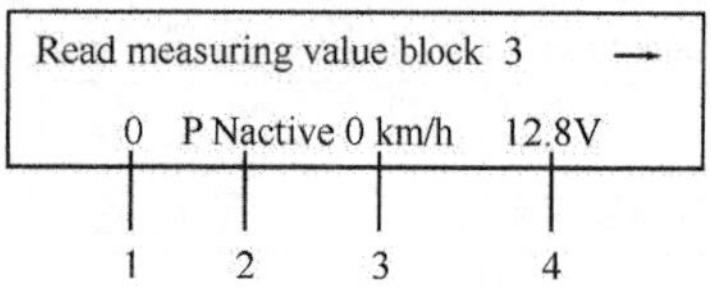	1. 制动灯开关 F	0	不踩制动踏板
		1	踩制动踏板
	2. 变速杆锁止电磁阀 N110（也称之为换档锁止电磁阀 N110）	P N active	不踩制动踏板时
		P N not active	踩制动踏板时
	3. 车速	0～最大车速 km/h	显示车速的实际数值 速度表上的显示和故障阅读仪 V. A. G1552 上的数值可能存在很少的偏差，必要时检查车速传感器 G22
	4. 电源电压（接线柱 15）	10.00～16.00V	正常显示范围 发动机控制系统中没有专门的传感器来测量蓄电池的电压，而是 ECU 根据某些电源提供电路中的参数计算出蓄电池电压 蓄电池电压参数是 ECU 自检的重要内容，如果蓄电池电压过低或过高，ECU 都将改变运行模式或变更某些功能。例如：蓄电池电压低于最小规定值，ECU 将提高怠速以便加大充电量，这将影响怠速控制、燃油计量和点火时间的参数读值
		小于 10.00V	① 发动机故障，蓄电池耗电太剧烈 ② 蓄电池起动后不久，由于大电流或用电设备负载太大 ③ 发动机控制单元的电流供给和地线接触不良 ④ 点火关闭时漏电
		大于 16.00V	① 发动机上的电压调节器故障 ② 由于突然起动或快充电设备而产生过电压
04 显示组号的显示界面 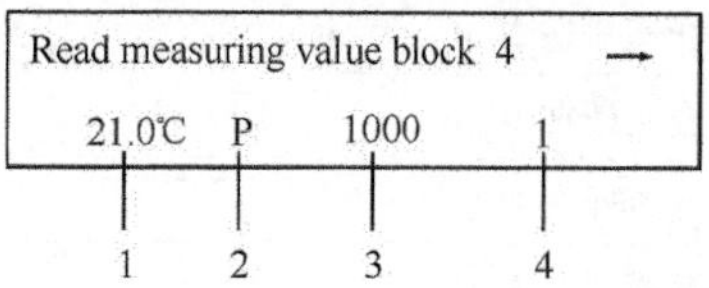	1. ATF 温度	60～80℃	正常自动变速器油温度
		35～45℃ 恒定不变化	油温传感器损坏或线路不良
	2. 变速杆位置	P	变速杆在 P 位
		R	变速杆在 R 位
		N	变速杆在 N 位
		D	变速杆在 D 位
		4	变速杆在 4 位
		3	变速杆在 3 位
		2	变速杆在 2 位

（续）

显示界面	显示内容	显示数值	数据分析
04 显示组号的显示界面 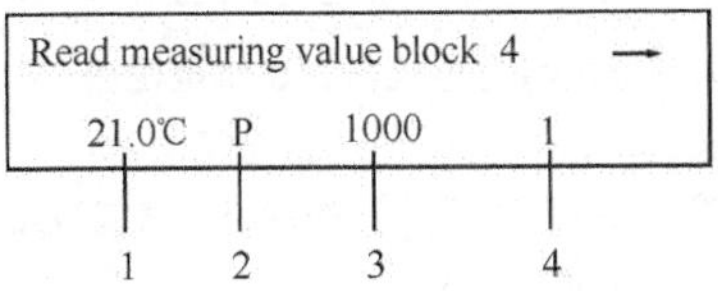	3. 多功能开关 F125	1000	变速杆处于 P 位
		0100	变速杆处于 R 位
		1110	变速杆处于 N 位
		1011	变速杆处于 D 位
		0111	变速杆处于 4 位
		0001	变速杆处于 3 位
		0010	变速杆处于 2 位
	4. 车上诊断信息（带 CAN）	1	车上诊断显示信息从左往右接通
		0	故障显示关闭
		1	TIP 结束
		0	TIP 未结束
		1	变速器预热结束
		0	变速器预热未结束
		1	识别到发动机起动
		0	未识别发动机起动
	5. 发动机配合要求（不带 CAN）	发动机切入	行驶时发动机转速信号正常，接通
		—	行驶时发动机转速信号不正常，关闭
05 显示组号的显示界面 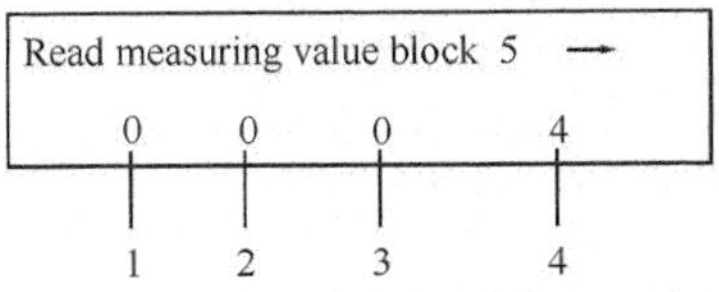	1. 换档电磁阀 1（N88）	1	表示行驶时所挂档位正处于 R、5、2、1、1M 档位
		0	表示行驶时所挂档位正处于 3、4 档位
	2. 换档电磁阀 2（N89）	1	表示行驶时所挂档位正处于 3、2、1 档位
		0	表示行驶时所挂档位正处于 R、1M、4、5 档位
	3. 换档电磁阀 3（N90）	1	表示行驶时所挂档位正处于 3、4、5 档位
		0	表示行驶时所挂档位正处于 R、1、1M、2 档位
	4. 所挂档位	N	变速杆在 N 位
		R	变速杆在 R 位
		1、2、3、4、5	变速杆在 D 位
		1、2、3、4	变速杆在 4 位
		1、2、3	变速杆在 3 位
		1、2	变速杆在 2 位

（续）

<table>
<tr><th>显示界面</th><th>显示内容</th><th>显示数值</th><th>数据分析</th></tr>
<tr><td rowspan="15">06 显示组号的显示界面
Read measuring value block 6 →
0.747A 0.747A 0.747A 4
1 2 3 4</td><td rowspan="1">1. TCC 电磁阀 4（N91）额定电流</td><td>0.1～0.8A
超出规定值</td><td>电磁阀4（N91）额定电流的正常范围
若显示的额定电流不在正常范围内，则表明：
① 电磁阀4（N91）的线路断路或短路
② 电磁阀4（N91）损坏
③ 压力调节阀1（N215）线路断路或短路
④ 压力调节阀1（N215）损坏</td></tr>
<tr><td rowspan="2">2. 舒适电磁阀 5（N92）额定电流</td><td>0.1～0.8A</td><td>电磁阀5（N92）额定电流的正常范围</td></tr>
<tr><td>超出规定值</td><td>若显示的额定电流不在正常范围内，则表明：
① 电磁阀5（N92）的线路断路或短路
② 电磁阀5（N92）损坏
③ 压力调节阀2（N216）线路断路或短路
④ 压力调节阀2（N216）损坏</td></tr>
<tr><td rowspan="2">3. 压力调节电磁阀 6（N93）额定电流</td><td>0.1～0.8A</td><td>电磁阀6（N93）额定电流的正常范围</td></tr>
<tr><td>超出规定值</td><td>若显示的额定电流不在正常范围内，则表明：
① 电磁阀6（N93）的线路断路或短路
② 电磁阀6（N93）损坏
③ 压力调节阀3（N217）线路断路或短路
④ 压力调节阀3（N217）损坏</td></tr>
<tr><td rowspan="6">4. 所挂档位</td><td>N</td><td>变速杆在N位</td></tr>
<tr><td>R</td><td>变速杆在R位</td></tr>
<tr><td>1、2、3、4、5</td><td>变速杆在D位</td></tr>
<tr><td>1、2、3、4</td><td>变速杆在4位</td></tr>
<tr><td>1、2、3</td><td>变速杆在3位</td></tr>
<tr><td>1、2</td><td>变速杆在2位</td></tr>
<tr><td rowspan="4">07 显示组号的显示界面
Read measuring value block 7 →
21.0℃ 0.472 Wk auf 0r/min
1 2 3 4</td><td rowspan="2">1. ATF 温度</td><td>60～80℃</td><td>正常自动变速器油液温度</td></tr>
<tr><td>35～45℃
恒定不变化</td><td>油温传感器损坏或线路不良</td></tr>
<tr><td rowspan="2">2. 舒适电磁阀 7（N94）额定电流</td><td>0.1～0.8A</td><td>电磁阀5（N92）额定电流的正常范围</td></tr>
<tr><td>超出规定值</td><td>若显示的额定电流不在正常范围内，则表明：
① 电磁阀7（N94）的线路断路或短路
② 电磁阀7（N94）损坏
③ 压力调节阀4（N218）线路断路或短路
④ 压力调节阀4（N218）损坏</td></tr>
</table>

（续）

显示界面	显示内容	显示数值	数据分析
07 显示组号的显示界面 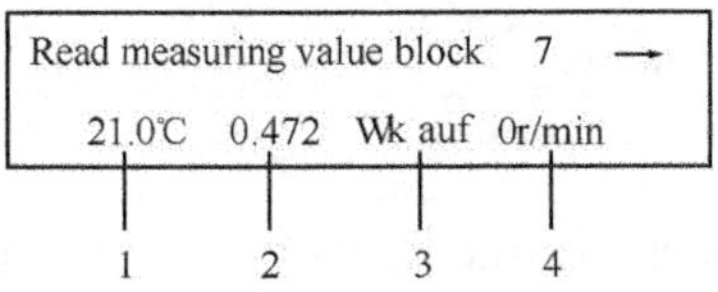	3. 液力变矩器	Wk auf	—
		Wk regel	—
		Wk zu	—
	4. 液力变矩器转速	0～制动转速 r/min	Wk auf
		20～120r/min	Wk regel（上次换档前 20s）
		0～10r/min	Wk zu
		液力变矩器转速的检测条件： ① Wk zu 换档需要停止（等 1min），Wk 接通，节气门开度不变 ② Wk regel 给定的数值适合于液力变矩器的控制状态，不适合时（如上坡时加速）只有在换档结束后 20s 才能达到此状态，在此调整阶段液力变矩器转速可达到 350r/min ③ 液力变矩器转速较高时会给出说明——液力变矩器打滑或者换档元件不起作用	
08 显示组号的显示界面 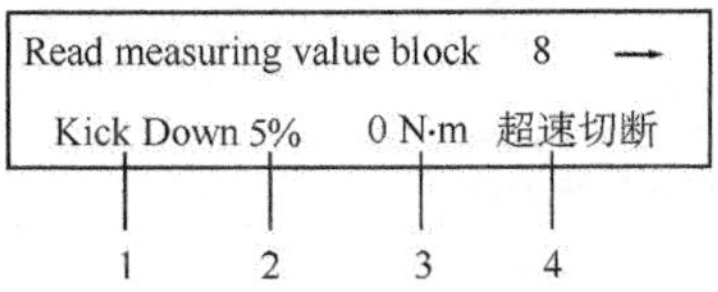	1. 强制降档开关 F8	Kick Down	表示处于强制降档状态
		0	表示未处于强制降档状态
	2. 节气门开度	0%～1%	怠速状态
		99%～100%	节气门全开状态
	3. 节气门占空比（不带 CAN）	小于 30%	怠速状态
		大于 70%	节气门全开状态
	4. 发动机转矩（带 CAN）	…N·m	显示行驶时，发动机实际转矩信号由发动机控制单元通过 CAN 总线传给变速器控制单元
	5. 滑移/拖车状态	行驶状态	正常行驶时发动机提供功率
		超速切断状态	汽车下坡行驶或者减速（发动机制动）
		拖车状态	
09 显示组号不带 CAN 总线的显示界面 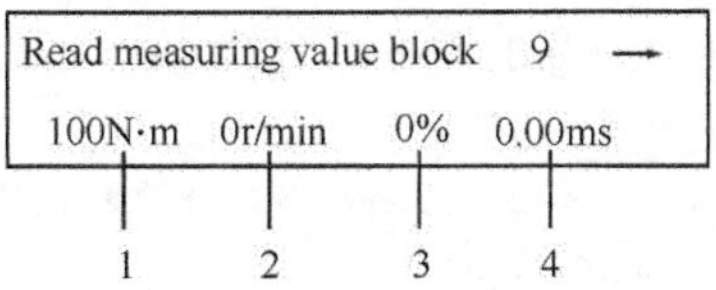	1. 发动机实际转矩	…N·m	显示发动机实际转矩大小 变速器控制单元根据燃油消耗和发动机转速信号算出发动机转矩
	2. 发动机转速	0～8200r/min	正常显示范围，每 40 步刷新一次
	3. 节气门开度	0%～1%	怠速状态
		99%～100%	节气门全开状态
	4. 油耗信号	…ms	一般不需分析

（续）

<table>
<tr><th>显示界面</th><th>显示内容</th><th>显示数值</th><th>数据分析</th></tr>
<tr><td rowspan="5">09 显示组号带 CAN 总线的显示界面
Read measuring value block 9 →
100N·m　N·m　0r/min　0%
1　2　3　4</td><td>1. 发动机实际转矩</td><td>…N·m</td><td>显示发动机实际转矩大小
发动机控制单元通过 CAN 总线把发动机实际转矩信号传给变速器控制单元</td></tr>
<tr><td>2. 最大转矩</td><td>…N·m</td><td>换档时变速器控制单元要求发动机转矩减少</td></tr>
<tr><td>3. 发动机转速</td><td>0～8200r/min</td><td>正常显示范围，每 40 步刷新一次</td></tr>
<tr><td rowspan="2">4. 节气门开度</td><td>0%～1%</td><td>怠速状态</td></tr>
<tr><td>99%～100%</td><td>节气门全开状态</td></tr>
<tr><td rowspan="10">10 显示组号的显示界面
Read measuring value block 10 →
0.0N·m　0r/min　4　ASR active
1　2　3　4</td><td>1. 液力变矩器转矩上升</td><td>1.00～2.17 N·m</td><td>此数值是根据变速器控制单元液力变矩器滑差转速计算的</td></tr>
<tr><td>2. 发动机转速</td><td>0～8200r/min</td><td>正常显示范围，每 40 步刷新一次</td></tr>
<tr><td rowspan="6">3. 所挂档位</td><td>N</td><td>变速杆在 N 位</td></tr>
<tr><td>R</td><td>变速杆在 R 位</td></tr>
<tr><td>1、2、3、4、5</td><td>变速杆在 D 位</td></tr>
<tr><td>1、2、3、4</td><td>变速杆在 4 位</td></tr>
<tr><td>1、2、3</td><td>变速杆在 3 位</td></tr>
<tr><td>1、2</td><td>变速杆在 2 位</td></tr>
<tr><td rowspan="2">4. 驱动防滑调节系统（ASR）</td><td>ASR active</td><td>表示 ASR 处于激活状态</td></tr>
<tr><td>ASR not active</td><td>表示 ASR 未激活，没有工作</td></tr>
<tr><td rowspan="13">11 显示组号的显示界面
Read measuring value block 11 →
D　M on　加速　压缩机接通
1　2　3　4</td><td rowspan="7">1. 变速杆位置</td><td>P</td><td>变速杆在 P 位</td></tr>
<tr><td>R</td><td>变速杆在 R 位</td></tr>
<tr><td>N</td><td>变速杆在 N 位</td></tr>
<tr><td>D</td><td>变速杆在 D 位</td></tr>
<tr><td>4</td><td>变速杆在 4 位</td></tr>
<tr><td>3</td><td>变速杆在 3 位</td></tr>
<tr><td>2</td><td>变速杆在 2 位</td></tr>
<tr><td rowspan="2">2. Tiptronic 识别开关 F189</td><td>M on</td><td>表示变速杆处于 Tiptronic 通道上</td></tr>
<tr><td>M off</td><td>表示变速杆不在 Tiptroic 通道上</td></tr>
<tr><td rowspan="2">3. Tiptronic 增减档开关 F189</td><td>加档键</td><td>变速杆处于 Tiptronic 通道并选择档位上，并进行增档操作</td></tr>
<tr><td>减档键</td><td>变速杆处于 Tiptmnic 通道并选择档位上，并进行减档操作</td></tr>
<tr><td rowspan="2">4. 空调压缩机</td><td>压缩机关</td><td>只有在强制减档后，才使空调压缩机断开有效</td></tr>
<tr><td>压缩机通</td><td>—</td></tr>
</table>

四、大众/奥迪车系 ABS 数据读取与分析

1. 用 V. A. G1551 或 V. A. G1552 读取大众/奥迪车系 ABS 的数据流

读取大众/奥迪车系 ABS 数据流的步骤如下：

第 1 步：

连接故障阅读仪 V. A. G1551 或 V. A. C1552，接通点火开关，输入地址码“03 制动电子”。屏幕显示：

快速数据传输	帮助
功能选择 × ×	

第 2 步：

按“0”和“8”键，选择“读测量数据组”功能。屏幕显示：

快速数据传输	Q
08—读测量数据组	

第 3 步：

按“Q”键确认。屏幕显示：

读测量数据组输出	Q
输入显示组编号 × × ×	

第 4 步：

按“0”和“1”键，输入显示组编号 01，并按“Q”键确认。屏幕显示：

读测量数据组 01	→
1　2　3　4	

屏幕上有 4 个显示区域，每个显示区域表示一个参数。

第 5 步：

按“→”键可读下一组数据。

ABS 数据组只有 4 组，每组中各个数据的含义及其变化范围见表 6-6。

表 6-6　ABS 数据流标准值

显示组号	屏幕显示	显示区	参数含义	标准值
01	测量数据块读数 01　→ 1　2　3　4	1	前左轮传感器的轮速（km/h）	1 ~ 19km/h
		2	前右轮传感器的轮速（km/h）	1 ~ 19km/h
		3	后左轮传感器的轮速（km/h）	1 ~ 19km/h
		4	后右轮传感器的轮速（km/h）	1 ~ 19km/h
02	测量数据块读数 02　→ 1　2　3　4	1	制动灯开关	0（未踏下）；1（踏下）
		2	回油泵电动机电压	0（正常）；1（不正常）
		3	电磁阀继电器	0 或 1
		4	未用	—

（续）

显示组号	屏幕显示	显示区	参数含义	标准值
03	测量数据块读数 03 → 1 2 3 4	1	发动机转速（汽车配备有 ASR）	60～8000r/min
		2	实际发动机转矩（MMI）（汽车配备有 ASR）	0%～100%
		3	ASR 按钮（汽车配备有 ASR）	0 或 1
		4	未用	—
04	测量数据块读数 04 → 1 2 3 4	1	停止时间（只装有 EDS 配备的汽车）	0 或 1
		2	由于太高的制动温度导致 EDS 断开	
		3	EDS/ASR 断开（汽车具有 EDS 或 ASR 配备）	0 或 1
		4	未用	—

2. ABS 数据流分析

ABS 数据流分析如表 6-7 所示。

表 6-7　ABS 数据流分析表

显示界面	显示内容	显示数值	数据分析
01 显示组号的显示界面 Read measuring value block 1→ 1km/h 1km/h 1km/h 1km/h 1 2 3 4	1. 前左转速传感器的轮速	1～19km/h	正常显示范围 在速度超过 19km/h 时控制单元 J104 的自诊断即中断
	2. 前右转速传感器的轮速	1～19km/h	正常显示范围 在速度超过 19km/h 时控制单元 J104 的自诊断即中断
	3. 后左转速传感器的轮速	1～19km/h	正常显示范围 在速度超过 19km/h 时控制单元 J104 的自诊断即中断
	4. 后右转速传感器的轮速	1～19km/h	正常显示范围 在速度超过 19km/h 时控制单元 J104 的自诊断即中断
02 显示组号的显示界面 Read measuring value block 2→ 0 0 1 — 1 2 3 4	1. 制动灯开关	0 或 1	0：制动踏板不踏下 1：制动踏板踏下
	2. 回油泵电动机电压	0 或 1	0：无电压（正常） 1：存在电压（有故障）
	3. 电磁阀继电器	0 或 1	0：不允许执行“读测量数据组”功能，继电器在点火开关接通时不被控制单元控制 1：允许执行“读测量数据组”功能，继电器在点火开关接通时被控制单元控制

（续）

显示界面	显示内容	显示数值	数据分析
03 显示组号的显示界面 Read measuring value block　3 → 60r/min　20%　1　— 1　2　3　4	1. 发动机转速（具有 ASR 装备的汽车）	60～8000r/min	是指发动机的实际转速值，每 40 步显示刷新一次
	2. 实际发动机转矩（MMI）（具有 ASR 装备的汽车）	0%～100%	0%：发动机在起动阶段 20%～30%：发动机空转 100%：最大发动机转矩
	3. ASR 键（具有 ASR 装备的汽车）	0 或 1	0：ASR 键不操作 1：ASR 键操作
04 显示组号的显示界面 Read measuring value block　4 → ××h××min　0　1　— 1　2　3　4	1. 停止时间（只用于具有 EDS 装备的汽车）	0h0min～255h59min	太大：若停止时间大于 255h59min，则将在屏幕上显示误差，在点火开关接通和发动机起动后，没有从仪表板到控制单元 J104 的 2 个有效的时间传输。检查是否存在故障码 01203 无效：在点火开关接通后没有停止时间。如果更换了仪表板或液压控制单元，则在第一次接通点火开关之后至少 20s 停止时间计算来使之激活。在重新接通时给出停止时间
	2. 过高的制动温度导致 EDS 断开	0 或 1	0：EDS 在 20 次点火接通期间未断开 1：EDS 在 20 次点火接通期间断开
	3. EDS/ASR 断开（具有 EDS/ASR 装备的汽车）	0 或 1	0：EDS/ASR 可以使用 1：EDS/ASR 不能使用

第二节　新奥迪 A6L

一、新奥迪 A6L 4.2L 发动机数据流

新奥迪 A6L 4.2L 发动机数据流见表 6-8。

表 6-8　新奥迪 A6L 4.2L 发动机数据流

数据组号	显示区位置	显示内容	标准值
001（基本功能）	读取测量数据块 001 1 2 3 4	1. 发动机转速	测试仪上的怠速值：640～720r/min
		2. 冷却液温度	80～110℃
		3. 空燃比控制值（喷射修正）	－15%～15%
		4. 空燃比控制值（喷射修正）	－15%～15%
002（基本功能）	读取测量数据块 002 1 2 3 4	1. 发动机转速	测试仪上的怠速值：640～720r/min
		2. 负载	怠速值：12%～23%
		3. 平均喷油时间	怠速值：1～5ms
		4. 空气质量	怠速值：3～6g/s
003（基本功能）	读取测量数据块 003 1 2 3 4	1. 发动机转速	测试仪上的怠速值：640～720r/min
		2. 空气质量	怠速值：3～6g/s
		3. 节气门开度（电位计）	怠速值：0%～3%
		4. 点火提前角（实际，上止点前）	怠速值：0°～25°
004（基本功能）	读取测量数据块 004 1 2 3 4	1. 发动机转速	测试仪上的怠速值：640～720r/min
		2. 电压	12～15V
		3. 冷却液温度	80～110℃
		4. 进气温度	周围温度到 110℃
005（基本功能）	读取测量数据块 005 1 2 3 4	1. 发动机转速	测试仪上的怠速值：640～720r/min
		2. 负荷	7%～100%
		3. 行驶速度	0～250km/h
		4. 工作状态（LL、TL、VL、SA、BA）	LL
			LL：怠速；TL：节气门部分打开；VL：节气门全开；SA：超速；BA：加速加浓
006（基本功能）	读取测量数据块 006 1 2 3 4	1. 发动机转速	测试仪上的怠速值：640～720r/min
		2. 负载	怠速值：12%～23%
		3. 进气温度	周围温度到 110℃
		4. 海拔校正	－50%～20%
			与参考水平的比例：0%＝0m，－50%＝5000m，20%＝－2000m
008（基本功能）	读取测量数据块 008 1 2 3 4	1. 制动器促动识别（未按下/按下）	未按下
		2. —	—
		3. 制动助力器绝对压力	—
		4. —	—

（续）

数据组号	显示区位置	显示内容	标准值
009（ESI，保养周期延长）	读取测量数据块 009 1 2 3 4	1. 油位（mm）	—
		2. 全损耗系统用油警告临界值（mm）	—
		3. 油耗信号	—
		4. 消耗当量	—
010（点火）	读取测量数据块 010 1 2 3 4	1. 发动机转速	测试仪上的怠速值：640 ~ 720r/min
		2. 负载	怠速值：12% ~ 23%
		3. 节气门开度（电位计）	怠速值：0% ~ 3%
		4. 点火提前角（实际，上止点前）	怠速值：0° ~ 25°
011（点火）	读取测量数据块 011 1 2 3 4	1. 发动机转速	测试仪上的怠速值：640 ~ 720r/min
		2. 冷却液温度	80 ~ 110℃
		3. 进气温度	周围温度到 110℃
		4. 点火提前角（实际，上止点前）	怠速值：0° ~ 25°
014（失火检测）	读取测量数据块 014 1 2 3 4	1. 发动机转速	测试仪上的怠速值：640 ~ 720r/min
		2. 负载	怠速值：12% ~ 23%
		3. 失火计数器	—
		4. 失火检测（启用/停用）	启用
015（失火检测）	读取测量数据块 015 1 2 3 4	1. 1 缸计数器	0 ~ 5n
		2. 2 缸计数器	0 ~ 5n
		3. 3 缸计数器	0 ~ 5n
		4. 失火检测（启用/停用）	启用
016（失火检测）	读取测量数据块 016 1 2 3 4	1. 4 缸计数器	0 ~ 5n
		2. 5 缸计数器	0 ~ 5n
		3. 6 缸计数器	0 ~ 5n
		4. 失火检测（启用/停用）	启用
017（失火检测）	读取测量数据块 017 1 2 3 4	1. 7 缸计数器	0 ~ 5n
		2. 8 缸计数器	0 ~ 5n
		3. —	—
		4. 失火检测（启用/停用）	启用
	若未检测到失火，则所有位置均为 0		
018（负荷/速度窗口，失火检测）	读取测量数据块 018 1 2 3 4	1. 发动机转速下限	640 ~ 720r/min
		2. 发动机转速上限	640 ~ 720r/min
		3. 最小负荷	7% ~ 100%
		4. 最大负荷	7% ~ 100%

（续）

数据组号	显示区位置	显示内容	标准值
020（爆燃控制）	读取测量数据块020 1 2 3 4	1. 1缸点火延迟角（曲轴转角）	0°～12°
		2. 2缸点火延迟角（曲轴转角）	0°～12°
		3. 3缸点火延迟角（曲轴转角）	0°～12°
		4. 4缸点火延迟角（曲轴转角）	0°～12°
021（爆燃控制）	读取测量数据块021 1 2 3 4	1. 5缸点火延迟角（曲轴转角）	0°～12°
		2. 6缸点火延迟角（曲轴转角）	0°～12°
		3. 7缸点火延迟角（曲轴转角）	0°～12°
		4. 8缸点火延迟角（曲轴转角）	0°～12°
022（爆燃控制）	读取测量数据块022 1 2 3 4	1. 发动机转速	640～720r/min
		2. 负荷	7%～100%
		3. 1缸点火延迟角（曲轴转角）	0°～12°
		4. 2缸点火延迟角（曲轴转角）	0°～12°
023（爆燃控制）	读取测量数据块023 1 2 3 4	1. 发动机转速	640～720r/min
		2. 负荷	7%～100%
		3. 3缸点火延迟角（曲轴转角）	0°～12°
		4. 4缸点火延迟角（曲轴转角）	0°～12°
024（爆燃控制）	读取测量数据块024 1 2 3 4	1. 发动机转速	640～720r/min
		2. 负荷	7%～100%
		3. 5缸点火延迟角（曲轴转角）	0°～12°
		4. 6缸点火延迟角（曲轴转角）	0°～12°
025（爆燃控制）	读取测量数据块025 1 2 3 4	1. 发动机转速	640～720r/min
		2. 负荷	7%～100%
		3. 7缸点火延迟角（曲轴转角）	0°～12°
		4. 8缸点火延迟角（曲轴转角）	0°～12°
026（爆燃传感器电压）	读取测量数据块026 1 2 3 4	1. 1缸	0～40V
		2. 2缸	0～40V
		3. 3缸	0～40V
		4. 4缸	0～40V
027（爆燃传感器电压）	读取测量数据块027 1 2 3 4	1. 5缸	0～40V
		2. 6缸	0～40V
		3. 7缸	0～40V
		4. 8缸	0～40V
028（短行程）测试爆燃传感器	读取测量数据块028 1 2 3 4	1. 发动机转速	约2200r/min
		2. 负荷	7%～100%
		3. 冷却液温度	80～110℃
		4. 结果（测试接通/测试切断/系统正常/系统不正常）	系统正常

（续）

数据组号	显示区位置	显示内容	标准值
030（氧传感器状态）	读取测量数据块 030 1　2　3　4	1. 气缸列 1 氧传感器 1	4　2　3　1　0 4—空；2—催化器清除功能启动；3—传感器加热接通；1—传感器准备；0—控制启动
		2. 气缸列 1 氧传感器 2	3　2　1　0 3—控制启动（P 部件）；2—传感器加热接通；1—传感器准备；0—控制启动
		3. 气缸列 2 氧传感器 1	4　2　3　1　0 4—空；2—催化器清除功能启动；3—传感器加热接通；1—传感器准备；0—控制启动
		4. 气缸列 2 氧传感器 2	3　2　1　0 3—控制启动（P 部件）；2—传感器加热接通；1—传感器准备；0—控制器启动
031（氧传感器电压）	读取测量数据块 031 1　2　3　4	1. 气缸列 1 氧传感器 1	0.8～2V
		2. 气缸列 1 氧传感器 2	0.8～1V
		3. 气缸列 2 氧传感器 1	0.8～2V
		4. 气缸列 2 氧传感器 2	0.8～1V
032（学习获知的混合匹配值）	读取测量数据块 032 1　2　3　4	1. 气缸列 1 氧传感器 1，怠速	−4.0%～4.0%
		2. 气缸列 1 氧传感器 1，节气门部分打开	−10.0%～10.0%
		3. 气缸列 2 氧传感器 1，怠速	−4.0%～4.0%
		4. 气缸列 2 氧传感器 1，节气门部分打开	−10.0%～10.0%
033（空燃比控制值）	读取测量数据块 033 1　2　3　4	1. 气缸列 1 控制值	−15.0%～15.0%
		2. 气缸列 1 催化器前的宽频氧传感器电压	0～5V
		3. 气缸列 2 控制值	−15.0%～15.0%
		4. 气缸列 2 催化器前的宽频氧传感器电压	0～5V
034（短行程）催化器前气缸列 1 氧传感器老化检测	读取测量数据块 034 1　2　3　4	1. 发动机转速	约 1600r/min
		2. 废气/催化器温度，气缸列 1	最小值：300℃；最大值：800℃
		3. 动态值，气缸列 1	最小值：0.3V；新氧传感器：约 1.0V
		4. 结果（测试接通/测试切断/B1-S1 正常/B1-S1 不正常）	规定：B1-S1 正常

（续）

数据组号	显示区位置	显示内容	标准值
035（短行程）催化器前气缸列2氧传感器老化检测	读取测量数据块035 1　2　3　4	1. 发动机转速	约1600r/min
		2. 废气/催化器温度，气缸列2	最小值：300℃；最大值：800℃
		3. 动态值，气缸列2	最小值：0.3V；新氧传感器：约1.0V
		4. 结果（测试接通/测试切断/B2-S1正常/B2-S1不正常）	规定：B2-S1正常
036（短行程）催化器后的氧传感器准备就绪	读取测量数据块036 1　2　3　4	1. 气缸列1氧传感器电压，氧传感器2	0～1V
		2. 结果（测试接通/测试切断/B1-S2正常/B1-S2不正常）	规定：B2-S1正常
		3. 气缸列2氧传感器2电压	0～1V
		4. 结果（测试接通/测试切断/B2-S2正常/B2-S2不正常）	规定：B2-S2正常
037（短行程）气缸列1氧传感器，delta-lambda	读取测量数据块037 1　2　3　4	1. 负载	7%～100%
		2. 气缸列1氧传感器2，催化器后的氧传感器电压	0～1V
		3. 气缸列1：空燃比	-0.03～0.03
		4. 结果（测试接通/测试切断/B1-S1正常/B1-S1不正常）	规定：B1-S1正常
038（短行程）气缸列2氧传感器，delta空燃比	读取测量数据块038 1　2　3　4	1. 负载	7%～100%
		2. 气缸列2氧传感器2，催化器后的氧传感器电压	0～1V
		3. 气缸列2：空燃比	-0.03～0.03
		4. 结果（测试接通/测试切断/B2-S1正常/B2-S1不正常）	规定：B2-S1正常
039（短行程）催化器后的氧传感器互换	读取测量数据块039 1　2　3　4	1. 空气质量	最小值：10g/s
		2. 气缸列1氧传感器电压，氧传感器2	0～1V
		3. 气缸列2氧传感器电压，氧传感器2	0～1V
		4. 结果（测试接通/测试切断/系统正常/系统不正常）	规定：系统正常
041（氧传感器加热器，气缸列1）	读取测量数据块041 1　2　3　4	1. 气缸列1氧传感器1内部电阻	0～500Ω
		2. 气缸列1氧传感器1状态	催化器后的加热器接通/催化器后的加热器切断
		3. 气缸列1氧传感器2内部电阻	0～0.5Ω
		4. 气缸列1氧传感器2状态	催化器后的加热器接通/催化器后的加热器切断

（续）

数据组号	显示区位置	显示内容	标准值
042（氧传感器加热器，气缸列2）	读取测量数据块042 1 2 3 4	1. 气缸列2氧传感器1内部电阻	0~500Ω
		2. 气缸列2氧传感器1状态	催化器后的加热器接通/催化器后的加热器切断
		3. 气缸列2氧传感器2内部电阻	0~0.5Ω
		4. 气缸列2氧传感器2状态	催化器后的加热器接通/催化器后的加热器切断
043（短行程）催化器后的氧传感器老化，气缸列1	读取测量数据块043 1 2 3 4	1. 发动机转速	约1800r/min
		2. 催化器温度，气缸列1	最小值：350℃
		3. 气缸列1氧传感器电压，氧传感器1	0~1V
		4. 结果（测试接通/测试切断/B1-S2正常/B1-S2不正常）	规定：B1-S2正常
044（短行程）催化器后的氧传感器老化，气缸列2	读取测量数据块044 1 2 3 4	1. 发动机转速	约1800r/min
		2. 催化器温度，气缸列2	最小值：350℃
		3. 气缸列2氧传感器电压，氧传感器1	0~1V
		4. 结果（测试接通/测试切断/B2-S2正常/B2-S2不正常）	规定：B2-S2正常
046（短行程）气缸列1催化器测试	读取测量数据块046 1 2 3 4	1. 发动机转速	约1800r/min
		2. 催化器温度，气缸列1	最小值：350℃
		3. 气缸列1氧传感器读数	欧洲五国最大值为0.6（美国最大值为0.58）
		4. 结果（测试接通/测试切断/催化器B1正常/催化器B1不正常）	规定：催化器B1正常
047（短行程）气缸列2催化器测试	读取测量数据块047 1 2 3 4	1. 发动机转速	约1800r/min
		2. 催化器温度，气缸列2	最小值：350℃
		3. 气缸列2催化器读数	欧洲五国最大值为0.6（美国最大值为0.58）
		4. 结果（测试接通/测试切断/催化器B2正常/催化器B2不正常）	规定：催化器B2正常
050（发动机转速增加）	读取测量数据块050 1 2 3 4	1. 实际发动机转速	650~710r/min
		2. 规定发动机转速	680r/min
		3. 空调器准备就绪	空调高/空调低
		4. 空调压缩机	压缩机开/压缩机关
051（发动机转速，换档）	读取测量数据块051 1 2 3 4	1. 实际发动机转速	640~2550r/min
		2. 规定发动机转速	680~2550r/min
		3. 档位（自动）（0~7）	P、N、0 档位：1~6　R：7
		4. 蓄电池电压	12~15V

（续）

数据组号	显示区位置	显示内容	标准值
053（发动机转速增加，发电机负载）	读取测量数据块053 1 2 3 4	1. 实际发动机转速	650～2550r/min
		2. 规定发动机转速	680～2550r/min
		3. 蓄电池电压	12～15V
		4. 交流发电机负荷	0%～100%
054（电子节气门系统中的怠速调节装置/开关）	读取测量数据块054 1 2 3 4	1. 实际发动机转速	650～2550r/min
		2. 工作状态（LL、TL、VL、SA、BA）	怠速 LL：怠速；TL：节气门部分打开；VL：节气门全开；SA 超速；BA：加速加浓
		3. 踏板传感器多彩度（电位计）	0%～100%
		4. 节气门开度（电位计）	0%～100%
055（怠速稳定）	读取测量数据块055 1 2 3 4	1. 实际发动机转速	650～2550r/min
		2. 怠速控制器转矩改变	-3%～5%
		3. 怠速控制器转矩损失匹配	-3%～3%
		4. 工作状态	1 2 3 4 5 6
			1—风窗玻璃加热器；2—空；3—后窗加热器接通；4—空调准备就绪接通；5—档位接合；6—空调压缩机接通（条件满足=1，条件未满足=0）
056（怠速稳定）	读取测量数据块056 1 2 3 4	1. 实际发动机转速	640～2550r/min
		2. 规定发动机转速	680～2550r/min
		3. 怠速控制器转矩改变	-3%～5%
		4. 工作状态	1 2 3 4 5 6
			1—风窗玻璃加热器；2—空；3—后窗加热器接通；4—空调准备就绪接通；5—档位接合；6—空调压缩机接通（条件满足=1，条件未满足=0）
057（怠速稳定，空调压缩机压力信号）	读取测量数据块057 1 2 3 4	1. 实际发动机转速	650～2550r/min
		2. 规定发动机转速	680～2550r/min
		3. 空调压缩机	压缩机开/压缩机关
		4. 来自空调器的压力	0～4MPa
058（发动机支撑）	读取测量数据块058 1 2 3 4	1. 发动机转速	640～2550r/min
		2. 负荷	7%～10%
		3. 右侧发动机支撑	接通/切断
		4. 变速器悬架装置	接通/切断
060（短行程）电子节气门匹配，短行程	读取测量数据块060 1 2 3 4	1. 节气门开度（电位计1）	3%～93%
		2. 节气门开度（电位计2）	3%～97%
		3. 节气门匹配状态	0～8n
		4. 工作状态（ADP 运转/ADP 正常/错误）	规定：ADP 正常

（续）

数据组号	显示区位置	显示内容	标准值
061 （电子节气门）	读取测量数据块 061 1　2　3　4	1. 发动机转速	640 ~ 720r/min
		2. 蓄电池电压	12 ~ 15V
		3. 节气门开度	0% ~ 100%
		4. 工作状态	1　2　3　4　5　6
			（条件满足 =1，条件未满足 =0） 1—风窗玻璃加热器；2—空；3—后窗加热器接通；4—空调准备就绪接通；5—档位接合；6—空调压缩机接通
062（电子节气门，电位计电压比 U/U_{ref}）	读取测量数据块 062 1　2　3　4	1. 节气门开度（电位计 1）	3% ~ 93%
		2. 节气门开度（电位计 2）	3% ~ 97%
		3. 踏板传感器角度（电位计 1）	8% ~ 97%
		4. 踏板传感器角度（电位计 2）	3% ~ 49%
063（短行程）强制降档匹配（仅适用于带自动变速器车辆）	读取测量数据块 063 1　2　3　4	1. 踏板传感器角度（电位计 1）	12% ~ 97%
		2. 学习强制降档点（电位计 1）	0 ~ 5V
		3. 强制降档	+/－强制降档
		4. 结果（按下/匹配进行/匹配正常/错误）	匹配正常
064（节气门电位计匹配值）	读取测量数据块 064 1　2　3　4	1. 电位计 1 低匹配	0 ~ 1V
		2. 电位计 2 低匹配	4 ~ 5V
		3. 紧急气隙电位计 1	0 ~ 1V
		4. 紧急气隙电位计 2	4 ~ 5V
066 （CCS 启用）	读取测量数据块 066 1　2　3　4	1. 实际行驶速度	0 ~ 250km/h
		2. 开关设置	1　2　3　4　5　6　7　8
			1—用于 CAN 的 CCS 状态；2—CAN 定速控制开关状态；3—主开关时钟同步；4—ACC-CU 安装（ADR）；5—CCS 功能启用；6—离合器开关，踩下踏板；7—制动踏板开关，踩下踏板；8—制动信号灯开关，踩下踏板
		3. 规定车速	0 ~ 250km/h
		4. 开关设置	1　2　3　4　5　6　7　8
			1—CCS 启动（硬件针脚）；2—空；3—恢复；4—设置；5—增加；6—减少；7—设置（定速控制开关接通）；8—定速控制开关接通（CAN）

（续）

数据组号	显示区位置	显示内容	标准值
070（短行程）油箱通气阀检查	读取测量数据块070 1 2 3 4	1. 接通角TBV（占空比）	0%~100%
		2. 空燃比控制器平均值	—
		3. 怠速控制器/诊断值（带主动诊断）	—
		4. 结果（测试接通/测试切断/TBV正常/TBV不正常）	规定：TBV正常
071（短行程）油箱泄漏测试（LDP，仅适用于LEV）	读取测量数据块071 1 2 3 4	1. 舌簧触点状态	舌簧打开/舌簧关闭
		2. 故障信息	轻微泄漏/严重泄漏/中断
		3. 测试状态	系统测试/测量/测量结束
		4. 结果（测试接通/测试切断/系统正常/系统不正常）	规定：系统正常
077（短行程）检查气缸列1二次空气系统	读取测量数据块077 1 2 3 4	1. 发动机转速	约1400r/min
		2. 发动机进气质量	8~20g/s
		3. 相对二次空气质量，气缸列1	-60%（短程） -70%（驾驶）
		4. 结果（测试接通/测试切断/终止/系统正常/系统不正常）	规定：系统正常
078（短行程）检查气缸列2二次空气系统	读取测量数据块078 1 2 3 4	1. 实际行驶速度	约1400r/min
		2. 发动机进气质量	8~20g/s
		3. 气缸列2相对二次空气质量	-60%（短程） -70%（驾驶）
		4. 结果（测试接通/测试切断/终止/系统正常/系统不正常）	规定：系统正常
086（就绪和循环位）	读取测量数据块086 1 2 3 4	1. 就绪位（完成的测试）	标准显示：×00×00×0
			1 2 3 4 5 6 7 8 1—空；2—氧传感器加热；3—氧传感器老化；4—空；5—SA系统；6—ACF系统；7—空；8—催化器 （1=未完成　0=完成）
		2. 循环标记（完成的循环）	标准显示：00000000
			1 2 3 4 5 6 7 8 1—加热器B2-S2；2—加热器B2-S2；3—加热器B1-S2；4—加热器B1-S1；5—TBV；6—LDP；7—催化器，气缸列2；8—催化器，气缸列1 （1=未完成　0=完成）

（续）

数据组号	显示区位置	显示内容	标准值
086（就绪和循环位）	读取测量数据块 086 1 2 3 4	3. 循环标记（循环完成）	标准显示：×0000000 1 2 3 4 5 6 7 8 1—空；2—SLS B2；3—SLS B1；4—B1-S1（周期）；5—B1-S2（传感器老化）；6—B1-S1（delta-lambda 漂移）；7—B1-S2 电气；8—B1-S1 电气 （1 = 未完成　0 = 完成）
		4. 循环标记（完成的循环）	标准显示：××× 00000 1 2 3 4 5 6 7 8 1—空；2—空；3—空；4—B2-S1（周期）；5—B2-S2（传感器老化）；6—B2-S1（delta-lambda 漂移）；7—B2-S2 电气；8—B2-S1 电气 （1 = 未完成　0 = 完成）
087（准备和错误位）	读取测量数据块 087 1 2 3 4	1. 就绪位（完成的测试）	标准显示：×00×00×0 1 2 3 4 5 6 7 8 1—空；2—氧传感器加热；3—氧传感器老化；4—空；5—SA 系统；6—ACF 系统；7—空；8—催化器 （1 = 未完成　0 = 完成）
		2. 错误标记	标准显示：00000000 1 2 3 4 5 6 7 8 1—加热器 B2-S2；2—加热器 B2-S2；3—加热器 B1-S2；4—加热器 B1-S1；5—TBV；6—LDP；7—催化器，气缸列 2；8—催化器，气缸列 1 （1 = 未完成　0 = 完成）
		3. 错误标记	标准显示：×0000000 1 2 3 4 5 6 7 8 1—空；2—SLS B2；3—SLS B1；4—B1-S1（周期）；5—B1-S2（传感器老化）；6—B1-S1（delta-lambda 漂移）；7—B1-S2 电气；8—B1-S1 电气 （1 = 未完成　0 = 完成）
		4. 错误标记	标准显示：××× 00000 1 2 3 4 5 6 7 8 1—空；2—空；3—空；4—B2-S1（周期）；5—B2-S2（传感器老化）；6—B2-S1（delta-lambda 漂移）；7—B2-S2 电气；8—B2-S1 电气 （1 = 未完成　0 = 完成）

（续）

数据组号	显示区位置	显示内容	标准值
088（用于其他车载诊断系统的循环标记）	读取测量数据块 088 1　2　3　4	1. 循环标记（全部循环）	1　2　3　4　5　6　7　8 1—爆燃传感器 1；2—爆燃传感器 2；3—爆燃传感器 3；4—爆燃传感器 4；5—进气凸轮轴，气缸列 1；6—进气凸轮轴，气缸列 2；7—排气凸轮轴，气缸列 1；8—排气凸轮轴，气缸列 2
		2. 循环标记（完成的循环）	1　2　3　4　5　6　7　8 1—空气流量计；2—节气门电位计；3—节温器传感器；4—怠速开关；5—行驶速度信号；6—怠速控制；7—离合器开关；8—制动灯开关 （1 = 未完成　0 = 完成）
		3. 循环标记（循环完成）	1　2　3　4　5　6　7　8 1—空燃比匹配 B2（TRA 和 FRA 之和）；2—空燃比匹配 B2（TRA 和 FRA 之和）；3—CCS 控制杆；4—增压控制；5—节温器（仅美国）；6—空；7—空；8—空 （1 = 未完成　0 = 完成）
		4. —	—
089（OBD）	读取测量数据块 089 1　2　3　4	1. 故障指示灯亮起后已行驶里程 LEV 无读数	0 ~ 65535km
		2. 燃油箱油位（正常/过低）	正常
		3. —	—
		4. —	—
091（进气凸轮轴调节，气缸列 1）	读取测量数据块 091 1　2　3　4	1. 发动机转速	640 ~ 720r/min
		2. 负荷	0% ~ 100%
		3. 规定调整值，气缸列 1（曲轴转角）	-5° ~ 57°
		4. 规定调整值，气缸列 1（曲轴转角）	-5° ~ 57°
092（进气凸轮轴调节，气缸列 2）	读取测量数据块 092 1　2　3　4	1. 发动机转速	640 ~ 720r/min
		2. 负荷	0% ~ 100%
		3. 规定调整值，气缸列 2（曲轴转角）	-5° ~ 57°
		4. 规定调整值，气缸列 2（曲轴转角）	-5° ~ 57°
093（进气凸轮轴调节，匹配值）	读取测量数据块 093 1　2　3　4	1. 相位，进气凸轮轴，气缸列 1	-16° ~ 16°
		2. 相位，进气凸轮轴，气缸列 2	-16° ~ 16°
		3. —	—
		4. —	—

（续）

数 据 组 号	显示区位置	显 示 内 容	标 准 值
094（短行程）进气凸轮轴调整	读取测量数据块 094 1　2　3　4	1. 实际调整值，气缸列 1（曲轴转角）	－5°～57°
		2. 实际调整值，气缸列 2（曲轴转角）	－5°～57°
		3. 气缸列 1 结果（测试接通/测试切断/系统正常/系统不正常）	规定：系统正常
		4. 气缸列 2 结果（测试接通/测试切断/系统正常/系统不正常）	规定：系统正常
095（进气歧管转换）	读取测量数据块 095 1　2　3　4	1. 发动机转速	640～720r/min
		2. 负荷	5%～100%
		3. 冷却液温度	80～110℃
		4. 状态（IMC-V 切断/IMC-V 接通）	IMC-V 切断
097（进气转换）	读取测量数据块 097 1　2　3　4	1. 发动机转速	640～720r/min
		2. 负荷	5%～100%
		3. 冷却液温度	80～110℃
		4. 状态（接通/切断）	切断
099（空燃比控制关闭，通过基本设置，为与老系统兼容）	读取测量数据块 099 1　2　3　4	1. 发动机转速	640～720r/min
		2. 冷却液温度	80～110℃
		3. 空燃比控制器	－15%～15%
		4. 空燃比控制（空燃比控制开启/关闭）	—
100（就绪编码，为与老系统兼容）	读取测量数据块 100 1　2　3　4	1. 就绪位（完成的测试）	标准显示：×00×00×0
			1　2　3　4　5　6　7　8 1—空；2—氧传感器加热；3—氧传感器老化；4—空；5—SA 系统；6—ACF 系统；7—空；8—催化器
		2. 发动机温度	80～110℃
		3. 发动机连续运转时间	0～655.35s
		4. OBD 状态	1　2　3　4　5　6　7　8
			1—故障指示灯接通；2—行驶循环识别；3—行程完毕；4—最少检测到 1 个故障；5—空；6—空；7—探测到预热循环；8—未探测到预热循环 （1＝满足要求，0＝不满足要求）
101（燃油喷射）	读取测量数据块 101 1　2　3　4	1. 发动机转速	测试仪上的怠速值：640～720r/min
		2. 负荷	12%～23%
		3. 平均喷油时间	1～5s
		4. 空气质量	3～6g/s

（续）

数据组号	显示区位置	显示内容	标准值
102 （燃油喷射）	读取测量数据块102 1 2 3 4	1. 发动机转速	640~720r/min
		2. 冷却液温度	80~110℃
		3. 进气温度	周围温度~110℃
		4. 平均喷油时间	1~18ms
104 （起动匹配值）	读取测量数据块104 1 2 3 4	1. 发动机起动温度	−48~143℃
		2. 冷起动混合气加浓范围0	0%~16%
		3. 冷起动加浓范围1	0%~16%
		4. 冷起动加浓范围2	0%~16%
106 （燃油泵）	读取测量数据块106 1 2 3 4	1. —	—
		2. 电动燃油泵1	关闭/开启
		3. —	—
		4. 切断时间	0~8160s 测试仪仅以32s的增量显示
107 （短行程） 燃油供应系统	读取测量数据块107 1 2 3 4	1. 发动机转速	640~720r/min
		2. 空燃比控制器，气缸列1（平均值）	−15~23
		3. 空燃比控制器，气缸列2（平均值）	−15~23
		4. 结果（测试接通/测试切断/系统正常/系统不正常）	规定：系统正常
110 （载荷/油门全开混合气加浓）	读取测量数据块110 1 2 3 4	1. 发动机转速	640~720r/min
		2. 冷却液温度	80~110℃
		3. 平均喷油时间	1~18ms
		4. 节气门开度（电位计）	0%~100%
113 （载荷/节气门全开混合气加浓）	读取测量数据块113 1 2 3 4	1. 发动机转速	640~720r/min
		2. 负荷	7%~100%
		3. 节气门开度（电位计）	7%~100%
		4. 周围压力	50~120kPa（500~1200mbar）—（1bar = 10^5Pa） 故障代用值：101.2kPa（1012mbar）
120 （TCS/FDR）	读取测量数据块120 1 2 3 4	1. 发动机转速	640~720r/min
		2. 规定转矩TCS/FDR	0~600N·m
		3. 发动机转矩	0~420N·m
		4. 状态	TCS启动/TCS未启动
122 （变速器）	读取测量数据块122 1 2 3 4	1. 发动机转速	640~720r/min
		2. 变速器规定转矩	0~600N·m
		3. 发动机转矩	0~420N·m
		4. 状态	红色/非红色

（续）

数据组号	显示区位置	显示内容	标准值
125 （CAN 总线信息）	读取测量数据块 125 1　2　3　4	1. 变速器（装配信息）	档位 0：尚未收到信息 档位 1：收到信息
		2. ABS（安装信息）	ABS0 ABS1
		3. 组合仪表（装配信息）	组合仪表 0 组合仪表 1
		4. 空调（装配信息）	空调 0 空调 1
	数据说明：若没有安装，则“CAN 总线信息”没有读数		
126 （CAN 总线信息）	读取测量数据块 126 1　2　3　4	1. 距离（装配信息）	距离 0 距离 1
		2. 转向角传感器（安装信息）	转向角 0 转向角 1
		3. 安全气囊（装配信息）	安全气囊 0 安全气囊 1
		4. 中央电气设备	中央电气设备 0 中央电气设备 1
	数据说明：若没有安装，则“CAN 总线信息”没有读数		
127 （CAN 总线信息）	读取测量数据块 127 1　2　3　4	1. 四轮驱动（装配信息）	4WD0 4WD1
		2. 自调水平高度的悬架（装配信息）	水平 0 水平 1
		3. 转向盘（装配信息）	转向盘 0 转向盘 1
		4. —	—
	数据说明：若没有安装，则“CAN 总线信息”没有读数		
128 （CAN 总线信息）	读取测量数据块 128 1　2　3　4	1. 电子点火开关（装配信息）	电子点火锁 0 电子点火锁 1
		2. —	—
		3. —	—
		4. —	—
	数据说明：若没有安装，则“CAN 总线信息”没有读数		
129 （CAN 总线信息）	读取测量数据块 129 1　2　3　4	1. 蓄电池/能量管理器（安装信息）	能量管理器 0 能量管理器 1
		2. 油位传感器/ESI（安装信息）	油位 0 油位 1
		3. 网关（安装信息）	网关 0 网关 1
		4. —	—
	数据说明：若没有安装，则“CAN 总线信息”没有读数		

（续）

数据组号	显示区位置	显示内容	标准值
132（冷却）	读取测量数据块132 1 2 3 4	1. —	—
		2. —	—
		3. —	—
		4. 冷却状态	1 2 3 4 5 6 7 8 1—热带国家功能编码；2—空；3—风扇转速1激活；4—风扇转速2激活；5—控制偏差（0：大于规定温度，1：小于规定温度）；6—风扇激活；7—节温器激活；8—系统中没有故障 （条件满足=1，条件未满足=0）
134（温度）	读取测量数据块134 1 2 3 4	1. 全损耗系统用油温度	0～150℃
		2. 车外温度	-40～60℃
		3. 进气温度	车外温度～110℃ 停车时发动机预热
		4. 发动机温度组合仪表	80～110℃ 发动机预热
135（风扇促动器）	读取测量数据块135 1 2 3 4	1. —	—
		2. 风扇促动器1占空比	0%～100%
		3. 风扇促动器2占空比	0%～100%
		4. —	—
136（风扇促动器）	读取测量数据块136 1 2 3 4	1. —	—
		2. —	—
		3. 附加水泵	泵切断/泵接通
		4. 风扇运行	切断/运行
137（空调请求）	读取测量数据块137 1 2 3 4	1. 空调准备就绪	空调低/空调高
		2. 空调压缩机	压缩机开/压缩机关
		3. 来自空调器的压力	0～4MPa（0～40bar）—（1bar = 10^5Pa）
		4. 来自空调的风扇请求	0%～100%
138（节温器诊断，不能进行基本设置）	读取测量数据块138 1 2 3 4	1. 发动机起动温度	5～30℃
		2. 发动机空气质量平均值	11～73g/s
		3. 平均车速	35～120km/h
		4. 结果（测试开启/测试关闭/系统正常/系统不正常/中断）	系统正常

（续）

数据组号	显示区位置	显示内容	标准值
139（节温器诊断，不能进行基本设置）	读取测量数据块 139 1 2 3 4	1. 诊断发动机温度	—
		2. 实际进气质量总和	—
		3. 规定进气质量总和	—
		4. 结果（测试开启/测试关闭/系统正常/系统不正常/中断）	系统正常
170（起动控制）	读取测量数据块 170 1 2 3 4	1. 起动请求端子 50	开启/关闭
		2. 测量反馈导线端子 50R	开启/关闭
		3. 起动继电器 1	开启/关闭
		4. 起动继电器 2	开启/关闭
200（自动传动带张力限度检查，就绪代码）	读取测量数据块 200 1 2 3 4	1. 状态计数器	显示仍要运行的短途驾驶的次数
		2. 状态	—
		3. 状态	—
		4. 状态	—

二、新奥迪 A6L ABS 数据流

新奥迪 A6L ABS 数据流见表 6-9。

表 6-9 新奥迪 A6L ABS 数据流表

数据组号	显示区位置	显示内容	标准值
001	读取测量数据块 001 1 2 3 4	1. 左前车轮速度	—
		2. 右前车轮速度	—
		3. 左后车轮速度	—
		4. 右后车轮速度	—
	数据说明： 显示范围为 0～255km/h。车辆处于静止状态时显示 0km/h		
002	读取测量数据块 002 1 2 3 4	1. 制动器测试开关	—
		2. 制动信号灯开关	—
		3. EPB 驻车制动器	—
		4. ESP 被动按钮	—
	数据说明： 若按下其中任何一个开关或按钮，则测试仪将显示按下；若未按下，则读数应为 0		
003	读取测量数据块 003 1 2 3 4	1. 发动机转速	—
		2. 发动机转矩	—
		3. 发动机转矩损失	—
		4. 节气门开度	—
	数据说明： 对 ABS/ESP 控制单元 J104 进行计算时需要这些数据		

（续）

<table>
<tr><th>数据组号</th><th>显示区位置</th><th>显示内容</th><th>标准值</th></tr>
<tr><td rowspan="4">004</td><td rowspan="4">读取测量数据块 004
1　2　3　4</td><td>1. 停车时间</td><td>断开点火开关后到打开点火开关的持续时间。若无来自仪表板的信息，则显示文本：错误</td></tr>
<tr><td>2. EDL T 标记</td><td>读数为切断或接通。若显示切断，则正常，也就是 EDI 系统已经准备就绪；若显示接通，则不正常，也就是 EDL 系统由于过热被切断</td></tr>
<tr><td>3. —</td><td>—</td></tr>
<tr><td>4. —</td><td>—</td></tr>
<tr><td rowspan="4">005</td><td rowspan="4">读取测量数据块 005
1　2　3　4</td><td>1. 转向角</td><td>可能的读数，最小 $-720°$，最大 $720°$，此时前轮正向位置最大公差为 $\pm5°$</td></tr>
<tr><td>2. 横摆率</td><td>读数以°/s 为单位，最小 $-69°/s$，最大 $69°/s$</td></tr>
<tr><td>3. 制动压力</td><td>读数以 bar（$1bar=10^5Pa$）为单位，最小 $-41bar$，最大约 292bar。若有电气故障，如对地短路，则显示数值约为 $-40bar$，对正极短路时显示数值约为 290bar</td></tr>
<tr><td>4. 横向加速度</td><td>读数以 m/s^2 为单位，最小 $-25m/s^2$，最大 $25m/s^2$</td></tr>
<tr><td rowspan="4">006</td><td rowspan="4">读取测量数据块 006
1　2　3　4</td><td>1. ABS/ESP 控制单元 J104 的电源电压（端子 30）</td><td>正常为 9.8～17.4V</td></tr>
<tr><td>2. 阀继电器</td><td>读数为接通或切断。若显示接通则正常；若显示切断，则不正常</td></tr>
<tr><td>3. 回流泵状态</td><td>读数：接通或切断</td></tr>
<tr><td>4. 车间代码</td><td>读数：车间代码，相应车间的测试仪代码</td></tr>
<tr><td rowspan="5">007</td><td rowspan="4">读取测量数据块 007
1　2　3　4</td><td>1. 左前安装位置</td><td>—</td></tr>
<tr><td>2. 右前安装位置</td><td>—</td></tr>
<tr><td>3. 左后安装位置</td><td>—</td></tr>
<tr><td>4. 右后安装位置</td><td>—</td></tr>
<tr><td colspan="3">数据说明：
① 显示：无效、正常或不正常
② 当车辆停止时，显示无效
③ 若显示不正常，则应做如下检查：检查制动器温度（必须在室温下进行测试），检查传感器安装情况（是否完全插入，是否拧紧），检查车轮轴承，检查车桥公差</td></tr>
</table>

（续）

数据组号	显示区位置	显示内容	标准值
008	读取测量数据块 008 1 2 3 4	1. 旋转方向，左前	—
		2. 旋转方向，右前	—
		3. 旋转方向，左后	—
		4. 旋转方向，右后	—
	数据说明： 显示：无效、前进或后退。当车辆停止时，显示无效		
009	读取测量数据块 009 1 2 3 4	1. 制动测试开关	可能的读数为 0 和按下
		2. 制动灯开关	可能的读数为 0 和按下
		3. 制动压力	制动压力以 bar（$1bar = 10^5Pa$）为单位，最小 -41bar，最大 292bar。若发生电气故障，如对地短路，则显示 -41bar；若对正极短路，则显示 290bar（大约）
		4. —	—
021	读取测量数据块 021 1 2 3 4	1. 0×000（不相关）	—
		2. 十六进制 Lot 编号	—
		3. 十六进制 Bosch 编号	—
		4. 例如一个字节内的 0×0301 硬件和软件编号；03 硬件和 01 软件	—
125	读取测量数据块 125 1 2 3 4	1. 来自转向角传感器的 CAN 信息	—
		2. 来自发动机的 CAN 信息	—
		3. 来自自动变速器的 CAN 信息（手动变速器无读数）	—
		4. 来自仪表板的 CAN 信息	—
126	读取测量数据块 126 1 2 3 4	1. 来自 ACC 的 CAN 信息（自适应巡航控制）	—
		2. 来自网关的 CAN 信息	—
		3. 来自 EPB 的 CAN 信息（电子驻车制动器）	—
		4. 来自传感器组的 CAN 信息	传感器单元、横摆角速度和横向加速度传感器
127	读取测量数据块 127 1 2 3 4	1. 来自自适应悬架的 CAN 信息	—
		2. 安全气囊 CAN 信息	可能的读数为 1 或 0。如果显示 1，则正常；如果显示 0，则不正常 显示 1，从相关的控制单元发出 CAN 信息；显示 0，CAN 信息中断
		3. —	—
		4. —	—

三、新奥迪 A6L MMI 控制单元数据流

新奥迪 A6L MMI 控制单元数据流见表 6-10。

表 6-10 新奥迪 A6L MMI 控制单元数据流

数据组号	显示区位置	显示内容	标准值
01（常规）	读取测量数据块 01 1 2 3 4	1. 端子 30 内部运行电压，V	正常范围：9～16V
		2. 端子电压状态（经 MOST 总线）作为位序	×××××××1＝端子 S 存在 ××××××1×＝端子 15 存在 ×××××1××＝端子×存在 ××××1×××＝端子 50 存在 ×××1××××＝空 ××1×××××＝空 ×1××××××＝空 1×××××××＝状态无效
		3. —	—
		4. —	—
02（MOST）	读取测量数据块 02 1 2 3 4	1. MOST 系统中的动态控制单元地址	—
		2. 信息标识	—
		3. 环路总线光纤传递功率降低，dB	—
		4. 发光二极管的温度，℃	－40～85℃
03（诊断导线）	读取测量数据块 03 1 2 3 4	1. 硬件实例	0～3＝地址为 0～3 FF＝无实例
		2. 诊断导线	0＝回路中断诊断激活 1＝无负载
		3. —	—
		4. —	—
17（MMI 终端 1）	读取测量数据块 17 1 2 3 4	1. MMI 终端上按下的功能键作为位序	MMI 终端上按下的功能键作为位序（0＝未选择，1＝已选择） ×××××××1＝收音机 ××××××1×＝CD/电视 ×××××1××＝名称 ××××1×××＝电话 ×××1××××＝导航 ××1×××××＝信息 ×1××××××＝汽车 1×××××××＝设置
		2. MMI 终端上按下的控制/箭头键作为位序	MMI 终端上按下的控制/箭头键作为位序（0＝未选择，1＝已选择） ×××××××1＝左侧顶部控制键 ××××××1×＝左侧底部控制键 ×××××1××＝右侧顶部控制键 ××××1×××＝右侧底部控制键 ×××1××××＝返回 ××1×××××＝左侧箭头键 ×1××××××＝右侧箭头键 1×××××××＝空

（续）

数据组号	显示区位置	显示内容	标准值
17（MMI 终端 1）	读取测量数据块 17 1 2 3 4	3. —	—
		4. —	—
18（MMI 终端 2）	读取测量数据块 18 1 2 3 4	1. MMI 终端上按下的功能键作为位序	MMI 终端上按下的按钮作为位序（0 = 未选择，1 = 已选择） ××××××× 1 = 控制按钮 ×××××× 1 × = 开/关按钮 ××××× 1 ×× = 空 ×××× 1 ××× = 空 ××× 1 ×××× = 空 ×× 1 ××××× = 空 × 1 ×××××× = 空 1 ××××××× = 空
		2. 控制按钮每个单位时间的旋转脉冲	−127 ~ 127
		3. 开/关按钮每个单位时间的旋转脉冲	−127 ~ 127
		4. —	—
20（MMI 终端）（外部）	读取测量数据块 20 1 2 3 4	1. MMI 终端（外部）上按下的按钮作为位序	0 = 未按下，1 = 已按下
		2. —	—
		3. —	—
		4. —	—
33（MMI 显示器）	读取测量数据块 33 1 2 3 4	1. MMI 显示器的温度，℃	−40 ~ 85℃
		2. MMI 显示器背光亮度，cd/m^2	—
		3. MMI 显示器视频信号状态（FBAS 信号）	0 = 无信号，1 = 有信号
		4. —	—
49（经 MOST 总线的信号）	读取测量数据块 49 1 2 3 4	1. 显示器照明（端子 58D）电流减弱，%	255% 表示减弱信号不合法
		2. 开关照明（端子 58D）电流减弱，%	255% 表示减弱信号不合法
		3. 行驶速度信号，km/h	—
		4. —	—
80（扩展的制造商信息）	读取测量数据块 80 1 2 3 4	1. 扩展的制造商信息	0 = 未按下，1 = 已按下
		2. —	—
		3. —	—
		4. —	—
81（扩展的制造商信息 2）	读取测量数据块 81 1 2 3 4	1. 扩展的制造商信息 2	12345678901234 序列号
		2. —	—
		3. —	—
		4. —	—

四、新奥迪 A6L 前照灯范围控制单元 J431 数据流

新奥迪 A6L 前照灯范围控制单元数据流见表 6-11。

表 6-11　新奥迪 A6L 前照灯范围控制单元数据流

数据组号	显示区位置	显示内容	标准值
1	读取测量数据块 1 1　2　3　4	1. 电压端子 15	—
		2. 照明（端子 56b）	—
		3. 车辆速度	—
		4. 车辆加速度	—
2	读取测量数据块 2 1　2　3　4	1. 传感器数值，前	—
		2. 传感器数值，后	—
		3. 控制电动机激活（步进电动机位置）	—
		4. 时间常数（控制电动机调节速度）	—
3	读取测量数据块 3 1　2　3　4	1. 发动机文本	—
		2. CAN 发信号通知发动机	—
		3. 制动器文本	—
		4. CAN 发信号通知制动器	—
4	读取测量数据块 4 1　2　3　4	1. 灯信号	若数值大于 6.5V，则灯亮起；若数值小于 6.5V，则灯熄灭
		2. 传感器供电电压	—
		3. 前传感器基本频率	—
		4. 后传感器基本频率	—
5	读取测量数据块 5 1　2　3　4	1. 前传感器信号	—
		2. 后传感器信号	—
		3. 悬架压缩行程，前	—
		4. 悬架压缩行程，后	—
125	读取测量数据块 125 1　2　3　4	1. 与 ABS 控制单元 J104 的通信	—
		2. 与数据总线诊断接口控制单元 J533 的通信	—
		3. 与转向助力控制单元 J500 的通信	—
		4. 与发动机控制单元的通信	—
126	读取测量数据块 126 1　2　3　4	1. 与仪表板控制单元 J285 的通信	—
		2. —	—
		3. —	—
		4. —	—

（续）

数据组号	显示区位置	显示内容	标准值
225	读取测量数据块 225 1 2 3 4	1. 与 ABS 控制单元 J104 通信的 EMC 故障计数器	—
		2. 与数据总线诊断接口控制单元 J533 通信的 EMC 故障计数器	—
		3. 与动力转向控制单元 J500 通信的 EMC 故障计数器	—
		4. 与发动机控制单元通信的 EMC 故障计数器	—
	数据说明：EMC = Electro Magnetic Compatibility，电磁兼容性		
226	读取测量数据块 226 1 2 3 4	1. 与仪表板控制单元 J285 通信的 EMC 故障计数器	—
		2. —	—
		3. —	—
		4. —	—

五、新奥迪 A6L 电子驻车制动器数据流

新奥迪 A6L 电子驻车制动器数据流见表 6-12。

表 6-12　新奥迪 A6L 电子驻车制动器数据流

数据组号	显示区位置	显示内容	标准值
001	读取测量数据块 001 1 2 3 4	1. 系统配置	—
		2. 制动衬垫变化模式	状态显示 0 = 0，左侧制动器打开；代码位 1 = 0，右侧制动器打开
		3. 最大 ECD 减速度	$2 \sim 8m/s^2$
		4. 变速器类型	手动，代码位 7 = 0；自动，代码位 7 = 1
002	读取测量数据块 002 1 2 3 4	1. 内部蓄电池电压	标准值大于 10V
		2. 开关设置	可能的读数：未按下、打开、关闭或错误
		3. 当前倾斜角度	车辆静止和位于水平路面时标准值约为 0°
		4. 计算制动器温度	标准值小于 500℃
003	读取测量数据块 003 1 2 3 4	1. 达到切断电流，左侧	标准值大于 15A
		2. 达到切断电流，右侧	标准值大于 15A
		3. 左侧制动状态	0 = 打开，8 = 关闭，11 = 失败
		4. 右侧制动状态	0 = 打开，8 = 关闭，11 = 失败

（续）

数据组号	显示区位置	显示内容	标准值
007	读取测量数据块007 1 2 3 4	1. 文本显示	左后
		2. 左侧操作计数器	—
		3. 右侧操作计数器	—
		4. —	—
008	读取测量数据块008 1 2 3 4	1. 离合器踏板行程值*	读数：30～240，254～255无效
		2. —	—
		3. —	—
		4. —	—
	数据说明：*读取仅限手动变速器		
099	读取测量数据块099 1 2 3 4	1. 控制单元软件和硬件状态	—
		2. —	—
		3. —	—
		4. —	—
125	读取测量数据块125 1 2 3 4	1. 来自制动控制单元的CAN总线信息	—
		2. 来自安全气囊控制单元的CAN总线信息	—
		3. 来自变速器控制单元的CAN总线信息	—
		4. 来自发动机控制单元的CAN总线信息	—
	数据分析： ① 可能的读数为1或0。若是1，则正常；若是0，则不正常 ② 显示1，从相关的控制单元发出CAN信号；显示0，CAN信号中断。在此情况下，读取相关控制单元故障码		
126	读取测量数据块126 1 2 3 4	1. 来自网关的CAN总线信息	—
		2. 来自发动机控制单元的CAN总线信息	—
		3. 来自电子点火开关的CAN总线信息	—
		4. 来自发动机控制单元的CAN总线信息	—
	数据分析： ① 可能的读数为1或0。若是1，则正常；若是0，则不正常 ② 显示1，从相关的控制单元发出CAN信号；显示0，CAN信号中断。在此情况下，读取相关控制单元故障码		

六、新奥迪 A6L 电子转向柱控制单元数据流

新奥迪 A6L 电子转向柱控制单元数据流见表 6-13。

表 6-13 新奥迪 A6L 电子转向柱控制单元数据流

数据组号	显示区位置	显示内容	标准值
001	读取测量数据块 001 1 2 3 4	1. 转向信号	未按下/左/右
		2. 前照灯闪烁	未按下/已按下
		3. 远光灯	未按下/已按下
		4. 前部刮水	未按下/间歇档/1 档*/2 档
	数据说明：* 同时在单次刮水模式中显示		
002	读取测量数据块 002 1 2 3 4	1. 间隔*	1 档/2 档/3 档/4 档
		2. 前部清洗	未按下/已按下
		3. 后部刮水	未按下/已按下
		4. 后部清洗	未按下/已按下
	数据说明：* 风窗玻璃刮水器开关 E22 的电位计设置		
003	读取测量数据块 003 1 2 3 4	1. 扬声器	未按下/按下
		2. 车载计算机	未安装/未按下/复位按钮*/向上按钮/向下按钮
		3. 转向柱调整	未安装/未按下/向前/向后/上升/下降
		4. 便捷登车开/关按钮	未安装/关/开
	数据说明：* 按下复位按钮		
004	读取测量数据块 004 1 2 3 4	1. CCS/ACC 主开关	关/开
		2. CCS/ACC 设置	未按下/已按下
		3. CCS/ACC	未按下/加速/减速/存储断开/恢复
		4. ACC 间隔调整	未安装/未按下/间隔 +/间隔 -
005	读取测量数据块 005 1 2 3 4	1. MFS 通信	未安装/正常/不正常
		2. MFS 电子设备软件版本	不带读数/软件版本号
		3. MFS 电子设备硬件版本	不带读数/硬件版本号
		4. MFS 故障识别	否/是
006	读取测量数据块 006 1 2 3 4	1. 左 MF 按钮	未安装/未按下/已按下
		2. 右 MF 按钮	未安装/未按下/已按下
		3. 左滚花按钮	未安装/未按下/已按下
		4. 右滚花按钮	未安装/未按下/已按下
007	读取测量数据块 007 1 2 3 4	1. 左滚花按钮	未安装/未按下/存储器上行慢速扫描/存储器下行慢速扫描
		2. 右滚花按钮	未安装/未按下/慢速音量上升/音量下降
		3. 轻触向下	未安装/未按下/按下
		4. 轻触向上	未安装/未按下/按下

（续）

数据组号	显示区位置	显示内容	标准值
008	读取测量数据块 008 1 2 3 4	1. 转向盘加热器	未安装/切断/接通
		2. 传感器	未安装/温度*
		3. 输出电流	未安装/转向盘加热器最近的电流**
		4. 驾驶人座椅加热	关/开
	数据说明： *单位：摄氏度（℃） **单位：安培（A）		
009	读取测量数据块 009 1 2 3 4	1. 调光	调光值*
		2. 计算调光值	离散调光值*
		3. 计算调光值	LIN 调光值*
		4. —	—
	数据说明： *单位：%		
080*	读取测量数据块 080 1 2 3 4	1. 制造商工厂编号和标识	—
		2. 制造日期	—
		3. 制造商更改状态和测试状态编号	—
		4. 制造商序列号	—
	数据说明： 数值以序列方式显示		
081*	读取测量数据块 081 1 2 3 4	1. 底盘编号	—
		2. 模块号或序列号/类型测试号	—
		3. —	—
		4. —	—
	数据说明： 数值以序列方式显示		

七、新奥迪 A6L 供电控制单元 1 数据流

新奥迪 A6L 供电控制单元 1 数据流见表 6-14。

表 6-14 新奥迪 A6L 供电控制单元 1 数据流

数据组号	显示区位置	显示内容	标准值
001	读取测量数据块 001 1 2 3 4	1. 左侧接地端子 30（单位：V）	
		2. 右侧接地端子 30（单位：V）	
		3. 旋转灯开关	切断、1 档*、2 档**、3 档***、4 档****、5 档*****
		4. 危险警告指示灯按钮******	未按下/按下

（续）

数据组号	显示区位置	显示内容	标准值
001	数据说明： * 自动行驶灯 ** 侧灯 *** 近光 **** 雾灯 ***** 后雾灯 ****** 使按钮保持按下状态		
002	读取测量数据块 002 1 2 3 4	1. 转向柱调整，轴向*	—
		2. 转向柱调整，垂直**	—
		3. 转向柱调整，存储器***	—
		4. 转向柱调整，状态****	—
	数据说明： * 霍尔传感器计算轴向的转向柱调节器电动机的脉冲 ** 霍尔传感器计算垂直方向的转向柱调节器电动机的脉冲 *** 转向柱调节器电动机的记忆位置 1/2/3/4/5/6/7/8 **** 存储器模式 0/1（位 7） 存储器模式 0/1（位 6） 手动调节 0/1（位 5） 待机 0/1（位 4） 输出 0/1（位 3） 输入 0/1（位 2） 向下 0/1（位 1） 向上 0/1（位 0）		
003	读取测量数据块 003 1 2 3 4	1. 转向柱调节装置计数器，轴向/后	—
		2. 转向柱调节装置计数器，轴向/前	—
		3. 转向柱调节装置计数器，垂直/上	—
		4. 转向柱调节装置计数器，垂直/下	—
004	读取测量数据块 004 1 2 3 4	1. 发动机罩触点开关	切断/接通
		2. 倒车灯开关	断开/接通
		3. —	—
		4. —	—
005	读取测量数据块 005 1 2 3 4	1. 侧灯，左侧	关/开/占空比*
		2. 侧灯，右侧	关/开/占空比*
		3. 近光，左侧	关/开/占空比*
		4. 近光，右侧	关/开/占空比*
006	读取测量数据块 006 1 2 3 4	1. 远光，左侧	关/开/占空比*
		2. 远光，右侧	关/开/占空比*
		3. 雾灯，左侧	关/开/占空比*
		4. 雾灯，右侧	关/开/占空比*
	数据说明：* 占空比以%计		

（续）

数据组号	显示区位置	显示内容	标准值
007	读取测量数据块007 1 2 3 4	1. 左前转向信号指示灯	关/开/占空比*
		2. 右前转向信号指示灯	关/开/占空比*
		3. 左侧侧面转向信号指示灯	关/开/占空比*
		4. 右侧侧面转向信号指示灯	关/开/占空比*
	数据说明：*占空比以%计		
008	读取测量数据块008 1 2 3 4	1. 左前脚部空间车灯	关/开/占空比*
		2. 右前脚部空间车灯	关/开/占空比*
		3. 左侧氙气遮光板	关/开/占空比*
		4. 右侧氙气遮光板	关/开/占空比*
	数据说明：*占空比以%计		
009	读取测量数据块009 1 2 3 4	1. 左侧日间行驶灯 L174*	开/关/调光值
		2. 右侧日间行驶灯 L175*	开/关/调光值
		3. —	—
		4. —	—
	数据说明：*LED		
010	读取测量数据块010 1 2 3 4	1. 端子58	断开/接通
		2. 危险警告指示灯按钮 LED	关/开/占空比*
		3. 双音扬声器继电器 J4	关/开
		4. 前照灯清洗系统继电器 J39	关/开
	数据说明：*占空比以%计		
011	读取测量数据块011 1 2 3 4	1. 前清洗器开	关/开
		2. 后清洗器开	关/开
		3. 后刮水器开	关/开
		4. —	—
012	读取测量数据块012 1 2 3 4	1. 由 SMLS 发出的远光信号*	关/开/无通信
		2. 由 SMLS 发出的前照灯闪光信号*	关/开/无通信
		3. 由 SMLS 发出的左侧转向指示灯信号*	关/开/无通信
		4. 由 SMLS 发出的右侧转向指示灯信号*	关/开/无通信
	数据说明：*转向柱电子装置控制单元 J527		
013	读取测量数据块013 1 2 3 4	1. 车速信号	无通信/（km/h）
		2. 车门综合数位	车门通信接通/车门通信关闭/无通信
		3. —	—
		4. —	—

（续）

数据组号	显示区位置	显示内容	标准值
014	读取测量数据块 014 1 2 3 4	1. 由 SMLS 发出的刮水器信号 * *	关闭/接触/间歇阶段/1 档 * /2 档/无通信
		2. 冲洗来自 SMLS * *	关闭/打开/无通信
		3. 由SMLS 发出的间歇 * * * 信号 * *	0/1/5/9/13
		4. 由 SMLS 发出的维修设置信号 * * * *	关/开/无通信
	数据说明： * 此处说明也适用于单刮水器 * * 转向柱电子装置控制单元 J527 * * * 刮水器开关 E22 上的电位器设置（当刮水器开关处于间歇模式下时指示刮水速度） 1 = 速度 1 5 = 速度 2 9 = 速度 3 13 = 速度 4 * * * * 多媒体界面 MMI		
015	读取测量数据块 015 1 2 3 4	1. —	—
		2. 端子 15	切断/接通/无信息交换
		3. 端子 X	切断/接通/无信息交换
		4. 端子 50	切断/接通/无信息交换
016	读取测量数据块 016 1 2 3 4	1. 回家	时间 s
		2. 离家	禁用/激活
		3. —	—
		4. —	—
017	读取测量数据块 017 1 2 3 4	1. LIN1 受控 *	Slave _ One 0/Slave _ One 1
		2. LIN1 受控 2 * *	Slave _ Zwei 0/Slave _ Zwei 1
		3. —	—
		4. —	—
	数据说明： * 刮水器电机控制单元 J400 * * 雨水和光照传感器 G397		
018	读取测量数据块 018 1 2 3 4	1. 通信错误位，刮水角度控制	关/开 * /无通信
		2. 通信错误位，雨水和光照传感器	关/开 * /无通信
		3. —	—
		4. —	—
	数据说明： * 开表示已出现故障		

（续）

数据组号	显示区位置	显示内容	标准值
019	读取测量数据块019 1　2　3　4	1. 灯接通/切断	关/开/无通信
		2. 亮度	0～65535
		3. 雨水传感器	关/开/无通信
		4. 雨量	0～65535
020	读取测量数据块020 1　2　3　4	1. 前刮水器开	关/开/错误/无通信，LIN被动
		2. 已停止	关/开/错误/无通信，LIN没反应
		3. 下拆返位置	关/开/错误/无通信，LIN被动
		4. 上拆返位置	关/开/错误/无通信，LIN被动
125	读取测量数据块125 1　2　3　4	1. —	—
		2. 网关*	网关0/网关1
		3. FPI**	F-Ident 0/F-Ident1
		4. DAS***	电子点火锁0/电子点火锁1
	数据说明： *数据总线诊断接口控制单元J533 **驾驶人识别控制单元J589 ***便捷系统CAN进入和启动授权控制单元J518		
126	读取测量数据块126 1　2　3　4	1. ILM-后*	中央0/中央1
		2. DCU-D**	驾驶人车门0/驾驶人车门1
		3. —	—
		4. SMLS***	转向盘0/转向盘1
	数据说明： *便捷系统中央控制单元J393 **驾驶人车门控制单元J386 ***转向柱电子装置控制单元J527		
127	读取测量数据块127 1　2　3　4	1. 座椅存储器*	Memory Steer 0/Memory Steer 1
		2. —	—
		3. 蓄电池管理器**	Batt. Manager 0/Batt. Manager 1
		4. ILM驱动器数据总线***	单线/双线/无通信A总线切断
	数据说明： *带记忆座椅调节装置控制单元J136 **能量管理控制单元J644 ***便捷系统数据总线组的状态		

八、新奥迪A6L供电控制单元2数据流

新奥迪A6L供电控制单元2数据流见表6-15。

表 6-15 新奥迪 A6L 供电控制单元 2 数据流

数据组号	显示区位置	显示内容	标准值
001	读取测量数据块 001 1 2 3 4	1. 电源电压	—
		2. 车外温度	—
		3. —	—
		4. —	—
002	读取测量数据块 002 1 2 3 4	1. 发动机转速	—
		2. 车速信号（CAN 总线）	—
		3. 转向角传感器	—
		4. —	—
003	读取测量数据块 003 1 2 3 4	1. 显示文本	—
		2. 电子伺服转向阀预设电流	—
		3. 电子伺服转向阀状态	—
		4. —	—
004	读取测量数据块 004 1 2 3 4	1. 天窗便捷打开（CAN 总线）	—
		2. 天窗便捷关闭（CAN 总线）	—
		3. 天窗便捷打开	—
		4. 天窗便捷关闭	—
005	读取测量数据块 005 1 2 3 4	1. 端子 15	—
		2. 端子 X	—
		3. 能量管理器动态切断级	—
		4. 能量管理器静态切断级	—
006	读取测量数据块 006 1 2 3 4	1. 倾斜传感器 X 轴绝对值	—
		2. 倾斜传感器 X 轴差值	—
		3. 倾斜传感器 Y 轴绝对值	—
		4. 倾斜传感器 Y 轴差值	—
007	读取测量数据块 007 1 2 3 4	1. 天窗车速信号	—
		2. 天窗启用	—
		3. 便捷功能启用	—
		4. —	—
008	读取测量数据块 008 1 2 3 4	1. 杂物箱按钮	—
		2. 中控门锁打开	—
		3. 前提条件关联	—
		4. 杂物箱电动机	—
020	读取测量数据块 020 1 2 3 4	1. 部件保护	—
		2. CAN 锁止计数器	—
		3. SA 锁止计数器	—
		4. —	—

（续）

数据组号	显示区位置	显示内容	标准值
140	读取测量数据块 140 1　2　3　4	1. CAN 总线通信，能量管理控制单元 J644	—
		2. CAN 总线通信，数据总线诊断接口控制单元 J533	—
		3. CAN 总线通信，便捷系统 CAN 进入和启动授权控制单元 J518	—
		4. —	—
141	读取测量数据块 141 1　2　3　4	1. CAN 总线通信，Climatronic 自动空调控制单元 J255	—
		2. CAN 总线通信，车载电源控制单元 J520	—
		3. CAN 总线通信，便捷系统 CAN 进入和启动授权控制单元 J518	—
		4. —	—

九、新奥迪 A6L Climatronic 自动空调控制单元 J255 数据流

新奥迪 A6L Climatronic 自动空调控制单元 J255 数据流见表 6-16。

表 6-16　新奥迪 A6L Climatronic 自动空调控制单元 J255 数据流

数据组号	显示区位置	显示内容	标准值
001	读取测量数据块 001 1　2　3　4	1. 触发空调压缩机调节阀 N280 的控制电流经过空调压缩机调节器 N280 的电流	读数低于 0.050A，压缩机关闭 读数在 0.300A 与 0.650（1.0）A 之间时，压缩机处于循环控制模式，控制电流取决于制冷输出
		2. 空调压缩机调节阀 N280 的触发（%）触发信号占空比	读数为 0% 时，压缩机关闭 读数在 40% 与 100% 之间时，压缩机处于闭环控制模式
		3. —	—
		4. 制冷剂回路压力（$1bar = 10^5 Pa$） 根据来自制冷剂压力/温度传感器 G395 的信号由 Climatronic 自动空调控制单元 J255 计算	读数低于 260kPa（2.6bar）或高于 2900kPa（29bar）（甚至很短的时间），说明制冷剂回路压力过低（系统为空）或过高，可能是制冷剂压力/温度传感器 G395 有故障 读数在 260kPa 与 2900kPa（2.6bar 与 29bar）之间时，制冷剂回路中的压力在允许范围内

（续）

数据组号	显示区位置	显示内容	标准值
			读数 = ××
002	读取测量数据块 002 1　2　3　4	1. 当前有效的压缩机关闭条件	数据分析：压缩机切断状态部分 0：压缩机开启（未探测到关闭条件） 1：压缩机关闭（制冷剂回路中的压力曾经过高或目前过高） 2：压缩机关闭（基本设置未执行或执行中出现故障） 3：压缩机关闭（制冷剂回路中的压力过低） 4：压缩机关闭（发动机不运行或运行时间少于 2s） 5：压缩机关闭（发动机转速低于 300r/min） 6：压缩机关闭（压缩机被 ECON 功能关闭） 7：压缩机关闭（压缩机被切断功能关闭） 8：压缩机关闭（测量的环境温度曾低于 +2℃ 并且仍低于 +5℃，没有再循环空气请求 9：压缩机关闭（当前没有预计读数） 10：压缩机关闭（车辆电压低于 9.5V） 11：压缩机关闭（冷却液温度过高，目前为 118℃） 12：压缩机关闭（由于有经数据总线来自发动机控制单元的请求） 13：压缩机关闭（由于来自制冷剂压力/温度传感器 G395 的信号丢失） 14：压缩机关闭（由于数据总线系统中的故障） 15：压缩机关闭（在该行驶阶段中，制冷剂回路中的压力至少有 30 次过高） 16：压缩机关闭（测量的蒸发器下游温度低于 0℃ 至少 1min） 17：压缩机关闭（测量的蒸发器下游温度低于 -5℃） 18：压缩机关闭（没有有效的环境温度测量值，可能环境温度传感器 G17 和新鲜空气进气道温度传感器 G89 都有故障） 19：压缩机关闭（Climatronic 自动空调控制单元 J255 辅助加热器功能打开）

（续）

数据组号	显示区位置	显示内容	标准值
002	读取测量数据块 002 1　2　3　4		读数 = ××
		1. 当前有效的压缩机关闭条件	20：压缩机关闭（当前读数为空） 21：压缩机关闭（测得的环境温度曾低于 -8℃并且仍低于 -5℃，没有自动空气再循环模式请求或测得的环境温度曾低于 +2℃并且仍低于 +5℃且自动再循环空气功能未启动） 22：压缩机关闭（测得的乘客室温度低于8℃，测得的环境温度曾低于 -8℃并且仍低于 -5℃，有空气再循环模式请求） 23：压缩机关闭（经数据总线系统发送一条散热器风扇触发的故障信息，例如，通过相关的发动机控制单元，并且由 Climatronic 自动空调控制单元 J255 接收） 24：压缩机关闭（当前读数为空） 25：压缩机关闭（当前读数为空）
		2. 上一个压缩机关闭条件	读数 = ××
		3. 倒数第二个压缩机关闭条件	读数 = ××
		4. 倒数第三个压缩机关闭条件	读数 = ××
003 （空气再循环风门控制电动机 V113）	读取测量数据块 003 1　2　3　4	1. 空气再循环风门控制电动机电位计 G143 实际反馈值	10 ~ 250
		2. 空气再循环风门控制电动机电位计 G143 规定反馈值	6 ~ 254
		3. 空气再循环风门控制电动机电位计 G143 学习反馈值处于下限	风门关闭，新鲜空气模式，规定值 10 ~ 55
		4. 空气再循环风门控制电动机电位计 G143 学习反馈值处于上限	风门打开，再循环空气模式，规定值 200 ~ 250
004 （气流风门控制电动机 V71）	读取测量数据块 004 1　2　3　4	1. 气流风门控制电动机电位计 G113 实际反馈值	15 ~ 245
		2. 气流风门控制电动机电位计 G113 规定反馈值	6 ~ 254
		3. 气流风门控制电动机电位计 G113 学习反馈值处于下限	气流/新鲜空气风门关闭，再循环空气模式，规定值 15 ~ 65
		4. 气流风门控制电动机电位计 G113 学习反馈值处于上限	气流/新鲜空气风门打开，再循环空气模式，规定值 190 ~ 245

（续）

数据组号	显示区位置	显示内容	标准值
005 （除霜器风门控制电动机V107）	读取测量数据块 005 1 2 3 4	1. 除霜器风门控制电动机电位计G135 实际反馈值	20 ~ 245
		2. 除霜器风门控制电动机电位计G135 规定反馈值	6 ~ 254
		3. 除霜器风门控制电动机电位计G135 学习反馈值处于下限	风窗玻璃出风口风门关闭，规定值20 ~ 70
		4. 除霜器风门控制电动机电位计G135 学习反馈值处于上限	风窗玻璃出风口风门打开，规定值190 ~ 245
006 （左前胸部出风口控制电动机 V237）	读取测量数据块 006 1 2 3 4	1. 左前胸部出风口控制电动机电位计 G387 实际反馈值	20 ~ 245
		2. 左前胸部出风口控制电动机电位计 G387 规定反馈值	6 ~ 254
		3. 左前胸部出风口控制电动机电位计 G387 学习反馈值处于下限	左侧及左侧和右侧胸部出风口风门关闭，规定值 20 ~ 70
		4. 左前胸部出风口控制电动机电位计 G387 学习反馈值处于上限	左侧及左侧和右侧胸部出风口风门打开，规定值 190 ~ 245
007 （右前胸部出风口控制电动机 V23）	读取测量数据块 007 1 2 3 4	1. 右前胸部出风口控制电动机电位计 G388 实际反馈值	15 ~ 250
		2. 右前胸部出风口控制电动机电位计 G388 规定反馈值	6 ~ 254
		3. 右前胸部出风口控制电动机电位计 G388 学习反馈值处于下限	右侧胸部出风口风门关闭，规定值15 ~ 70
		4. 右前胸部出风口控制电动机电位计 G388 学习反馈值处于上限	右侧胸部出风口风门打开，规定值195 ~ 250
008 （脚部空间风门控制电动机 V108）	读取测量数据块 008 1 2 3 4	1. 左侧脚部空间风门控制电动机电位计 G139 实际反馈值	20 ~ 245
		2. 左侧脚部空间风门控制电动机电位计 G139 规定反馈值	6 ~ 254
		3. 左侧脚部空间风门控制电动机电位计 G139 学习反馈值处于下限	左侧及左侧和右侧脚部空间风门关闭，规定值 20 ~ 70
		4. 左侧脚部空间风门控制电动机电位计 G139 学习反馈值处于上限	左侧及左侧和右侧脚部空间风门打开，规定值 190 ~ 245
009 （右侧脚部空间风门控制电动机 V109）	读取测量数据块 009 1 2 3 4	1. 右侧脚部空间风门控制电动机电位计 G140 实际反馈值	20 ~ 245
		2. 右侧脚部空间风门控制电动机电位计 G140 规定反馈值	6 ~ 254
		3. 右侧脚部空间风门控制电动机电位计 G140 学习反馈值处于下限	右侧脚部空间风门关闭，规定值20 ~ 70
		4. 右侧脚部空间风门控制电动机电位计 G140 学习反馈值处于上限	右侧脚部空间风门打开，规定值190 ~ 245

（续）

数据组号	显示区位置	显示内容	标准值
010（中央出风口控制电动机V102）	读取测量数据块010 1 2 3 4	1. 中央出风口控制电动机电位计G138实际反馈值	10～245
		2. 中央出风口控制电动机电位计G138规定反馈值	6～254
		3. 中央出风口控制电动机电位计G138学习反馈值处于下限	中央出风口风门关闭，规定值10～60
		4. 中央出风口控制电动机电位计G138学习反馈值处于上限	中央出风口风门打开，规定值200～250
011（前冷风风门控制电动机V197）	读取测量数据块011 1 2 3 4	1. 前冷风风门控制电动机电位计G315实际反馈值	10～245
		2. 前冷风风门控制电动机电位计G315规定反馈值	6～254
		3. 前冷风风门控制电动机电位计G315学习反馈值处于下限	冷风风门关闭，规定值10～70
		4. 前冷风风门控制电动机电位计G315学习反馈值处于上限	冷风风门打开，规定值200～250
012（后脚部空间出风口控制电动机V102）	读取测量数据块012 1 2 3 4	1. 后脚部空间出风口控制电动机电位计G141实际反馈值	10～245
		2. 后脚部空间出风口控制电动机电位计G141规定反馈值	6～254
		3. 后脚部空间出风口控制电动机电位计G141学习反馈值处于下限	后脚部空间出风口风门关闭，规定值10～60
		4. 后脚部空间出风口控制电动机电位计G141学习反馈值处于上限	后脚部空间出风口风门打开，规定值200～250
015（间接通风风门控制电动机V213）	读取测量数据块015 1 2 3 4	1. 间接通风风门控制电动机电位计G330实际反馈值	10～250
		2. 间接通风风门控制电动机电位计G330规定反馈值	6～254
		3. 间接通风风门控制电动机电位计G330学习反馈值处于下限	间接通风风门关闭，规定值10～60
		4. 间接通风风门控制电动机电位计G330学习反馈值处于上限	间接通风风门打开，规定值195～250
016	读取测量数据块016 1 2 3 4	1. 中央左侧出风口传感器G347	左侧出风口风门关闭，规定值10～80 左侧出风口风门打开，规定值180～250
		2. 中央右侧出风口传感器G348	右侧出风口风门关闭，规定值10～80 右侧出风口风门打开，规定值180～250
		3. Climatronic自动空调控制单元J255的5V电压	4.5～5.5V
		4. Climatronic自动空调控制单元J255的测量电压，在端子15处	读数＝大约为蓄电池电压（点火开关打开）

（续）

数据组号	显示区位置	显示内容	标准值
017	读取测量数据块 017 1　2　3　4	1. 左侧出风口温度传感器 G150 读数	—
		2. 右侧出风口温度传感器 G151 读数	—
		3. 中央出风口温度传感器 G191 读数	—
		4. —	—
018	读取测量数据块 018 1　2　3　4	1. 蒸发器流出温度传感器 G263 读数	以环境状况为依据的规格，例如高于 1℃（周围温度高于 0℃）和预设极限内冷气输出测试过程中
		2. 新鲜空气进气温度传感器 G89 读数	—
		3. 仪表板传递的周围温度传感器 G17 读数（未过滤数值）	通过仪表板控制单元 J285 经由便捷数据总线系统传递
		4. —	—
019	读取测量数据块 019 1　2　3　4	1. 仪表板温度传感器 G56 的读数	以环境状况为依据的规格，例如高于 1℃（周围温度高于 0℃）和预设极限内冷气输出测试过程中
		2. 温度传感器鼓风机 V42 的转速	2000 ~ 4000r/min
		3. 冷却液温度	通过仪表板控制单元 J285 经由便捷数据总线系统传递
		4. 怠速升高请求	读数为切断或 0，显示怠速转速上升停止 读数为接通或 1，显示怠速转速上升启动
020	读取测量数据块 020 1　2　3　4	1. 收到来自各个发动机控制单元的发动机转速	通过仪表板控制单元 J285 经由便捷系统数据总线传递
		2. 车速（km/h）	通过仪表板控制单元 J285 经由便捷系统数据总线传递
		3. 显示区域 4 中显示的信息状态，压缩机运行要求的转矩信息更新状态	当读数为 0 时，传递当前压缩机转矩 当读数为 1 时，传递过期压缩机转矩
		4. 压缩机转矩	当读数在 0 ~ 1.0N · m 之间时，压缩机关闭（空调压缩机调节阀 N280 未激活） 当读数在 1 ~ × × N · m 之间时，压缩机打开（空调压缩机调节阀 N280 激活）
021	读取测量数据块 021 1　2　3　4	1. 驾驶人座椅通风控制单元 J672 的触发状态	读数为 0，说明切断状态未激活，座椅通风被打开
		2. 前排乘客座椅通风控制单元 J673 的触发状态	通过仪表板控制单元 J285 经由便捷系统数据总线传递
		3. 由便捷系统数据总线接收的端子 58d 的电压	0% ~ 100%
		4. 由便捷系统数据总线接收的端子 58s 的电压	当读数为 0% 时，侧灯熄灭；当读数为 1% ~ 100% 时，侧灯亮起

（续）

数据组号	显示区位置	显示内容	标准值
022	读取测量数据块022 1　2　3　4	1. 激活散热器风扇V7的请求 由Climatronic自动空调控制单元J255计算并在便捷系统数据总线上传送的请求	读数为0%～4%，没有从Climatronic自动空调控制单元J255计算并在便捷系统数据总线上传送的请求 读数为5%～100%，有从Climatronic自动空调控制单元J255发送到相应的发动机控制单元用于激活散热器风扇V7的请求
		2. 散热器风扇V7的触发反馈 从相应的发动机控制单元发送至散热器风扇控制单元J293或直接至散热器风扇V7的请求	读数为0%～4%，散热器风扇V7不能由相应的发动机控制单元触发 读数为5%～100%，散热器风扇V7由相应的发动机控制单元触发 根据发动机控制单元的信息，散热器风扇V7在最大值为68%～100%时被激活，即使空调请求为100%
		3. 来自空气质量传感器G238的信号 数据经由空调系统数据总线Lin总线与Climatronic自动空调控制单元J255进行交换	空气质量传感器G238仅安装在带有舒适型Climatronic自动空调控制单元J255的车辆中 带有基本型Climatronic自动空调控制单元J255的车辆忽略该读数（读数为空）
		4. 来自操作和显示单元J255的新鲜或再循环空气的请求	读数=×或××
	数据分析： 4区 读数=0或00，没有空气再循环请求（新鲜空气模式） 读数=10，没有来自空气质量传感器G238的空气再循环模式请求，请求被Climatronic自动空调控制单元J255接受（空气再循环模式） 读数=11，自动空气再循环功能被关闭（新鲜空气模式） 读数=12，压缩机没有运行（新鲜空气模式） 读数=13，在Climatronic自动空调控制单元J255中选择除霜模式（新鲜空气模式） 读数=20，在Climatronic自动空调控制单元J255中选择空气再循环模式 读数=30，风窗玻璃刮水器在或曾在刮水/清洗模式 读数=40，请求更强的冷却能力，例如Climatronic自动空调控制单元J255中预设的Lo温度 读数=50，Climatronic自动空调控制单元J255中预设的切断模式 读数=60，有部分空气再循环模式请求。空调暂时从新鲜空气模式转换到空气再循环模式或反之亦然。例如，Climatronic		
023	读取测量数据块023 1　2　3　4	1. 加热型后窗Z1按钮的切换状态（内置在Climatronic自动空调控制单元J255中）	读数为后窗切断或0，Climatronic自动空调控制单元J255中当前没有激活加热型后窗Z1的请求，可根据需要按下加热型后窗按钮（打开） 读数为后窗打开或1，Climatronic自动空调控制单元J255中当前有激活加热型后窗Z1的请求，也可根据需要按下加热型后窗按钮（关闭）

（续）

数据组号	显示区位置	显示内容	标准值
023	读取测量数据块023 1 2 3 4	2. 在便捷系统数据总线上由 Climatronic 自动空调控制单元 J255 发送的用以激活加热型后窗 Z1 的信号	读数为切断或0，便捷系统数据总线上没有由 Climatronic 自动空调控制单元 J255 发送的加热型后窗触发信号 读数为接通或1，便捷系统数据总线上有由 Climatronic 自动空调控制单元 J255 发送的加热型后窗触发信号 如果来自便捷系统中央控制单元 J393 的请求被接受，则加热型后窗 Z1 和 Climatronic 自动空调控制单元 J255 中的加热型后窗 Z1 按钮中的反馈信号灯被触发
		3. 从便捷系统数据总线接收到的加热型后窗 Z1 的触发反馈	读数为切断或0，后窗加热功能关闭或不论是否有来自 Climatronic 自动空调控制单元 J255 的请求均不打开 读数为接通或1（没有切断状态），便捷系统中央控制单元 J393 接收到来自 Climatronic 自动空调控制单元 J255 的请求，加热型后窗 Z1 的触发装置即接通或打开
		4. 后窗卷帘按钮 E385 的切换状态	读数为空，说明是不带电动后窗卷帘的车辆 读数为切断或0，说明后窗卷帘按钮 E385 当前未按下（打开） 读数为接通或1，说明后窗卷帘按钮 E385 当前已按下（关闭）
024	读取测量数据块024 1 2 3 4	1. 左侧日照传感器 G107 的读数	读数为 0.2～4.0V，3.5V 时日照最强，0.2V 时无日光照射
		2. Climatronic 自动空调控制单元 J255 计算左侧日照强度	0～1000W/m^2
		3. 右侧日照传感器 G107 的读数	读数为 0.2～4.0V，3.5V 时日照最强，0.2V 时无日光照射
		4. Climatronic 自动空调控制单元 J255 计算右侧日照强度	0～1000W/m^2
025	读取测量数据块025 1 2 3 4	1. 便捷系统数据总线接收到的端子 15 的切换状态	点火开关关闭，读数为切断；点火开关打开，读数为接通
		2. 便捷系统数据总线接收到的端子 75（或端子 x）的切换状态	点火开关关闭或发动机当前未起动，读数为切断；点火开关打开，读数为接通

（续）

数据组号	显示区位置	显示内容	标准值
025	读取测量数据块025 1　2　3　4	3. Climatronic 自动空调控制单元 J255 测量的端子 15 的切换状态	点火开关关闭，没有来自加装的辅助加热器的打开信号，读数为切断；点火开关打开，有来自加装的辅助加热器的打开信号（正信号），读数为接通
		4. Climatronic 自动空调控制单元 J255 测量的端子 30 的电压	11～15V（大约为蓄电池电压）
026	读取测量数据块026 1　2　3　4	1. 从便捷系统数据总线接收到的上一次发动机关闭的时间间隔 发动机运行后用来计算冷却液冷却时间（发动机至少运行3min并且点火开关重新打开时）	读数为0～4h（发动机冷却时间的时间间隔（小时和分钟），当前最大读数为4h）
		2. 从便捷系统数据总线接收到的风窗玻璃刮水器工作状态信号	读数为00000，风窗玻璃刮水器清洗/刮水操作未启动 读数为00001，风窗玻璃刮水器在间歇模式 读数为×××1×，风窗玻璃刮水器在1档或单刮水器模式 读数为××1××，风窗玻璃刮水器在2档模式 读数为×1×××，风窗玻璃刮水器在刮水/清洗模式
		3. 左前座椅加热装置启动（座椅加热装置是选装件）	读数为未安装或空。在此 Climatronic 自动空调控制单元 J255 中没有安装座椅加热开关，读数为切断或接通。如果测得的座椅温度大于规定值且低于此座椅加热级别预设值，则座椅加热装置被打开（打开间隔介于关闭和打开温度之间）
		4. 右前座椅加热装置启动（座椅加热装置是选装件）	读数为未安装或空。在此 Climatronic 自动空调控制单元 J255 中没有安装座椅加热开关，读数为切断或接通。如果测得的座椅温度大于规定值且低于此座椅加热级别预设值，则座椅加热装置被打开（打开间隔介于关闭和打开温度之间）
	数据说明： 如果交流发电机发电不足，座椅加热装置的启动可以通过车载电源控制单元 J519 终止（显示组034）		

（续）

数据组号	显示区位置	显示内容	标准值
027	读取测量数据块 027 1　2　3　4	1. Climatronic 自动空调控制单元 J255 左前座椅加热初级设置（座椅加热装置是选装件）	读数为未安装或空。在此 Climatronic 自动空调控制单元 J255 中未安装座椅加热开关。读数 0～3，基本型 读数 0～6，舒适型。读数取决于左前座椅加热级别预设值
		2. —	—
		3. 左前座椅温度传感器 G344 测得的左前座椅温度	读数为未安装或空。在不带加热型座椅的车辆中 读数为 ××℃。在带有加热型座椅的车辆中
		4. 由 Climatronic 自动空调控制单元 J255 根据预设值计算的左前座椅规定温度	读数为未安装或空。在不带加热型座椅的车辆中读数为 ××℃。根据预设座椅加热级别显示温度，显示的温度规格根据 Climatronic 自动空调控制单元 J255 的版本确定（精确数值由软件确定） 由 Climatronic 自动空调控制单元 J255 根据预设值计算左前座椅规定温度： （1）基本型 ① 级别 0（座椅加热装置关闭），大约 0℃ ② 级别 1，大约 19℃ ③ 级别 2，大约 31℃ ④ 级别 3，大约 44℃ （2）舒适型 ① 级别 0（座椅加热装置关闭），大约 0℃ ② 级别 1，大约 13℃ ③ 级别 2，大约 19℃ ④ 级别 3，大约 30℃ ⑤ 级别 4，大约 38℃ ⑥ 级别 5，大约 47℃ ⑦ 级别 6，大约 60℃
028	读取测量数据块 028 1　2　3　4	1. Climatronic 自动空调控制单元 J255 中的右前座椅加热第一级（座椅加热装置是选装件）	读数为未安装或空。在此 Climatronic 自动空调控制单元 J255 中未安装座椅加热开关 读数 0～3，基本型 读数 0～6，舒适型 读数取决于右前座椅加热级别预设值
		2. —	—

（续）

数据组号	显示区位置	显示内容	标准值
028	读取测量数据块 028 1 2 3 4	3. 右前座椅温度传感器 G345 测得的右前座椅温度	读数为未安装或空。在不带加热型座椅的车辆中 读数为××℃。在带有加热型座椅的车辆中
		4. Climatronic 自动空调控制单元 J255 计算的基于右前座椅预设值的温度规格	读数为未安装或空。在不带加热型座椅的车辆中 读数为××℃。根据预设座椅加热级别显示各座椅加热级别的不同规定温度，可以在显示区 4 中的显示组 27 中找到
029	读取测量数据块 029 1 2 3 4	1. 便捷系统数据总线接收的打开辅助加热器/通风的信号 仅适用于带无线遥控辅助加热器的车辆 信息由附加加热器控制单元 J364 发送至 Climatronic 自动空调控制单元 J255	读数为切断。当前没有从附加加热器控制单元 J364 处接收到打开辅助加热器/通风的信号 读数为接通。当前从附加加热器控制单元 J364 处接收到打开辅助加热器/通风的信号
		2. 由数据总线接收的关闭辅助加热器/通风的信号 仅适用于带有无线遥控辅助加热器的车辆 信息由附加加热器控制单元 J364 发送至 Climatronic 自动空调控制单元 J255	读数为切断。当前没有从附加加热器控制单元 J364 处接收到关闭辅助加热器/通风的信号 读数为接通。当前从附加加热器控制单元 J364 处接收到关闭辅助加热器/通风的信号
		3. 附加加热信号请求状态（适用于带柴油机的车辆） 数据通过便捷系统数据总线与相应的发动机控制单元进行交换 必须在附加加热器控制单元 J364 中通过匹配功能取消附加加热功能 此功能取决于 Climatronic 自动空调控制单元 J255 的编码和匹配	读数为接通。Climatronic 自动空调控制单元 J255 请求附加加热输出 读数为切断。Climatronic 自动空调控制单元 J255 不请求附加加热输出
		4. 仅适用于带柴油机的车辆 数据通过便捷系统数据总线与相应的发动机控制单元进行交换 此功能取决于 Climatronic 自动空调控制单元 J255 的编码和 MMI 的设置以及 Climatronic 自动空调控制单元 J255 的匹配	读数为×× 显示组 029 的显示区 4 中的读数消失 数据分析： ① 读数为 00 或 10。车辆装备汽油发动机，Climatronic 自动空调控制单元 J255 不请求附加加热输出。没有切断状态，Climatronic 自动空调控制单元 J255 请求附加加热输出

（续）

数据组号	显示区位置	显示内容	标准值
029	读取测量数据块 029 1 2 3 4	4. 仅适用于带柴油机的车辆 数据通过便捷系统数据总线与相应的发动机控制单元进行交换 此功能取决于 Climatronic 自动空调控制单元 J255 的编码和 MMI 的设置以及 Climatronic 自动空调控制单元 J255 的匹配	② 读数为 01 或 11。冷却液温度高于 80℃（大约），Climatronic 自动空调控制单元 J255 不请求附加加热输出 ③ 读数为 05 或 15。发动机未运行。Climatronic 自动空调控制单元 J255 不请求附加加热输出 ④ 读数为 06 或 16。在 Climatronic 自动空调控制单元中或在 MMI 上设置了 Econ（经济）模式，因此 Climatronic 自动空调控制单元 J255 不请求附加加热输出 ⑤ 读数为 07 或 17。Climatronic 自动空调控制单元关闭（设置为切断模式），因此 Climatronic 自动空调控制单元 J255 不请求附加加热输出 ⑥ 读数为 08 或 18。由 Climatronic 自动空调控制单元 J255 计算或经数据总线接收的环境温度高于 5℃，因此 Climartonic 自动空调控制单元 J255 不请求附加加热输出 ⑦ 读数为 20。在 Climatronic 自动空调控制单元中设置了两侧（左侧和右侧）温度，不通过附加加热输出即可获得，因此 Climatronic 自动空调控制单元 J255 不请求附加加热输出 ⑧ 读数为 30。在 MMI（多媒体接口）上，附加加热功能关闭，因此 Climatronic 自动空调控制单元 J255 不请求附加加热输出
030	读取测量数据块 030 1 2 3 4	1. 显示区空 用于从加装的辅助加热器至 Climatronic 自动空调控制单元 J255（插头 D 触点 11）的打开信号	读数为 0 或切断。功能没有按规定匹配或没有电压，因此没有输入信号 读数为 1 或接通。功能按规定匹配或有电压，输入处有加装的辅助加热器的一个正信号

（续）

数据组号	显示区位置	显示内容	标准值
030	读取测量数据块030 1 2 3 4	2. 信号由数据总线接收并传递，以打开辅助加热器/通风 只适用于带工厂安装的辅助加热器的车辆 信息在仪表板控制单元J285、附加加热器控制单元J364和Climatronic自动空调控制单元J255之间交换	读数为00。没有辅助加热/通风请求 读数为01。有辅助加热请求 读数为10。有辅助通风请求
		3. 在辅助加热/通风模式下，由数据总线接收到打开新鲜空气鼓风机V2的信号(只适用于带工厂安装的辅助加热器的车辆) 信息在附加加热器控制单元J364和Climatronic自动空调控制单元J255之间交换，右前座椅温度传感器G345测得右前座椅温度(℃)	读数为切断。在辅助加热/通风模式下，没有来自附加加热器控制单元J364的打开新鲜空气鼓风机V2的请求 读数为接通。在辅助加热/通风模式下，附加加热器控制单元J364请求Climatronic自动空调控制单元J255打开新鲜空气鼓风机
		4. Climatronic自动空调控制单元J255计算出的辅助加热器最大允许持续打开时间(只适用于带工厂安装的辅助加热器的车辆)	读数为0s。辅助加热器切断(未安装辅助加热器) 读数为1～3650s。在经过这么多秒钟后，辅助加热器最后由Climatronic自动空调控制单元J255切断
031	读取测量数据031 1 2 3 4	1. 在辅助加热/通风模式下，从便捷系统数据总线上接收的MMI(多媒体接口)上设置的定时器功能的切换状态 信息在MMI(多媒体接口)、附加加热器控制单元J364和Climatronic自动空调控制单元J255之间交换	读数为00。在MMI(多媒体接口)上，定时器功能未启动，没有发送打开辅助加热器/通风的请求 读数为01。在MMI(多媒体接口)上，定时器功能启动，发送打开辅助加热器/通风的请求 读数为02。在MMI(多媒体接口)上，定时器功能消失，发送关闭辅助加热器/通风的请求 读数为03。在MMI(多媒体接口)上存储一故障或定时器功能信号有故障，不能打开辅助加热器/通风或被关闭
		2. Climatronic自动空调控制单元J255的操作状态基于从便捷系统数据总线接收的MMI(多媒体接口)设置定时器功能的切换状态。只适用于带工厂安装的辅助加热器的车辆 信息在MMI(多媒体接口)、附加加热器控制单元J364和Climatronic自动空调控制单元J255之间交换	读数为××。显示组031的显示区2中的读数消失 读数为00。在MMI上，定时器功能未启动，不发送打开辅助加热器/通风的请求 读数为01。在MMI上，定时器功能启动，在预设时间发送打开辅助加热器/通风的请求(由Climatronic自动空调控制单元J255决定辅助加热/通风) 读数为02。当前此功能未使用

（续）

数据组号	显示区位置	显示内容	标准值
031	读取测量数据 031 1　2　3　4	2. Climatronic 自动空调控制单元 J255 的操作状态基于从便捷系统数据总线接收的 MMI（多媒体接口）设置定时器功能的切换状态。只适用于带工厂安装的辅助加热器的车辆 信息在 MMI（多媒体接口）、附加加热器控制单元 J364 和 Climatronic 自动空调控制单元 J255 之间交换	读数为 03。在 MMI 上，定时器功能启动，发送打开辅助加热器的请求 读数为 04。在 MMI 上，定时器功能启动，发送辅助通风的请求 读数为 05。当前此功能未使用。用于在低环境温度下，发动机冷机时打开辅助加热器，将冷却液快速加热（待提供） 读数为 06。在 MMI 上，定时器功能在预设时间内消失或不再启动
		3. 辅助加热模式下的热输出请求 只适用于带工厂安装的辅助加热器的车辆，此功能仅在点火开关打开时有效信息经由便捷系统数据总线在 MMI（多媒体接口）、附加加热器控制单元 J364 和 Climatronic 自动空调控制单元 J255 之间交换	读数为 0 或 00。辅助加热器可以被打开或保持打开 读数为 1 或 01。Climatronic 自动空调控制单元 J255 向附加加热器控制单元 J364 发送切换至控制暂停模式的请求
		4. 发送至仪表板控制单元 J285 的打开辅助通风标记的请求 只适用于带工厂安装的辅助加热器的车辆信息经由便捷系统数据总线在仪表板控制单元 J285 和 Climatronic 自动空调控制单元 J255 之间进行交换	读数为 0。Climatronic 自动空调控制单元 J255 不向仪表板控制单元 J285 发送打开辅助通风标记的请求 读数为 1。Climatronic 自动空调控制单元 J255 向仪表板控制单元 J285 发送打开辅助通风标记的请求
032	读取测量数据块 032 1　2　3　4	1. 由数据总线接收的指定点火钥匙的信号 信息在便捷系统 CAN 进入和启动授权控制单元 J518 和 Climatronic 自动空调控制单元 J255 之间进行交换	读数为 0。点火开关被一个没有指定的钥匙打开 读数为 1～4。点火开关由存储在相应的控制单元中的钥匙在位置 1、2、3 或 4 打开
		2. 由数据总线接收到的通过指纹（指纹，单触式存储器）指定驾驶人的信号 单触式存储器系统是选装件（待提供）	读数为 0。车辆未安装单触式存储器或系统没有/未曾检测到指纹 读数为 1～4。检测到指纹，在位置 1、2、3 或 4 指定给驾驶人
		3. 从数据总线接收到的启用点火钥匙的信号 信息在便捷系统 CAN 进入和启动授权控制单元 J518 和 Climatronic 自动空调控制单元 J255 之间进行交换	读数为 1。点火开关由此车辆启用的钥匙打开 读数为 0。点火开关关闭或点火开关由此车辆未启用的钥匙打开
		4. —	—

（续）

数据组号	显示区位置	显示内容	标准值
033	读取测量数据块033 1　2　3　4	1. 在发动机运转的状态下，由数据总线最后接收到的切断用电设备的请求 也要注意显示组034和035中的读数	读数为0。没有从能量管理控制单元J644接收到请求 读数为1～3。从能量管理控制单元J644接收到一个完全切断用电设备的请求 读数为4。目前未使用的读数为5～7。能量管理控制单元J644接收到一个降低用电设备功率输出的请求
		2. 由数据总线接收到的倒数第二个切断用电设备的请求	读数为0或1～7
		3. 由数据总线接收到的倒数第二个切断用电设备的请求	读数为0或1～7
		4. 附加加热器(附加加热器加热元件Z35)的触发，只与配备柴油发动机的车辆有关(在配备汽油发动机的车辆中,目前没有安装附加加热器并且没有可选装的辅助加热器的触发。数据经数据总线与相应的发动机控制单元进行交换)	读数为00。Climatronic自动空调控制单元J255不发送请求发动机控制单元不启动附加加热器的信号 读数为01。Climatronic自动空调控制单元J255发送请求发动机控制单元启动附加加热器1级的信号 读数为10。Climatronic自动空调控制单元J255发送请求发动机控制单元启动附加加热器2级的信号
034	读取测量数据块034 1　2　3　4	1. 发动机停机时，数据总线最后接收到的切断用电设备的请求	读数为0。没有从能量管理控制单元J644或附加加热器控制单元J364接收到请求 读数为1～3、5或7。从能量管理控制单元J644接收到完全切断或降低用电设备功率输出的请求 读数为4。车辆在传输模式时，接收到完全切断用电设备的请求 读数为6。在辅助加热/通风模式下，能量管理控制单元J644或附加加热器控制单元J364测量到不正常电压
		2. 从数据总线接收到的用电设备电流应急切断信号，例如：车辆电气系统电压突然降低	读数为0。没有从能量管理控制单元J644接收到请求 读数为1～7。从能量管理控制单元J644接收到完全切断或降低用电设备功率输出的请求

（续）

数据组号	显示区位置	显示内容	标准值
034	读取测量数据块 034 1 2 3 4	3. 从数据总线接收到的车辆电气系统电量利用率 由能量管理控制单元 J644 计算出的电量利用率	读数为 0。交流发电机未限速，产生与消耗相当的电量 读数为 1～3。交流发电机电量未耗尽，有足够的用电设备储备量，1 级为 100W，2 级为 200W，3 级为 300W 读数为 4。交流发电机过载，目前正在消耗的电量比产生的至少多 400W 读数为 5～7。交流发电机电量被完全利用或稍过载，目前正在消耗的电量大于正在产生的电量，7 级为 100W，6 级为 200W，5 级为 300W
		4. 从数据总线接收到的电流消耗控制状态	读数为 0。能量管理控制单元 J644 传递电压调节器未启动信号 读数为 1。能量管理控制单元 J644 传递电压调节器启动信号。请求 Climatronic 自动空调控制单元 J255 控制连接的用电设备，由 Climatronic 自动空调控制单元 J255 控制的部件的电量消耗不超过 600W
035	读取测量数据块 035 1 2 3 4	1. 从空调系统数据总线（Lin 总线）接收到的启动加热型风窗玻璃 Z2 的状态显示 加热型风窗玻璃 Z2 经加热型风窗玻璃控制单元 J505 由 Climatronic 自动空调控制单元 J255 通过数据总线（Lin 总线）启动	读数为 0。能量管理控制单元 J644 传递电压调节器未启动信号，要打开加热型风窗玻璃 Z2，不必对其功率输出进行限制 读数为 254。能量管理控制单元 J644 传递电压调节器启动信号，可能只能在功率下降的情况下打开加热型风窗玻璃 Z2 读数为 255。能量管理控制单元 J644 传递电压调节器启动信号，车辆电气系统过载，加热型风窗玻璃 Z2 不得启动
		2. 加热型座椅启动状态显示	读数为××××××××（消失）
		3. 在最后 3 个驱动循环内从数据总线接收到的紧急切断次数（由于车辆电气系统过载而切断用电设备的请求） 一个驱动循环从起动发动机开始，到关闭发动机结束 发动机起动时电压降被忽略	读数为 0。没有从能量管理控制单元 J644 接收到请求 读数为 1～×××。从能量管理控制单元 J644 接收到请求 也要注意显示组 033 和 034 中的读数

（续）

数据组号	显示区位置	显示内容	标准值
035	读取测量数据块035 1　2　3　4	4. 发动机停机时，最后的切断用电设备的起动请求状态显示（降低空载电流消耗，以保护车辆蓄电池）	读数为0。没有从能量管理控制单元J644接收到请求 读数为1~7。此切断状态是从能量管理控制单元J644接收到的
036	读取测量数据块036 1　2　3　4	1. 便捷系统数据总线的操作状态	读数为双线。便捷系统数据总线在双线模式（标准）下运行 便捷系统数据总线上传递的信息在两个输入线（CAN高和CAN低）上都能接收 读数为单线。便捷系统数据总线在单线模式（紧急运行模式）下运行。便捷系统数据总线上传递的信息在一个输入线（CAN高或CAN低）上能接收
		2. —	—
		3. —	—
		4. —	—
037	读取测量数据块037 1　2　3　4	1. 网络管理版本号 便捷系统数据总线的工作级别	例如：V3.17c6-AC-V2.6.10（取决于Climatronic自动空调控制单元J255的版本）
		2. —	—
		3. 用于Climatronic自动空调控制单元J255中的通信矩阵版本（待提供）	Climatronic自动空调控制单元J255数据级别，在该级别中，信息经便捷系统数据总线发送并由其他控制单元请求（待提供）
		4. —	—
038	读取测量数据块038 1　2　3　4	1. Climatronic自动空调控制单元J255计算出的乘客室相对空气湿度（%）	读数仅适用于带Climatronic自动空调控制单元J255（舒适型）的车辆 读数为0%~100%（规格）。此数值由Climatronic自动空调控制单元J255经测量和预设温度进行计算 带有Climatronic自动空调控制单元J255（基本型）的车辆，此数值未计算 读数为空
		2. 集成有湿度传感器的Climatronic自动空调控制单元J255的测量值	此传感器仅安装在带有Climatronic自动空调控制单元J255（舒适型）的车辆上 读数为0%~100%（实际数值） 带基本规格Climatronic自动空调控制单元J255的车辆未安装传感器 读数为空
		3. —	—
		4. —	—

（续）

数据组号	显示区位置	显示内容	标准值
039	读取测量数据块 039 1　2　3　4	1. 从便捷系统中央控制单元 J393 接收到的倒档接合信息 信息通过便捷系统中央控制单元 J393 在数据总线系统上传送	读数为切断。倒档未接合 读数为接通。倒档接合
		2. —	—
		3. —	—
		4. —	—
040	读取测量数据块 040 1　2　3　4	1. —	—
		2. Climatronic 自动空调控制单元 J255 计算的左侧热调节阀 N175 的打开时间(%) 阀在无负荷时打开(断电)	读数为 100%（阀保持打开,例如驾驶人侧温度预设为 Hi） 读数为 1% ~99%（阀在闭环控制模式下被激活） 读数为 0%（阀保持关闭,例如驾驶人侧温度预设为 Lo）
		3. Climatronic 自动空调控制单元 J255 计算的右侧热调节阀 N176 的打开时间(%) 阀在无负荷时打开(断电)	读数为 100%（阀保持打开,例如驾驶人侧温度预设为 Hi） 读数为 1% ~99%（阀在闭环控制模式下被激活） 读数为 0%（阀保持关闭,例如驾驶人侧温度预设为 Lo）
		4. 冷却液再循环泵 V50 由 Climatronic 自动空调控制单元 J255 触发	读数为切断(泵未启用,例如驾驶人和乘客侧温度预设为 Lo) 读数为接通(泵根据环境温度启动,例如驾驶人和乘客侧温度预设值高于 Lo)
042	读取测量数据块 042 1　2　3　4	1. 新鲜空气鼓风机控制单元 J126 制造商序列号。序列号经空调系统数据总线(Lin 总线)传送到 Climatronic 自动空调控制单元 J255	读数为××××××××。取决于新鲜空气鼓风机控制单元 J126 的版本
		2. —	—
		3. —	—
		4. —	—
043	读取测量数据块 043 1　2　3　4	1. —	—
		2. —	—
		3. 新鲜空气鼓风机控制单元 J126 中的电子装置的实际温度(℃) 温度经空调系统数据总线(Lin 总线)传送到 Climatronic 自动空调控制单元 J255	读数低于 100℃。显示新鲜空气鼓风机控制单元 J126 输出级的温度
		4. 新鲜空气鼓风机 V2 和新鲜空气鼓风机控制单元 J126 的状态 状态经空调系统数据总线(Lin 总线)传送到 Climatronic 自动空调控制单元 J255	读数为××××××××

（续）

数据组号	显示区位置	显示内容	标准值
044	读取测量数据块044 1　2　3　4	1. 经过新鲜空气鼓风机V2的实际电流 经过新鲜空气鼓风机V2的电流由新鲜空气鼓风机控制单元J126调节并经空调系统数据总线（Lin总线）传递到Climatronic自动空调控制单元J255	读数为0～××A。电流由0A逐步调节到25A左右
		2. 新鲜空气鼓风机V2通过带太阳电池天窗进行操作的操作时间 只适用于带太阳电池天窗（选装件）的车辆。操作时间由Climatronic自动空调控制单元J255计算	读数为0h。不带太阳电池天窗的车辆 读数为0～×××××h。读数取决于带Climatronic自动空调控制单元J255的车辆暴露在阳光下的时间
		3. 新鲜空气鼓风机V2的实际电压 电压值由新鲜空气鼓风机控制单元J126计算并经空调系统数据总线（Lin总线）传递到Climatronic自动空调控制单元J255	读数为0～12.5V，电压由0V逐步调节到12.5V左右
		4. 新鲜空气鼓风机V2的规定电压 电压值由新鲜空气鼓风机控制单元J126计算并经空调系统数据总线（Lin总线）传递到Climatronic自动空调控制单元J255	读数为0～12.5V，电压由0V逐步调节到12.5V左右
045	读取测量数据块045 1　2　3　4	1. 风窗玻璃被加热时的规定输出 仅适用于带加热型风窗玻璃的车辆（待提供） 输出数值由加热型风窗玻璃控制单元J505计算并经空调系统数据总线（Lin总线）传递到Climatronic自动空调控制单元J255	读数为0～××××W
		2. 风窗玻璃被加热时的实际输出 仅适用于带加热型风窗玻璃的车辆（待提供） 输出数值由加热型风窗玻璃控制单元J505计算并经空调系统数据总线（Lin总线）传送到Climatronic自动空调控制单元J255	读数为0～××××W
		3. 新鲜空气鼓风机控制单元J126中的电子装置的实际温度 温度经空调系统数据总线（Lin总线）传送到Climatronic自动空调控制单元J255	读数为0～×××℃

（续）

数据组号	显示区位置	显示内容	标准值
045	读取测量数据块 045 1　2　3　4	4. 加热型风窗玻璃 Z2 和加热型风窗玻璃控制单元 J505 的状态 仅适用于带加热型风窗玻璃的车辆（待提供） 状态经空调系统数据总线（Lin 总线）传送到 Climatronic 自动空调控制单元 J255	读数为×××××××× 数据分析 读数为×××××××× 读数为 00000000，加热型风窗玻璃控制单元 J505 中无故障 读数为 0。无故障 读数为 1。此故障存在，可能的故障类型的分配 读数为 00000001。加热型风窗玻璃控制单元 J505 电压过低（低于 11.5V） 读数为 00000010。加热型风窗玻璃控制单元 J505 电压过高（高于 16.5V） 读数为 0V0000100。加热型风窗玻璃控制单元 J505 中的电子装置的温度过高 读数为 00001000。加热型风窗玻璃 Z2 中的加热器元件的电阻过高（导线电阻过高或车窗破裂） 读数为 00010000。加热型风窗玻璃 Z2 中的加热器元件的电阻过低（加热器元件与车身之间可能短路） 读数为 00100000。加热型风窗玻璃 Z2 中的加热器元件的电阻过低（加热型风窗玻璃控制单元 J505 或至加热型风窗玻璃 Z2 的导线可能短路） 读数为 01000000。当前未使用 读数为 10000000。加热型风窗玻璃控制单元 J505 中的电子装置的故障
046	读取测量数据块 046 1　2　3　4	1. 加热型风窗玻璃 Z2 电阻下限 仅适用于带加热型风窗玻璃的车辆（待提供） 电阻值由加热型风窗玻璃控制单元 J505 计算并经空调系统数据总线（Lin 总线）传送到 Climatronic 自动空调控制单元 J255	读数为 0Ω。未安装加热型风窗玻璃控制单元 J505 或至加热型风窗玻璃 Z2 的导线短路 读数为 0.5～2.5Ω。电阻正常 读数大于 2.5Ω。至加热型风窗玻璃 Z2 的导线内有接触电阻
		2. 加热型风窗玻璃 Z2 电阻上限 仅适用于带加热型风窗玻璃的车辆（待提供） 电阻值由加热型风窗玻璃控制单元 J505 计算并经空调系统数据总线（Lin 总线）传送到 Climatronic 自动空调控制单元 J255	读数为 0Ω。未安装加热型风窗玻璃控制单元 J505 读数为 2.5～4.0Ω。电阻正常读数大于 4.0Ω。至加热型风窗玻璃 Z2 的导线内有接触电阻或未安装加热型风窗玻璃控制单元 J505 如果触发后电阻大于 4.0Ω，则加热型风窗玻璃 Z2 不能获得额定功率输出

（续）

数据组号	显示区位置	显示内容	标准值
046	读取测量数据块 046 1 2 3 4	3. 加热型风窗玻璃 Z2 的实际电阻值 仅适用于带加热型风窗玻璃的车辆（待提供） 输出数值由加热型风窗玻璃控制单元 J505 经空调系统数据总线（Lin 总线）传送到 Climatronic 自动空调控制单元 J255	读数为 0.5～4.0Ω 如果触发后电阻大于 4.0Ω，则加热型风窗玻璃 Z2 不能获得额定功率输出
		4. —	—
047	读取测量数据块 047 1 2 3 4	1. 新鲜空气鼓风机控制单元 J126 的硬件版本 硬件版本经空调系统数据总线（Lin 总线）传送到 Climatronic 自动空调控制单元 J255	—
		2. 新鲜空气鼓风机控制单元 J126 的软件版本 软件版本经空调系统数据总线（Lin 总线）传送到 Climatronic 自动空调控制单元 J255	—
		3. 加热型风窗玻璃控制单元 J505 的硬件版本 硬件版本经空调系统数据总线（Lin 总线）传送到 Climatronic 自动空调控制单元 J255 仅适用于带加热型风窗玻璃的车辆	—
		4. 加热型风窗玻璃控制单元 J505 的软件版本 软件版本经空调系统数据总线（Lin 总线）传送到 Climatronic 自动空调控制单元 J255 仅适用于带加热型风窗玻璃的车辆	—
050	读取测量数据块 050 1 2 3 4	1. Climatronic 自动空调控制单元 J255 的代码 1，发动机缸数、发动机类型和国家变量编码（代码 1 表）	读数为××××××0
		2. Climatronic 自动空调控制单元 J255 的代码 2，Climatronic 自动空调控制单元 J255 车身变量和特定选装件编码	读数为×××××××××
		3. Climatronic 自动空调控制单元 J255 的代码 3，燃油喷射方式和特定选装件的编码	读数为××××××××
		4. Climatronic 自动空调控制单元 J255 的硬件版本	读数为××

（续）

数据组号	显示区位置	显示内容	标准值
051	读取测量数据块 051 1　2　3　4	1. 空气电离模块 J707 的触发规定值 仅适用于带空气电离系统的车辆（待提供） 在不带空气电离模块 J707 的车辆中，此显示区未使用	读数为空。在不带空气电离模块 J707 的车辆中，此显示区未使用 读数为××。可以通过 Climatronic 自动空调控制单元 J255 的匹配功能改变规定值
		2. 空气电离模块 J707 的实际触发值 仅适用于带空气电离系统的车辆（待提供）	读数为 0%～100%。实际数值通过空气电离模块 J707 经由空调系统数据总线（Lin 总线）传递到 Climatronic 自动空调控制单元 J255 读数为空。在不带空气电离模块 J707 的车辆中，此显示区未使用
		3. 空气电离模块 J707 的实际触发电压值 仅适用于带空气电离系统的车辆（待提供）	读数为 0～××V。实际电压通过空气电离模块 J707 经由空调系统数据总线（Lin 总线）传递到 Climatronic 自动空调控制单元 J255 读数为空。在不带空气电离模块 J707 的车辆中，此显示区未使用
		4. 空气电离模块 J707 的状态 状态经空调系统数据总线（Lin 总线）传送到 Climatronic 自动空调控制单元 J255	读数为×××××××× 读数为空。在不带空气电离模块 J707 的车辆中，此显示区未使用
			数据分析 读数为×××××××× 读数为 00000000，空气电离模块 J707 无故障 读数为 0，无故障 读数为 1，此故障已被检测到 读数为×××××××1，空气电离模块 J707 电压过低（低于 11.5V） 读数为××××××1×，空气电离模块 J707 电压过高（高于 16.5V） 读数为×××××1××，当前未使用 读数为××××1×××，当前未使用 读数为×××1××××，当前未使用 读数为××1×××××，当前未使用 读数为×1××××××，当前未使用 读数为 1×××××××，故障在空气电离模块 J707 的电子装置中

（续）

数据组号	显示区位置	显示内容	标准值
052	读取测量数据块 052 1　2　3　4	1. 空气电离模块 J707 的硬件和软件版本。硬件和软件版本经由空调系统数据总线（Lin 总线）传送到 Climatronic 自动空调控制单元 J255	读数为×××× 在不带空气电离模块 J707 的车辆中，此显示区未使用，读数为空
		2. 空气电离模块 J707 的制造商序列号。序列号经空调系统数据总线（Lin 总线）传送到 Climatronic 自动空调控制单元 J255	读数为×××× 在不带空气电离模块 J707 的车辆中，此显示区未使用，读数为空
		3. 空气电离模块 J707 被 Climatronic 自动空调控制单元 J255 触发的操作时间 仅适用于带空气电离系统的车辆（待提供） 操作时间值由 Climatronic 自动空调控制单元 J255 计算。通电时间由空气电离模块 J707 经空调系统数据总线（Lin 总线）传递	读数为 0～×××××h 在不带空气电离模块 J707 的车辆中，此显示区未使用，读数为空
		4. —	—
053	读取测量数据块 053 1　2　3　4	1. 冷却液循环泵 V50 的脉冲数实际值 冷却液循环泵 V50 传递每转的规定脉冲数。Climatronic 自动空调控制单元 J255 通过它计算冷却液循环泵 V50 的转速	读数为 350～650Hz。实际值取决于施加到 Climatronic 自动空调控制单元 J255 上的电压
		2. 冷却液循环泵 V50 的脉冲数下限 脉冲数下限由 Climatronic 自动空调控制单元 J255 计算	读数为 200～350Hz。下限取决于施加到 Climatronic 自动空调控制单元上 J255 的电压
		3. 冷却液循环泵 V50 的脉冲数上限 脉冲数上限由 Climatronic 自动空调控制单元 J255 计算	读数为 650～800Hz。上限取决于施加到 Climatronic 自动空调控制单元 J255 上的电压
		4. 冷却液循环泵 V50 由 Climatronic 自动空调控制单元 J255 启用	读数为切断。泵未启用，例如驾驶人侧和乘客侧温度预设为 Lo 读数为接通。泵启用，取决于环境温度，例如驾驶人或乘客侧温度预设高于 Lo
054	读取测量数据块 054 1　2　3　4	1. 制冷剂回路压力（$1bar=10^5Pa$） 通过来自制冷剂压力/温度传感器 G395 的信号由 Climatronic 自动空调控制单元 J255 计算 制冷剂压力经空调系统数据总线（Lin 总线）传递到 Climatronic 自动空调控制单元 J255	读数为 0～3.3MPa（0～33bar）。制冷剂回路中的允许压力值在显示组 1 中给出

（续）

数据组号	显示区位置	显示内容	标准值
054	读取测量数据块054 1　2　3　4	2. 制冷剂回路中制冷剂的温度（℃） 通过来自制冷剂压力/温度传感器G395的信号由Climatronic自动空调控制单元J255计算 制冷剂温度经空调系统数据总线（Lin总线）传递到Climatronic自动空调控制单元J255	读数为-100~150℃。使用R134a制冷剂的空调，在制冷剂回路中，温度和压力之间有特定关系。但是，若回路中没有充足的制冷剂，则在空调打开时温度会不成比例地升高
		3. 制冷剂压力/温度传感器G395的硬件和软件版本 硬件和软件版本经空调系统数据总线（Lin总线）传送到Climatronic自动空调控制单元J255	读数为××××
		4. 制冷剂压力/温度传感器G395的状态 状态经空调系统数据总线（Lin总线）传送到Climatronic自动空调控制单元J255	读数为0000××××（消失）
069	读取测量数据块069 1　2　3　4	1. Climatronic自动空调控制单元J255的结构状态	不用于维修
		2. —	—
		3. —	—
		4. —	—
071	读取测量数据块071 1　2　3　4	1. 内置到Climatronic自动空调控制单元J255中的左侧温度控制旋钮的设置	读数为1~5。最大制冷位置 读数为30~40。最大加热位置
		2. 内置到Climatronic自动空调控制单元J255中的气流分配控制旋钮的设置 此显示区的规定值是引导数值。实际数值可能因Climatronic自动空调控制单元J255的版本而不同	读数为1~5。向脚部空间送风设置 读数为19~23。向仪表板通风口送风设置 读数为24。设置A，气流分配自动控制
		3. 内置到Climatronic自动空调控制单元J255中的新鲜空气鼓风机转速控制旋钮 此显示区的规定值是引导数值。实际数值可能因Climatronic自动空调控制单元J255的版本而不同	读数为1。设置A，新鲜空气鼓风机转速自动控制 读数为2~5。新鲜空气鼓风机低速设置 读数为20~30。新鲜空气鼓风机全速设置
		4. 内置到Climatronic自动空调控制单元J255中的右侧温度控制旋钮	读数为1~5。最大制冷位置 读数为30~40。最大加热位置

（续）

数据组号	显示区位置	显示内容	标准值
072	读取测量数据块072 1　2　3　4	1. 计算出左侧规定流出温度（℃） 取决于左侧温度控制旋钮的设置 此显示区的规定值是引导数值。实际数值可能因Climatronic自动空调控制单元J255的版本而不同	读数为14～30℃。读数取决于控制旋钮的设置、测量的环境温度和乘客室温度
		2. 计算出右侧规定流出温度（℃） 取决于右侧温度控制旋钮的设置 此显示区的规定值是引导数值。实际数值可能因Climatronic自动空调控制单元J255的版本而不同	读数为14～30℃。读数取决于控制旋钮的设置、测量的环境温度和乘客室温度
		3. —	—
		4. —	—
073	读取测量数据块073 1　2　3　4	1. 计算出左侧规定流出温度（℃） 取决于左侧温度控制旋钮的设置 此显示区的规定值是引导数值。实际数值可能因Climatronic自动空调控制单元J255的版本而不同	读数为1～50。最大制冷位置 读数为220～254。最大加热位置
		2. 内置到Climatronic自动空调控制单元J255中的气流分配控制旋钮的原始设置 此显示区的规定值是引导数值。实际数值可能因Climatronic自动空调控制单元J255的版本而不同	读数为1～50。向脚部空间送风设置 读数为220～254。自动设置
		3. 内置到Climatronic自动空调控制单元J255中的新鲜空气鼓风机转速控制旋钮的原始设置 此显示区的规定值是引导数值。实际数值可能因Climatronic自动空调控制单元J255的版本而不同	读数为1～50。自动设置 读数为220～254。新鲜空气鼓风机全速设置
		4. 内置到Climatronic自动空调控制单元J255中的右侧温度控制旋钮的原始设置 此显示区的规定值是引导数值。实际数值可能因Climatronic自动空调控制单元J255的版本而不同	读数为1～50。最大制冷位置 读数为220～254。最大加热位置
074	读取测量数据块074 1　2　3　4	1. 内置到Climatronic自动空调控制单元J255中的左侧温度控制旋钮在生产中得出的最低学习数值 此显示区的规定值是引导数值。实际数值可能因Climatronic自动空调控制单元J255的版本而不同	读数为1～50。最大制冷位置

（续）

数据组号	显示区位置	显示内容	标准值
074	读取测量数据块 074 1 2 3 4	2. 内置到 Climatronic 自动空调控制单元 J255 中的气流分配控制旋钮在生产中得出的最低学习数值	读数为 1 ~ 50。向脚部空间送风设置
		3. 内置到 Climatronic 自动空调控制单元 J255 中的新鲜空气鼓风机转速控制旋钮在生产中得出的最低学习数值 此显示区的规定值是引导数值。实际数值可能因 Climatronic 自动空调控制单元 J255 的版本而不同	读数为 1 ~ 50。设置 A，新鲜空气鼓风机转速自动控制
		4. 内置到 Climatronic 自动空调控制单元 J255 中的右侧温度控制旋钮在生产中得出的最低学习数值 此显示区的规定值是引导数值。实际数值可能因 Climatronic 自动空调控制单元 J255 的版本而不同	读数为 1 ~ 50。最大制冷位置
075	读取测量数据块 075 1 2 3 4	1. 内置到 Climatronic 自动空调控制单元 J255 中的左侧温度控制旋钮在生产中得出的最高学习数值 此显示区的规定值是引导数值。实际数值可能因 Climatronic 自动空调控制单元 J255 的版本而不同	读数为 220 ~ 254。最大加热位置
		2. 内置到 Climatronic 自动空调控制单元 J255 中的气流分配控制旋钮在生产中得出的最高学习数值 此显示区的规定值是引导数值。实际数值可能因 Climatronic 自动空调控制单元 J255 的版本而不同	读数为 220 ~ 254。自动设置
		3. 内置到 Climatronic 自动空调控制单元 J255 中的新鲜空气鼓风机转速控制旋钮在生产中得出的最高学习数值 此显示区域的规定值是引导数值。实际数值可能因 Climatronic 自动空调控制单元 J255 的版本而不同	读数为 220 ~ 254。新鲜空气鼓风机全速设置
		4. 内置到 Climatronic 自动空调控制单元 J255 中的右侧温度控制旋钮在生产中得出的最高学习数值 此显示区域的规定值是引导数值。实际数值可能因 Climatronic 自动空调控制单元 J255 的版本而不同	读数为 220 ~ 254。最大加热位置

（续）

数据组号	显示区位置	显示内容	标准值
077	读取测量数据块 077 1　2　3　4	1. 内置到 Climatronic 自动空调控制单元 J255 中的温度传感器测量值(℃)	读数为 -100 ~ 155℃
		2. 内置到 Climatronic 自动空调控制单元 J255 中的亮度传感器的测量值(%)	读数为 0% ~ 100%。测量值取决于亮度传感器上的光照。阳光直射到 Climatronic 自动空调控制单元 J255 上时，内置传感器的温度测量值(显示区 1 中的读数)有误差
		3. 由 Climatronic 自动空调控制单元 J255 计算的乘客室参考温度 参考温度根据温度/亮度传感器测量值计算(显示区 1 和 2)	读数为 -100 ~ 155℃
		4. 由 Climatronic 自动空调控制单元 J255 计算的乘客室温度 乘客室温度根据各种测量值，如温度/亮度传感器(显示区 1 和 2)的测量值、测得的流出温度和操作时间等进行计算	读数为 -100 ~ 155℃
078	读取测量数据块 078 1　2　3　4	1. 由 Climatronic 自动空调控制单元 J255 计算的启用左侧热调节阀 N175 的代码数字	读数为 -70 ~ 155℃。代码数字取决于预设温度、测得的环境温度和流出温度等
		2. 由 Climatronic 自动空调控制单元 J255 计算的启用右侧热调节阀 N176 的代码数字	读数为 -70 ~ 155℃。代码数字取决于预设温度、测得的环境温度和流出温度等
		3. 由 Climatronic 自动空调控制单元 J255 计算的左侧规定流出温度代码数字	读数为 -70 ~ 155℃。计算出的规定温度代码数字取决于预设温度、测得的环境温度和流出温度等
		4. 由 Climatronic 自动空调控制单元 J255 计算的右侧规定流出温度代码数字	读数为 -70 ~ 155℃。计算出的规定温度代码数字取决于预设温度、测得的环境温度和流出温度等

十、新奥迪 A6L 舒适系统数据流

新奥迪 A6L 舒适系统数据流见表 6-17。

表 6-17　新奥迪 A6L 舒适系统数据流

数据组号	显示区位置	显示内容	标准值
001	读取测量数据块 001 1　2　3　4	1. 驾驶人车门触点开关	车门打开/车门关闭/无信息交换
		2. 驾驶人中控门锁内部按钮	锁止/解锁/未按下/无信息交换
		3. 驾驶人反馈锁止	锁止/解锁/无信息交换
		4. 驾驶人反馈锁止	安全/不安全/无信息交换

（续）

数据组号	显示区位置	显示内容	标准值
002	读取测量数据块 002 1　2　3　4	1. 前排乘客车门触点开关	车门打开/车门关闭/无信息交换
		2. 前排乘客中控门锁内部按钮	锁止/解锁/未按下/无信息交换
		3. 前排乘客反馈锁止	锁止/解锁/无信息交换
		4. 前排乘客反馈锁止	安全/不安全/无信息交换
003	读取测量数据块 003 1　2　3　4	1. 左后车门触点开关	车门打开/车门关闭/无信息交换
		2. 左后中控门锁内部按钮	车门打开/车门关闭/无信息交换
		3. 左后反馈锁止	锁止/解锁/无信息交换
		4. 左后反馈锁止	安全/不安全/无信息交换
004	读取测量数据块 004 1　2　3　4	1. 右后车门触点开关	车门打开/车门关闭/无信息交换
		2. 右后中控门锁内部按钮	锁止/解锁/未按下/无信息交换
		3. 右后反馈锁止	锁止/解锁/无信息交换
		4. 右后反馈锁止	安全/不安全/无信息交换
005	读取测量数据块 005 1　2　3　4	1. 车窗升降器标准化	0000(DD/PD/RL/RR)
		2. 车窗升降器过热保护	0000(DD/PD/RL/RR)
		3. 车内监控器切断按钮	按下/未按下/无信息交换
		4. 倾斜传感器切断按钮	按下/未按下/无信息交换
006	读取测量数据块 006 1　2　3　4	1. 驾驶人车门尾门遥控释放按钮	按下/未按下/无信息交换
		2. 尾门触点开关	尾门打开/尾门关闭
		3. 尾门轻触按钮	按下/未按下
		4. 后窗玻璃破裂防盗警报	未检测/检测/未安装
007	读取测量数据块 007 1　2　3　4	1. 启用天窗	开/关
		2. 行李箱灯	开/关
		3. 顶灯	开/关
		4. 尾门钥匙开关	关闭/未按下
008	读取测量数据块 008 1　2　3　4	1. 车速信号	0～255(km/h)/无信息交换/无读数
		2. 发动机转速	0～9999(r/min)/无信息交换/无读数
		3. 内部温度	-50～77℃/无信息交换
		4. 燃油箱盖检测	未检测/检测到/未安装
009	读取测量数据块 009 1　2　3　4	1. S 触点	开/关/无信息交换
		2. 端子 15(硬件输入)	端子 15 开/端子 15 关
		3. 端子 15(CAN)	端子 15 开/端子 15 关/无信息交换
		4. —	—
010	读取测量数据块 010 1　2　3　4	1. 右侧端子 30	允许范围 8.5～15.5V
		2. 左侧端子 30	允许范围 8.5～15.5V
		3. 后窗加热器	后部接通/后部切断
		4. 发动机罩触点开关	发动机罩打开/发动机罩关闭/无信息交换

（续）

数据组号	显示区位置	显示内容	标准值
011	读取测量数据块011 1 2 3 4	1. 左/右倒车灯	左/右
		2. 左/右转向信息指示灯	左/右
		3. 左/右后雾灯	左/右
		4. 左/右尾灯	左/右
012	读取测量数据块012 1 2 3 4	1. 端子54	000（HW Te54/Te54 CAN/制动测试开关）
		2. 制动ESP	00（HW ECD制动器/CAN ECD制动器）
		3. 制动灯	左/中/右
		4. 车库门开关输入	开/关
013	读取测量数据块013 1 2 3 4	1. 后卷帘	关/开/未安装
		2. 行李箱电动锁闩	锁止/解锁
		3. 碰撞检测	是/否
		4. 切断进程检测	1~6
014	读取测量数据块014 1 2 3 4	1. 车内传感器状态	未安装/无信息交换/启动/未启动
		2. —	—
		3. —	—
		4. —	—
015	读取测量数据块015 1 2 3 4	1. 反馈音响	未安装/无信息交换/启动/未启动
		2. —	—
		3. —	—
		4. —	—
016	读取测量数据块016 1 2 3 4	1. 倒数第一个警报源	0~15 数据说明：0：驾驶人车门触点；1：前排乘客车门触点；2：左后车门触点；3：右后车门触点；4：发动机罩触点；5：尾门触点；6：端子15；7：车内监控器；8：非授权钥匙；9：智能警报，导线监控；10：倾斜传感器；11：驾驶人车门控制单元；12：前排乘客车门控制单元；13：左后车门控制单元；14：右后车门控制单元；15：后窗破裂
		2. 倒数第二个警报源	
		3. 倒数第三个警报源	
		4. 倒数第四个警报源	
018	读取测量数据块018 1 2 3 4	1. 发声器，倒数第一个警报触发器	0~3 0：无警报触发器 1：CSCU警报触发器 2：通信中断，接地断路 3：电源电压断路
		2. 发声器，倒数第二个警报触发器	
		3. 发声器，倒数第三个警报触发器	
		4. 发声器，警报触发计数器	0~15

（续）

数据组号	显示区位置	显示内容	标准值
019	读取测量数据块 019 1 2 3 4	1. 车内监控器，第一个警报触发器	0～3 0：无警报 1：车辆关闭警报 2：车窗打开警报 3：风扇运转警报
		2. 车内监控器，第二个警报触发器	
		3. 车内监控器，第三个警报触发器	
		4. 车内监控器，第四个警报触发器	
020	读取测量数据块 020 1 2 3 4	1. FPI User ID	—
		2. 钥匙号	无钥匙进入
		3. —	—
		4. —	—

十一、新奥迪 A6L 无钥匙起动控制单元数据流

新奥迪 A6L 无钥匙起动控制单元数据流见表 6-18。

表 6-18　新奥迪 A6L 无钥匙起动控制单元数据流

数据组号	显示区位置	显示内容	标准值
001	读取测量数据块 001 1 2 3 4	1. 端子 15	接通/断开
		2. —	—
		3. 端子 75X	接通/断开
		4. 端子 50	接通/断开
002(起动/停止开关 E408)	读取测量数据块 002 1 2 3 4	1. 开关打开	开/关
		2. 起动开关	开/关
		3. 停止开关	开/关
		4. KAPA	代码位 4～7：无需考虑；代码位 3：HR；代码位 2：VR；代码位 1：HL；代码位 0：VL
003	读取测量数据块 003 1 2 3 4	1. Key In(EIL 数据)	开/关
		2. 端子 15(EIL 数据)	开/关
		3. 端子 50(EIL 数据)	开/关
		4. —	—
004	读取测量数据块 004 1 2 3 4	1. 接通(EIL 数据)	开/关
		2. 起动(EIL 数据)	开/关
		3. 停止(EIL 数据)	开/关
		4. 制动(EIL 数据)	开/关
005	读取测量数据块 005 1 2 3 4	1. 当前恢复缓冲区	—
		2. 恢复数据 0	—
		3. 恢复数据 1	—
		4. —	—

（续）

数据组号	显示区位置	显示内容	标准值
006	读取测量数据块006 1　2　3　4	1. 串行总线	—
		2. 端子15R	接通/断开
		3. 端子75X	接通/断开
		4. 端子50R	接通/断开
数据说明：TG：尾门；CL：中控门锁；ID：标识			
007	读取测量数据块007 1　2　3　4	1. 电源电压(V)	—
		2. 端子15驾驶人输出(V)	—
		3. 端子75X驾驶人输出(V)	—
		4. 端子50驾驶人输出(V)	—
008	读取测量数据块008 1　2　3　4	1. —	—
		2. 开关锁止1	未按下/按下
		3. 开关锁止2	未按下/按下
		4. 开关解锁	未按下/按下
009	读取测量数据块009 1　2　3　4	1. 开关发动机1	未按下/按下
		2. 开关发动机2	未按下/按下
		3. 端子15/PL	开/关
		4. K50/Key In	开/关
010	读取测量数据块010 1　2　3　4	1. 跨接起动计数器	—
		2. 解锁计数器	—
		3. —	—
		4. 预设等待时间(Elv Drv)	—
011	读取测量数据块011 1　2　3　4	1. 标识传感器	代码位4～7：(0＝标识传感器未知)；代码位3：蓄电池(1＝低)；代码位2：打开；代码位1：后；代码位0：关闭
		2. RRC	代码位7：错误响应；代码位6：无响应；代码位5：车辆定位器错误；代码位4：CAN车辆定位器；代码位3：CAN总线紧急警告；代码位2：CAN总线后；代码位1：CAN总线关闭；代码位0：CAN总线已打开
		3. RSSI	进行操作时，将标识传感器直接固定到风窗玻璃上
		4. —	—
022	读取测量数据块022 1　2　3　4	1. —	—
		2. —	—
		3. —	—
		4. 匹配钥匙的数量	—

（续）

数据组号	显示区位置	显示内容	标准值
023	读取测量数据块 023 1　2　3　4	1. 验证正常	是/否
		2. 发动机控制单元已授权	是/否
		3. 钥匙标识已授权	是/否
		4. IMM（Immobiliser，防起动锁）	状态： 0：带端原状态 1：带端新状态 20：带端已编程 2X：带端 X. ECU 已学（1≤X≤4） 30：带端 ESL（Electric Steering Lock，电子转向锁）已学习 3X：带端 X-TH 钥匙已匹配 6：防起动锁已匹配
024	读取测量数据块 024 1　2　3　4	1. 注册块 IMM（Immobiliser，防起动锁） 注册（min）	—
		2. 剩余自由起动次数	—
		3. 驾驶起用	—
		4. 带端超时	—
025	读取测量数据块 025 1　2　3　4	1. 警告文本	—
		2. 信息文本	—
		3. 高级钥匙错误信息	—
		4. —	—
026	读取测量数据块 026 1　2　3　4	1. RSA	LZM 错误
		2. RSA	ASV HF 错误
		3. RSA	ASV LF 错误
		4. 高级钥匙	验证总次数
027	读取测量数据块 027 1　2　3　4	1. 电容传感器锁定时间	—
		2. 配置伪触发（Kapa）	—
		3. 当前计数器取伪触发	—
		4. —	—
050（智能负载模块（ILM）CAN 总线数值）	读取测量数据块 050 1　2　3　4	1. CAN 总线上接收的数值（LIM 尾门主锁）	开/关
		2. CAN 总线上接收的数值（LIM 内部已锁止）	开/关
		3. CAN 总线上接收的数值（LIM 外部已锁止）	开/关
		4. CAN 总线上接收的数值（LIM 外部安全）	开/关

（续）

数据组号	显示区位置	显示内容	标准值
051(来自车门控制单元(DCU)的驾驶员车门CAN总线数值)	读取测量数据块051 1　2　3　4	1. CAN总线上接收的数值(驾驶人车门控制单元已打开)	开/关
		2. CAN总线上接收的数值(驾驶人车门控制单元已锁止)	开/关
		3. CAN总线上接收的数值(驾驶人车门控制单元安全)	开/关
		4. —	—
052(来自车门控制单元(DCU)的前排乘客车门CAN总线数值)	读取测量数据块052 1　2　3　4	1. CAN总线上接收的数值(前排乘客车门控制单元已打开)	开/关
		2. CAN总线上接收的数值(前排乘客车门控制单元已锁止)	开/关
		3. CAN总线上接收的数值(DCU前排乘客车门安全)	开/关
		4. —	—
053(来自车门控制单元(DCU)的左后车门CAN总线数值)	读取测量数据块053 1　2　3　4	1. CAN总线上接收的数值(左后车门控制单元已打开)	开/关
		2. CAN总线上接收的数值(左后车门控制单元已锁止)	开/关
		3. CAN总线上接收的数值(左后车门控制单元安全)	开/关
		4. —	—
054(来自车门控制单元(DCU)的右后车门CAN总线数值)	读取测量数据块054 1　2　3　4	1. CAN总线上接收的数值(右后车门控制单元已打开)	开/关
		2. CAN总线上接收的数值(右后车门控制单元已锁止)	开/关
		3. CAN总线上接收的数值(右后车门控制单元安全)	开/关
		4. —	—
055(来自车门控制单元(DCU)的CAN总线数值)	读取测量数据块055 1　2　3　4	1. CAN总线上接收的数值(驾驶人车门控制单元正在打开)	0%~100%
		2. CAN总线上接收的数值(前排乘客车门控制单元正在打开)	0%~100%
		3. CAN总线上接收的数值(左后车门控制单元正在打开)	0%~100%
		4. CAN总线上接收的数值(右后车门控制单元正在打开)	0%~100%

数据说明：

DD：驾驶人车门；PD：前排乘客车门；RL：左后车门；HR：右后车门；ILM：便捷(智能负载模块)；TG：尾门；DCU：车门控制单元；TSS：倾斜/滑动天窗

（续）

数据组号	显示区位置	显示内容	标准值
057(诊断)	读取测量数据块 057 1　2　3　4	1. CAN 总线上接收的数值(诊断 1 未学计数器)	—
		2. CAN 总线上接收的数值(诊断 1 路程错误位)	开/关
		3. CAN 总线上接收的数值(诊断 1 时间错误位)	开/关
		4. —	—
数据说明： MILEAGE：英里；TIME：时间			
058(日期)	读取测量数据块 058 1　2　3　4	1. CAN 总线上接收的数值诊断 1	小时:分钟:秒　日.月.年
		2. —	—
		3. —	—
		4. —	—
080	读取测量数据块 080 1　2　3　4	1. ESG 标识 ENT Block1 制造商工厂编号和标识(7 位) 制造日期：dd：mm：yy(8 位) 制造商更改状态(8 位) 制造商测试状态(4 位) 制造商系列(4 位)	—
		2. —	—
		3. —	—
		4. —	—
081	读取测量数据块 081 1　2　3　4	1. ESG 标识 ENT Block2 底盘号(17 位,字母数字) 模块号或系列号(14 位,字母数字) 型号测试编号(空)	—
		2. —	—
		3. —	—
		4. —	—
082	读取测量数据块 082 1　2　3　4	1. ESG 标识 ENT Block3 闪烁工具编码(FTC)(13 位,字母数字) 闪烁日期 dd：mm：yy(8 位,字母数字) 硬件模块(3 位,字母数字) 硬件分类键(2 位,字母数字) 软件模块(3 位,字母数字) 软件分类键(2 位,字母数字)	—
		2. —	—
		3. —	—
		4. —	—

（续）

数据组号	显示区位置	显示内容	标准值
090	读取测量数据块 090 1 2 3 4	1. CAN 总线上接收的数值（GATEWAY _ 2Engine _ 1 _ old）	—
		2. CAN 总线上接收的数值（GATEWAY _ 2 离合器开关）	开/关
		3. CAN 总线上接收的数值（GATEWAY _ 2 制动灯开关）	开/关
		4. CAN 总线上接收的数值（GATEWAY _ 2 制动测试开关）	开/关
091	读取测量数据块 091 1 2 3 4	1. —	—
		2. CAN 总线上接收的数值（GATEWAY _ 1 变速杆位置）	开/关
		3. CAN 总线上接收的数值（GATEWAY _ 1 Brake _ 1 _ old）	开/关
		4. CAN 总线上接收的数值（GATEWAY _ 1 Gearbox _ 1 _ old）	开/关
128	读取测量数据块 128 1 2 3 4	1. 端子 S	接通/断开
		2. —	—
		3. 端子 P	接通/断开
		4. —	—
129	读取测量数据块 129 1 2 3 4	1. —	—
		2. P	接通/断开
		3. PN	激活/未激活
		4. —	—
数据说明： S：起动信号；P：停车信号；N：P/N 档信号；高级钥匙：免钥匙进入系统			
137	读取测量数据块 137 1 2 3 4	1. 当前锁止电压	—
		2. 预设最小锁止电压	—
		3. —	—
		4. —	—
数据说明： BGW：防起动锁识别号			
177	读取测量数据块 177 1 2 3 4	1. CAN 总线上接收的数值（ILM 后 1Softtouch 按下）	开/关
		2. —	—
		3. —	—
		4. —	—

（续）

数据组号	显示区位置	显示内容	标准值
178	读取测量数据块 178 1 2 3 4	1. CAN 总线上接收的数值（驾驶人车门钥匙开关关闭）	开/关
		2. CAN 总线上接收的数值（驾驶人车门控制按钮按下）	开/关
		3. CAN 总线上接收的数值（驾驶人车门控制单元锁止按钮）	开/关
		4. —	—
179	读取测量数据块 179 1 2 3 4	1. —	—
		2. CAN 总线上接收的数值（前排乘客车门控制按钮按下）	开/关
		3. CAN 总线上接收的数值（前排乘客车门控制单元锁止按钮）	开/关
		4. —	—
180	读取测量数据块 180 1 2 3 4	1. —	—
		2. CAN 总线上接收的数值（左后车门控制单元控制按钮按下）	开/关
		3. CAN 总线上接收的数值（左后车门控制单元锁止按钮）	开/关
		4. —	—
181	读取测量数据块 181 1 2 3 4	1. —	—
		2. CAN 总线上接收的数值（右后车门控制单元控制按钮按下）	
		3. CAN 总线上接收的数值（右后车门控制单元锁止按钮）	
		4. —	—

数据说明：

DD：驾驶人车门；PD：前排乘客车门；RL：左后车门；HR：右后车门；ILM：便捷系统；TG：尾门；DCU：车门控制单元；ACAN：传动系统总线（CAN）

十二、新奥迪 A6L 蓄电池管理控制器系统数据流

新奥迪 A6L 蓄电池管理控制器系统数据流见表 6-19。

表 6-19　新奥迪 A6L 蓄电池管理控制器系统数据流

数据组号	显示区位置	显示内容	标准值
001	读取测量数据块 001 1 2 3 4	1. 规定的发电机电压	—
		2. 蓄电池电压	—
		3. DF 信号（Dynamic Field，动态区域，数字用发电机激励百分数表示）	—
		4. 负载响应时间	在 0s 和 9s 之间，默认：0s

（续）

数据组号	显示区位置	显示内容	标准值
002	读取测量数据块002 1　2　3　4	1. 温度测量，总线	—
		2. 温度估算，蓄电池	—
		3. 应急切断	可能读数： ① 用电设备切断0，表示用电设备切断未激活 ② 用电设备切断1，表示用电设备切断激活
		4. 无负载电流切断级	可能读数： ① 无负载电流，切断级0（无负载电流切断级未激活） ② 无负载电流，切断级1 ③ 无负载电流，切断级2 ④ 无负载电流，切断级3 ⑤ 无负载电流，切断级4 ⑥ 无负载电流，切断级5 ⑦ 无负载电流，切断级6
003	读取测量数据块003 1　2　3　4	1. 蓄电池状态（%），对应于MMI的车辆菜单中的读数	—
		2. 内部电阻（蓄电池，单位mΩ）	—
		3. Q_V（数字，单位A_H，用于蓄电池的老化）	最大值 = 65025A_H
		4. —	—
004	读取测量数据块004 1　2　3　4	1. 流出或流入蓄电池的电流	-400 ~ 100A 正电流为发电机对蓄电池充电，负电流为蓄电池放电，也就是发电机未对蓄电池充电
		2. 平均无负载电流	0.01 ~ 1.00A 所有无负载电流测量值的平均值
		3. 总体能量平衡	-10000 ~ 55025A_H
		4. 总体电能	0 ~ 65025A_H
005	读取测量数据块005 1　2　3　4	1. 上次停车时间的平均无负载电流	—
		2. 上次停车时间的平均总电流	停车时间等于发动机关闭时间
		3. 上次停车持续时间	—
		4. 上次行驶持续时间	—
006	读取测量数据块006 1　2　3　4	1. 无负载电流增加状态下停车持续时间	若电流高于20mA，则无负载电流增加
		2. 上一行程的能量平衡	-120 ~ 120A_H
		3. 蓄电池的SOC	充电状态
		4. —	—

（续）

数据组号	显示区位置	显示内容	标准值
010	读取测量数据块 010 1 2 3 4	1. 规定的发电机电压	—
		2. DF 信号	—
		3. 发电机/能量管理控制单元 J644 接口	正常/不正常
		4. 发电机	正常/不正常

十三、新奥迪 A6L 组合仪表系统数据流

新奥迪 A6L 组合仪表系统数据流见表 6-20。

表 6-20 新奥迪 A6L 组合仪表系统数据流

数据组号	显示区位置	显示内容	标准值
001	读取测量数据块 001 1 2 3 4	1. 车速	0 ~ 325km/h 1km/h
		2. 发动机转速	0 ~ 16256r/min 1r/min
		3. 全损耗系统用油压力	120kPa(1.2bar)
		4. 时间	0:00 ~ 23:59 0:00 ~ 11:59 1min
002	读取测量数据块 002 1 2 3 4	1. 英里/公里计数器	655330km 10km
		2. 收音机时钟(测试模式)	—
		3. 燃油箱容量(指针读数)	0 ~ 126L 1L
		4. —	—
003	读取测量数据块 003 1 2 3 4	1. 冷却液温度	-48 ~ 142.5℃
		2. 静置时间	0 ~ 131068s 4s
		3. 变光信号 58d	0% ~ 100% 1%
		4. 变光信号 58s	0% ~ 100% 1%
004	读取测量数据块 004 1 2 3 4	1. 仪表板电源电压	ADC 最终值 0.1V
		2. 环境温度 NTC	-50.0 ~ 77.0℃ 0.5℃
		3. 环境温度 CAN(来自 AC)	-50.0 ~ 77.0℃ 0.5℃
		4. 环境温度读数	-50.0 ~ 77.0℃ 0.5℃
005	读取测量数据块 005 1 2 3 4	1. 保养周期超出里程	0 ~ 25500km 100km
		2. 保养超出时间	0 ~ 255d 1d
		3. 距离下次保养的剩余里程	0 ~ 200000km 100km
		4. 距离下次保养的剩余时间	0 ~ 2000d 1d
006	读取测量数据块 006 1 2 3 4	1. 保养周期内的 Min _ M2 全损耗系统用油位	×××× ~ ××××mL 0.2mL
		2. 保养周期内的 Min _ M2 全损耗系统用油位	×××× ~ ××××mL 0.2mL
		3. 长时间全损耗系统用油油位平均偏差	×××× ~ ××××mL 0.2mL
		4. 发动机罩触点	打开/关闭

（续）

数据组号	显示区位置	显示内容	标准值
007	读取测量数据块007 1　2　3　4	1. 保养周期内的Min _ M3全损耗系统用油油位	××××~××××mL　0.2mL
		2. 保养周期内的Min _ M3全损耗系统用油油位	××××~××××mL　0.2mL
		3. 快速全损耗系统用油油位平均偏差	××××~××××mL　0.2mL
		4. —	—
010	读取测量数据块010 1　2　3　4	1. 通道3	—
		2. 油耗校正	85%~115%　1%
		3. 通道4	—
		4. 语言变量	1~6　1
011	读取测量数据块011 1　2　3　4	1. 通道9	—
		2. 英里/公里计数器	0~655350km　10km
		3. 通道19	—
		4. 无线电时钟同步时间	0~50min　1min
012	读取测量数据块012 1　2　3　4	1. 通道40	—
		2. 上次保养后的行驶里程	0~200000km　100km
		3. 通道41	—
		4. 上次保养后的时间	0~2000d　1d
013	读取测量数据块013 1　2　3　4	1. 通道42	—
		2. 保养周期下限（W_{min}）	0~200000km　100km
		3. 通道43	—
		4. 保养周期上限（W_{max}）	0~200000km　100km
014	读取测量数据块014 1　2　3　4	1. 通道44	—
		2. 保养周期上限（t_{max}）	0~2000d　1d
		3. 通道43	—
		4. 保养周期下限（t_{min}）	0~2000d　1d
015	读取测量数据块015 1　2　3　4	1. 通道45	—
		2. 全损耗系统用油质量	1~2　1
		3. —	—
		4. —	—
016	读取测量数据块016 1　2　3　4	1. 通道47	—
		2. 总烟尘当量M_R	0~800000km　100km
		3. 通道48	—
		4. 总油耗当量M_V	0~800000km　100km

（续）

数据组号	显示区位置	显示内容	标准值
019	读取测量数据块 019 1　2　3　4	1. 通道 29	—
		2. 燃油箱传感器 2 的匹配值	90 ~ 160L　1/4L
		3. 通道 30	—
		4. 燃油箱传感器 1 的匹配值	90 ~ 160L　1/4L
020	读取测量数据块 020 1　2　3　4	1. 通道 35	—
		2. 发动机转速偏差临界全损耗系统用油压车警告	0 ~ 1000r/min　250r/min
		3. —	—
		4. —	—
021	读取测量数据块 021 1　2　3　4	1. 通道 38	—
		2. 全损耗系统用油最少量检测	0 ~ 1　1
		3. 通道 39	—
		4. 装有 Tog	0 ~ 1　1
026	读取测量数据块 026 1　2　3　4	1. 燃油箱传感器 1 0. ADC 结束	1Ω
		2. 燃油箱传感器 1	0 ~ 126L　1L
		3. 燃油箱传感器 2 0. ADC 结束	1Ω
		4. 燃油箱传感器 2	0 ~ 126L　1L
029	读取测量数据块 029 1　2　3　4	1. 使用的平均车轮周长（里程表）	0 ~ 65535mm　1mm
		2. 使用的最大车轮周长（车速表）	0 ~ 65535mm　1mm
		3. —	—
		4. —	—
120	读取测量数据块 120 1　2　3　4	1. 制动液插头	—
		2. 清洗液液位插头	—
		3. 冷却液插头	—
		4. 全损耗系统用油标尺插头（TOG）	—
121	读取测量数据块 121 1　2　3　4	1. 制动摩擦片磨损指示灯插头	—
		2. —	—
		3. —	—
		4. —	—
124	读取测量数据块 124 1　2　3　4	1. CAN 错误计数器	—
		2. 监控计数器（选装件）	—
		3. —	—
		4. —	—

（续）

数据组号	显示区位置	显示内容	标准值
125	读取测量数据块 125 1 2 3 4	1. 唤醒导线	0 ~ 1
		2. —	—
		3. —	—
		4. —	—
220	读取测量数据块 220 1 2 3 4	1. SDiff/1000	-32768 ~ 32767　1000mL
		2. ZDiff	0 ~ 65535　1
		3. —	—
		4. —	—
221	读取测量数据块 221 1 2 3 4	1. 理论保养周期	0 ~ 127000km　1000km
		2. 每年里程数	—
		3. 短时间平均液位偏差	-1890 ~ 1905mL　15mL
		4. 在汇总加液位值后	0 ~ 63　1
222	读取测量数据块 222 1 2 3 4	1. 最低保养周期下限	0 ~ 127000km　1000km
		2. 最高保养周期上限	0 ~ 127000km　1000km
		3. 最低保养周期下限	0 ~ 63 个月　1 个月
		4. 最高保养周期上限	0 ~ 63 个月　1 个月
223	读取测量数据块 223 1 2 3 4	1. 平均里程	0 ~ 375km　1km
		2. 里程平均值（最低行驶平均里程）	0 ~ 375km　25km
		3. 合计加注液位值偏差 Z. Dif	0 ~ 65535　1
		4. 最小值（得到的加注液位最小值）	0 ~ 65535　1
224	读取测量数据块 224 1 2 3 4	1. S _ Diff/Z. Diff（连续的 M2 值）	×××× ~ ××××mL　0.2mL
		2. 部件保护错误计数器	0 ~ 65535　1
		3. —	—
		4. —	—

十四、新奥迪 A6L 诊断接口控制单元数据流

新奥迪 A6L 诊断接口控制单元数据流见表 6-21。

表 6-21　新奥迪 A6L 诊断接口控制单元数据流

数据组号	显示区位置	显示内容	标准值
001	读取测量数据块 001 1 2 3 4	1. 仪表板唤醒导线—数据总线诊断接口	被动/主动
		2. 便捷系统数据总线	无读数/总线空闲
		3. 信息娱乐系统数据总线	无读数/总线空闲
		4. 传动系统数据总线	无读数/总线空闲

（续）

数据组号	显示区位置	显示内容	标准值
002	读取测量数据块002 1 2 3 4	1. 不相关	—
		2. —	—
		3. —	—
		4. 环路中断诊断导线的状态	0：低；1：高，约5V
125	读取测量数据块125 1 2 3 4	1. 发动机电子设备	无读数/0/1/S
		2. 变速器电子设备	无读数/0/1/S
		3. 制动电子设备	无读数/0/1/S
		4. 仪表板	无读数/0/1/S
126	读取测量数据块126 1 2 3 4	1. 发动机电子设备Ⅱ	无读数/0/1/S
		2. 安全气囊	无读数/0/1/S
		3. 动力转向	无读数/0/1/S
		4. 前照灯范围控制	无读数/0/1/S
127	读取测量数据块127 1 2 3 4	1. 驻车制动器	无读数/0/1/S
		2. 车距控制	无读数/0/1/S
		3. —	—
		4. —	—
130	读取测量数据块130 1 2 3 4	1. CAN便捷系统数据总线	单线/双线
		2. 中央电子设备	无读数/0/1/单线/S
		3. 便捷系统中央模块	无读数/0/1/单线/S
		4. 驾驶人车门电子设备	无读数/0/1/单线/S
131	读取测量数据块131 1 2 3 4	1. 前排乘客车门电子设备	无读数/0/1/单线/S
		2. 左后车门电子设备	无读数/0/1/单线/S
		3. 右后车门电子设备	无读数/0/1/单线/S
		4. 驾驶人座椅调节	无读数/0/1/单线/S
132	读取测量数据块132 1 2 3 4	1. 自动驻车系统	无读数/0/1/单线/S
		2. 后座椅调节	无读数/0/1/单线/S
		3. 轮胎压力监控	无读数/0/1/单线/S
		4. 转向盘电子设备	无读数/0/1/单线/S
133	读取测量数据块133 1 2 3 4	1. 蓄电池控制	无读数/0/1/单线/S
		2. 空调/加热器电子设备	无读数/0/1/单线/S
		3. 进入和起动授权	无读数/0/1/单线/S
		4. 驾驶人识别	无读数/0/1/单线/S
134	读取测量数据块134 1 2 3 4	1. 附加/辅助加热装置	无读数/0/1/单线/S
		2. 车顶电子设备	无读数/0/1/单线/S
		3. 中央电子设备Ⅱ	无读数/0/1/单线/S
		4. 挂车功能	无读数/0/1/单线/S

（续）

数据组号	显示区位置	显示内容	标准值
135	读取测量数据块 135 1 2 3 4	1. 前排乘客座椅调节	无读数/0/1/单线/S
		2. 后部空调控制	无读数/0/1/单线/S
		3. 专用功能	无读数/0/1/单线/S
		4. 尾门电子设备	无读数/0/1/单线/S
140	读取测量数据块 140 1 2 3 4	1. 收音机	无读数/0/1
		2. 导航系统	无读数/0/1
		3. 电话	无读数/0/1
		4. 声音控制	无读数/0/1
141	读取测量数据块 141 1 2 3 4	1. 声音系统	无读数/0/1
		2. 电视调谐器	无读数/0/1
		3. 应急呼叫模块	无读数/0/1
		4. 操作和显示单元	无读数/0/1
142	读取测量数据块 142 1 2 3 4	1. 后部操作和显示单元	无读数/0/1
		2. 左侧操作和显示单元	无读数/0/1
		3. 右侧操作和显示单元	无读数/0/1
		4. 媒体播放器位置 1	无读数/0/1
143	读取测量数据块 143 1 2 3 4	1. 媒体播放器位置 2	无读数/0/1
		2. 媒体播放器位置 3	无读数/0/1
		3. 媒体播放器位置 4	无读数/0/1
		4. —	—
144	读取测量数据块 144 1 2 3 4	1. 数字收音机调谐器	无读数/0/1
		2. 卫星收音机调谐器	无读数/0/1
		3. —	—
		4. —	—
200	读取测量数据块 200 1 2 3 4	1. —	—
		2. 端子 30 电压	无读数/0/1
		3. 端子 15 电压	无读数/0/1
		4. —	—

数据分析：

无读数：控制单元未在网关内编码；0：无信号/通信；1：信号/通信（若 CAN High 和 CAN Low 导线之间相互短路，则在传动系统数据总线的控制单元中也是这种状态）；休眠显示：控制单元准备休眠；单线：单线模式（只适用于便捷系统数据总线）；双线：双线模式。

第三节　桑塔纳 3000 数据流分析

上海大众桑塔纳 3000 发动机数据流读取

上海大众桑塔纳 3000 轿车发动机数据流见表 6-22。

表 6-22　桑塔纳 3000 轿车发动机数据流

<table>
<tr><th>显示组号</th><th>屏幕显示</th><th>显示区</th><th>显示内容</th><th>标准值</th></tr>
<tr><td rowspan="5">001
（基本功能）</td><td rowspan="4">读取测量数据块 001
1　2　3　4</td><td>1</td><td>发动机转速</td><td>790 ~ 850r/min</td></tr>
<tr><td>2</td><td>发动机负荷</td><td>1.0 ~ 2.5ms</td></tr>
<tr><td>3</td><td>节气门开度</td><td>0° ~ 5°</td></tr>
<tr><td>4</td><td>点火提前角</td><td>6°BTDC ~ 12°BTDC</td></tr>
<tr><td colspan="4">1. 数据分析：
（1）1 区：若小于 790r/min，则检查节气门控制部件，检查进气系统是否漏气；若大于 850r/min，则查询故障存储器，检查节气门控制部件，检查进气系统是否漏气
（2）2 区：①若小于 1.0ms，则较小的值会出现在以滑行方式驾驶的过程中。②若大于 2.5ms，则可能的原因：怠速抖动（不是所有气缸都运行），检查喷油器或火花塞；空气流量计有故障，查询故障存储器；节气门控制部件有故障，检查节气门控制部件；电气设备打开；转向盘在极限位置；自动变速器变速杆不在 P 或 N 位置
（3）3 区：大于 5°，发动机控制单元与节气门控制部件未匹配，节气门控制部件中的节气门电位计有故障，节气门拉索调整不当，节气门卡住
2. 数据说明：
测量时要求发动机怠速运转，冷却液温度高于 80℃</td></tr>
<tr><td rowspan="5">002
（基本功能）</td><td rowspan="4">读取测量数据块 002
1　2　3　4</td><td>1</td><td>发动机转速</td><td>770 ~ 830r/min</td></tr>
<tr><td>2</td><td>发动机负荷</td><td>1.0 ~ 2.5ms</td></tr>
<tr><td>3</td><td>发动机每循环喷油时间</td><td>2.0 ~ 5.0ms</td></tr>
<tr><td>4</td><td>进入的空气质量</td><td>2.0 ~ 4.0g/s</td></tr>
<tr><td colspan="4">1. 数据分析：
（1）2 区：
①小于 1.0ms，来自炭罐系统的燃油量过多，检查炭罐电磁阀；带较大流量的错误喷油器，检查喷油速度
② 大于 2.5ms，由于使用电器设备、空调等使发动机负荷升高，可排除负荷过高故障
（2）4 区：若小于 2.0g/s，则可能在进气歧管和空气流量计之间有大量的未计量的空气；若大于 4.0g/s，则变速杆（自动变速器车型）不在 P 位或 N 位，发动机负荷增大
2. 数据说明：
4 区：将显示由空气流量计测量出的进气量。在因节气门控制部件故障引起的紧急运行状态下，发动机以非恒定怠速转速运转，即以高怠速转速运转（1100 ~ 1300r/min），这时进气量为 4.5 ~ 5.5g/s。发动机控制单元识别出空气流量计有故障，将节气门电位计的替代值（g/s）显示出来</td></tr>
<tr><td rowspan="5">003
（基本功能）</td><td rowspan="4">读取测量数据块 003
1　2　3　4</td><td>1</td><td>发动机转速</td><td>770 ~ 830r/min</td></tr>
<tr><td>2</td><td>蓄电池电压</td><td>10.0 ~ 14.5V</td></tr>
<tr><td>3</td><td>冷却液温度</td><td>80 ~ 105℃</td></tr>
<tr><td>4</td><td>进气温度</td><td>-48 ~ 105℃</td></tr>
<tr><td colspan="4">数据分析：
（1）2 区：
①小于 10.0V，发电机有故障，蓄电池亏电严重，检查蓄电池和充电系统；蓄电池负荷过大（启动后充电电流过大或有额外负荷），可提高发动机转速几分钟并关闭用电设备；发动机控制单元电流供给和负极连接电阻太大，可检查发动机控制单元供电电压；点火开关关闭时漏电
②大于 14.5V，发电机电压调节器有故障，必要时更换；由于突然启动或快速充电而产生过电压，可查询故障存储器</td></tr>
</table>

（续）

显示组号	屏幕显示	显示区	显示内容	标准值
003 （基本功能）	（2）3区： ①小于80℃，发动机太冷，可进行试车检测；冷却液温度传感器或同发动机控制单元的连接导线有故障，可检查冷却液温度传感器或连接导线 ②大于105℃，散热器脏污，可清洁散热器；冷却风扇不工作，可检查冷却风扇；节温器有故障，可检查节温器；水泵有故障，可更换水泵；冷却液温度传感器或同发动机控制单元的连接导线有故障，可检查冷却液温度传感器或连接导线 （3）4区：若为恒定值19.5℃，则进气温度传感器有故障，可查询故障存储器			
004 （怠速控制）	读取测量数据块004 1　2　3　4	1	节气门开度	0°～5°
		2	怠速空气流量学习值（自动变速器变速杆在P或N位置）	−1.7～1.7g/s
		3	怠速空气流量学习值（手动变速器在空档/自动变速器在前进档）	手动变速器：0（不变） 自动变速器：0g/s
		4	工作状态（怠速、部分负荷、满负荷、加浓、滑行）	Ldling
	数据分析： 2区：若低于−1.7g/s，则节气门后有未被计量的空气；高于+1.7g/s，则负荷过高，进气区节流或有异物			
005 （怠速稳定）	读取测量数据块005 1　2　3　4	1	发动机转速（怠速运转）	770～830r/min
		2	发动机转速（怠速转速规定值）手动变速器	800r/min
		3	怠速进气量调节值（怠速调节器）	−10.0～10.0g/s
		4	进入的空气质量	2.0～2.9g/s
006 （怠速稳定）	读取测量数据块006 1　2　3　4	1	发动机怠速转速	770～830r/min
		2	怠速进气量调节值（怠速调节器）	−10.0%～10.0%
		3	λ调节器的调节值	−10.0%～10.0%
		4	点火提前角	6°BTDC～12°BTDC
	1. 数据分析： 3区：若超差（为负值），则混合气太浓，λ调节系统使混合气变稀，等30s，直到显示稳定；若超差（为正值），则混合气太稀，λ调节系统使混合气变浓。可能的原因：有未计量的空气，喷油器有故障，λ学习值为极限值 2. 数据说明： 3区：显示须在0%左右摆动，若恒定显示0%，则λ调节系统由调节状态切换为控制状态，因为λ调节系统有故障，查询故障存储器。λ调节系统工作状态参见数据组021显示区4			
007 （λ学习值）	读取测量数据块007 1　2　3　4	1	λ调节器调节值	−10.0%～10.0%
		2	λ调节器电压	0.000～1.100V
		3	炭罐电磁阀占空比	0%～99%
		4	燃油通风系统工作时λ校正系数	0.30～1.10

（续）

显示组号	屏幕显示	显示区	显示内容	标准值
007 （λ学习值）	数据说明： （1）2区：混合气浓（残余氧少）时电压为0.700～1.100V，混合气稀（残余氧多）时电压为0.000～0.300V。在由浓向稀变化时，电压将由0.700～1.100V变化到0.000～0.300V。由于电压急剧跳跃，λ调节系统不能使混合气保持在理想状态，不断在稍稀和稍浓的状态之间来回摆动。显示值应有时低于0.300V，有时高于0.600V。显示值低于0.450V表示稀，高于0.450V表示浓 （2）3区：百分比数值表示电磁阀控制状态，0%表示电磁阀完全关闭，99%表示电磁阀完全打开 （3）4区：当小于1.00时，燃油通风系统送出浓混合气，λ调节系统减少喷油时间；当等于1.00时，燃油通风系统未工作或送出标准混合气；当大于1.00时，燃油通风系统送出稀混合气，λ调节系统增加喷油时间			
008 （λ学习值）	读取测量数据块008 1　2　3　4	1	发动机每循环喷油时间	2.0～5.0ms
		2	怠速时λ学习值	−10.0%～10.0%
		3	部分负荷时λ学习值	−8.0%～8.0%
		4	燃油通风系统	Vactive or not Vactive or λ-adaptation
	1. 数据分析： （1）1区：小于2.0ms，燃油通风系统排气比例过高；大于5.0ms，发动机负荷过大 （2）2区和3区： ① 若λ学习值过低，则部分负荷时λ学习值正常，怠速时λ学习值低。可能的原因：全损耗系统用油被稀释（全损耗系统用油中的燃油过多），可在高速公路上行驶后更换全损耗系统用油；喷油器泄漏，检查喷油情况；燃油压力太高，检查燃油压力调节器；活性炭罐电磁阀1常开，检查活性炭罐电磁阀1；空气流量计有故障，检查空气流量计；氧传感器加热电路有故障或氧传感器脏污，检查氧传感器加热电路 ② 若λ学习值过高，则怠速时λ学习值高，部分负荷时λ学习值不是太高。可能的原因：在进气区域有未计量的空气，可检查进气系统；喷油器堵塞，检查喷油器 （3）4区：Vactive表示炭罐电磁阀动作，not Vactive表示活性炭罐电磁阀关闭，λ-adaptation表示活性炭罐电磁阀关闭，λ调节系统起作用 2. 数据说明： 2区和3区：较低的值表示混合气太浓，λ调节系统使之变稀；较高的值表示混合气太稀，λ调节系统使之变浓。若控制单元供电中断，则所有学习值都将被清除			
009 （λ学习值）	读取测量数据块009 1　2　3　4	1	发动机转速（怠速运转）	770～830r/min
		2	λ调节	−10.0%～10.0%
		3	氧传感器电压	0.000～1.100V
		4	怠速时λ学习值	−10.0%～10.0%

（续）

<table>
<tr><th>显示组号</th><th>屏幕显示</th><th>显示区</th><th>显示内容</th><th>标准值</th></tr>
<tr><td>009
（λ学习值）</td><td colspan="4">1. 数据分析：
3区：正常时电压应不断地在0.000～1.100V之间变化，若电压为0.000～0.300V，则排气中残余氧气太多，混合气过稀；若电压为0.700～1.100V，则排气中残余氧气太少，混合气过浓；若电压保持在0.450～0.500V，则表示氧传感器未工作
2. 数据说明：
（1）3区：混合气浓（残余氧少）时电压为0.700～1.100V，混合气稀（残余氧多）时电压为0.000～0.300V。在由浓变到稀时电压将由0.700～1.100V变到0.000～0.300V。由于电压急剧跳跃，λ调节系统不能使混合气保持在理想状态，不断在稍稀和稍浓的状态之间来回摆动。显示值必须有时低于0.300V，有时高于0.600V，显示值低于0.450V表示稀，高于0.450V表示浓
（2）4区：较低的值表示混合气太浓，λ调节系统使之变稀；较高的值表示混合气太稀，λ调节系统使之变浓。若控制单元供电中断则所有学习值都将被清除</td></tr>
<tr><td rowspan="5">010
（燃油通风）</td><td rowspan="4">读取测量数据块010
1 2 3 4</td><td>1</td><td>炭罐电磁阀占空比</td><td>0%～99%</td></tr>
<tr><td>2</td><td>燃油通风系统工作时λ校正系数</td><td>0.30～1.20</td></tr>
<tr><td>3</td><td>活性炭罐填充率</td><td>－3～32</td></tr>
<tr><td>4</td><td>ACF阀供给空气比例</td><td>0.0～0.3</td></tr>
<tr><td colspan="4">数据说明：
（1）1区：百分比数值表示电磁阀控制状态，0%表示电磁阀完全关闭，99%表示电磁阀完全打开
（2）2区：当小于1.00时，燃油通风系统送出浓混合气，λ调节系统减少喷油时间；当等于1.00时，燃油通风系统未工作或送出标准混合气；当大于1.00时，燃油通风系统送出稀混合气，λ调节系统增加喷油时间
（3）3区：显示－3，表示活性炭罐没有燃油蒸气；显示32时，表示炭罐充满燃油蒸气
（4）4区：显示0，表示ACF阀关闭；显示0.3，表示ACF阀供给空气比例为30%</td></tr>
<tr><td rowspan="5">011（油耗）</td><td rowspan="4">读取测量数据块011
1 2 3 4</td><td>1</td><td>发动机转速（怠速运转）</td><td>770～830r/min</td></tr>
<tr><td>2</td><td>发动机负荷</td><td>1.0～2.5ms</td></tr>
<tr><td>3</td><td>行驶速度</td><td>0km/h</td></tr>
<tr><td>4</td><td>燃油消耗</td><td>0.5～1.5L/h</td></tr>
<tr><td colspan="4">数据说明：
（1）3区：检查速度信号
（2）4区：标准值仅适用于无辅助设备怠速运转情况，测量油耗值时，用L/100km不适合</td></tr>
<tr><td rowspan="4">012（油耗）</td><td rowspan="4">读取测量数据块012
1 2 3 4</td><td>1</td><td>发动机转速（怠速运转）</td><td>770～830r/min</td></tr>
<tr><td>2</td><td>蓄电池电压</td><td>10.0～14.5V</td></tr>
<tr><td>3</td><td>燃油消耗</td><td>0.5～1.5L/h</td></tr>
<tr><td>4</td><td>点火提前角</td><td>6°BTDC～12°BTDC</td></tr>
</table>

（续）

<table>
<tr><th>显示组号</th><th>屏幕显示</th><th>显示区</th><th>显示内容</th><th>标准值</th></tr>
<tr><td rowspan="4">013
（基本功能）</td><td rowspan="4">读取测量数据块 013
1 2 3 4</td><td>1</td><td>1 缸因爆燃控制点火提前角减小值</td><td>0°kW ~ 15°kW</td></tr>
<tr><td>2</td><td>2 缸因爆燃控制点火提前角减小值</td><td>0°kW ~ 15°kW</td></tr>
<tr><td>3</td><td>3 缸因爆燃控制点火提前角减小值</td><td>0°kW ~ 15°kW</td></tr>
<tr><td>4</td><td>4 缸因爆燃控制点火提前角减小值</td><td>0°kW ~ 15°kW</td></tr>
<tr><td rowspan="4">014
（爆燃控制）</td><td rowspan="4">读取测量数据块 014
1 2 3 4</td><td>1</td><td>发动机转速（怠速运转）</td><td>770 ~ 830r/min</td></tr>
<tr><td>2</td><td>发动机负荷</td><td>1.0 ~ 2.5ms</td></tr>
<tr><td>3</td><td>1 缸因爆燃控制点火提前角减小值</td><td>0°kW ~ 15°kW</td></tr>
<tr><td>4</td><td>2 缸因爆燃控制点火提前角减小值</td><td>0°kW ~ 15°kW</td></tr>
<tr><td rowspan="4">015
（爆燃控制）</td><td rowspan="4">读取测量数据块 015
1 2 3 4</td><td>1</td><td>发动机转速（怠速运转）</td><td>770 ~ 830r/min</td></tr>
<tr><td>2</td><td>发动机负荷</td><td>1.0 ~ 2.5ms</td></tr>
<tr><td>3</td><td>3 缸因爆燃控制点火提前角减小值</td><td>0°kW ~ 15°kW</td></tr>
<tr><td>4</td><td>4 缸因爆燃控制点火提前角减小值</td><td>0°kW ~ 15°kW</td></tr>
<tr><td rowspan="5">016
（爆燃控制）</td><td rowspan="4">读取测量数据块 016
1 2 3 4</td><td>1</td><td>1 缸爆燃传感器信号电压</td><td>0.3 ~ 1.4V</td></tr>
<tr><td>2</td><td>2 缸爆燃传感器信号电压</td><td>0.3 ~ 1.4V</td></tr>
<tr><td>3</td><td>3 缸爆燃传感器信号电压</td><td>0.3 ~ 1.4V</td></tr>
<tr><td>4</td><td>4 缸爆燃传感器信号电压</td><td>0.3 ~ 1.4V</td></tr>
<tr><td colspan="4">数据说明：
各缸爆燃传感器信号电压之差不应大于 50%。在猛踩节气门时，爆燃传感器信号电压最大可达 5.1V</td></tr>
<tr><td rowspan="4">017（催化器加热）</td><td rowspan="4">读取测量数据块 017
1 2 3 4</td><td>1</td><td>发动机转速</td><td>770 ~ 830r/min</td></tr>
<tr><td>2</td><td>发动机负荷（曲轴每转喷油时间）</td><td>1.0 ~ 2.5ms</td></tr>
<tr><td>3</td><td>催化器加热能量平衡</td><td>—</td></tr>
<tr><td>4</td><td>点火提前角</td><td>6°BTDC ~ 12°BTDC</td></tr>
<tr><td rowspan="5">018（海拔校正）</td><td rowspan="4">读取测量数据块 018
1 2 3 4</td><td>1</td><td>发动机转速</td><td>770 ~ 830r/min</td></tr>
<tr><td>2</td><td>发动机负荷（无海拔校正）</td><td>1.0 ~ 2.5ms</td></tr>
<tr><td>3</td><td>发动机负荷（有海拔校正）</td><td>—</td></tr>
<tr><td>4</td><td>按空气密度校正的海拔校正系数</td><td>-30% ~ 25%</td></tr>
<tr><td colspan="4">数据说明：
（1）3 区：没有规定值
（2）4 区：按空气密度校正的海拔高度校正系数：在海平面为 0%，在海拔 2000m 为 +20%</td></tr>
</table>

（续）

显示组号	屏幕显示	显示区	显示内容	标准值
019 （转矩减小）	读取测量数据块 019 1　2　3　4	1	发动机转速	770～830r/min
		2	发动机负荷（曲轴每转喷油时间）	1.0～2.5ms
		3	变速器档位信号	0（无挂档信号）
		4	点火提前角	6°BTDC～12°BTDC
020 （转矩减小）	读取测量数据块 020 1　2　3　4	1	发动机转速	770～830r/min
		2	变速器变速杆位置	手动：0 自动：P/R/N/D/3/2/1
		3	空调	A/C Low（空调关闭） A/C High（空调打开）
		4	空调压缩机	关闭或打开
021（λ调节系统工作状态）	读取测量数据块 021 1　2　3　4	1	发动机转速	770～830r/min
		2	发动机负荷（曲轴每转喷油时间）	1.0～2.5ms
		3	冷却液温度	80～105℃
		4	λ调节系统工作状态	工作或关闭
023（λ控制状态）	读取测量数据块 023 1　2　3　4	1	节气门控制部件工作状态	01000000
		2	节气门位置调节器最小值	72%～95%
		3	节气门位置调节器应急值	67%～83%
		4	节气门位置调节器最大值	18%～54%
	数据说明： 1区： 第一位：无意义 第二位：节气门电位计与节气门位置传感器匹配。0：未完成匹配；1：已完成匹配 第三位：无意义 第四位：节气门电位计最大停止位置调节过程。0：调节过程完成，调节正常；1：调节过程未完成，调节不正常 第五位：节气门电位计最小停止位置调节过程。0：调节过程完成，调节正常；1：调节过程未完成，调节不正常 第六位：节气门位置传感器最大停止位置调节过程。0：调节过程完成，调节正常；1：调节过程未完成，调节不正常 第七位：节气门位置传感器最小停止位置调节过程。0：调节过程完成，调节正常；1：调节过程未完成，调节不正常 第八位：无意义			
024	读取测量数据块 024 1　2　3　4	1	发动机转速	800～6800r/min
		2	发动机负荷	1.0～10.0ms
		3	点火提前角	12°BTDC～40°BTDC
		4	1～4缸点火延迟角	0°kW～72°kW

（续）

显示组号	屏幕显示	显示区	显示内容	标准值
025	读取测量数据块025 1 2 3 4	1	发动机工况	怠速
		2	调整偏差相位传感器(霍尔传感器)	−30°kW ~ 30°kW
		3	工作状态	×00
		4	激活的凸轮轴调整角	−3°kW ~ 21°kW
026	读取测量数据块026 1 2 3 4	1	发动机转速	0 ~ 6800r/min
		2	发动机负荷	0.0 ~ 10.0ms
		3	工作状态	×00
		4	激活的凸轮轴调整角	−3°kW ~ 21°kW
095	读取测量数据块095 1 2 3 4	1	发动机转速	770 ~ 830r/min
		2	发动机负荷	1.0 ~ 2.5ms
		3	点火提前角	6°BTDC ~ 12°BTDC
		4	冷却液温度	80 ~ 105℃
098(节气门控制部件匹配状态)	读取测量数据块098 1 2 3 4	1	节气门电位计电压	0 ~ 5V
		2	节气门电位计电压	0 ~ 5V
		3	工作状态	怠速、部分负荷
		4	匹配状态	正在匹配、匹配完成、匹配未完成或匹配错误
099(λ调节)	读取测量数据块099 1 2 3 4	1	发动机转速	820 ~ 900r/min
		2	冷却液温度	80 ~ 105℃
		3	λ调节	−10% ~ 10%
		4	λ调节系统工作状态	打开、关闭

第七章　丰田凯美瑞车系数据流分析

第一节　发动机数据流

1. 数据表

① 将发动机暖机。

② 将点火开关转到 OFF。

③ 将智能测试仪连接到 DLC3 上。

④ 将点火开关转到 ON，打开测试仪。

⑤ 选择以下菜单项目：Powertrain(传动系)/Engine and ECT(发动机和 ECT)/Data List(数据表)。

发动机数据流见表 7-1。

表 7-1　发动机数据流

智能测试仪显示项目	测量项目/范围	正常条件	诊断附注
Injector(喷油器)	1 号气缸的喷射时间： 最短：0 ms，最长：32.64 ms	1.92 ~ 3.37ms：怠速	—
IGN Advance(点火提前)	1 号气缸的点火正时提前： 最小：-64°，最大：63.5°	BTDC 5 ~ 15°：怠速	—
Calculate Load(计算出的负荷)	ECM 计算的负荷： 最小：0%，最大：100%	● 3.3% ~ 26.7%：怠速 ● 12% ~ 14.7%：无负荷时以 2500r/min 的转速运转	—
Vehicle Load *1(车辆负荷 *1)	车辆负荷： 最小：0%，最大：25，700%	实际车辆负荷	负荷百分比(最大进气量)
MAF(空气流量)	用空气流量计测定的空气流量： 最小：0g/s 最大：655.35g/s	● 0.58 ~ 4.67g/s：怠速 ● 3.33 ~ 9.17g/s：无负荷时以 2500r/min 的转速运转	如果约为 0.0g/s： ● 空气流量计电源电路存在开路 ● VG 电路存在开路或短路 如果为 160.0g/s 或更大： ● E2G 电路存在开路

（续）

智能测试仪显示项目	测量项目/范围	正常条件	诊断附注
Engine Speed（发动机转速）	发动机转速： 最小：0r/min， 最大：16383.75r/min	610～710r/min：怠速	—
Vehicle Speed（车速）	车速： 最小：0km/h，最大：255km/h	实际车速	车速表显示的车速
Coolant Temp（冷却液温度）	发动机冷却液温度： 最低：－40℃，最高：140℃	80～100℃：暖机后	● 如为－40℃：传感器电路存在开路 ● 如为140℃或更高：传感器电路存在短路
Intake Air（进气）	进气温度： 最低：－40℃，最高：140℃	相当于环境空气温度	● 如为－40℃：传感器电路存在开路 ● 如为140℃或更高：传感器电路存在短路
Air-Fuel Ratio（空燃比）	和理论值相比的空燃比： 最小：0，最大：1999	0.8～1.2：怠速	● 小于1（0～0.999）＝过稀 ● 理论空燃比＝1 ● 数值高于1（1.001～1.999）＝过浓
Purge Density Learn Value（净化浓度习得值）	净化浓度习得值： 最小：－50，最大：350	－40～10：怠速	—
Purge Flow（净化流）	蒸发净化流和进气量的比率： 最小：0%，最大：102.4%	0%～10%：怠速	—
EVAP（Purge）VSV（EVAP 净化 VSV）	净化 VSV 控制占空比： 最小：0%，最大：100%	10%～50%：怠速	请求 ECM 发出信号
Knock Correct Learn Value（爆燃纠正习得值）	爆燃纠正习得值： 最小：－64CA，最大：1984CA	0～20CA： 行驶速度70km/h(44mile/h)	维修数据
Knock Feedback Value（爆燃反馈值）	爆燃反馈值： 最小：－64CA，最大：1984CA	－20～0CA： 行驶速度70km/h(44mile/h)	维修数据
Accelerator Position No. 1（1号加速踏板位置）	1号加速踏板位置(APP)： 最小：0%，最大：100%	10%～22%：松开加速踏板 52%～90%：完全踩下加速踏板	点火开关ON(不起动发动机) 时读取数值
Accelerator Position No. 2（2号加速踏板位置）	2号加速踏板位置(APP)： 最小：0%，最大：100%	24%～40%：松开加速踏板 68%～100%：完全踩下加速踏板	点火开关ON(不起动发动机) 时读取数值

（续）

智能测试仪显示项目	测量项目/范围	正常条件	诊断附注
Accelerator Position No. 1（1号加速踏板位置）	1号APP传感器电压： 最小：0V，最大：5V	0.5～1.1V：松开加速踏板 2.5～4.5V：完全踩下加速踏板	点火开关ON（不起动发动机）时读取数值
Accelerator Position No. 2（2号加速踏板位置）	2号APP传感器电压： 最小：0V，最大：5V	1.2～2.0V：松开加速踏板 3.4～5.0V：完全踩下加速踏板	点火开关ON（不起动发动机）时读取数值
Accelerator Idle Position（加速踏板怠速位置）	加速踏板位置传感器是否检测到怠速状态： ON或OFF	ON：怠速	—
Throttle Fully Close Learn（节气门全关习得值）	节气门全关（习得值）： 最小：0V，最大：5V	0.4～0.8 V	—
Accel Fully Close #1（AD）（1号加速踏板全关（AD））	1号APP传感器电压（AD）： 最小：0V，最大：4.9804V	—	ETCS维修数据
Accel Fully Close Learn #1（1号加速踏板完全关闭习得值）	1号加速踏板完全关闭习得值： 最小：0° 最大：124.512°	—	ETCS维修数据
Accel Fully Close Learn #2（2号加速踏板完全关闭习得值）	2号加速踏板完全关闭习得值： 最小：0° 最大：124.512°	—	ETCS维修数据
Fail Safe Drive（失效驱动）	是否执行失效保护功能： ON或OFF	ON：ETCS（电节气门控制系统）失效	—
Fail Safe Drive（Main CPU）（主CPU失效驱动）	是否执行失效保护功能： ON或OFF	ON：ETCS已经失效	—
ST1	制动踏板信号： ON或OFF	ON：踩下制动踏板	—
System Guard（系统保护）	系统保护： ON或OFF	—	ETCS维修数据
Open Side Malfunction（开启一侧故障）	打开一侧故障： ON或OFF	—	ETCS维修数据

（续）

智能测试仪显示项目	测量项目/范围	正常条件	诊断附注
Throttle Position（节气门位置）	节气门位置传感器： 最小：0%，最大：100%	● 10% ~22%：节气门全关 ● 66% ~ 98%：节气门全开	● 根据 VTA1 计算的数值 ● 点火开关 ON（不起动发动机）时读取数值
Throttle Idle Position（节气门怠速位置）	节气门位置传感器是否检测怠速状态： ON 或 OFF	ON：怠速	—
Throttle Require Position（节气门要求位置）	需要的节气门位置： 最小：0V，最大：5V	0.5 ~1.0V：怠速	—
Throttle Sensor Position（节气门传感器位置）	节气门位置： 最小：0%，最大：100%	● 0%：节气门全关 ● 50% ~ 80%：节气门全开	● ECM 上的节气门开度识别数值 ● 点火开关 ON（不起动发动机）时读取数值
Throttle Sensor Position #2（2 号节气门传感器位置）	2 号节气门传感器位置： 最小：0%，最大：100%	● 42% ~ 62%：节气门全关 ● 92% ~ 100%：节气门全开	● 根据 VTA2 计算的数值 ● 点火开关 ON（不起动发动机）时读取数值
Throttle Position No. 1（1 号节气门位置）	1 号节气门位置传感器的输出电压： 最小：0V，最大：5V	● 0.5 ~1.1V：节气门全关 ● 3.2 ~4.9V：节气门全开	点火开关 ON（不起动发动机）时读取数值
Throttle Position No. 2（2 号节气门位置）	2 号节气门位置传感器的输出电压： 最小：0V，最大：5V	● 2.1 ~3.1V：节气门全关 ● 4.6 ~5.0V：节气门全开	点火开关 ON（不起动发动机）时读取数值
Throttle Position Command（节气门位置指令）	节气门位置指令值： 最小：0V，最大：4.9804V	0.5 ~4.9V	点火开关 ON（不起动发动机）时读取数值
Throttle Sens Open Pos #1（1 号节气门传感器开启位置）	1 号节气门传感器开启位置： 最小：0V，最大：4.9804V	—	ETCS 维修数据
Throttle Sens Open Pos #2（2 号节气门传感器开启位置）	2 号节气门传感器开启位置： 最小：0V，最大：4.9804V	—	ETCS 维修数据

（续）

智能测试仪显示项目	测量项目/范围	正 常 条 件	诊 断 附 注
Throttle Sens Open #1(AD) (1号节气门传感器开启(AD))	1号节气门位置传感器的输出电压(AD)： 最小：0V，最大：4.9804V	0.5～4.9V	点火开关ON(不起动发动机)时读取数值
Throttle Motor (节气门电动机)	是否允许使用节气门执行器控制： ON或OFF	ON：怠速	点火开关ON(不起动发动机)时读取数值
Throttle Motor Current (节气门电动机电流)	节气门执行器电流： 最小：0A，最大：80A	0～3.0A：怠速	—
Throttle Motor (节气门电动机)	节气门执行器： 最小：0%，最大：100%	0.5%～40%：怠速	—
Throttle Motor Duty (Open) (节气门电动机开启时的占空比)	节气门执行器占空比(开度)： 最小：0%，最大：100%	0%～40%：怠速	ETCS维修数据
Throttle Motor Duty(Close) (节气门电动机关闭时的占空比)	节气门执行器占空比(闭合)： 最小：0%，最大：100%	0%～40%：怠速	ETCS维修数据
O2S B1 S2	2号加热型氧传感器的输出电压： 最小：0V，最大：1.275V	0.1～0.9V： 行驶速度70km/h	执行喷油量控制或为A/F传感器主动测试功能控制喷油量，可使技师检查传感器输出电压
AFS B1 S1	1号A/F传感器电压输出： 最小：0V，最大：7.999V	2.8～3.8V：怠速	执行喷油量控制或为A/F传感器主动测试功能控制喷油量，可使技师检查传感器输出电压
Total FT #1 (1列总燃油修正)	燃油系统的总燃油修正值： 最小：-0.5，最大：0.496	-0.2～0.2	—
Short FT #1 (1列短期燃油修正)	短期燃油修正： 最小：-100%，最大：99.2%	-20%～20%	用来使空燃比保持在理论配比空燃比的短期燃油补偿
Long FT #1 (1列长期燃油修正)	长期燃油修正： 最小：-100%，最大：99.2%	-15%～15%	长期进行的总体燃油补偿，用以补偿短期燃油修正和中间值的持续偏差

（续）

智能测试仪显示项目	测量项目/范围	正常条件	诊断附注
Fuel System Status（Bank 1）（1 列燃油系统状态）	燃油系统状态： OL 或 CL 或 OLDRIVE 或 OLFAULT 或 CLFAULT	CL：暖机后怠速运转	● OL（开环）：还没有满足转变为闭环的条件 ● CL（闭环）：使用加热式氧传感器作为燃油控制反馈 ● OL 驱动：由于驾驶条件（燃油增浓）转变成开环 ● OL 错误：由于检测到的系统错误而转变为开环 ● CL 错误：闭环，但用作燃油控制的加热型氧传感器故障
AF FT B1 S1	加热型氧传感器（1 列 1 号传感器）电压从过稀到过浓的切换时间	● 数值低于 1（0.000 至 0.999）= 过稀 ● 理论空燃比 = 1 ● 数值高于 1（1.001 至 1.999）= 过浓	—
AFS B1 S1	A/F 传感器电流（1 号传感器）： 最小：−128mA，最大：127.99mA	—	—
Catalyst Temp（B1 S1）*1（催化器温度 1 列 1 号传感器）	估计的催化器温度（1 列，1 号传感器）： 最低：−40℃，最高：6513.5℃	—	—
Catalyst Temp（B1 S2）*1（催化器温度 1 列 2 号传感器）	估计的催化器温度（1 列，2 号传感器）： 最低：−40℃，最高：6513.5℃	—	—
Initial Engine Coolant Temp（发动机冷却液初始温度）	发动机起动时的发动机冷却液温度： 最低：−40℃，最高：120℃	接近于环境空气温度	
Initial Intake Air Temp（进气初始温度）	发动机起动时的进气温度： 最低：−40℃，最高：120℃	接近于环境空气温度	—
Injection Volume（Cylinder 1）（1 号气缸喷油量）	喷油量（1 号气缸）：最小：0mL，最大：2.048mL	0 ~ 0.15mL：怠速	10 个喷油器的总喷油量

（续）

智能测试仪显示项目	测量项目/范围	正常条件	诊断附注
Starter Signal（起动机信号）	起动机开关(STSW)信号：ON 或 OFF	ON：转动	—
Power Steering Switch（动力转向机构开关）	动力转向机构信号：ON 或 OFF	ON：动力转向机构操作	—
Power Steering Signal（动力转向机构信号）	动力转向机构信号(历史)：ON 或 OFF	ON：蓄电池端子连接后第一次转动转向盘	蓄电池端子断开时信号状态通常为 ON
Closed Throttle Position SW（节气门位置闭合 SW）	闭合节气门位置开关：ON 或 OFF	● ON：节气门全关 ● OFF：节气门打开	—
A/C Signal（空调信号）	空调信号：ON 或 OFF	ON：空调 ON	—
Neutral Positon SW Signal（空档位置 SW 信号）	PNP 开关状态：ON 或 OFF	ON：P 或 N 位置	—
Electrical Load Signal（电气负荷信号）	电气负荷信号：ON 或 OFF	ON：将前照灯或除雾器开关转到 ON	—
Stop Light Switch（制动灯开关）	制动灯开关：ON 或 OFF	ON：踩下制动踏板	—
ETCS Actuator Power（ETCS 执行器电源）	ETCS 电源：ON 或 OFF	ON：点火开关 ON，系统正常	—
+BM Voltage（+BM 电压）	+BM 电压：最小：0V，最大：19.92182V	9～14(V)：点火开关 ON，系统正常	ETCS 维修数据
Battery Voltage（蓄电池电压）	蓄电池电压：最小：0V，最大：65.535V	9～14V：点火开关 ON	—
Actuator Power Supply（执行器电源）	执行器电源供给：ON 或 OFF	ON：怠速	ETCS 维修数据
Atmosphere Pressure（大气压力）	大气压力：最低：0kPa，最高：255kPa	约 100kPa：点火开关 ON	—
EVAP Purge VSV（EVAP 净化 VSV）	净化 VSV 状态：ON 或 OFF	—	主动测试支持数据
Fuel Pump/Speed Status（燃油泵/转速状态）	燃油泵状态：ON 或 OFF	ON：发动机运转	主动测试支持数据
VVT Control Status(Bank 1)（1 列 VVT 控制状态）	VVT 控制状态(1 列)：ON 或 OFF	—	主动测试支持数据

（续）

智能测试仪显示项目	测量项目/范围	正常条件	诊断附注
Electric Fan Motor（电动风扇电动机）	电动风扇电动机：ON 或 OFF	ON：电动风扇电动机运行	主动测试支持数据
TC and TE1（TC 和 TE1）	DLC3 的 TC 和 CG(TE1)端子：ON 或 OFF	—	主动测试支持数据
Engine Speed of Cyl #1（1 号气缸发动机转速）	1 号气缸燃油切断时的发动机转速：最小：0r/min，最大：25600r/min	—	仅在主动测试中进行 1 号气缸燃油切断时输出
Engine Speed of Cyl #2（2 号气缸发动机转速）	2 号气缸燃油切断时的发动机转速：最小：0r/min，最大：25600r/min	—	仅在主动测试中进行 2 号气缸燃油切断时输出
Engine Speed of Cyl #3（3 号气缸发动机转速）	3 号气缸燃油切断时的发动机转速：最小：0r/min，最大：25600r/min	—	仅在主动测试中进行 3 号气缸燃油切断时输出
Engine Speed of Cyl #4（4 号气缸发动机转速）	4 号气缸燃油切断时的发动机转速：最小：0r/min，最大：25600r/min	—	仅在主动测试中进行 4 号气缸燃油切断时输出
Av Engine Speed of ALL Cyl（所有气缸的发动机平均转速）	在 1 至 4 号气缸燃油切断时的平均发动机转速：最小：0r/min，最大：25600r/min	—	仅在进行主动测试时输出
VVT Aim Angle (Bank 1) *2（1 列 VVT 调整角度）	VVT 调整角度(1 列)：最小：0%，最大：100%	0% ~100%	侵入操作时的 VVT 占空比信号值
VVT Change Angle (Bank 1) *2（1 列 VVT 改变角度）	VVT 改变角度(1 列)：最小：0°FR，最大：60°FR	0° ~56°FR	侵入操作时的转移角度
VVT OCV Duty (Bank 1) *2（1 列 VVT OCV 占空比）	VVT OCV 操作占空比：最小：0%，最大：100%	0° ~100%	侵入操作时所需要的占空比值
Idle Fuel Cut（怠速燃油切断）	燃油切断后空转：ON 或 OFF	ON：燃油切断运行	在节气门全关和发动机转速超过 1500r/min 时，怠速燃油切断为“ON”

（续）

智能测试仪显示项目	测量项目/范围	正常条件	诊断附注
FC TAU	燃油切断TAU（负荷很低时燃油切断）： ON或OFF	ON：燃油切断运行	在负荷很低的状态下切断燃油，以防止发动机不完全燃烧
Ignition（点火）	点火计数器： 最小：0，最大：400	0~400	—
Cylinder #1 Misfire Rate（1号气缸缺火率）	1号气缸缺火率： 最小：0，最大：255	0	—
Cylinder #2 Misfire Rate（2号气缸缺火率）	2号气缸缺火率： 最小：0，最大：255	0	—
Cylinder #3 Misfire Rate（3号气缸缺火率）	3号气缸缺火率： 最小：0，最大：255	0	—
Cylinder #4 Misfire Rate（4号气缸缺火率）	4号气缸缺火率： 最小：0，最大：255	0	—
All Cylinders Misfire Rate（所有气缸缺火率）	所有气缸缺火率： 最小：0，最大：255	0	—
MisfirerRPM（缺火转速）	发生缺火时的发动机转速： 最小：0r/min，最大：6375r/min	—	—
Misfire Load（缺火负荷）	发生缺火时的发动机负荷： 最小：0g/s，最高：3.98g/s	—	—
Misfire Margin（缺火范围）	用以检测发动机缺火的范围 最小：-100%，最大：99.22%	-100%~99.22%	缺火检测范围
#Codes（代码）	故障码数量： 最少：0，最多：255	—	检测到的故障码个数
Check Mode（检查模式）	检查模式： ON或OFF	ON：检查模式开启	—
SPD Test（SPD测试）	车速传感器在检查模式下的结果：完成或未完成	—	—
Misfire Test *1（缺火测试）	缺火监控在检查模式下的结果：完成或未完成	—	—

（续）

智能测试仪显示项目	测量项目/范围	正常条件	诊断附注
OXS1 Test（OXS1 测试）	HO2 传感器在检查模式下的结果：完成或未完成	—	—
A/F Test Results（Bank 1）（1 列 A/F 测试结果）	空燃比传感器在检查模式下的结果：完成或未完成	—	—
MIL（故障指示灯）	MIL 状态：ON 或 OFF	ON：MIL 亮起	—
MIL ON Run Distance（MIL ON 的行驶距离）	MIL 亮起后的行驶距离：最小：0km，最大：65535km	检测到 DTC 后的行驶距离	—
Running Time from MIL ON（MIL 亮起后的行驶时间）	MIL 亮起后的行驶时间：最小：0min 最大：65535min	相当于 MIL 亮起后的行驶时间	—
Engine Run Time（发动机运转时间）	发动机运转时间：最小：0s　最大：65535s	发动机起动后的时间	—
Time After DTC Cleared（DTC 清除后的时间）	DTC 清除后的时间：最小：0min 最大：65535min	相当于 DTC 清除后的时间	—
Distance from DTC Cleared（DTC 清除后的行驶距离）	DTC 清除后的行驶距离：最小：0km，最大：65535km	相当于 DTC 清除后的距离	—
Warmup Cycle cleared DTC（DTC 清除后的暖机周期）	DTC 清除后的暖机周期：最小：0，最大：255	—	DTC 清除后的暖机周期数
OBD Requirement（OBD 要求）	OBD 要求	E – OBD	—
Number of Emission DTC（排放 DTC 的数量）	排放 DTC 的数量	—	—
Complete Parts Monitor（完全零件监控）	全面组件监控：有监控或无监控	—	—
Fuel System Monitor（燃油系统监控）	燃油系统监控：有监控或无监控	—	—

（续）

智能测试仪显示项目	测量项目/范围	正常条件	诊断附注
Misfire Monitor（缺火监控）	缺火监控：有监控或无监控	—	—
O2S(A/FS) Monitor（O2S(A/FS)监控）	O2S(A/FS)监控：有监控或无监控	—	—
Catalyst Monitor（催化器监控）	催化器监控：有监控或无监控	—	—
Model Code（车型代码）	确认车型代码	ACV41	—
Engine Type（发动机类型）	确认发动机类型	1AZFE	—
Cylinder Number（气缸数）	确认气缸数：最小：0，最大：255	4	—
Transmission Type（变速器类型）	确认变速器类型	ECT(4AT)	—
Destination(输出国)	确认输出国	W	—
Model Year（车型年份）	确认车型年份：最小：1900，最大：2155	2006	—
System Identification（确认系统）	确认发动机系统	汽油(汽油发动机)	—

2. 主动测试

① 将智能测试仪连接到DLC3上。

② 将点火开关转到ON，打开测试仪。

③ 选择以下菜单项目：Powertrain(传动系)/Engine and ECT(发动机和ECT)/Active Test(主动测试)。

主动测试见表7-2。

表7-2　主动测试

智能测试仪显示项目	测试零件	控制范围	诊断附注
Control the Injection Volume（控制喷油量）	改变喷油量	在 -12.5% ~ 24.8%之间	● 同时测试所有喷油器 ● 在发动机转速低于3000r/min条件下进行测试 ● 在控制范围内可以用0.1%的梯度改变喷油量

（续）

智能测试仪显示项目	测试零件	控制范围	诊断附注
Control the Injection Volume for A/F Sensor（控制 A/F 传感器的喷油量）	改变喷油量	降低12.5%或增加25%	● 在发动机转速低于 3000r/min 条件下进行测试 ● 为 A/F 传感器控制喷油量可以检查和输出前后加热式氧传感器的输出电压的图形。 ● 要执行测试，选择下面的菜单项目：Active Test（主动测试）/Control the InjectionVolume for A/F Sensor（为 A/F 传感器控制喷油量）/Data List（数据表）/A/FControl System（A/F 控制系统）/AFS B1S1 and O2S B1S2（AFS B1S1 和 O2S B1S2）
Activate the VSV for Evap Control（启用用于 EVAP 控制的 VSV）	启用净化 VSV 控制	ON/OFF	—
Control the Fuel Pump/Speed（控制燃油泵/速度）	启用燃油泵（C/OPN 继电器）	ON/OFF	发动机停机时可进行测试
Connect the TC and TE1（连接 TC 和 TE1）	连接和断开 TC 和 TE1 的连接	ON/OFF	● ON：TC 和 TE1 被连接 ● OFF：TC 和 TE1 被断开
Control the Idle Fuel Cut Prohibit（控制怠速燃油切断禁止）	禁止怠速燃油切断控制	ON/OFF	—
Control the Electric Cooling Fan（控制电动式冷却风扇）	控制电动式冷却风扇	ON/OFF	—
Control the ETCS Open/Close Slow Speed（控制 ETCS 慢速打开/关闭）	节气门执行器	ON：节气门缓慢打开/关闭	在满足下列条件时，可进行测试： ● 发动机停机 ● 档位位于 P 位 ● 完全踩下加速踏板（APP：59°或更大）
Control the ETCS Open/Close Fast Speed（控制 ETCS 快速打开/关闭）	节气门执行器	ON：节气门快速打开/关闭	
Control the VVT Linear (Bank 1)（控制 VVT 线性 1 列）	控制 VVT（1 列）	-128% ~127% 将该值加入当前 OCV 控制占空比 100%：最大提前 -100%：最大推迟	当 VVT 执行器 100% 运行时发动机失速或怠速不稳 车辆停止和发动机怠速时，可进行测试
Control the VVT Linear (Bank 1)（控制 VVT 线性 1 列）	控制 VVT（1 列）	-128% ~127%	车辆停止和发动机怠速时，可进行测试

（续）

智能测试仪显示项目	测试零件	控制范围	诊断附注
Control the Cylinder #1 Fuel Cut（控制1号气缸燃油切断）	1号气缸燃油切断	ON/OFF	车辆停止和发动机怠速时，可进行测试
Control the Cylinder #2 Fuel Cut（控制2号气缸燃油切断）	2号气缸燃油切断	ON/OFF	
Control the Cylinder #3 Fuel Cut（控制3号气缸燃油切断）	3号气缸燃油切断	ON/OFF	
Control the Cylinder #4 Fuel Cut（控制4号气缸燃油切断）	4号气缸燃油切断	ON/OFF	
检查气缸压缩	所有气缸喷油器燃油切断和点火停止	ON/OFF	—

注意：发动机转动时，测量每个气缸工作时发动机转速。

第二节　自动变速器数据流

1. 数据表

自动变速器数据流见表7-3。

表7-3　自动变速器数据流

智能测试仪显示	测量项目/范围	正常条件	诊断附注
Stop Light Switch（制动灯开关）	制动灯开关状态/ON或OFF	● 踩下制动踏板：ON ● 松开制动踏板：OFF	—
Neutral Prosition SW Signal（空档位置SW信号）	PNP开关状态/ON或OFF	变速杆位置是： P和N：ON P和N除外：OFF	在智能测试仪所显示的变速杆位置与实际位置不符时，PNP开关的调节或换档拉索可能发生故障 建议： 在调整这些零件后故障依然出现时，则参考原厂维修手册的相应章节
Shift SW Status（P Range）（P位换档SW状态）	PNP开关状态/ON或OFF	变速杆位置为： P：ON P除外：OFF	↑
Shift SW Status（N Range）（N位换档SW状态）	PNP开关状态/ON或OFF	变速杆位置为： N：ON N除外：OFF	↑

（续）

智能测试仪 显示	测量项目/范围	正 常 条 件	诊 断 附 注
Shift SW Status(R Range) (R 位换档 SW 状态)	PNP 开关状态/ ON 或 OFF	变速杆位置是： R：ON R 除外：OFF	↑
Shift SW Status(D Range) (D 位换档 SW 状态)	PNP 开关状态/ ON 或 OFF	变速杆位置是： D 和 3：ON D 和 3 除外：OFF	↑
Shift SW Status(3 Range) (3 位换档 SW 状态)	PNP SW 状态/ON 或 OFF	变速杆位置是： 3：ON 3 除外：OFF	↑
Shift SW Status(2 Range) (2 位换档 SW 状态)	PNP SW 状态/ON 或 OFF	变速杆位置是： 2：ON 2 除外：OFF	↑
Shift SW Status(L Range) (L 位换档 SW 状态)	PNP SW 状态/ON 或 OFF	变速杆位置是： L：ON L 除外：OFF	↑
Shift Status(换档状态)	换档位置/ 1 档、2 档、3 档或 4 档(O/D)	变速杆位置是： ● L：1 档 ● 2：1 档或 2 档 ● 3：1 档、2 档或 3 档 ● D(O/D ON)：1 档、2 档、3 档或 4 档(O/D)	—
Lock Up Solenoid Status (锁止电磁线圈状态)	锁止电磁线圈状态/ ON 或 OFF	● 锁止：ON ● 锁止除外：OFF	—
SLT Solenoid Status (SLT 电磁线圈状态)	SLT 换档电磁线圈状态/ ON 或 OFF	● 踩下加速踏板：OFF ● 松开加速踏板：ON	—
A/T Oil Temperature 1 (A/T 油温 1)	ATF 温度。传感器值/ 最小：-40℃ 最大：215℃	● 在失速测试后；大约 80℃ ● 在冷却后等于周围温度	如果数值为“-40℃”或“215℃”，那么 ATF 温度传感器电路开路或短路
SPD(NC)	中间轴齿轮转速/ 显示：50r/min	建议： 当变速杆处于 D 位时为 3 档(发动机暖机后) ● 中间轴转速(NC)与发动机转速接近	—

（续）

智能测试仪显示	测量项目/范围	正常条件	诊断附注
SPD(NT)	输入涡轮转速/显示：50r/min	建议： ● 锁止ON(在发动机暖机后)：输入涡轮转速(NT)等于发动机速度 ● 锁止OFF(在N位怠速)输入涡轮转速(NT)接近发动机速度	—
Pattern Switch(PWR/M)(模式开关PWR/M)	模式开关(PWR)状态/ON或OFF	● 按下的模式开关(PWR)：ON ● 被按下的模式开关(PWR) 除外：OFF	—

2. 主动测试

主动测试见表7-4。

表7-4 主动测试

智能测试仪显示	测试零件	控制范围	诊断附注
Control the shift Position(控制档位)	[测试详情] 亲自操作换档电磁阀并且设定每个档位。 [车辆状态] ● IDL：ON ● 低于50km/h(31mile/h) [其他] ● 按下“→”按钮：换高速档 ● 按下“←”按钮：换低速档	1档/2档/3档/4档	可检查换档电磁阀的运行状态
Activate the Lock Up(激活锁止)	[测试详情] 控制DSL换档电磁线圈，将自动传动桥设定在锁止状态。 [车辆状态] ● 节气门开度：小于35% ● 车速：58 km/h或更高，6档	ON/OFF	可检查DSL工作状态
Activate the Solenoid(SL1)(激活SL1电磁线圈)	[测试详情] 操作换档电磁线圈SL1 [车辆状态] ● 车辆停止运行 ● 变速杆在P位或N位	ON/OFF	—

（续）

智能测试仪显示	测试零件	控制范围	诊断附注
Activate the Solenoid(SL2)（激活 SL2 电磁线圈）	[测试详情] 操作换档电磁线圈 SL2 [车辆状态] ● 车辆停止运行 ● 变速杆在 P 位或 N 位	ON/OFF	—
Activate the Solenoid(S4)（激活 S4 电磁线圈）	[测试详情] 操作换档电磁线圈 S4 [车辆状态] ● 车辆停止运行 ● 变速杆在 P 位或 N 位	ON/OFF	—
Activate the Solenoid(DSL)（激活 DSL 电磁线圈）	[测试详情] 操作换档电磁线圈 DSL [车辆状态] ● 车辆停止运行 ● 变速杆在 P 位或 N 位	ON/OFF	—
Activate the Solinoid(SLT)*（激活 SLT 电磁线圈）	[测试详情] 操作 SLT 换档电磁线圈。提升管路压力 [车辆状态] ● 车辆停止运行 ● IDL：ON 建议： OFF：管路压力上升（当“激活电磁线圈（SLT）”的主动测试执行时，ECM 命令 SLT 电磁线圈关闭） ON：没有动作（正常运行）	ON/OFF	—

* 连接 SST 到自动变速器，进行 ACTIVE TEST(主动测试)中的“激活电磁线圈(SLT)”以检查管路压力的变化。该测试也同样用于 HYDRAULICTEST(液压测试)。

注意：ACTIVE TEST（主动测试）和 HYDRAULIC TEST(液压测试)中的压力值各不相同。

第三节　空调系统数据流

1. 数据表

空调数据流见表 7-5。

表7-5　空调数据流

智能测试仪显示	测量项目/范围	正常条件	诊断附注
车室温度传感器(Room Temp)	车室温度传感器/最低：-6.5℃，最高：57.25 ℃	显示实际驾驶室温度	—
环境温度传感器(Ambi Temp Sens)	环境温度传感器/最低：-23.3 ℃，最高：65.95 ℃	显示实际环境温度	—
调节后的环境温度(Ambi Temp)	调节后的环境温度/最低：-30.8℃，最高：50.8℃	—	—
蒸发器叶片热敏电阻(Evap Fin Temp)	蒸发器叶片热敏电阻/最低：-29.7℃，最高：59.55℃	显示实际蒸发器温度	—
阳光传感器(驾驶人侧)(Solar Sens-D)	驾驶人侧阳光传感器/最小：0，最大：255	驾驶人侧阳光传感器值随着亮度的增强而增加	—
阳光传感器(乘客侧)(Solar Sens-P)	乘客侧阳光传感器/最小：0，最大：255	乘客侧阳光传感器值随着亮度的增强而增加	—
发动机冷却液温度(Coolant Temp)	发动机冷却液温度/最低：1.3℃，最高：90.55℃	暖机时，显示实际发动机冷却液温度	—
设定温度(驾驶人侧)(Set Temp-D)	驾驶人侧设定温度/最低：18℃，最高：32℃	显示驾驶人侧设定温度	
设定温度(乘客侧)(Set Temp-P)	乘客侧设定温度/最低：18℃，最高：31℃	显示乘客侧设定温度	—
驾驶人侧预测温度(Estimate Temp-D)	驾驶人侧预测温度/最低：-358.4℃，最高：358.4℃	设定在“MAX. COOL”：-358.4℃ 设定在“MAX. HOT”：358.4℃	—
乘客侧预测温度(Estimate Temp-P)	乘客侧预测温度/最低：-358.4℃，最高：358.4℃	设定在“MAX. COOL”：-358.4℃ 设定在“MAX. HOT”：358.4℃	—
鼓风机电动机转速等级(Blower Level)	鼓风机电动机转速等级/最小：0级，最大：31级	鼓风机电动机转速在0~31的范围之内提高	—
调节器压力传感器(Reg Press Sens)	调节器压力传感器/最低：-0.5 kgf/cm^2，最高：37.75kgf/cm^2	显示实际制冷剂压力	—
调节器控制电流(Reg Ctrl Current)	压缩机可变输出电流/最小：0A，最大：0.996 A	—	—

（续）

智能测试仪显示	测量项目/范围	正常条件	诊断附注
空气混合伺服目标脉冲(D) (Air Mix Pulse-D)	驾驶人侧空气混合伺服电动机目标脉冲/最小：0，最大：255	MAX. COLD：5（脉冲） MAX. HOT：103（脉冲）	—
空气混合伺服机构目标脉冲(P) (Air Mix Pulse-P)	乘客侧空气混合伺服电动机目标脉冲/最小：0，最大：255	MAX. COLD：105（脉冲） MAX. HOT：7（脉冲）	—
空气出口伺服机构脉冲(D) (Air Out Pulse-D)	驾驶人侧空气出口伺服电动机目标脉冲/最小：0，最大：255	FACE：8（脉冲） B/L：30 至 38（脉冲） FOOT：50 至 74（脉冲） FOOT/DEF：80（脉冲） DEF：97（脉冲）	—
进气风门目标脉冲 (A/I Damp Targ Pls)	进气风门目标脉冲/最小：0，最大：255	再循环 7（脉冲） 新鲜：28（脉冲）	—
故障码数量 (#Codes)	故障码数量/最少：0，最多：255	将显示故障码数量	—

空调智能测试仪信号见表 7-6。

表 7-6　空调智能测试仪信号

智能测试仪显示	测量项目/范围	正常条件	诊断附注
空调信号 (A/C Signal)	空调信号/ON 或 OFF	ON：空调打开 OFF：空调关闭	—
空调电磁离合器继电器 (A/C Mag Clutch)	空调电磁离合器继电器/ON 或 OFF	ON：空调电磁离合器接合 OFF：空调电磁离合器分离	—

2. 主动测试

空调主动测试见表 7-7。

表 7-7　空调主动测试

智能测试仪显示	测量部件	控制范围
鼓风机电动机(Blower Motor)	鼓风机电动机/最小：0 级，最大：31 级	—
除雾器继电器(后)(Defogger Rly-R)	除雾器继电器(后)/OFF，ON	—
空气混合伺服机构目标脉冲(D)(Air Mix Pulse-D)	驾驶人侧空气混合伺服电动机脉冲/最小：0，最多：255	—
空气混合伺服机构目标脉冲(P)(Air Mix Pulse-P)	乘客侧空气混合伺服电动机脉冲/最小：0，最大：255	—
空气出口伺服机构脉冲(D) (Air Out Pulse-D)	驾驶人侧空气出口伺服电动机脉冲/最小：0，最大：255	—
进气风门目标脉冲 (A/I Damp Targ Pls)	进气风门目标脉冲/最小：0，最大：255	—

空调电磁离合器测试见表7-8。

表7-8 空调电磁离合器测试

智能测试仪显示	测量部件	控制范围
空调电磁离合器(Control the A/C Magnet Clutch)	电磁离合器继电器/ON或OFF	—

第四节 ABS数据流

1. 数据表

ABS数据流见表7-9。

表7-9 ABS数据流

智能测试仪显示	测量项目/范围	正常条件	诊断附注
ABSWarning Lamp (ABS警告灯)	ABS警告灯ON/OFF	ON：ABS警告灯亮起 OFF：ABS警告灯熄灭	—
BRAKE Warning Lamp (制动警告灯)	制动警告灯ON/OFF	ON：制动警告灯亮起 OFF：制动警告灯熄灭	—
Stop Lamp SW(制动灯SW)	制动灯开关/ON或OFF	ON：踩下制动踏板 OFF：松开制动踏板	
Parking Brake SW (驻车制动器SW)	驻车制动器开关/ON或OFF	ON：拉上驻车制动器 OFF：松开驻车制动器	
FR Wheel Speed(右前轮转速)	车轮转速传感器(FR)读取值/最低：0 km/h(0mile/h)，最高：326 km/h(202mile/h)	实际车轮转速	车速表显示的车速
FL Wheel Speed(左前轮转速)	车轮转速传感器(FL)读取值/最低：0 km/h(0mile/h)，最高：326 km/h(202mile/h)	实际车轮转速	车速表显示的车速
RR Wheel Speed(右后轮转速)	车轮转速传感器(RR)读取值/最低：0 km/h(0mile/h)，最高：326 km/h(202mile/h)	实际车轮转速	车速表显示的车速
RL Wheel Speed(左后轮转速)	车轮转速传感器(RL)读取值/最低：0 km/h(0mile/h)，最高：326 km/h(202mile/h)	实际车轮转速	车速表显示的车速
Vehicle Speed(车速)	车速/最低：0 km/h(0mile/h)，最高：326 km/h(202mile/h)	实际车轮转速	车速表显示的车速
FR Wheel Acceleration (右前轮加速度)	前右车轮加速度/最低：$-200.84\ m/s^2$，最高：$199.27\ m/s^2$	$0m/s^2$	—

（续）

智能测试仪显示	测量项目/范围	正常条件	诊断附注
FL Wheel Acceleration（左前轮加速度）	左前轮加速度/最低：$-200.84m/s^2$，最高：$199.27m/s^2$	$0m/s^2$	—
RR Wheel Acceleration（右后轮加速度）	右前轮加速度/最低：$-200.84m/s^2$，最高：$199.27m/s^2$	$0m/s^2$	—
RL Wheel Acceleration（左后轮加速度）	左后轮加速度/最低：$-200.84m/s^2$，最高：$199.27m/s^2$	$0m/s^2$	—
FR WheelABSCtrl Status（右前轮 ABS 控制状态）	前右 ABS 控制状态/ON 或 OFF	ON：有 ABS 控制 OFF：无 ABS 控制	—
FL WheelABSCtrl Status（左前轮 ABS 控制状态）	前左 ABS 控制状态/ON 或 OFF	ON：有 ABS 控制 OFF：无 ABS 控制	—
RR WheelABSCtrl Status（右后轮 ABS 控制状态）	后右 ABS 控制状态/ON 或 OFF	ON：有 ABS 控制 OFF：无 ABS 控制	—
RL WheelABSCtrl Status（左后轮 ABS 控制状态）	后左 ABS 控制状态/ON 或 OFF	ON：有 ABS 控制 OFF：无 ABS 控制	—
FR WheelEBDCtrl Status（右前轮 EBD 控制状态）	前右 EBD 控制状态/ON 或 OFF	ON：有 EBD 控制 OFF：无 EBD 控制	—
FL WheelEBDCtrl Status（左前轮 EBD 控制状态）	前左 EBD 控制状态/ON 或 OFF	ON：有 EBD 控制 OFF：无 EBD 控制	—
RR WheelEBDCtrl Status（右后轮 EBD 控制状态）	后右 EBD 控制状态/ON 或 OFF	ON：有 EBD 控制 OFF：无 EBD 控制	—
RL WheelEBDCtrl Status（左后轮 EBD 控制状态）	后左 EBD 控制状态/ON 或 OFF	ON：有 EBD 控制 OFF：无 EBD 控制	—
Solenoid Relay（电磁线圈继电器）	电磁线圈继电器/ON 或 OFF	ON：电磁线圈继电器接通 OFF：电磁线圈继电器断开	—
ABS Motor Relay（ABS 电动机继电器）	ABS 电动机继电器/ON 或 OFF	ON：ABS 电动机运行 OFF：ABS 电动机不运行	—
ABS Solenoid(SFRH)（ABS 电磁线圈 SFRH）	ABS 电磁线圈（SFRH）ON/OFF	ON：运行	—
ABS Solenoid(SFRR)（ABS 电磁线圈 SFRR）	ABS 电磁线圈（SFRR）ON/OFF	ON：运行	—
ABS Solenoid(SFLH)（ABS 电磁线圈 SFLH）	ABS 电磁线圈（SFLH）ON/OFF	ON：运行	—
ABS Solenoid(SFLR)（ABS 电磁线圈 SFLR）	ABS 电磁线圈（SFLR）ON/OFF	ON：运行	—
ABS Solenoid(SRRH)（ABS 电磁线圈 SRRH）	ABS 电磁线圈（SRRH（SRH））ON/OFF	ON：运行	—

（续）

智能测试仪显示	测量项目/范围	正常条件	诊断附注
ABS Solenoid(SRRR)（ABS 电磁线圈 SRRR）	ABS 电磁线圈(SRRR(SRR)) ON/OFF	ON：运行	—
ABS Solenoid(SRLH)（ABS 电磁线圈 SRLH）	ABS 电磁线圈（SRLH）ON/OFF	ON：运行	—
ABS Solenoid(SRLR)（ABS 电磁线圈 SRLR）	ABS 电磁线圈（SRLR）ON/OFF	ON：运行	—
Test Mode(测试模式)	测试模式/NORMAL 或 TEST	NORMAL：正常模式 TEST：测试模式中	—
Number of DTC(DTC 的数量)	储存的 DTC 数量/最少：0，最多：255	最少：0，最多：19	—
IG Voltage(IG 电压)	ECU 电源电压/NORMAL(正常)或 TOO LOW(太低)	NORMAL：9.5V 或更高 TOO LOW：低于 9.5V	—

2. 主动测试

ABS 主动测试见表 7-10。

表 7-10　ABS 主动测试

智能测试仪显示	测试部件	控制范围	诊断附注
ABS Warning Lamp（ABS 警告灯）	ABS 警告灯 ON/OFF	警告灯 ON/OFF	观察组合仪表
Brake Warning Lamp（制动警告灯）	制动警告灯 ON/OFF	警告灯 ON/OFF	观察组合仪表
Motor Relay（电动机继电器）	ABS 电动机继电器 ON/OFF	电动机继电器 ON/OFF	可听到电动机的工作响声
ABS Solenoid(SRLR)（ABS 电磁线圈 SRLR）	ABS 电磁线圈(SRLR) ON/OFF	电磁线圈 ON/OFF	可以听到电磁线圈工作响声(滴答声)
ABS Solenoid (SRLH)（ABS 电磁线圈 SRLH）	ABS 电磁线圈(SRLH) ON/OFF	电磁线圈 ON/OFF	可以听到电磁线圈工作响声(滴答声)
ABS Solenoid (SRRR)（ABS 电磁线圈 SRRR）	ABS 电磁线圈(SRRR) ON/OFF	电磁线圈 ON/OFF	可以听到电磁线圈工作响声(滴答声)
ABS Solenoid(SRRH)（ABS 电磁线圈 SRRH）	ABS 电磁线圈(SRRH) ON/OFF	电磁线圈 ON/OFF	可以听到电磁线圈工作响声(滴答声)
ABS Solenoid (SFLR)（ABS 电磁线圈 SFLR）	接通/切断 ABS 电磁线圈(SFLR)	电磁线圈 ON/OFF	可以听到电磁线圈工作响声(滴答声)
ABS Solenoid(SFLH)（ABS 电磁线圈 SFLH）	接通/切断 ABS 电磁线圈(SFLH)	电磁线圈 ON/OFF	可以听到电磁线圈工作响声(滴答声)
ABS Solenoid(SFRR)（ABS 电磁线圈 SFRR）	ABS 电磁线圈(SFRR) ON/OFF	电磁线圈 ON/OFF	可以听到电磁线圈工作响声(滴答声)
ABS Solenoid(SFRH)（ABS 电磁线圈 SFRH）	ABS 电磁线圈(SFRH) ON/OFF	电磁线圈 ON/OFF	可以听到电磁线圈工作响声(滴答声)

第五节　SRS 数据流

1. 数据表

SRS 数据流见表 7-11。

表 7-11　SRS 数据流

智能测试仪显示项目	测量项目/范围	正常条件	诊断附注
D Seat(驾驶人座椅)	驾驶人座椅位置/FORWARD：座椅位置向前 BKWARD：座椅位置向后 FAIL：检测到故障	FORWARD/BKWARD（向前/向后）	—
D Bk SW（驾驶人搭扣开关）	驾驶人搭扣开关/UNSET：座椅安全带没有系上 SET：座椅安全带已系上 NG：数据未确定	UNSET/SET（未系上/已系上）	—
Disp Typ(显示类型)	显示类型信息/LR：显示 LH/RH DP：显示驾驶人/乘客	DP(显示驾驶人/乘客)	—
#Past Codes(过去的 DTC)	过去的 DTC 数量/最少：0，最多：255	0	—

2. 故障码一览表

SRS 故障码见表 7-12。

表 7-12　SRS 故障码

故障码(DTC)	检测项目	故障部位	检查模式
B1000/31	中央气囊传感器总成故障	中央气囊传感器总成	1
B1610/13	前气囊传感器 RH 电路故障	1. 仪表板导线 2. 发动机室主线束 3. 前气囊传感器 RH 4. 中央气囊传感器总成	1
B1615/14	前气囊传感器 LH 电路故障	1. 仪表板导线 2. 发动机室主线束 3. 前气囊传感器 LH 4. 中央气囊传感器总成	1
B1620/21	驾驶人侧侧面气囊传感器电路故障	1. 地板导线 2. 侧面气囊传感器 LH 3. 后气囊传感器 LH 4. 中央气囊传感器总成	1
B1625/22	前乘客侧侧面气囊传感器电路故障	1. 2 号地板导线 2. 侧面气囊传感器 RH 3. 后气囊传感器 RH 4. 中央气囊传感器总成	1

第六节 防盗系统数据流

1. 数据表

主车身(主车身 ECU)数据流见表7-13。

表7-13 主车身(主车身 ECU)数据流

智能测试仪显示	测量项目/范围	正常条件	诊断附注
ACC SW	点火开关信号/ON 或 OFF	ON：点火开关 ON(ACC) OFF：点火开关关闭	—
IG SW	点火开关信号/ON 或 OFF	ON：点火开关打开(IG) OFF：点火开关关闭	—
D Door Courtesy SW (D门控灯开关)	D车门控灯开关/ ON(打开)或 OFF(关闭)	ON：驾驶人侧车门已打开 OFF：驾驶人侧车门已关闭	—
P Door Courtesy SW (P门控灯开关)	P车门控灯开关/ ON(打开)或 OFF(关闭)	ON：前乘客侧车门已打开 OFF：前乘客侧车门已关闭	—
RR Door Courtesy SW (RR车门控灯开关)	右后车门控灯开关/ ON(打开)或 OFF(关闭)	ON：右后车门已打开 OFF：右后车门已关闭	—
RL Door Courtesy SW (RL车门控灯开关)	左后车门控灯开关/ ON(打开)或 OFF(关闭)	ON：左后车门已打开 OFF：左后车门已关闭	—
D-Door Lock Pos SW (D车门锁止位置开关)	驾驶人车门锁止位置开关/ ON(打开)或 OFF(关闭)	ON：驾驶人车门开锁 OFF：驾驶人侧车门锁定	—
P-Door Lock Pos SW (P车门锁止位置开关)	乘客车门锁止位置开关/ ON(打开)或 OFF(关闭)	ON：乘客车门开锁 OFF：乘客车门锁止	—
Trunk Lock/Unlock SW (行李箱门锁止/开锁开关)	行李箱门锁止位置开关/ ON(打开)或 OFF(关闭)	ON：行李箱门开锁 OFF：行李箱门锁止	—
RR-Door Lock Pos SW (RR车门锁止位置开关)	右后门锁止位置开关/ ON(打开)或 OFF(关闭)	ON：右后车门开锁 OFF：右后车门锁止	—
RL-Door Lock Pos SW (RL车门锁止位置开关)	左后门锁止位置开关/ ON(打开)或 OFF(关闭)	ON：左后车门开锁 OFF：左后车门锁止	—
Luggage Courtesy SW (行李箱控灯开关)	行李箱门控灯开关/ ON(打开)或 OFF(关闭)	ON：行李箱门已打开 OFF：行李箱门已关闭	—

2. 主动测试

主车身(主车身 ECU)主动测试见表7-14。

表7-14 主车身(主车身 ECU)主动测试

智能测试仪显示	测试部件	控制范围	诊断附注
Hazard(危急警告灯)	危急警告灯	ON/OFF	—
Vehicle Horn(车辆喇叭)	车辆喇叭	ON/OFF	—

3. 智能系统认证 ECU

智能系统认证 ECU 见表 7-15。

表 7-15　智能系统认证 ECU

智能测试仪显示	测试部件	控制范围	诊断附注
Security Indicator(安全指示灯)	安全指示灯	ON/OFF	—
Security Horm(安全喇叭)	安全喇叭	ON/OFF	—

第八章 日产新天籁车系数据流分析

第一节 发动机数据流分析

发动机数据流分析见表8-1。

表8-1 发动机数据流分析

项目	OBDMID	自诊断测试项目	测试值和测试极限（GST显示器）		说明
			TID	单位和标尺ID	
HO2S	01H	空燃比（A/F）传感器1（气缸侧体1）	83H	0BH	测试循环的最小传感器输出电压
			84H	0BH	测试循环的最大传感器输出电压
			85H	0BH	测试循环的最小传感器输出电压
			86H	0BH	测试循环的最大传感器输出电压
			87H	04H	反应率：反应比率（稀到浓）
			88H	04H	反应率：反应比率（浓到稀）
			89H	84H	空燃比变化量（过稀）
			8AH	84H	空燃比变化量（过浓）
			8BH	0BH	传感器输出电压差
			8CH	83H	极限频率下的反应增益
			8DH	04H	氧传感器反应迟缓-浓到稀气缸侧体1传感器1
			8EH	04H	氧传感器反应迟缓-浓到稀气缸侧体1传感器1
			8FH	84H	氧传感器反应迟缓-稀到浓气缸侧体1传感器1
			90H	84H	氧传感器反应迟缓-稀到浓气缸侧体1传感器1
			91H	01H	氧传感器反应迟缓-浓到稀气缸侧体1传感器1

（续）

项目	OBDMID	自诊断测试项目	测试值和测试极限（GST 显示器）		说　明
			TID	单位和标尺 ID	
HO2S	01H	空燃比（A/F）传感器 1（气缸侧体 1）	92H	01H	氧传感器反应迟缓-浓到稀气缸侧体 1 传感器 1
			93H	01H	氧传感器反应迟缓-稀到浓气缸侧体 1 传感器 1
			94H	01H	氧传感器反应迟缓-稀到浓气缸侧体 1 传感器 1
			95H	04H	反应率：反应比率（稀到浓）
			96H	84H	反应率：反应比率（浓到稀）
	02H	加热型氧传感器 2（气缸侧体 1）	07H	0CH	测试循环的最小传感器输出电压
			08H	0CH	测试循环的最大传感器输出电压
			80H	0CH	传感器输出电压
			81H	0CH	传感器输出电压差
			82H	11H	后氧传感器反应迟缓诊断
	03H	加热型氧传感器 3（气缸侧体 1）	07H	0CH	测试循环的最小传感器输出电压
			08H	0CH	测试循环的最大传感器输出电压
			80H	0CH	传感器输出电压
			81H	0CH	传感器输出电压差
	05H	空燃比（A/F）传感器 1（气缸侧体 2）	83H	0BH	测试循环的最小传感器输出电压
			84H	0BH	测试循环的最大传感器输出电压
			85H	0BH	测试循环的最小传感器输出电压
			86H	0BH	测试循环的最大传感器输出电压
			87H	04H	反应率：反应比率（稀到浓）
			88H	04H	反应率：反应比率（浓到稀）
			89H	84H	空燃比变化量（过稀）
			8AH	84H	空燃比变化量（过浓）
			8BH	0BH	传感器输出电压差
			8CH	83H	极限频率下的反应增益
			8DH	04H	氧传感器反应迟缓-浓到稀气缸侧体 2 传感器 1
			8EH	04H	氧传感器反应迟缓-浓到稀气缸侧体 2 传感器 1
			8FH	84H	氧传感器反应迟缓-稀到浓气缸侧体 2 传感器 1

（续）

项目	OBDMID	自诊断测试项目	测试值和测试极限（GST 显示器）		说　明
			TID	单位和标尺 ID	
HO2S	05H	空燃比（A/F）传感器 1（气缸侧体 2）	90H	84H	氧传感器反应迟缓-稀到浓气缸侧体 2 传感器 1
			91H	01H	氧传感器反应迟缓-浓到稀气缸侧体 2 传感器 1
			92H	01H	氧传感器反应迟缓-浓到稀气缸侧体 2 传感器 1
			93H	01H	氧传感器反应迟缓-稀到浓气缸侧体 2 传感器 1
			94H	01H	氧传感器反应迟缓-稀到浓气缸侧体 2 传感器 1
			95H	04H	反应率：反应比率（稀到浓）
			96H	84H	反应率：反应比率（浓到稀）
	06H	加热型氧传感器 2（气缸侧体 2）	07H	0CH	测试循环的最小传感器输出电压
			08H	0CH	测试循环的最大传感器输出电压
			80H	0CH	传感器输出电压
			81H	0CH	传感器输出电压差
			82H	11H	后氧传感器反应迟缓诊断
	07H	加热型氧传感器 3（气缸侧体 2）	07H	0CH	测试循环的最小传感器输出电压
			08H	0CH	测试循环的最大传感器输出电压
			80H	0CH	传感器输出电压
			81H	0CH	传感器输出电压差
催化器	21H	三元催化器功能（气缸侧体 1）	80H	01H	氧储存量指数
			82H	01H	切换时间延迟发动机排气指数值
			83H	0CH	第三氧传感器输出电压差
			84H	84H	HC 捕集催化剂中的氧存储量指数
	22H	三元催化器功能（气缸侧体 2）	80H	01H	氧储存量指数
			82H	01H	切换时间延迟发动机排气指数值
			83H	0CH	第三氧传感器输出电压差
			84H	84H	HC 捕集催化剂中的氧存储量指数
EGR 系统	31H	EGR 功能	80H	96H	流量偏低故障：EGR 温度改变速度（短期）
			81H	96H	流量偏低故障：EGR 温度变化率（长期）

（续）

项目	OBDMID	自诊断测试项目	测试值和测试极限（GST 显示器）		说　明
			TID	单位和标尺 ID	
EGR 系统	31H	EGR 功能	82H	96H	流量低故障：最大 EGR 温度和怠速下 EGR 温度之间的差
			83H	96H	流量偏低故障：最大 EGR 温度
			84H	96H	流量偏高故障：EGR 温度增加率
VVT 系统	35H	VVT 监控器（气缸侧体 1）	80H	9DH	VTC 进气功能诊断（VTC 对齐检查诊断）
			81H	9DH	VTC 排气功能诊断（VTC 对齐检查诊断）
			82H	9DH	VTC 进气功能诊断（VTC 驱动故障诊断）
			83H	9DH	VTC 排气功能诊断（VTC 驱动故障诊断）
			84H	10H	VEL 反应迟缓诊断
			85H	10H	VEL 伺服系统诊断
			86H	9DH	VTC 进气中央锁止功能诊断（VTC 中央位置对齐检查诊断）
			87H	9DH	VTC 进气中央锁止系统诊断（VTC 中央锁止位置检查诊断）
	36H	VVT 监控器（气缸侧体 2）	80H	9DH	VTC 进气功能诊断（VTC 对齐检查诊断）
			81H	9DH	VTC 排气功能诊断（VTC 对齐检查诊断）
			82H	9DH	VTC 进气功能诊断（VTC 驱动故障诊断）
			83H	9DH	VTC 排气功能诊断（VTC 驱动故障诊断）
			84H	10H	VEL 反应迟缓诊断
			85H	10H	VEL 伺服系统诊断
			86H	9DH	VTC 进气中央锁止功能诊断（VTC 中央位置对齐检查诊断）
			87H	9DH	VTC 进气中央锁止系统诊断（VTC 中央锁止位置检查诊断）

（续）

项目	OBDMID	自诊断测试项目	测试值和测试极限（GST显示器）		说　明
			TID	单位和标尺ID	
EVAP系统	39H	EVAP控制系统泄漏（系统关闭）	80H	0CH	降压前后压力传感器输出电压差
	3BH	EVAP控制系统泄漏（小泄漏）	80H	05H	泄漏区域指数（大于0.04in）
	3CH	EVAP控制系统泄漏（极小泄漏）	80H	05H	泄漏区域指数（大于0.02in）
			81H	FDH	监控过程中EVAP系统的最大内部压力
			82H	FDH	监控结束时EVAP系统的内部压力
	3DH	净化流动系统	83H	0CH	通气控制阀关闭前后压力传感器输出电压差
氧传感器加热器	41H	空燃比传感器1加热器（气缸侧体1）	81H	0BH	加热器电流对电压转换值
	42H	加热型氧传感器2加热器（气缸侧体1）	80H	0CH	加热器电流对电压转换值
	43H	加热型氧传感器3加热器（气缸侧体1）	80H	0CH	加热器电流对电压转换值
	45H	空燃比传感器1加热器（气缸侧体2）	81H	0BH	加热器电流对电压转换值
	46H	加热型氧传感器2加热器（气缸侧体2）	80H	0CH	加热器电流对电压转换值
	47H	加热型氧传感器3加热器（气缸侧体2）	80H	0CH	加热器电流对电压转换值
二次空气	71H	二次空气系统	80H	01H	检测到二次空气喷射系统流量不正确
			81H	01H	二次空气喷射系统流量不足
			82H	01H	二次空气喷射系统泵卡死在关闭位置
			83H	01H	二次空气喷射系统流量高
			84H	01H	二次空气喷射系统转换阀卡死在打开位置
			85H	01H	二次空气喷射系统转换阀卡死在打开位置
			86H	01H	二次空气喷射系统泵卡死在打开位置
燃油系统	81H	燃油喷射系统功能（气缸侧体1）	80H	2FH	长期燃油修正
			81H	24H	空燃比控制数受限制
			82H	03H	缸体A/F失衡监控

（续）

项目	OBDMID	自诊断测试项目	测试值和测试极限（GST 显示器）		说 明
			TID	单位和标尺 ID	
燃油系统	82H	燃油喷射系统功能（气缸侧体 2）	80H	2FH	长期燃油修正
			81H	24H	空燃比控制数受箝制
			82H	03H	缸体 A/F 失衡监控
缺火	A1H	多缸缺火	80H	24H	1 号气缸每 1000r/min 缺火计数器
			81H	24H	2 号气缸每 1000r/min 缺火计数器
			82H	24H	3 号气缸每 1000r/min 缺火计数器
			83H	24H	4 号气缸每 1000r/min 缺火计数器
			84H	24H	5 号气缸每 1000r/min 缺火计数器
			85H	24H	6 号气缸每 1000r/min 缺火计数器
			86H	24H	7 号气缸每 1000r/min 缺火计数器
			87H	24H	8 号气缸每 1000r/min 缺火计数器
			88H	24H	多缸每 1000r/min 缺火计数器
			89H	24H	1 号气缸每 200r/min 缺火计数器
			8AH	24H	2 号气缸每 200r/min 缺火计数器
			8BH	24H	3 号气缸每 200r/min 缺火计数器
			8CH	24H	4 号气缸每 200r/min 缺火计数器
			8DH	24H	5 号气缸每 200r/min 缺火计数器
			8EH	24H	6 号气缸每 200r/min 缺火计数器
			8FH	24H	7 号气缸每 200r/min 缺火计数器
			90H	24H	8 号气缸每 200r/min 缺火计数器
			91H	24H	单缸每 1000r/min 缺火计数器
			92H	24H	单缸每 200r/min 缺火计数器
			93H	24H	多缸每 200r/min 缺火计数器
缺火	A2H	1 号气缸缺火	0BH	24H	EWMA（指数加权移动平均值）最后 10 个驾驶循环缺火计数
			0CH	24H	最后/目前驾驶循环缺火计数
	A3H	2 号气缸缺火	0BH	24H	EWMA（指数加权移动平均值）最后 10 个驾驶循环缺火计数
			0CH	24H	最后/目前驾驶循环缺火计数
	A4H	3 号气缸缺火	0BH	24H	EWMA（指数加权移动平均值）最后 10 个驾驶循环缺火计数
			0CH	24H	最后/目前驾驶循环缺火计数

（续）

项目	OBDMID	自诊断测试项目	测试值和测试极限（GST显示器）		说　明
			TID	单位和标尺ID	
缺火	A5H	4号气缸缺火	0BH	24H	EWMA（指数加权移动平均值）最后10个驾驶循环缺火计数
			0CH	24H	最后/目前驾驶循环缺火计数
	A6H	5号气缸缺火	0BH	24H	EWMA（指数加权移动平均值）最后10个驾驶循环缺火计数
			0CH	24H	最后/目前驾驶循环缺火计数
	A7H	6号气缸缺火	0BH	24H	EWMA（指数加权移动平均值）最后10个驾驶循环缺火计数
			0CH	24H	最后/目前驾驶循环缺火计数
	A8H	7号气缸缺火	0BH	24H	EWMA（指数加权移动平均值）最后10个驾驶循环缺火计数
			0CH	24H	最后/目前驾驶循环缺火计数
	A9H	8号气缸缺火	0BH	24H	EWMA（指数加权移动平均值）最后10个驾驶循环缺火计数
			0CH	24H	最后/目前驾驶循环缺火计数

第二节　自动变速器系统数据流分析

自动变速器控制系统数据流分析见表8-2。

表8-2　自动变速器控制系统数据流分析

监控项目	状　态	值/状态（近似值）
速度传感器	行驶时	与车速表显示的几乎一样
估计车速信号	行驶时	与车速表显示的几乎一样
主速度传感器	行驶过程中（锁止ON）	以发动机转速除以中间轴齿轮比得出的数值
辅助转速传感器	辅助齿轮箱：1档	约“车速传感器（转速）”的2倍
	辅助齿轮箱：2档	与“车速传感器（转速）”几乎一样
车速传感器（转速）	辅助齿轮箱：1档	约“第二转速传感器”的一半
	辅助齿轮箱：2档	与“第二转速传感器”几乎一样
发动机转速信号	发动机运转	与转速表读数几乎一样
管路压力传感器	变速杆：N位 怠速中	0.88～0.92V

（续）

监控项目	状　　态	值/状态（近似值）
ATF 温度传感器	约 20℃	2.01～2.05V
	约 50℃	1.45～1.50V
	约 80℃	0.90～0.94V
G 传感器	车辆处于水平状态	2.5V
VIGN 传感器	点火开关：ON	10～16V
车速	行驶时	与车速表显示的几乎一样
输入转速	行驶过程中（锁止 ON）	与发动机转速几乎一样
主转速	行驶过程中（锁止 ON）	以发动机转速除以中间轴齿轮比得出的数值
SEC 速度	辅助齿轮箱：1 档	约“输出转速”的 2 倍
	辅助齿轮箱：2 档	与“输出转速”几乎一样
输出转速	辅助齿轮箱：1 档	约“SEC 速度”的一半
	辅助齿轮箱：2 档	与“SEC 速度”几乎一样
发动机转速	发动机运转	与转速表读数几乎一样
滑转	行驶时	发动机转速/输入速度
总速比	辅助齿轮箱：1 档	中间轴速比×传动带轮速比/辅助齿轮箱齿轮比
	辅助齿轮箱：2 档	中间轴速比×传动带轮速比
传动带轮速比	驾驶过程中（前进）	2.20～0.55
	驾驶过程中（倒车）	2.20
总速比	变速杆处于 L 位时车辆起动	1 档
	满足下列条件时松开加速踏板 变速杆：D 位 加速器踏板位置：1/8 或以下 车速：50km/h 或以上	2 档
	辅助齿轮箱换档操作中	1 档⇔2 档
G 转速	车辆停止	0.00G
	加速时	随着加速的进行，数值变为正值
	减速时	随着减速的进行，数值变为正值
加速踏板位置传感器 1	松开加速踏板	0.00 度
	加速踏板完全踩下	80.00 度
VENG 转矩	行驶时	该值随着加速/减速而改变
PRITRQ	行驶时	该值随着加速/减速而改变
转矩比	行驶时	该值随着加速/减速而改变
管路压力	变速杆：P 位	0.575MPa
变速器油温	点火开关 ON	显示 CVT 油温

（续）

监控项目	状　态	值/状态（近似值）
DSR 转速	行驶时	它根据行车状况发生变化
目标辅助齿轮箱	行驶时	它根据行车状况发生变化
目标带轮速比	驾驶过程中（前进）	2.20～0.55
	驾驶过程中（倒车）	2.20
目标辅助变速器	变速杆处于L位时车辆起动	1档
	满足下列条件时松开加速踏板 变速杆：D位 加速器踏板位置：1/8或以下 车速：50km/h或以上	2档
	辅助齿轮箱换档操作中	换档后显示档位
润滑压力	发动机起动 车辆停止	-0.500MPa
	变速杆：D位 加速器踏板位置：1/8或以下 车速：20km/h或以上	0.450MPa
管路压力	暖机后 变速杆：N位 怠速中	0.500MPa
	暖机后 变速杆：N位 完全踩下加速踏板	HR12DE：4.400～4.900MPa HR15DE：4.930～5.430MPa
目标主压力	变速杆：L位 车速：20km/h	0.325MPa
目标HC/RB压力	变速杆：L位 车速：20km/h	0.000MPa
	满足下列条件时松开加速踏板 变速杆：D位 加速器踏板位置：1/8或以下 车速：50km/h或以上	0.400MPa
目标LB压力	变速杆：L位 车速：20km/h	0.325MPa
	满足下列条件时松开加速踏板 变速杆：D位 加速器踏板位置：1/8或以下 车速：50km/h或以上	0.000MPa

（续）

监控项目	状　　态	值/状态（近似值）
ISOLT1	发动机起动 车辆停止	0.000A
	变速杆：D 位 加速器踏板位置：1/8 或以下 车速：20km/h 或以上	0.500A
ISOLT2	暖机后 变速杆：N 位 怠速中	0.800~0.900A
	暖机后 变速杆：N 位 完全踩下加速踏板	HR12DE：0.400~0.450A HR15DE：0.350~0.400A
一次侧电磁线圈	变速杆：L 位 车速：20km/h	0.850~0.900A
HC/RB 电磁线圈	变速杆：L 位 车速：20km/h	1，000A
	满足下列条件时松开加速踏板 变速杆：D 位 加速器踏板位置：1/8 或以下 车速：50km/h 或以上	0.800~0.850A
低速制动电磁阀	变速杆：L 位 车速：20km/h	0.200~0.250A
	满足下列条件时松开加速踏板 变速杆：D 位 加速器踏板位置：1/8 或以下 车速：50km/h 或以上	0.000A
SOLMON1	发动机起动 车辆停止	0.000A
	变速杆：D 位 加速器踏板位置：1/8 或以下 车速：20km/h 或以上	0.500A
SOLMON2	暖机后 变速杆：N 位 怠速中	0.800~0.900A
	暖机后 变速杆：N 位 完全踩下加速踏板	HR12DE：0.400~0.450A HR15DE：0.350~0.400A

（续）

监控项目	状　态	值/状态（近似值）
一次侧电磁线圈监控	变速杆：L位 车速：20km/h	0.850~0.900A
HC/RB电磁监控	变速杆：L位 车速：20km/h	1，000A
	满足下列条件时松开加速踏板 变速杆：D位 加速器踏板位置：1/8或以下 车速：50km/h或以上	0.800~0.850A
低速制动电磁监控	变速杆：L位 车速：20km/h	0.200~0.250A
	满足下列条件时松开加速踏板 变速杆：D位 加速器踏板位置：1/8或以下 车速：50km/h或以上	0.000A
D位开关	变速杆：D位	ON
	除以上操作外	OFF
N位开关	变速杆：N位	ON
	除以上操作外	OFF
R位开关	变速杆：R位	ON
	除以上操作外	OFF
P位开关	变速杆：P位	ON
	除以上操作外	OFF
制动开关	踩下制动踏板	ON
	松开制动踏板	OFF
L位开关	变速杆：L位	ON
	除以上操作外	OFF
怠速开关	松开加速踏板	ON
	踩下加速踏板	OFF
运动模式开关	按下运动模式开关	ON
	松开运动模式开关	OFF
STRDWNSW	一直	OFF
起动开关	一直	OFF
下载VR	一直	OFF
UPLVR	一直	OFF
非M模式	一直	OFF
M模式	一直	OFF

（续）

监控项目	状　态	值/状态（近似值）
INDLR 异常	变速杆：L 位	ON
	除以上操作外	OFF
INDDR 异常	变速杆：D 位	ON
	除以上操作外	OFF
INDNR 异常	变速杆：N 位	ON
	除以上操作外	OFF
INDRR 异常	变速杆：R 位	ON
	除以上操作外	OFF
INDPR 异常	变速杆：P 位	ON
	除以上操作外	OFF
CVT 灯	处于运动模式	ON
	除以上操作外	OFF
运动模式指示器	处于运动模式	ON
	除以上操作外	OFF
M 模式指示器	一直	OFF
排气状态	完成油泵的放气时	COMP
	未完成油泵的放气时	未完成
VDCON	一直	OFF
TCSON	一直	OFF
ABS 故障信号	接收到 ABS 故障信号时	ON
	除以上操作外	OFF
ABS ON	启动 ABS	ON
	除以上操作外	OFF
4WD 故障信号	一直	OFF
4WD 操作信号	一直	OFF
4WD-TCS 信号	一直	OFF
档位	变速杆：P 和 N 位	N/P
	变速杆：R 位	R
	变速杆：D 位（正常模式下）	D
	变速杆：D 位（运动模式下）	S
	变速杆：L 位	L
M 档位	一直	1
G 传感器	平地	0%
	上坡坡度	随着上坡坡度的增大，数值变为正值（最大值 40.45%）
	下坡坡度	随着下坡坡度的变化，数值变为负值（最小值 -40.45%）

（续）

监控项目	状　态	值/状态（近似值）
发动机制动水平	“工作支持”中的“发动机制动调整”的发动机制动水平 ON 时	ON
	“工作支持”中的“发动机制动调整”的发动机制动水平 OFF 时	OFF
PVIGN 电压	点火开关：ON	10～16V
目标辅助齿轮箱齿轮比	变速杆处于 L 位时车辆起动	1.80
	满足下列条件时松开加速踏板 变速杆：D 位 加速器踏板位置：1/8 或以下 车速：50km/h 或以上	1.00
电动燃油泵工作	点火开关：ON	5%～15%
	变速杆：D 位 车速：11km/h 或以上	5%～15%
	停车/起动系统操作过程中	55%～85%
电动燃油泵工作监控	点火开关：ON	25%～35%
	变速杆：D 位 车速：11km/h 或以上	0%
	停车/起动系统操作过程中	45%～55%
电动燃油泵继电器	变速杆：D 位 车速：6km/h 或以下	ON
	变速杆：D 位 车速：11km/h 或以上	OFF
电动燃油泵继电器监控	变速杆：D 位 车速：6km/h 或以下	ON
	变速杆：D 位 车速：11km/h 或以上	OFF
G 传感器校准	完成 G 传感器校准时	完成
	未完成传感器校准时	未完成
N 怠速状态	操作怠速空档控制时	ON
	未操作怠速空档控制时	OFF
CVT-B*	—	—
CVT-A*	—	—

第三节　ABS 系统数据流分析

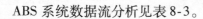

ABS 系统数据流分析见表 8-3。

表 8-3 ABS 系统数据流分析

X：适用

项目（单元）	监控项目选择		注
	输入信号	主要项目	
左前传感器 km/h	×	×	显示根据左前轮传感器计算的车轮转速
右前传感器 km/h	×	×	显示根据右前轮传感器计算的车轮转速
左后传感器 km/h	×	×	显示根据左后轮传感器计算的车轮转速
右后传感器 km/h	×	×	显示根据右后轮传感器计算的车轮转速
制动灯开关 (ON/OFF)	×	×	显示制动灯开关信号输入状态
蓄电池电压 V	×	×	显示向 ABS 执行器和电气单元（控制单元）的供电电压
档位*	×	×	TCM 判断的档位
OFF 开关 (ON/OFF)	×	×	显示 VDC OFF 开关状态
横摆角速度传感器 d/s	×	×	横摆角速度/侧面 G 传感器检测到的横摆角速度
加速位置信号 %	×		显示节气门执行器打开/关闭（与加速踏板关联）
侧面 G 传感器 m/s^2	×		横摆角速度/侧面 G 传感器检测到的横摆 G
转向角度信号 (°)	×		转向角传感器检测到的转向角度
压力传感器 bar	×		压力传感器检测到的制动液压力
发动机转速 r/min	×		显示发动机转速状态
液位开关 (ON/OFF)	×		显示制动液液位开关信号状态
驻车制动开关 (ON/OFF)	×		显示驻车制动开关信号状态
右前输入电磁阀** (ON/OFF)		×	显示右前轮 ABS IN 阀的运转状态
右前输出电磁阀** (ON/OFF)		×	显示右前轮 ABS OUT 阀的运转状态

（续）

项目（单元）	监控项目选择		注
	输入信号	主要项目	
左前输入电磁阀**（ON/OFF）		×	显示左前轮 ABS IN 阀的运转状态
左前输出电磁阀**（ON/OFF）		×	显示左前轮 ABS OUT 阀的运转状态
右后输入电磁阀**（ON/OFF）		×	显示右后轮 ABS IN 阀的运转状态
右后输出电磁阀**（ON/OFF）		×	显示右后轮 ABS OUT 阀的运转状态
左后输入电磁阀**（ON/OFF）		×	显示左后轮 ABS IN 阀的运转状态
左后输出电磁阀**（ON/OFF）		×	显示左后轮 ABS OUT 阀的运转状态
电动机继电器（ON/OFF）		×	显示 ABS 电动机和电动机继电器状态
执行器继电器**（ON/OFF）		×	显示 ABS 执行器继电器状态
ABS 警告灯（ON/OFF）		×	显示 ABS 警告灯 ON/OFF 状态***
关闭灯（ON/OFF）		×	显示 VDC OFF 指示灯状态***
SLIP/VDC 灯（ON/OFF）		×	显示 VDC 警告灯状态***
EBD 警告灯（ON/OFF）			显示制动警告灯 ON/OFF 状态***
EBD 信号（ON/OFF）			显示 EBD 运转状态
ABS 信号（ON/OFF）			显示 ABS 运转状态
TCS 信号（ON/OFF）			显示 TCS 运转状态
VDC 信号（ON/OFF）			显示 VDC 运转状态
EBD 故障信号（ON/OFF）			显示 EBD 失效-保护信号状态
ABS 故障信号（ON/OFF）			显示 ABS 失效-保护信号状态

（续）

项目（单元）	监控项目选择		注
	输入信号	主要项目	
TCS 故障信号（ON/OFF）			显示 TCS 失效-保护信号状态
VDC 故障信号（ON/OFF）			显示 VDC 失效-保护信号状态
起动信号（ON/OFF）			起动操作
USV（右前-左后）** （ON/OFF）			显示切断阀 1 工作状态
USV（左前-右后）** （ON/OFF）			显示切断阀 2 工作状态
HSV（右前-左后）** （ON/OFF）			显示吸入阀 1 工作状态
HSV（左前-右后）** （ON/OFF）			显示吸入阀 2 工作状态
电磁阀继电器输出** （ON/OFF）			电磁阀继电器启动
电动机继电器输出（ON/OFF）			执行器电动机和电动机继电器启动

*：CVT 或 A/T 车型。

**：点火开关接通后，短时内显示内容可能变为 ON/OFF。这是为进行检查而执行的操作，并非故障。

***：各警告灯和指示灯的 ON/OFF 状态，请参见原厂手册的相关说明。

第四节　空调系统数据流分析

空调系统数据流分析见表 8-4。

表 8-4　空调系统数据流

监 控 项 目	状　　态	值/状态
环境温度传感器	点火开关 ON	等于环境温度
车内温度	点火开关 ON	等于车内温度
进气温度传感器	点火开关 ON	等于蒸发器散热片温度
日照传感器	点火开关 ON	等于日照量
环境传感器计算	点火开关 ON	等于环境温度
车内计算	点火开关 ON	等于车内温度
进气温度计算	点火开关 ON	等于蒸发器散热片温度
日照传感器计算	点火开关 ON	等于日照量

（续）

监 控 项 目	状　　态		值/状态
压缩机请求信号	发动机：暖机后怠速运行	空调开关：ON（压缩机工作状态）	ON
		空调开关：OFF	OFF
风扇请求信号	发动机：暖机后怠速运行	鼓风机电动机：ON	ON
		鼓风机电动机：OFF	OFF
风扇工作	发动机：暖机后怠速运行	鼓风机电动机：ON	25～73
		鼓风机电动机：OFF	0
XM	点火开关 ON		根据目标气流温度（驾驶人侧）的数值
乘客侧目标空气温度	点火开关 ON		根据目标气流温度（乘客侧）的数值
发动机冷却液温度	点火开关 ON		等效于发动机冷却液温度
车速	转动驱动车轮，并将 CONSULT 的值与车速表的指示值进行比较		等于车速表读数

第九章 数据流故障案例分析

案例一 全新迈腾行驶时急加速不良，仪表 EPC 灯亮

故障现象：

一辆全新迈腾 B7L1.8 T 车型行驶时急加速不良，仪表 EPC 灯亮。

故障诊断过程：

该客户多次反映行驶时发动机有时加速不良，仪表 EPC 警告灯亮。进厂后用 VAS5052A 检测，发现发动机控制单元有故障码 00135，P0087——燃油油轨/系统压力过低静态。清除故障码，急加速行驶一段路程后，故障码再现。如图 9-1所示。

根据故障码判断导致该故障的可能有以下原因：

① 低压燃油管路。

② 电子燃油泵及滤清器。

③ 燃油泵控制器、供电及线路。

④ 燃油压力调节阀 N276 及线路。

⑤ 发动机控制单元。

按维修经验判断出现该故障码，燃油泵控制器，燃油泵及高压泵损坏的故障率比较常见，首先更换了电子燃油泵和燃油泵控制器，接上 VAS5052A 试车，发现怠速、匀速行驶或缓慢加速均正常。急加速时故障出现，EPC 灯点亮，发动机抖动，最高转速达不到 3000r/min。出现故障时读取发动机高压系统压力：01-08-140 组 3 区显示发现故障出现时高压压力只有 4bar[㊀]，正常车辆高压50 ~ 150bar。检查低压系统油压 6bar 左右，排除低压燃油系统的故障，如图 9-2 所示。

一般高压泵燃油调节阀损坏，高压压力在 7bar 左右，该高压系统油压低于低压燃油系统压力。根据缸内直喷高压行程原理，燃油高压通过安装在燃油泵上的压力调节器 N276 来调节。在喷油过程中，发动机控制单元根据计算出的供油始点向燃油压力控制阀 N276 发送指令使其吸合，此时针阀克服针阀弹簧的作用力向前运动，进油阀在弹簧作用力下被关闭。随着泵活塞向上运动，在泵腔内建立起油压，当泵腔内的油压高于油轨内的油压时，出油阀强制开启，燃油便被泵入油轨内。在油轨内形成稳定的高压燃油压力由压力传感器识别并把信号传送给发动机控制单元，通过读取数据流 01-08-140 组 3 区显示的压力，我们可以分析高压是否正常建立。

㊀ 1bar = 100kPa。

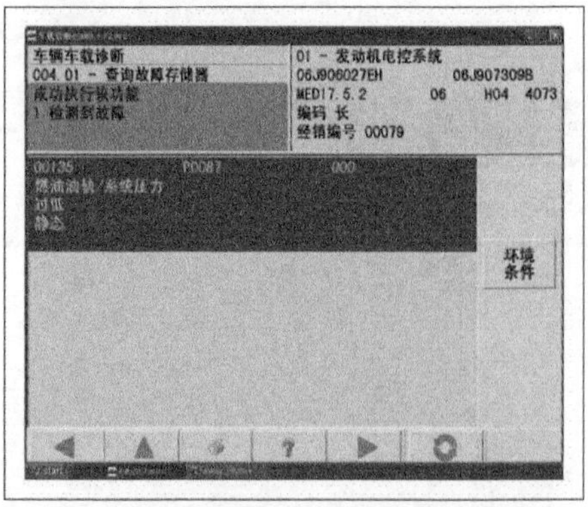

图9-1　故障码显示

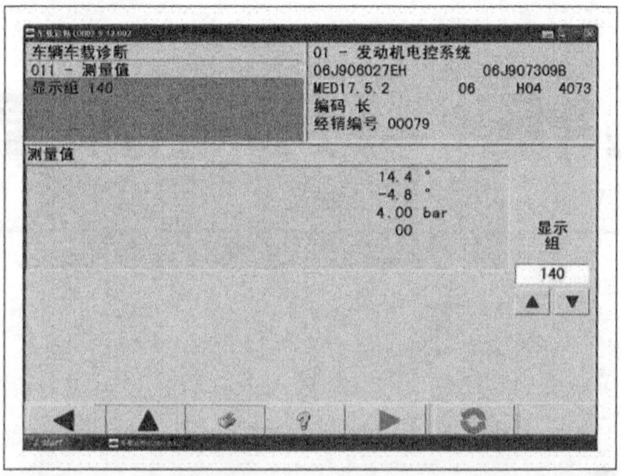

图9-2　排除低压燃油系统的故障

基于以上对燃油高压建立过程的分析，导致燃油供给系统高压不能建立可能有以下原因：凸轮轴驱动装置损坏，高压泵及输油管堵塞故障，低压燃油系统过低，高压泵燃油调节阀及线路、发动机控制单元故障。正常车辆将燃油调压阀 N276 拔掉，高压油压在 7bar 左右，检查凸轮轴驱动凸轮正常，没有任何变形与异常磨损；该车出现故障时高压压力只有 4bar，低于低压燃油压力，怀疑高压泵进油口堵塞，更换高压泵后故障依旧；最后判断故障集中在高压泵输油管单向阀上，拆下高压泵输油管准备检查单向阀是否损坏时，发现在高压泵输入口处有一个圆锥形铁块，如图 9-3 所示。

取出铁块后检查单向阀工作正常，重新安装高压泵输油管。试车，故障排除，如图 9-4 所示。

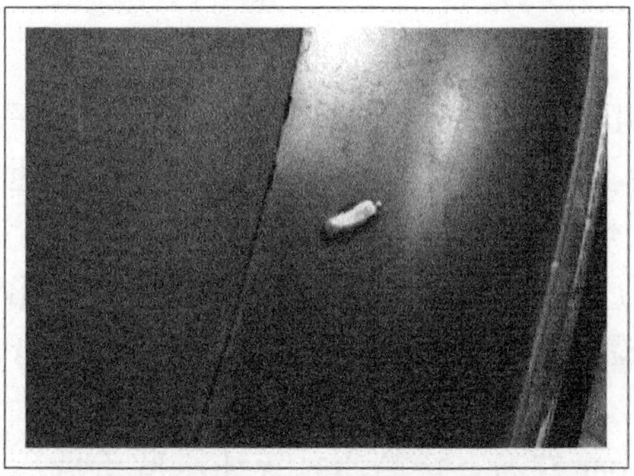

图9-3　圆锥形铁块

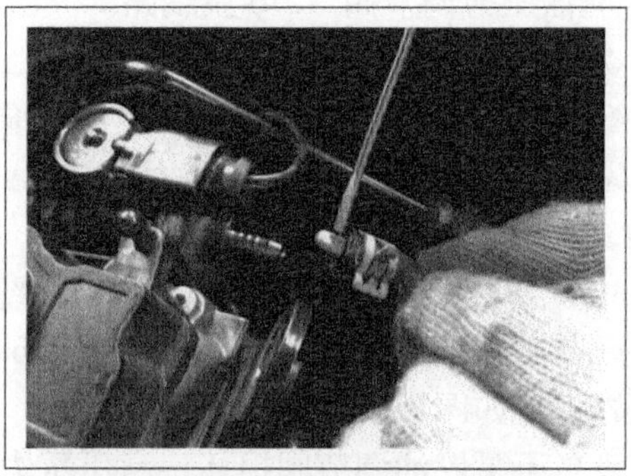

图9-4　重新安装高压泵输油管

故障原因分析：

该车高压泵输油管内有异物，该异物尺寸远大于单向阀内部孔径，起初异物离高压泵进油口较远，且成不规则形状，不至于完全堵塞进油管，车辆虽供油不畅，尚能保持系统压力不至于使 EPC 灯亮。随着车辆不断使用，异物随着燃油流动方向缓慢移动位置，直到碰到高压泵进油口，加速时异物完全堵塞高压泵进油口，从而出现发动机加速不良、仪表 EPC 灯亮故障。

故障处理方法：

取出高压泵输油管内异物。

专用工具/设备：

VAS5052A，VAS6550

案例点评及建议：

日常维修中，我们检查高压系统与低压系统压力时，容易忽视高压系统与低压系统相连接的部位，燃油表测量燃油压力显示的是燃油表到燃油泵之间的系统压力，如像该案例中高压泵输油管堵塞或者输油管内部的单向阀堵塞，均会造成燃油表测量显示压力正常但实际低压燃油系统不正常，导致高压泵无法输入燃油、高压泵无法建立高压的故障，从而误导我们对车辆故障的判断。

案例二 全新速腾发动机怠速抖动

故障现象：

一辆全新速腾轿车发动机怠速抖动，坐在车内能明显感觉车身振动。

故障诊断过程：

① 使用 VAS6150B 检测发动机，无故障记忆，如图 9-5 所示。

② 使用 VAS6150B 读取发动机失火数据流，四个气缸均没有失火情况，如图 9-6 所示。

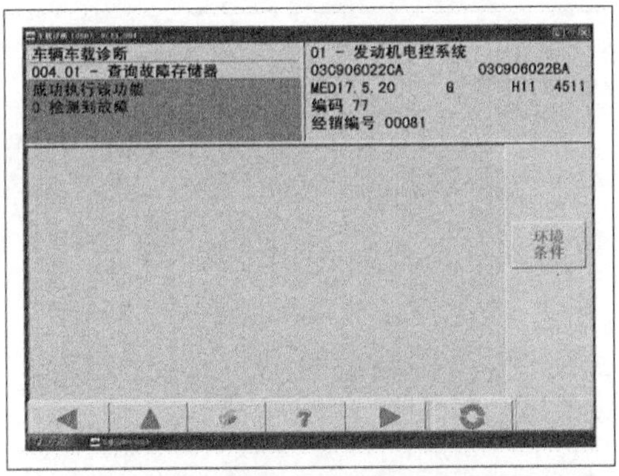

图 9-5 检测发动机无故障记忆

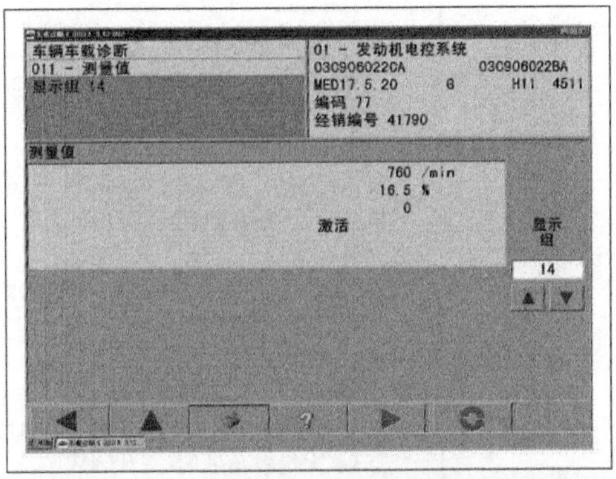

图 9-6 读取发动机失火数据流

③ 使用 VAS6150B 读取发动机负荷、进气量、喷油量、爆燃控制等数据。

其中故障车辆数据如图 9-7、图 9-8 所示。

正常车辆数据如图 9-9 所示。

通过数据对比发现故障车进气压力 370mbar，正常车进气压力 320mbar。

④ 对发动机进气管检查，没有发现有任何的漏气情况。

⑤ 检查炭罐电磁阀控制管路，电磁阀控制功能正常（70 组数据块分析），当电磁阀不工作时，电磁阀关闭无漏气现象，曲轴箱通风检查也未发现漏气情况。

⑥ 与正常车辆对换进气歧管总成，试车抖动依旧。

⑦ 测量发动机缸压：1 缸 12bar、2 缸 14bar、3 缸 14.5bar、4 缸 14bar。从测量数据分析 1 缸缸压比其他缸缸压低 2bar。使用内窥镜检查发动机缸内情况，缸内未发现气门烧蚀、活塞顶部损坏和气门口积炭、卡滞等异常情况。

拆卸发动机缸盖分析，使用汽油试验 1 缸，发现 1 缸渗漏汽油，进气门关闭不严。

测量值:

名称列:	数值:	标准值:	识别:
发动机转速	680/min		1.1
冷却液温度	87.0℃		1.2
氧传感器控制值	1.171875 %		1.3
基本设置的调节前提条件	11111111		1.4
发动机转速	680/min		2.1
发动机负荷	23.308270676691727%		2.2
平均喷射时间	0.765ms		2.3
进气歧管压力	370.0mbar		2.4
发动机转速	680/min		3.1
进气歧管压力	370.0mbar		3.2
节气门角度(电位计)	2.3529411764705883%		3.3
点火提前角(当前值)	0.0°OT		3.4
发动机转速	680/min		4.1
电压	14.194V	12<=X<=15V	4.2
冷却液温度	87.0℃		4.3
进气温度	23.0℃		4.4

图 9-7　故障数据 1

测量值:

名称列:	数值:	标准值:	识别:
气缸1点火提前角延时	0.0kW		20.1
气缸2点火提前角延时	0.0kW		20.2
气缸3点火提前角延时	0.0kW		20.3
气缸4点火提前角延时	0.0kW		20.4
发动机转速	680/min		22.1
发动机负荷	22.55639097744361 %		22.2
气缸1点火提前角延时	0.0kW		22.3
气缸2点火提前角延时	0.0kW		22.4
发动机转速	680/min		23.1
发动机负荷	22.55639097744361 %		23.2
气缸3点火提前角延时	0.0kW		23.3
气缸4点火提前角延时	0.0kW		23.4
爆燃控制，气缸1爆燃传感器放大器	1.092V		26.1
爆燃控制，气缸2爆燃传感器放大器	1.092V		26.2
爆燃控制，气缸3爆燃传感器放大器	1.092V		26.3
爆燃控制，气缸4爆燃传感器放大器	1.4040000000000001 V		26.4

图 9-8　故障数据 2

故障原因分析：

由于发动机 1 缸进气门关闭不严、1 缸缸压稍低，导致发动机进气量偏高 50mbar，发动机怠速抖动故障。

故障处理方法：

由于车辆处于保修期内，决定更换发动机。

专用工具/设备：

VAS6150B 缸压表内窥镜。

测量值:

名称列:	数值:	标准值:	识别:
发动机转速	680/min		1.1
冷却液温度	90.0℃		1.2
氧传感器控制值	1.953125 %		1.3
基本设置的调节前提条件	01111111		1.4
发动机转速	680/min		2.1
发动机负荷	18.796992481203006%		2.2
平均喷射时间	0.765ms		2.3
进气歧管压力	320.0mbar		2.4
发动机转速	680/min		3.1
进气歧管压力	320.0mbar		3.2
节气门角度(电位计)	3.1372549019607843%		3.3
点火提前角(当前值)	3.0°OT		3.4
发动机转速	680/min		4.1
电压	14.1V	12<=X<=15V	4.2
冷却液温度	90.0℃		4.3
进气温度	24.0℃		4.4

图 9-9　正常数据

案例点评及建议:

发动机怠速抖动、没有故障记忆和失火情况，故障分析要充分掌握关键数据流，利用数据流分析可能故障原因，做好基本检查。

案例三　全新速腾发动机加速不良，转速超过 2000r/min 故障灯亮

故障现象:

一辆全新速腾轿车怠速运转正常，发动机转速超过 2000r/min 后发动机故障灯（排放故障灯）亮，加速不良。其发动机电控系统如图 9-10 所示。

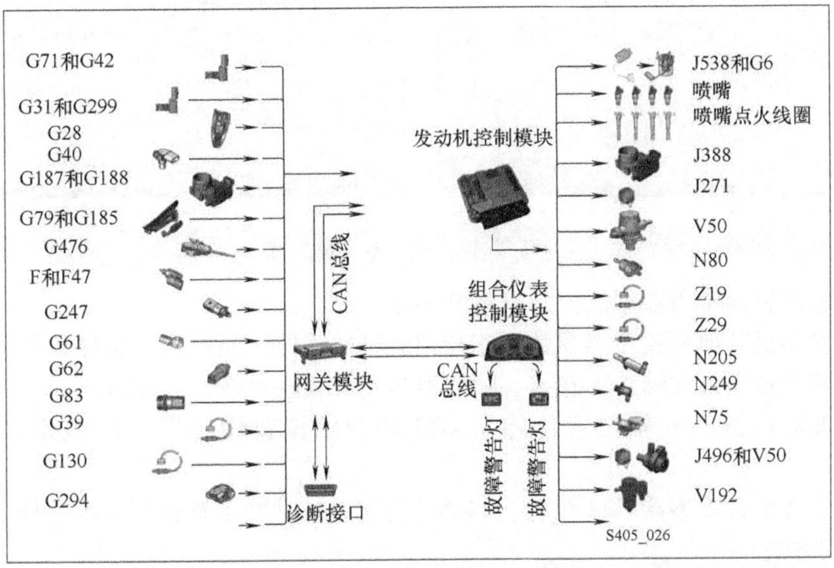

图 9-10　发动机电控系统

故障原因分析：

除上述电子元件外，还可能是相关机械元件的故障，如发动机正时、可变进气相位、进气歧管或进排气门漏气、增压器、曲轴箱通风系统、活性炭罐系统、机油压力等故障，还可能是燃油品质差等原因。

故障诊断过程：

① 用VAS6150检查车辆各控制单元，发现01-发动机控制单元内有3个故障码（图9-11）。

② 检查发动机数据流14～16组，发现15组第2区（2缸）和第3区（3缸）都有失火情况（图9-12）。

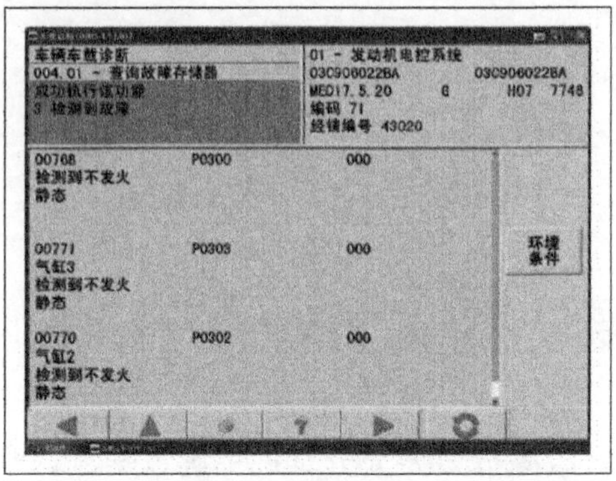

图9-11　故障码信息

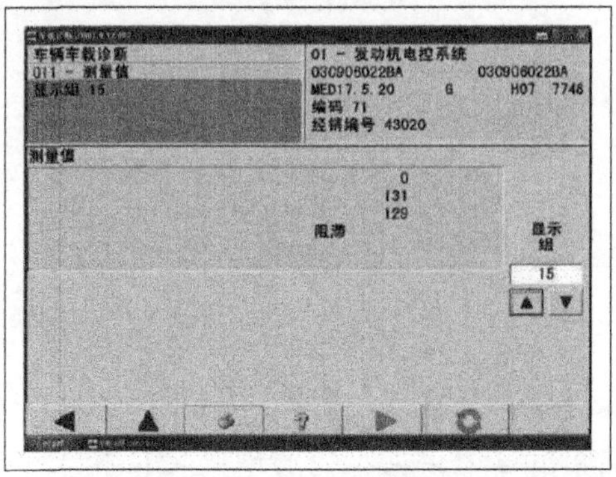

图9-12　发现失火情况

③ 检查91组数据流3、4区凸轮轴调节正常（图9-13）。

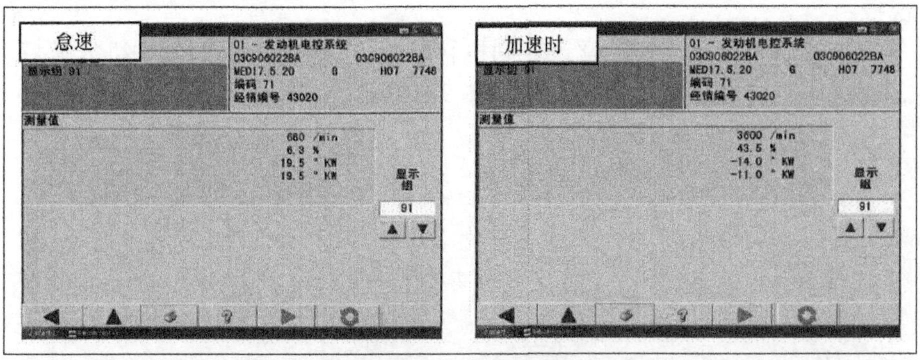

图9-13　检查数据流

④ 检查高压燃油压力数据流正常（图9-14）。

⑤ 检查发动机其他相关传感器数据流和相关机械元件，同样未见明显异常。

⑥ 将故障气缸点火线圈、火花塞、喷油器与正常气缸对换，故障依旧。

⑦ 用示波器检测凸轮轴位置传感器G40和曲轴位置传感器G28波形，如图9-15、图9-16所示。

⑧ 拆下曲轴位置传感器G28靶轮，与部件对比，发现两个靶轮明显不一样（图9-17）。

故障处理方法：

刷新发动机控制单元，或更换与之相匹配的曲轴位置传感器G28靶轮或发动机控制单元。

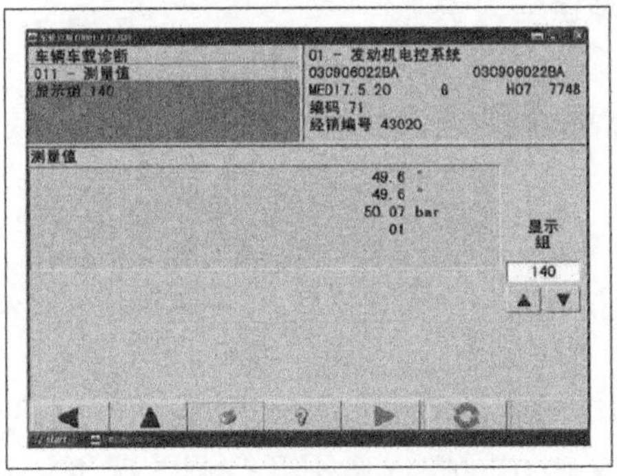

图 9-14　数据流正常

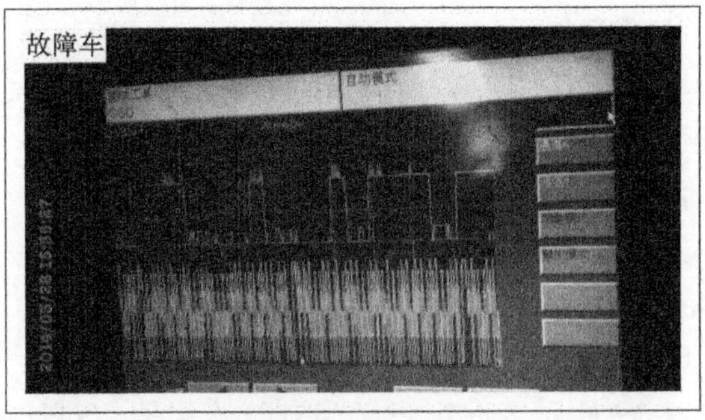

图 9-15　故障车波形

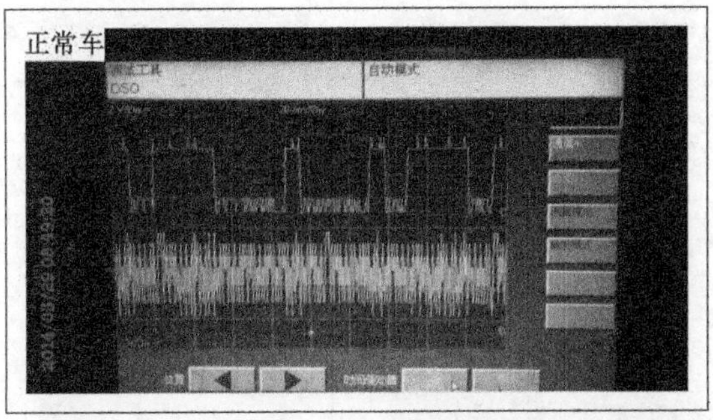

图 9-16　正常车波形

图 9-17　新旧靶轮对比

案例四 大众CC轿车发动机排气系统故障警告灯亮

故障现象：

一辆大众CC轿车在行驶过程中发动机排气系统故障灯亮，车辆行驶状况无明显变化。清除故障码后行驶一段时间故障再现。

故障诊断过程：

① VAS5052诊断，故障码如下：08583——混合气过浓，退出怠速，气缸列1。怠速下系统过稀，如图9-18所示。

② 读取发动机数据块，发现在怠速工况下，发动机系统显示组3中第2区数据为1.8g/s，如图9-19所示，此组意义为空气流量值。对比其他车辆在同样怠速不开空调情况下，正常数值应为1.8g/s左右。因故障车此值偏低，分析进气系统有漏气的地方。

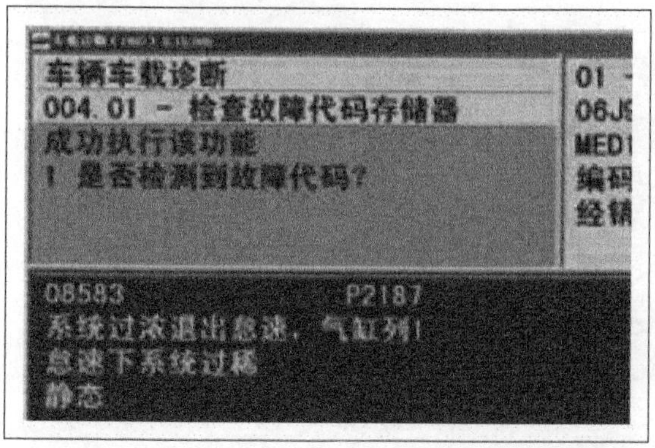

图9-18 故障码信息

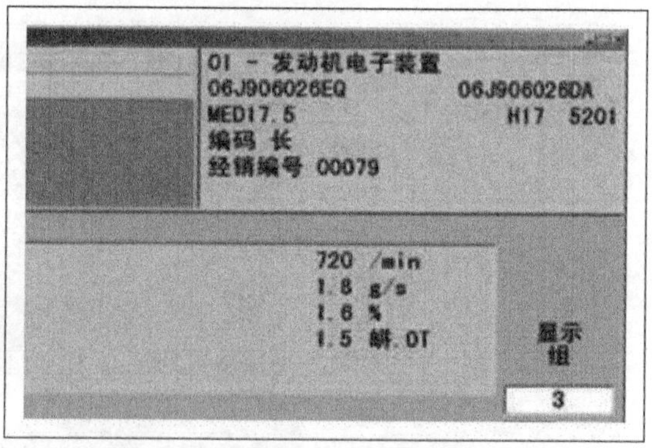

图9-19 读取数据块

③ 检查进气系统相关管路，包括节气门体、进气歧管、曲轴箱通风及相关连接管路，未发现有漏气的地方。但检查中发现，该车机油尺未完全插入，如图9-20所示。

④ 将机油尺完全插入后，再读取发动机系统显示组3中第2区数据为30g/s，恢复正常。

⑤ 为验证是否是机油尺未完全插入，导致该故障现象，将路试车的机油尺拔出一段，模仿用户车故障时的情况，进行路试一天后发现该伴随用车的发动机排气系统故障灯亮，VAS5052读取故障码为“08583——混合气过浓，退出怠速，气缸列1，怠速下系统过稀”，如图9-21所示，和用户车的故障码完全一样。此时读取发动机系统显示组3中第2区数据为2.0g/s，低于正常值，和用户车故障时相差不多。现可确认用户车因机油尺未完全插入，密封不严，导致出现此故障。

故障原因分析：

额外空气从未完全密封的机油尺处进入（图9-22），与从空气滤清器进入的空气相混合，导致进气量增大，使混合气浓度变稀。氧传感器检测尾气，发现混合气浓度变稀，通过减小节气门开度来降低进气量，导致发动机进气量为1.8g/s。

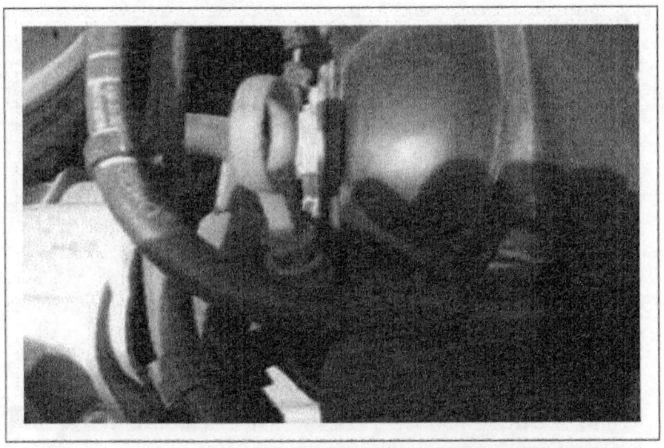

图 9-20　机油尺未完全插入

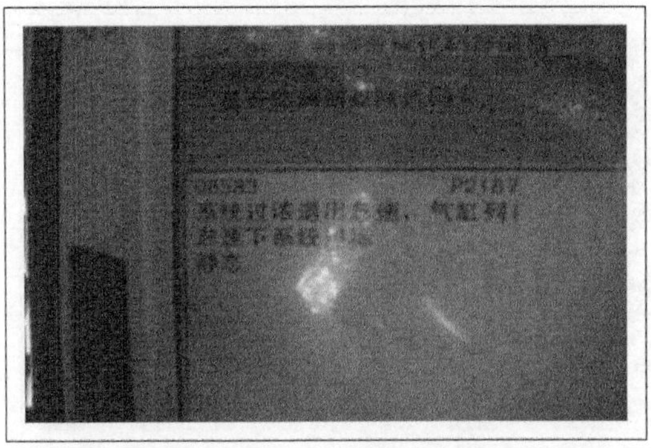

图 9-21　试车故障信息

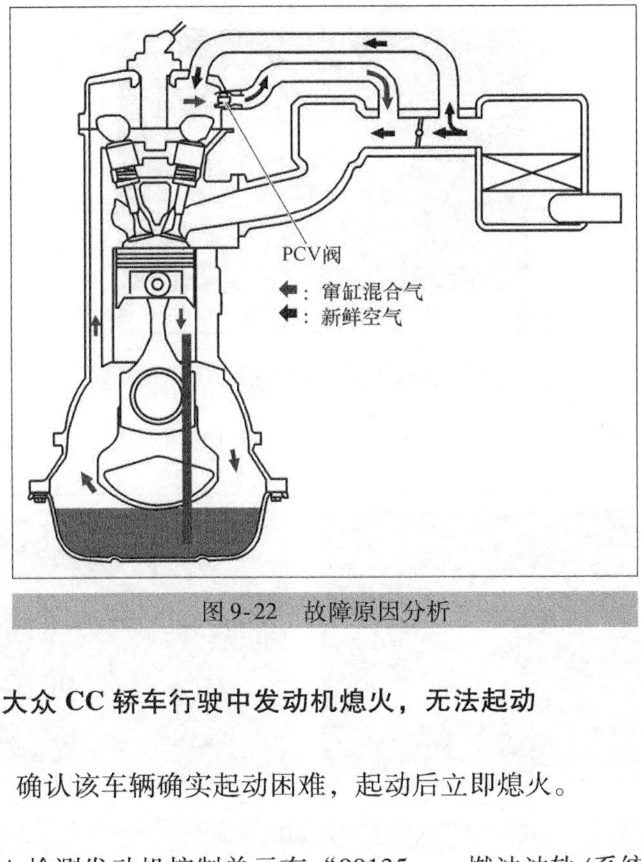

图 9-22　故障原因分析

案例五　大众 CC 轿车行驶中发动机熄火，无法起动

故障现象：

外出救援服务，确认该车辆确实起动困难，起动后立即熄火。

故障诊断过程：

① V. A. S 5052A 检测发动机控制单元有“00135——燃油油轨/系统压力过低/静态”的故障，清除后再次起动故障码再现，如图 9-23 所示。

② 起动时读取 140 组数据块高压燃油压力为 169bar（图 9-24）。

③ 使用 VAG1318 测量（高压泵之前）低压燃油压力为 17bar（图 9-25），燃油压力过低。正常车 VAG1318 测量值为 5. 4 ~6. 5bar。

④ 检查 G247 及 N276 线路及 J538 供电电路，均无异常。检查燃油箱外部燃油输送管路，无泄漏。

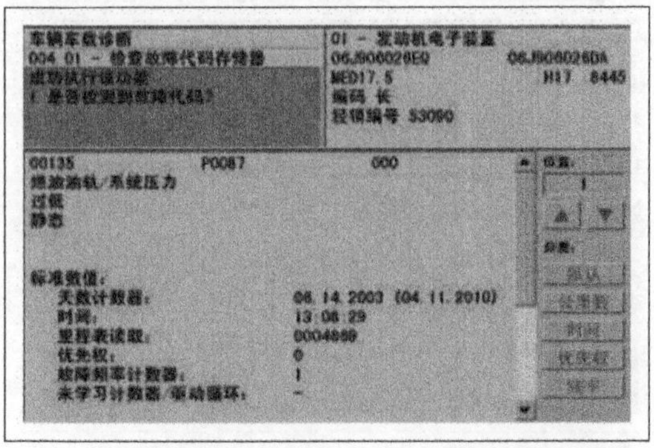

图 9-23　故障码信息

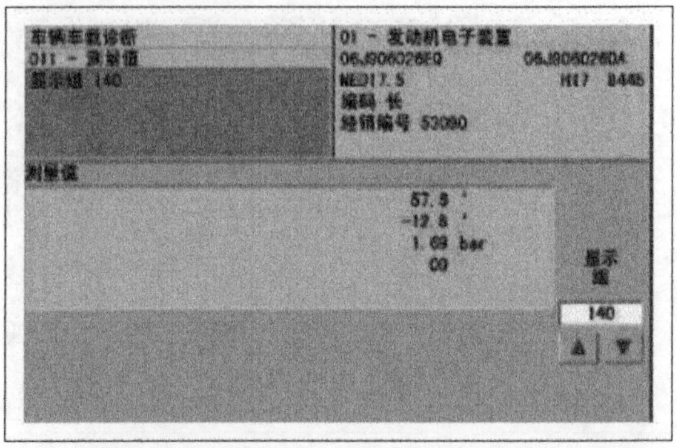

图 9-24　读取数据块

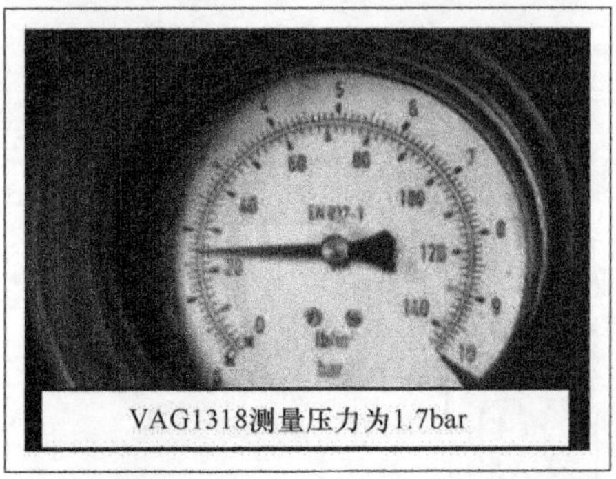

图 9-25　测量低压燃油压力

⑤ 拆检燃油泵，发现燃油泵支座与波纹管管接头扣接松脱，如图 9-26 所示。

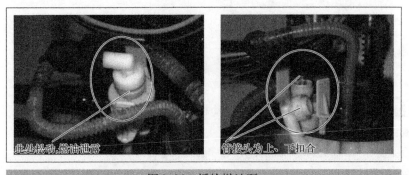

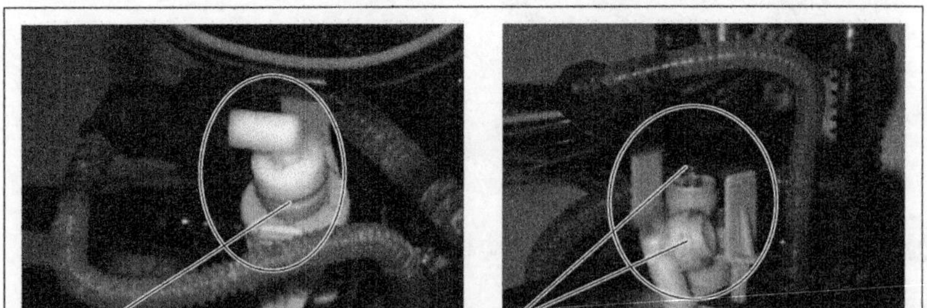

图 9-26　拆检燃油泵

处理措施：

将管接头重新扣合，发动机能顺利起动，燃油压力恢复正常。由于该管接头扣合处已疲劳，为了稳妥起见更换燃油泵（L3C0 919 715），故障排除。

故障原因分析：

燃油泵管接头扣合不牢，车辆在颠簸路面行驶后出现松脱，导致燃油泵建立的油压泄漏，输送至高压燃油泵及喷油器的喷射压力不足，进而引起发动机无法起动。

故障处理方法：

更换燃油泵总成。

专用工具/设备：

V. A. S 5052A、VAG1318、T10202。

案例点评及建议：

此问题在迈腾车上也出现过。另外，在给客户更换部件时，要注意操作安全。

案例六：全新高尔夫起停系统失效

故障现象：

全新高尔夫起停功能不能使用，起动发动机后满足起停条件，但自动起停系统状态显示“需要发动机运行”。反复起动发动机试车，一直显示“需要发动机运行”，起停功能失效，如图 9-27 所示。

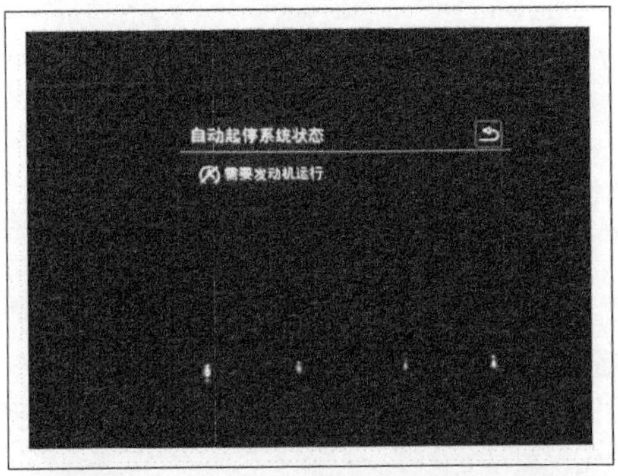

图 9-27 系统显示

故障诊断过程：

(1) 首先明确全新高尔夫起停功能操作关闭和起动条件。

1) 发动机关闭条件：

① 车辆停住（车速 =0km/h）。

② 发动机转速低于 1200r/min。

③ 冷却液温度在 25 ~100℃之间。

④ 制动真空压力高于 550mbar。

⑤ 蓄电池能够提供发动机再次起动所需要的电能（最小 15A · h 和 60% 的充电量），且蓄电池温度在 -1 ~55℃之间。

⑥ 乘员对空调温度要求不是太高，出风口的目标温度和实际温度之差小于 8℃。

2) 发动机起动条件：

① 驾驶人系安全带。

② 发动机舱盖关闭。

③ 驾驶室车门关闭。

④ 已踩下离合器踏板（手动变速器）且变速杆处于空档位置。

⑤ 已松开制动踏板（双离合器变速器）。

对于车辆起停系统发动机关闭条件进行检查，符合功能要求，但是系统一直显示“需要发动机运行”，实际发动机处于怠速运转状态，起停功能不能使用。

（2）使用 VAS6150B 检查车辆系统故障存储状态，系统均无故障记忆。

（3）分别读取发动机、J519 和 J533 数据流以及起停系统相关数据流，与正常车相比 J519 和 J533 没有异常，发动机数据流有异常情况：

激活的用户的停止阻碍因素 2，正常车 0。

用于发动机的停止障碍因素 16，正常车 0。

故障车发动机相关数据流，如图 9-28 所示。

激活的用户的停止阻碍因素 [$1236]		01
[LO]_One To One UWORD	2	
[LO]_Bit 0	0	
[LO]_Bit 1	1	
[LO]_Bit 2	0	
[LO]_Bit 3	0	
[LO]_Bit 4	0	
[LO]_Bit 5	0	
[LO]_Bit 6	0	
[LO]_Bit 7	0	
[LO]_Bit 8	0	
[LO]_Bit 9	0	
[LO]_Bit 10	0	
[LO]_Bit 11	0	
[LO]_Bit 12	0	
[LO]_Bit 13	0	
[LO]_Bit 14	0	
[LO]_Bit 15	0	
	0	
用于发动机的停止障碍因素 [$1237]		01
[LO]_One To One UBYTE	16	
[LO]_Bit 0	0	
[LO]_Bit 1	0	
[LO]_Bit 2	0	
[LO]_Bit 3	0	
[LO]_Bit 4	1	
[LO]_Bit 5	0	
[LO]_Bit 6	0	
[LO]_Bit 7	0	
主站起动/停止功能的系统状态 [$1238]	1	01

图 9-28　故障车数据流

正常车发动机相关数据流，如图 9-29 所示。

（4）查询相关资料没有查到数值含义，替换发动机电脑，匹配后起停功能依然不能使用。

（5）维修陷入僵局，分别更换了发电机、蓄电池、J533、J519 等后，起停功能仍然不能使用。

（6）综合分析怀疑可能是发动机某一个电器元件工作性能不良导致起停功能失效，故障点怀疑是发动机线束和节气门等。

（7）清洗节气门，匹配后起停功能正常。

故障原因分析：

节气门积炭导致起停功能失效，节气门清洗前后节气门开度变化明显，激活的用户的停止阻碍因素和用于发动机的停止障碍因素数值变为 0。数据对比分析见表 9-1。

激活的用户的停止阻碍因素 [$1236]		01
[LO]_One To One UWORD	0	
[LO]_Bit 0	0	
[LO]_Bit 1	0	
[LO]_Bit 2	0	
[LO]_Bit 3	0	
[LO]_Bit 4	0	
[LO]_Bit 5	0	
[LO]_Bit 6	0	
[LO]_Bit 7	0	
[LO]_Bit 8	0	
[LO]_Bit 9	0	
[LO]_Bit 10	0	
[LO]_Bit 11	0	
[LO]_Bit 12	0	
[LO]_Bit 13	0	
[LO]_Bit 14	0	
[LO]_Bit 15	0	
用于发动机的停止障碍因素 [$1237]		01
[LO]_One To One UBYTE	0	
[LO]_Bit 0	0	
[LO]_Bit 1	0	
[LO]_Bit 2	0	
[LO]_Bit 3	0	
[LO]_Bit 4	0	
[LO]_Bit 5	0	
[LO]_Bit 6	0	
[LO]_Bit 7	0	
主站起动/停止功能的系统状态 [$1238]	1	01

图 9-29　正常车数据流

表 9-1　节气门清洗前后数据对比

节气门清洗前	参　数
节气门位置，标准化	1. 9607843%
外部空气温度	15℃
节气门位置 2	12. 156863%
加速踏板位置	14. 509804%
加速踏板位置 2	14. 509804%
节气门规定值	3. 137255%
节气门清洗后	参　数
节气门位置，标准化	0. 78431 374%
外部空气温度	16℃
节气门位置 2	10. 980392%
加速踏板位置	14. 117647%
加速踏板位置 2	14. 509804%
节气门规定值	1. 9607843%

发动机系统起停相关数据流清洗前后的数据流截屏如图 9-30 所示。

数据分析：

激活的用户的停止阻碍因素：0 停止许可、1 空调器需要发动机运行、2 起动请求。

用于发动机的停止障碍因素：0 停止许可、4 发动机转速高、16 起动请求或发动机部件

激活的用户的停止阻碍因素	2	激活的用户的停止阻碍因素	0
用于发动机的停止障碍因素	16	用于发动机的停止障碍因素	0
主站起动停止功能的系统状态	3	主站起动停止功能的系统状态	1
起动-停止相关传感器的故障状态	0	起动-停止相关传感器的故障状态	4
激活的用户的起动要求	0	激活的用户的起动要求	0
至发动机的起动请求	0	至发动机的起动请求	0
起动设备起动停止系统故障	0	起动设备起动停止系统故障	0
气缸列1排气凸轮轴，已激活运行状态	1	气缸列1排气凸轮轴，已激活运行状态	1
气缸列1进气凸轮轴，已激活运行状态	1	气缸列1进气凸轮轴，已激活运行状态	1
起动机控制，状态	2	起动机控制，状态	2
起动机控制，继电器1	0	起动机控制，继电器1	0
发动机手动起动的次数	1294	发动机手动起动的次数	1313
发动机自动起动的次数	887	发动机自动起动的次数	893
起动机控制，关闭条件1	1	起动机控制，关闭条件1	1
起动机控制，许可条件	524	起动机控制，许可条件	524
起动-停止开关状态	1	起动-停止开关状态	1
起动机控制：起动中断状态	1	起动机控制：起动中断状态	1
停用起动停止功能频率计数器	2489	停用起动停止功能频率计数器	2489

图9-30　清洗前后数据流对比

工作不良。

主站起动/停止功能的系统状态：0停止许可、1保护干预、2起动请求、3故障。

起动设备起动/停止系统故障：0停止许可、2故障。

起动—停止相关传感器的故障状态：0功能打开（开关状态）、9功能关闭（开关状态）、1发动机舱盖打开、2安全带未系、4左前门未关。

故障处理方法：

清洗节气门并匹配。

专用工具/设备：

VAS6150B

案例点评及建议：

(1) 发动机软件改进。

(2) 高尔夫起停功能操作方法：

1) 配备手动变速器的轿车：

① 轿车处于静止状态时退出档位，并松开离合器踏板，发动机停止运转。

② 踩离合器踏板即可重新起动发动机。

2) 配备自动变速器的轿车：

① 轿车处于静止状态时踩住制动踏板，发动机停止运转。

② 松开制动踏板或踩加速踏板即可重新起动发动机。

案例七　高尔夫GTI发动机排气故障灯亮

故障现象：

一辆高尔夫GTI轿车发动机排气故障灯亮，加速时发动机动力不足。

故障诊断过程：

(1) 使用VAS6150B电脑检测发动机系统有故障存储：01089 P0441 000——燃油箱排气系统通过量不正确。详细情况如图9-31所示。

(2) 读取发动机32组数据流，发动机怠速及部分负荷数据均在10%以内无异常。32组数据流如图9-32所示。

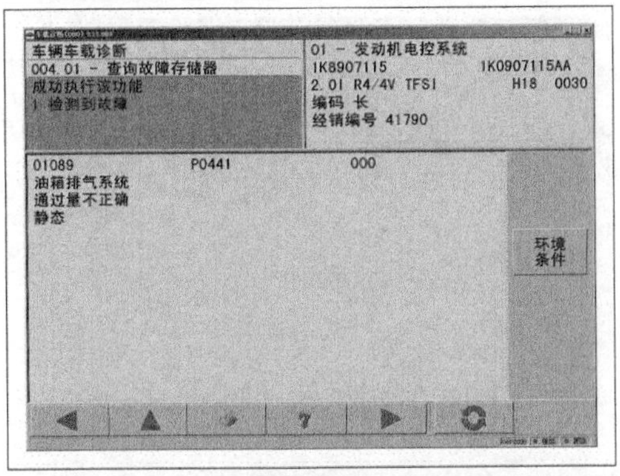

图 9-31　故障信息

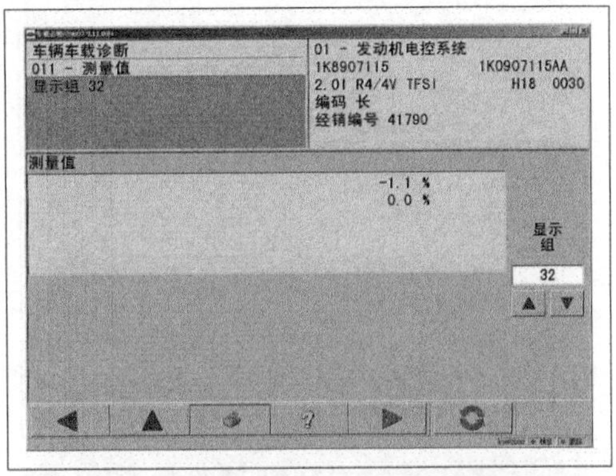

图 9-32　读取发动机 32 组数据流

第一区规定值：－10.0%～10.0%（怠速时空燃比的自学习值）；第二区规定值：－10.0%～10.0%（部分负荷时空燃比的自学习值）。

（3）读取发动机炭罐电磁阀数据流，如图 9-33、图 9-34 所示。

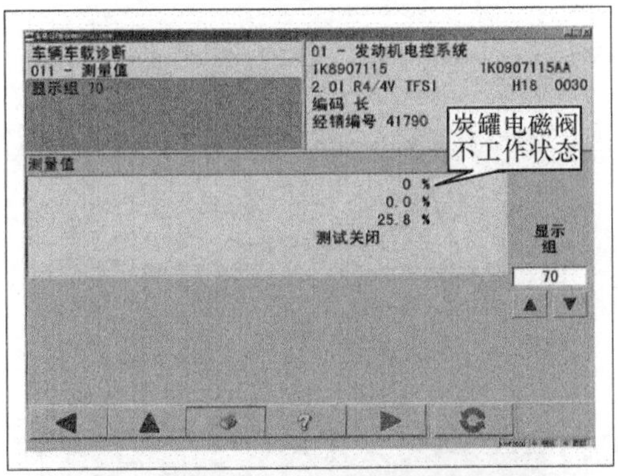

图 9-33　炭罐电磁阀不工作状态数据流

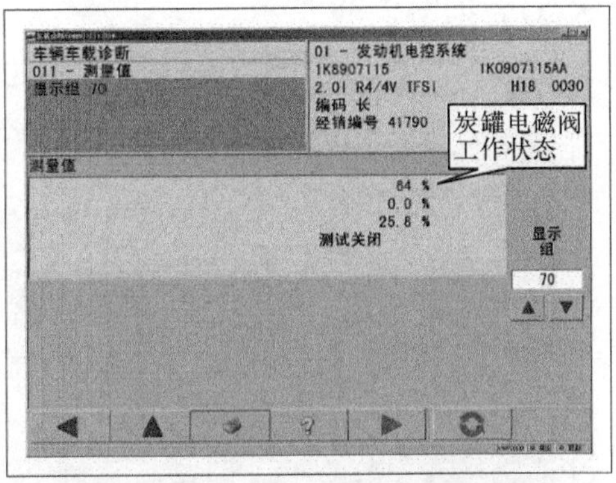

图 9-34　炭罐电磁阀工作状态数据流

数据流显示情况与正常车相比没有明显差别；70 组活性炭罐电磁阀数据分析（图 9-35）：

① 第一区：炭罐电磁阀开度。

② 第二区：空燃比控制。

③ 第三区：诊断数值。

④ 第四区：基本设置状态下诊断结果。

（4）基本设置检查燃油箱通风系统：TW 不正常，如图 9-36 所示；再次读取数据流查看状态，如图 9-37 所示。

（5）炭罐电磁阀检测，当 70 组第一区数据块有占空比时，炭罐电磁阀可以正常开启，当数据显示 0% 时，炭罐电磁阀可以正常关闭。

（6）按照第二区数据块判断炭罐汽油也没有达到饱和状态，决定更换炭罐电磁阀。车辆行驶一段时间观察，结果故障再现。

（7）检查炭罐电磁阀管道没有发现有漏气情况，之前有车辆出现油气分离器轻微漏气也会产生一样的故障码，更换油气分离器故障依旧再现。

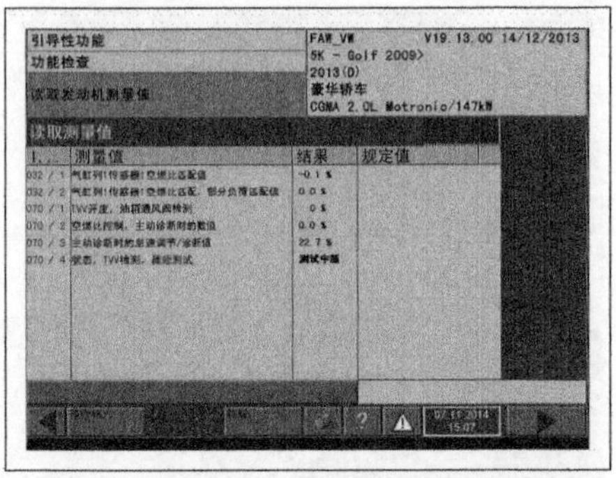

图9-35　炭罐电磁阀数据分析

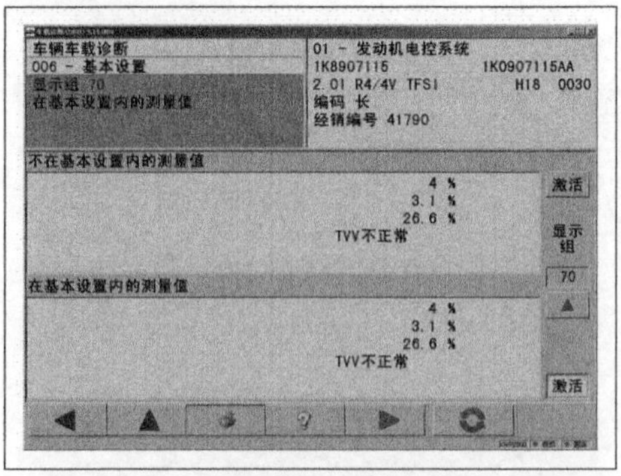

图9-36　基本设置检查

（8）订购活性炭罐，更换后故障排除。

故障原因分析：

对换下的活性炭罐进行检查发现，活性炭罐通气管与大气通气管之间阻力较大，明显通风小，汽油蒸气吸附过多，汽油味较大，与70组二区数据流相比不匹配（数据流显示炭罐正常状态），如图9-38所示。

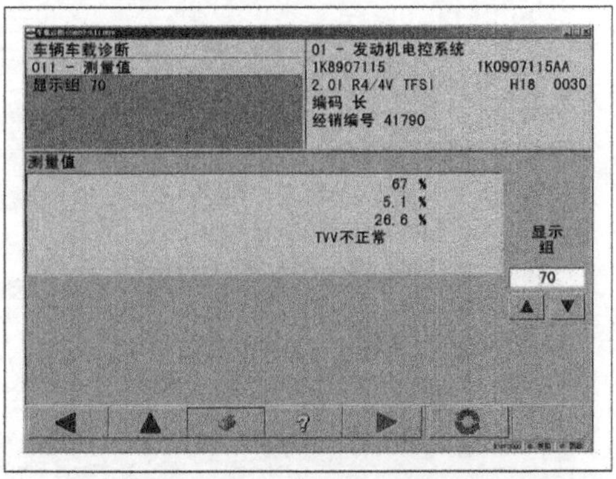

图9-37　读取数据流

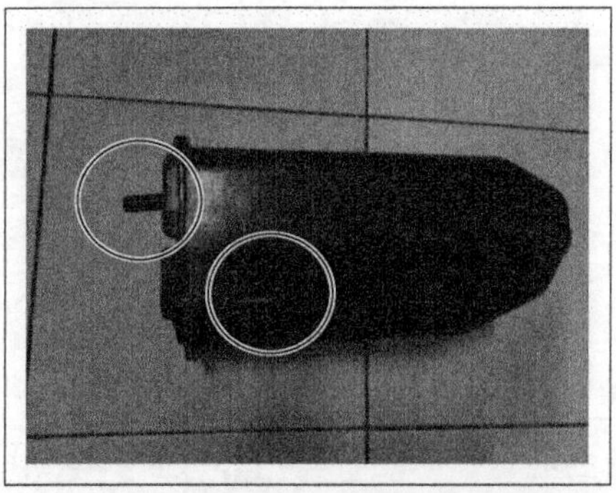

图9-38　换下的活性炭罐

炭罐电磁阀燃油通气管工作原理：带涡轮增压器的发动机还需要安装一个双止回阀，进气压力过低（例如怠速运转）时，蒸气会进入进气歧管。如果进气歧管内有增压压力，则蒸气被吸入涡轮增压器的进气侧，止回阀防止空气被压向活性炭罐方向。

燃油箱燃油蒸气通向控制原理如图9-39所示。其中，大负荷通往涡轮增压器，小负荷通往进气管，如图9-40所示。

故障处理方法：

更换炭罐，在基本设置中激活，如图9-41所示。

专用工具/设备：

VAS6150B

案例点评及建议：

熟练掌握发动机重要数据流，充分利用数据流对发动机故障进行故障判断。能够导致“01089 P0441 000——燃油排气系统通过量不正确”故障可能有如下原因：

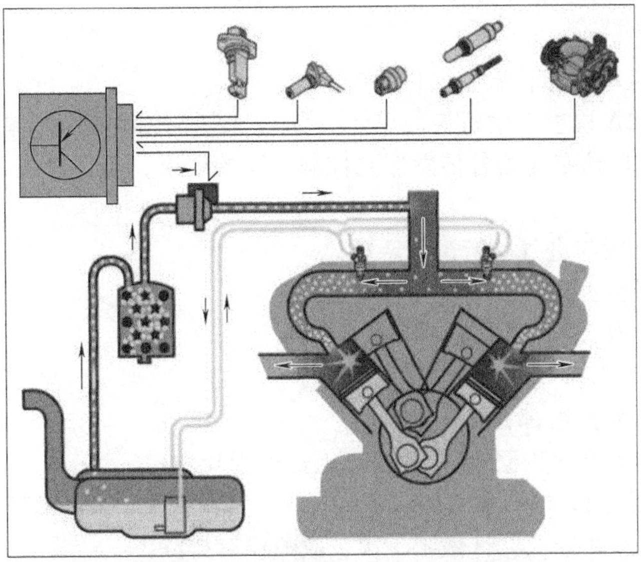

图 9-39　燃油箱燃油蒸气通向控制原理

图 9-40　燃油蒸气通路

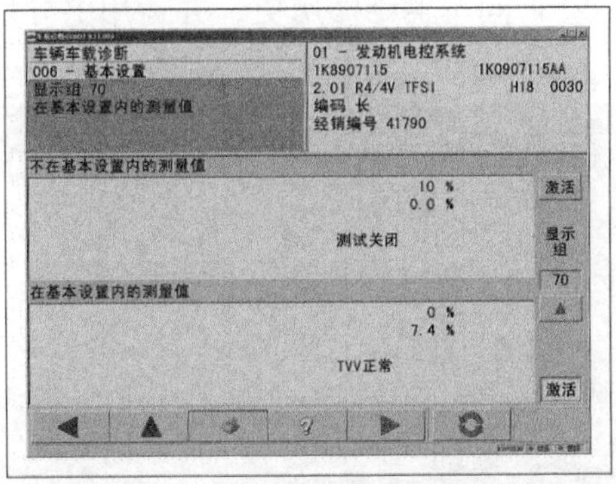

图 9-41　在基本设置中激活

① 活性炭罐系统机械部分及电控部分。

② 节气门脏。

③ 油气分离器轻微漏气。

④ 燃油箱。

案例八　迈腾 09G 自动变速器变矩器锁止离合器抖动

故障现象：

装备 09G 自动变速器的迈腾轿车行驶速度达到 50～80km/h 时，车辆间歇抖动。

故障处理背景：

（1）客户抱怨　车辆在行驶过程中，从 50km/h 匀速加速至 80km/h 换档期间有明显的“耸车”现象，车辆在制动降档时故障也比较明显。

（2）经销商诊断描述/维修措施

① 该车保养正常。

② 经销商分析该车故障，属于换档冲击。

③ 使用VAS5052A检查发动机控制单元、自动变速器控制单元存储器均未发现故障码。使用VAS5052A测量自动变速器各传感器到控制单元的线束，阻值在正常范围（0Ω）。运用引导性功能：

a. 发动机控制单元与进气歧管翻板匹配。

b. 节气门控制单元匹配。

c. 匹配强制降档开关。

d. 使用T10173调整多功能开关F125。

e. 读取变速器各数据组都在范围之内。

f. 读取发动机控制单元数据组01-08-32组数据为0.0%。

④ 试更换变速器控制单元（09G 927 750 GN）和滑阀箱（09G 325 039 D），故障未排除。对变速器进行动态匹配，共计做了3次，故障没有排除。

（3）现场技术支持故障诊断过程

① 首先，用VAS5052A进行网关列表检测：结果正常，没有任何故障码，如图9-42所示。

② 询问车辆维修历史，并运用引导性功能进行数据检测分析，如图9-43所示。

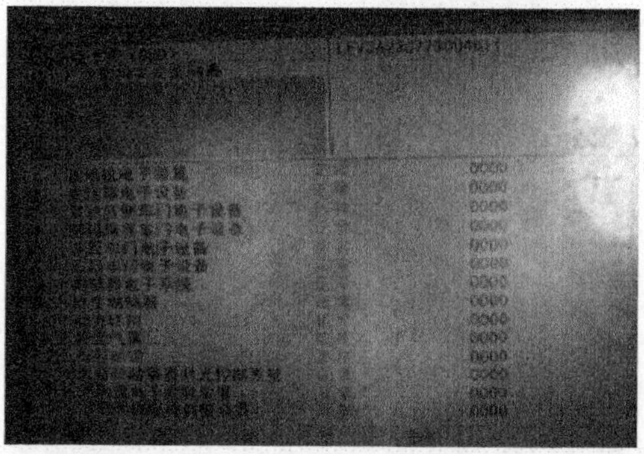

图9-42　没有故障码

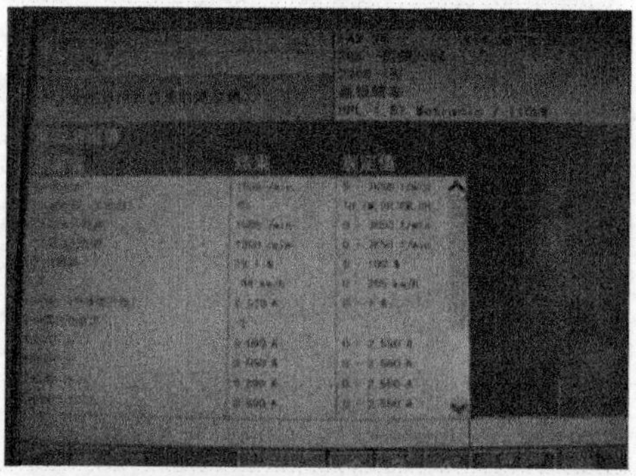

图9-43　数据检测分析

仔细分析上述检测方法，发现该检测方法存在问题：运用引导性功能，数据反应滞后，不能正确检测到故障出现时的瞬间响应数据。即当故障出现时，由于数据变化滞后，在屏幕上显示数据正常，而当数据显示异常时，车辆运行正常。

因此，这种瞬间的间歇性故障，不能用引导性功能进行数据检测分析。

③ 对数据流分析：其中关键数据是进入02-08-004和02-08-006数据组观测第三区和第四区。

经过反复观察分析，该故障出现时，02-08-004数据组的第四区实际档位是4S或5S，即只有在4S或5S时才会出现故障。

02-08-004数据组第四区显示在4S或5S档位时，观测02-08-006数据组第四区（变矩器锁止离合器滑脱数)。当出现故障时，滑脱数有时出现 100 ~ 500r/min，有时出现80 ~ 190r/min，该数据滑脱数变化急剧。而正常的变矩器锁止离合器滑脱数应是渐变的，这是问题的关键所在。

在故障出现的瞬间，观察发动机转速表指针也会随着滑脱数的变化而上下跳动。根据以上分析可知：故障是在 4S 和 5S 状态，由变矩器锁止离合器引起的。

④ 分析过程：在现场分析诊断过程中，有人认为不是变矩器的问题，依据是发动机的动力是经过变矩器传到变速器，如果是变矩器的问题，那么应该在各个档位上都会有抖动，而现在故障现象是只有在 4 档和 5 档才感觉到抖动，因此，肯定不是变矩器的问题。这种分析判断是不全面的，是对变矩器动态控制过程不清楚。

发动机的动力是经过变矩器传到变速器，这毫无疑问是正确的，但是进一步分析变矩器的动态控制过程，便会得知问题的原因。

从理论上讲，09G 自动变速器的前进 1 ~ 6 档，每个档位都有 H、S、M 三个状态，从数据组上我们可以看出，1 档有 1H、1S、1M 状态，2 档有 2H、2S、2M 状态。其中，H 是指变矩器液力耦合状态，即变矩器锁止离合器完全打开；S 指变矩器锁止离合器控制状态，即变矩器锁止离合器由 N91 电磁阀占空比控制锁止的过渡过程；M 指变矩器锁止离合器锁止关闭状态，即变矩器锁止离合器完全接合。

从实际控制过程看，虽然理论上每个档位都有 H、S、M 三个状态，但在车辆正常运行过程中，H、S、M 三个状态不是在每个档位都实际出现的。在车辆正常行驶过程中，我们在数据流上读不到 1S、1M 和 2S、2M。因为此时车辆是在起步状态，负荷非常大，从发动机传到变矩器泵轮的转速和涡轮的转速相差太大，即滑脱数太大，自动变速器电脑不会发出控制锁止离合器锁止的指令，所以实际运行过程中读不到 1、2 档的 S 和 M 状态。同理 3 档也是负荷较大的状态，在正常行驶情况下，也读不到 S 和 M 状态，在特殊试车情况下，3 档可能出现 S 和 M 状态。这就是为什么该车正常驾驶过程中 1、2、3 档感觉不到抖动故障发生。

当车辆运行到 4 档和 5 档时，此时车速越来越快，负荷相对起步状态大大减小，泵轮转速和涡轮转速的滑脱数相对减少，此时，自动变速器电脑发出控制锁止离合器锁止的指令，以占空比信号控制 N91 电磁阀逐渐加大滑阀箱锁止离合器油路的油压，从而实现锁止的过渡过程。在 4S 和 5S 状态过渡过程较长，以实现平顺性，避免冲击。该车故障现象，正是发生在 4S 和 5S 状态。

当车辆运行到 6 档时，车辆已高速运行，在数据流上可以看出，当升至 6 档，由 6H 状态，迅速进入 6M 锁止离合器关闭状态，6S 状态一闪而过，即变矩器锁止离合器的占空比控制锁止的过渡过程非常短暂。这也是为什么在 6 档上几乎感觉不到抖动现象的原因。

⑤ 诊断结果：通过以上综合分析，确认是变矩器锁止离合器导致故障发生。

故障处理结果：

更换变矩器、自动变速器油、滤网、油底壳垫。

专用工具/设备：

VAS5052A

案例点评及建议：

该故障检测诊断的关键因素如下：

① 正常驾驶车辆检测分析。

② 在故障出现的瞬间，观察发动机转速表指针上下跳动。

③ 运用5052A（5052），进入02-08-004和02-08-006数据组进行数据检测分析，重点观测第三和第四区。

④ 02-08-004数据组第四区显示在4S或5S档位时，观测02-11-006数据组第四区，发现故障时，滑脱数有时出现100～500r/min，有时出现80～190r/min的滑脱数。

案例九　速腾1.6L自动变速器变速杆无法移动

故障现象：

一辆速腾1.6L轿车的仪表档位显示全红，钥匙无法拔出，变速杆置于P位时，变速杆旁指示灯显示“R”，如图9-44所示。

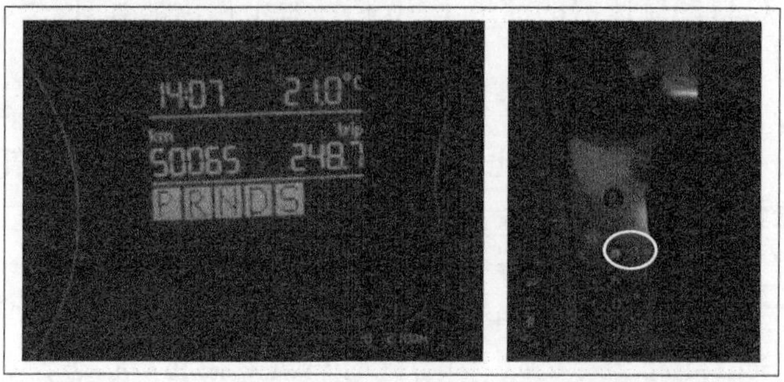

图9-44　仪表及指示灯状态

故障诊断过程：

（1）首先使用VAS5052A进行检测，变速器有1个故障码：18253读取转向柱电子系统控制单元-J527-的故障码存储器静态，如图9-45所示。

（2）再读取16-转向柱电子装备控制单元，有1个故障码：02413——变速杆P位锁止开关-F319-不可靠信号静态，如图9-46所示。

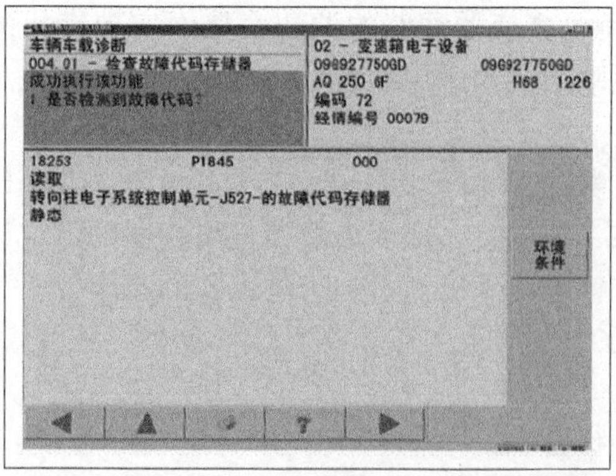

图9-45　读取故障码

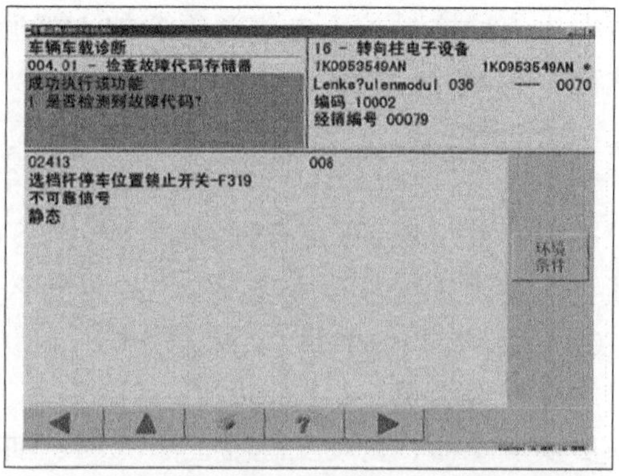

图9-46　故障码信息

（3）读取转向柱电子装备控制单元数据流：当变速杆置于P位时，转向柱电子装备控制单元显示“变速杆上的P位锁止开关识别”（图9-47），说明P位开关F319与实际P位相符。为了进一步排除故障点，移动变速杆，用 VAS5052A 读取，发现转向柱电子装置控制单元收到的信号与实际档位相符，说明 F189 通过 CAN 总线传递给 J527 的信号被正常接收。

（4）进入 02-变速器系统读取数据流（图 9-48）。当变速杆置于 P 位时，VAS5052A 显示“所选档位（实际值）R”，说明变速器接到的档位信号为 R 位，与变速杆位置“P”不符。

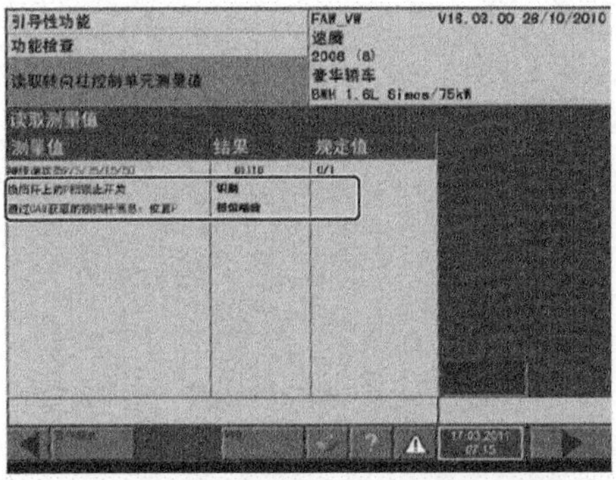

图 9-47　读取转向柱控制单元测量值

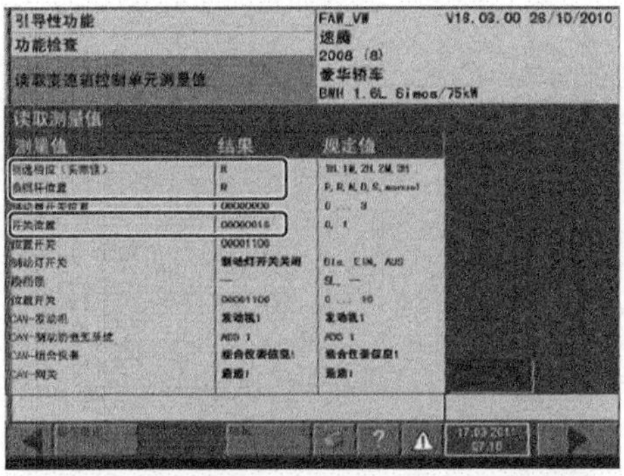

图 9-48　读取变速器系统数据

（5）经过以上检测综合分析：

① 变速器接收到的档位信号来自 F125 多功能开关。

② 转向柱电子装备控制单元接收的档位信号来自 F189。

③ 经过以上检测证实，转向柱电子装备控制单元接收的档位信号与实际相符，初步分析可能故障为 F125 多功能开关损坏所致。

（6）重点对 F125 多功能开关进行检测，发现换档拉索未固定，造成变速杆移至 P 位时，F125 开关无法随变速杆到达指定的位置，如图 9-49 所示。

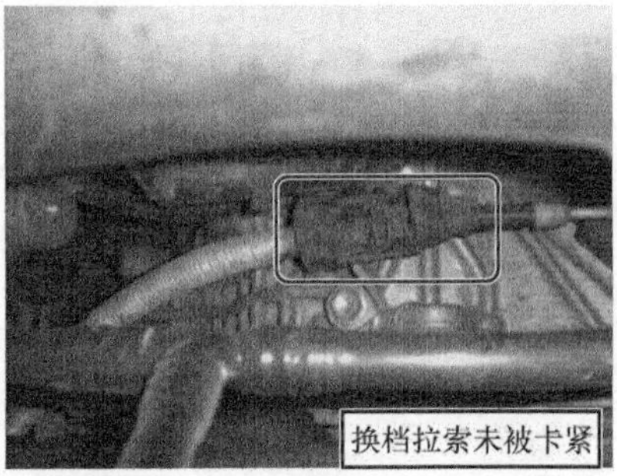

图 9-49　换档拉索未固定

故障原因分析：

换档拉索未固定，移动变速杆时，多功能开关 F125 未能随变速杆到达指定位置，造成 F125 开关信号与 F189 的档位信号不符。

故障处理方法：

重新固定换档拉索后故障排除。

专用工具/设备：

VAS 5052A

案例点评及建议：

变速器控制单元接收 F125 多功能开关信号，转向柱电子装备控制单元是通过 CAN 总线接收 F189 的信号。为了安全考虑，当变速器多功能开关 F125 位于 R 位时（也是手动换档阀位于 R 位），变速杆指示灯显示 R，同时起动机无法运转，钥匙无法拔出。

参 考 文 献

[1] 鲁植雄，刘奕贯．汽车电喷发动机波形分析图解[M]．南京：江苏科学技术出版社，2006.

[2] 鲁植雄．汽车动态数据流测试分析200 Q&A[M]．北京：人民交通出版社，2005.

[3] 宋所秀，刘超，杜彦蕊．怎样检测汽车传感器[M]．北京：中国电力出版社，2007.

[4] 伊力会．最新汽车数据流手册[M]．沈阳：辽宁科学技术出版社，2007.